（人生金书系列）

北大金融课

张卉妍 编著

北京联合出版公司
Beijing United Publishing Co.,Ltd.

图书在版编目（CIP）数据

北大金融课 / 张卉妍编著 . -- 北京 : 北京联合出版公司，2016.1（2024.1 重印）
ISBN 978-7-5502-6726-8

Ⅰ . ①北… Ⅱ . ①张… Ⅲ . ①金融学 – 通俗读物 Ⅳ . ① F830-49

中国版本图书馆 CIP 数据核字（2015）第 283986 号

北大金融课

编　　著：张卉妍
出 品 人：赵红仕
责任编辑：崔保华
封面设计：韩立强
美术编辑：盛小云

北京联合出版公司出版
（北京市西城区德外大街 83 号楼 9 层　100088）
德富泰（唐山）印务有限公司印刷　　新华书店经销
字数 650 千字　720 毫米 ×1020 毫米　1/16　28 印张
2016 年 1 月第 1 版　2024 年 1 月第 4 次印刷
ISBN 978-7-5502-6726-8
定价：68.00 元

前言

当今社会，除非你的生活能够远离金钱，否则，不管你是否喜欢，你都需要关注金融，不仅要关注国内的，还要关注国际的。这些年来，全球经济已经一体化，可谓大家都生活在一个地球村，任何地方发生的财经事件，都有可能间接或直接影响到你的切身利益。说白了，金融的变化将直接关系到你我钱包的大小。于是，有关普通百姓如何应对通货膨胀、货币、金融问题的根本，以及美元贬值策略、中国企业转型迫在眉睫、人民币走向国际等系列话题，都成了街头巷尾的谈资。

金融不仅在历史的长河中主宰着各国的兴衰变迁，同时也在现实生活中与我们如影随形。可以说，我们的生活时刻被金融学的影子所萦绕，日常生活的点点滴滴都与金融学有着或远或近的关系，每一件小事背后其实都有一定的金融学规律和法则可循，我们的生活已经离不开金融学。这是一个金融的世界，人人难以置身其外。金融与我们每个人一生的幸福息息相关，与一个国家强弱盛衰的运势息息相关。经济全球化是历史发展的必然趋势，中国无法置身于外。我们只有参与到全球产业链的竞争与合作中去，才能分享全球化带来的好处。我们既要参与国际游戏、享受全球化带来的好处，又要注意防范国际游戏的风险和陷阱。这就要求我们必须熟悉和掌握国际游戏的规则。毋庸置疑，历史上任何一个国家的兴衰变迁，都离不开金融的力量，一切国际大事件的背后都蕴含着这样一个真理——金融在改变国家的命运。

人类已经进入金融时代、金融社会，金融无处不在并已形成一个庞大体系，金融学涉及的范畴、分支和内容非常广，如货币、证券、银行、保险、资本市场、衍生证券、投资理财、各种基金（私募、公募）、国际收支、财政管理、贸易金融、地产金融、外汇管理、风险管理等。金融学尽管主宰着大国的命运和我们生活当中的方方面面，但因为其具有专业性、学术性以及需要精深的数学工具才能深悟其运行机理，所以一般读者很难剥去金融学复杂的表象。当面对众多复杂的金融变量和令人玄晕的金融数据时，很多人只好选择逃避。于是神圣的金融学往往被束之高阁，成为专家手里的玩偶。知识只有普及到大众，才能显示出其持久的生命力。如何把博大精深、抽象难懂的金融学知识转化为通俗易懂的语言，如何让它从高深的学术殿堂上走下来、步入寻常百姓家，已成为人们期待解决的问题。

北大金融课作为中国研究金融和传播金融思想的前沿阵地，是人们了解金融学的一扇最佳窗口。北大人在金融领域的成就让人赞叹，北大金融学在百年的历史长河中的发展历程和贡献也值得我们探讨和思考。本书正是一部全方位披露北大金融学者们的思想、观点、政策倾向的通俗金融学读物。书中系统讲述了金融学的基本理论知识及其在现实社会生活中的应用，以浅显的语言普及金融学常识，以轻松的笔墨回答金融学问题。书中没有艰深晦涩的专业术语，而是以金融学的基本结构作为骨架，以生活中的鲜活事例为血肉，将金融学内在的深刻原理与奥妙之处娓娓道来，让读者在快乐和享受中，迅速了解金融学的全貌。并学会用金融学的视角和思维观察、剖析种种金融现象，读懂国际热点事件背后蕴藏的金融学原理。书中将金融学中最生动的一面呈现在读者面前。通过回顾金融的演化历史，以通俗易懂的语言为读者解释金融专业术语和金融原理在现实生活中的应用，并通过历史上金融家的故事，让读者身临其境地去感受金融学的魅力，这是我们的编写宗旨。希望读者在阅读之后可以有所启发，在大的金融背景下，运用所学指导自己的行为，解决生活中遇见的各种难题，从而更快地走向成功。读过本书，你就会发现，金融学一点也不枯燥难懂，而是如此的贴近生活，如此的有趣，同时又是如此的实用。

目录

第六章
走进财富的游乐场——关于金融市场的财经常识

第七章
钱究竟存到了哪里——关于金融机构的财经常识

第八章
被称为“银行的银行”——关于中央银行的财经常识

第九章
神奇的金融魔杖——关于利率的财经常识

第十章
联通世界金融的支点——关于汇率的财经常识

第十三章

最大效能地吸引闲置资本——关于融资的财经常识

第十四章

奔向国际资本市场——关于企业上市的财经常识

第十七章

非理性繁荣的幻象——关于资产泡沫的财经常识

第十八章

谁也逃不掉的金融危机——关于金融危机的财经常识

第十九章

金融主导大国的兴衰——关于金融史的财经常识

第二十章

普通老百姓如何让钱生钱——关于理财的财经常识

第二十一章

贪婪、恐惧是人的本性——关于理性的财经常识

第一章　看透“钱”的本质

——关于货币的财经常识

货币从贵金属货币变成纸币，变成法定的不可兑换货币，它是一个进步，因为交易容易了，不需要当啷地背那个钱了，但是它也蕴含着现代经济的巨大的危险，就是经济可能开始变得不稳定，而且很难察觉，一开始的时候很难察觉，等到通货膨胀一起来，又很容易找到各种理由去有意无意掩盖通货膨胀的真正的根源。都说商人太坏，太贪婪，把东西卖得这么贵。商人任何时候都想把东西卖贵，问题是什么时候他能如愿以偿呢？为什么有的时候他卖不贵呢？货币在起作用。

——周其仁

（北京大学中国经济研究中心教授，著名经济学家）

货币起源：“钱”是怎么来的

谈到金融，就不能不谈到“钱”。

魏晋时期有一个重臣王衍，字夷甫。王夷甫是“竹林七贤”之一王戎的胞弟，和王戎一样是闻名的风流名士，为人清高，从不说及“钱”字。他为官清廉，视钱为堕落肮脏的化身，从来不碰。一日，他的妻子想试一试他，就把铜钱串起来在他的床边绕了一圈。王夷甫醒来，无法下床，便大声呼叫婢女：“快拿开阿堵物！”“阿堵物”，是当时人的口语，意思是“这个东西”。由于王衍的这个典故，从此，“阿堵物”成了“钱”的别名，并且带有轻蔑的意味。“钱”，实际上就是货币的俗称。世人对它褒贬不一，有人把它与宝贵的时间相提并论：时间就是金钱；也有人视为粪土，大骂它是人类灵魂的迷药。那么，钱到底是个什么东西呢？

实际上，“钱”就是货币的俗称。货币是开启金融学的一把钥匙。虽然我们每天都要与货币打交道，但真正了解它的人并不多。比如说，你能想象随处可见的玉米、贝壳、石头曾经是叱诧风云的“钱”吗？

在太平洋某些岛屿和若干非洲民族中，以一种贝壳——“加马里”货币来购物，600个“加马里”可换一整匹棉花。再如美拉尼西亚群岛的居民普遍养狗，所以就以狗牙作货币，一颗狗牙大约可买100个椰子，而娶一位新娘，必须给她几百颗狗牙作礼金！在太平洋加罗林群岛中的雅浦岛，这里的居民使用石头货币。

为什么狗牙和石头也能成为货币？货币为什么能买到任何东西？要解开货币的有关疑问，就必须了解货币是怎么来的。

货币的前身就是普普通通的商品，它是在交换过程中逐渐演变成一般等价物的。货币是商品，但又不是普通商品，而是特殊商品。货币出现后，整个商品世界就分裂成为两极，一极是特殊商品——货币，另一极是所有的普通商品。普通商品以各种各样的使用价值的形式出现，而货币则以价值的体化物或尺度出现，普通商品只有通过与货币的比较，其价值才能得到体现，所有商品的价值只有通过与货币的比较之后，相互之间才可以比较。

货币是商品交换长期发展过程中分离出来的特殊商品，是商品交换发展的自然结果。原始社会后期，由于社会生产力的发展，在原始公社之间出现了最初的实物交换。随着生产力的进一步发展，商品交换逐渐变成经常的行为。但是，直接的物物交换中常会出现商品转让的困难，必然要求有一个一般等价物作为交换的媒介。

美国著名的金融学家米什金在其著作《货币金融学》中提到，任何履行货币功能的物品必须是被普遍接受的——每个人都愿意用它来支付商品和服务。一种对任何人而言都具有价值的物品是最有可能成为货币的。于是，经过长期的自然淘汰，商品货币发展到后期，人们自然地选择金银等贵金属作为支付货币。在绝大多数社会里，作为货币使用的物品逐渐被金属所取代。使用金属货币的好处是它的制造需要人工，无法从自然界大量获取，同时还易于储存。数量稀少的金、银和冶炼困难的铜逐渐成为主要的货币金属。

随着文明的发展，人们逐渐建立了更加复杂而先进的货币制度。人们开始铸造重量、成色统一的货币。这样，在使用货币的时候，既不需要称重量，也不需要测试成色，方便得多。货币上面通常印有国王或皇帝的头像、复杂的纹章和印玺图案，以防伪造。

中国最早的金属货币是商朝的铜贝。商代在我国历史上也称青铜器时代，当时相当发达的青铜冶炼业促进了生产的发展和交易活动的增加。于是，在当时最广泛流通的贝币由于来源的不稳定而使交易发生不便，人们便寻找更适宜的货币材料，自然而然集中到青铜上，青铜币应运而生。人们将其称为铜贝。随着冶炼技术的发达，铜不再是稀贵的金属，人们开始用更加难以获得的金和银作为铸造货币的金属材料。此后的相当长的一段时间内，金银都是被普遍使用的货币。16世纪，哥伦布发现“新大陆”，大量来自美洲的黄金和白银通过西班牙流入欧洲，金银货币更加得到了在世界范围内流通。

在金融学中，由贵金属或其他有价值的商品构成的货币统称为商品货币。在人类发展的很长一段时间之内，几乎在任何一个国家和社会中，商品货币都发挥了交易媒介的功能。但随着人类文明的发展，商品货币还是被淘汰了，原因在于金属货币太重了，使用不方便，并且流通困难，很难从一地运送到另一地。因此，纸币也就应运而生了。

中国北宋时期四川成都出现了一种“交子”，这就是世界上最早的纸币。北宋初年，成都一带商业十分发达，通货紧张，而当时铸造的铁钱却流通不畅。于是当地16家富户开始私下印制一种可以取代钱币、用楮树皮造的券，后来被称作“交子”。当地政府最初想取缔这种“新货币”，但是这种“新货币”在经济流通中作用却十分明显，于是决定改用官方印制。但是“交子”的诞生地却一直没人发现。后据历史考证，“交子”最早在成都万佛寺内印制。《成都金融志》中说：“北宋益州的‘交子铺’实为四川历史上最早的货币金融机构，而益州的交子务则是最早由国家批准设立的纸币发行机构。”“交子”的出现，便利了商业往来，弥补了现钱的不足，是我国货币史上的一大业绩。此外，“交子”作为我国乃至世界上发行最早的纸币，在印刷史、版画史上也占有重要的地位，对研究我国古代纸币印刷技术有着重要意义。

今天，我们已经不用金元宝或银锭、铜板买东西了，而是用一些“纸”。这些“纸”的价值几乎可以忽略不计，但是它却有神奇的力量，可以换来任何你想要的东西，甚至连黄金也可以交换，这似乎让人觉得不可思议。

在商品货币时代，金属货币使用久了，就会出现磨损，变得不足值。人们就意识到可以用其他的东西代替货币进行流通，于是就出现了纸币。纸币在货币金融学中最初的定义为发挥交易媒介功能的纸片。最初，纸币附有可以兑现金属货币的作用，但是最后演变为不兑现纸币。不兑现纸币是不能兑换成黄金或者白银的，但它却拥有同样的购买力，因为它的购买力源于政府的权威和信誉。只要政府宣布它为法定偿还货币，那么在支付债务时，人们都必须接受它，而不必再把它转化为金属货币后再支付。这样一来，纸币比金属货币轻得多，流通方便，加上不需要耗费昂贵的原材料，于是很快就被人们接受了。

事实上，接受纸币也是需要一些条件的。只有人们对货币发行当局有充分的信任，并且印刷技术发展到足以使伪造极为困难的高级阶段时，纸币方可被接受为交易媒介。

纸币出现的另一个深层次的原因是由此建立的法定货币体制彻底摆脱了黄金和白银对货币总量的制约，这使得当局对货币的控制更加有弹性，更加灵活。如果这样，政府可以无限制地增加货币供应来获得政府收益。当然，由此引发的通货膨胀问题逐渐被引导到经济学研究的重要课题上。凯恩斯对此曾说："用（通货膨胀）这个办法，政府可以秘密地和难以察觉地没收人民的财富，一百万人中也很难有一个人能够发现这种偷窃行为。"而这些都是建立在以不兑现纸币为基础的法定货币体制之上的。

其实严格来说，纸币并不是货币，因为货币是从商品中分离出来的、固定充当一般等价物的商品。纸币由于没有价值，不是商品，所以也就不是货币。在现代金融学中，纸币是指代替金属货币进行流通，由国家发行并强制使用的货币符号。今天我们使用的人民币或者美元等都是由国家信用作为保障强制流通的货币符号。而纸币本身没有和金属货币同样的内在价值，它本身的价值也比国家确定的货币价值小得多，它的意义在于它是一种货币价值的符号。因为它可以执行货币的部分功能：流通手段和支付手段，部分国家的纸币还可以执行世界货币职能（如美元、欧元、人民币等）。纸币的发行量由国家决定，但国家不能决定纸币的实际价值。

货币演化：从"以物易物"到"以钱易物"

《周易·系辞传》里说到："日中为市，召天下之民，聚天下之货。交易而退，各得其所而货通。”这里说的就是以物易物的场景。它的意思是，中午的时候形成市场，把附近的很多货物都聚集起来，人们前来进行交换，各自进行交易后离开，每个人都得到了自己需要的货物。

在以物易物的年代，货币是如何产生的呢？人们在以物易物时，有一些东西却无法公平交换，比如一张弓和一张羊皮。为了达成等价的交换，人们就用一种其他的东西作为交换的媒介，比如法国人用兽皮，阿兹特克人用可可豆，印度原始居民用杏仁、玉米等等，这些东西就是原始的商品货币。从此，人类开始以货币作为商品交换的媒介，结束了单纯“以物易物”的年代。

关于货币的演化，让我们先来听听经济学家弗里德曼讲述的关于雅浦群岛的故事吧。

太平洋加罗林群岛中有个雅浦群岛，岛上不出产金属，人们使用打制成圆形的石头作为交换媒介，岛民们把这种当货币使用的圆石叫作“费”。

刚开始时由于小岛上居民们的需求量不大，大家都以各自的出产互相交换所需物品，公平买卖。随着岛屿的扩大和人口的增加，商品流通规模随之增加。现有的“费”数量明显不够，岛上居民需要更多的“费”来衡量交易物品的价值。由于采集、打磨石头是一件很费工夫的事情，于是雅浦群岛出现了类似“铸币厂”的地方。

随着岛上商品经济的发展，“费”的使用已经极大地制约了商品流通。于是人们想出了个办法，在岛上发行一种可以代表“费”的纸币。为了便于计算，纸币的面额一般为 100 费、50 费、20 费、10 费、5 费、2 费、1 费、0.5 费、0.2 费、0.1 费等。这样一来，商品流通效率提高，各地物产、贸易量增加，岛上居民收入提高，就业率也保持稳定增长。

通过小岛的实例，形象地描述了货币的演进过程。货币自诞生以来，经历了实物货币、金属货币、信用货币等数次转变。货币的“祖先”脱胎于一般的商品。

某些一般的商品由于其特殊的性能，适合用作交易媒介，于是就摇身一变成了商品家族的新贵——货币。比如贝壳，今天的人们已经很难想象它曾经是叱咤风云的“钱”。除了贝壳，还有龟壳、布帛、可可豆、鲸鱼牙，甚至玉米等，都曾在不同地区的不同时代充当过货币。后来，取代实物货币的是金属，比如金、银、铜、铁等，它们都曾长时间扮演过货币的角色。在金属货币之后诞生了纸币，也就是所谓的信用货币。

货币的发展一共经历了如下几个阶段：

1. 物物交换

人类使用货币的历史产生于物物交换的时代。在原始社会，人们使用以物易物的方式，交换自己所需要的物资，比如以一头羊换一把石斧。但是有时候受到用于交换的物资种类的限制，不得不寻找一种能够为交换双方都能接受的物品。这种物品就是最原始的货币。牲畜、盐、稀有的贝壳、珍稀鸟类羽毛、宝石、沙金、石头等不容易大量获取的物品都曾经作为货币使用过。

在人类早期历史上，“贝壳”因为其不易获得，充当了一般等价物的功能，“贝壳”因此成为最原始的货币之一。今天的汉字如“赚”“赔”“财”等，都有“贝”字旁，就是当初贝壳作为货币流通的印迹。

2. 金属货币

早期的金属货币是块状的，使用时需要先用试金石测试其成色，同时还要称量重量。随着人类文明的发展，逐渐建立了更加复杂而先进的货币制度。古希腊、罗马和波斯的人们铸造重量、成色统一的硬币。这样，在使用货币的时候，既不需要称重量，也不需要测试成色，无疑方便得多。这些货币上面带有国王或皇帝的头像、复杂的纹章和印玺图案，以防伪造。

铜贝产生以后，是与贝币同时流通的，铜贝发展到春秋中期，又出现了新的货币形式，即包金铜贝，它是在普通铜币的外表包一层薄金，既华贵又耐磨。铜贝不仅是我国最早的金属货币，也是世界上最早的金属货币。

3. 金银

西方国家的主币为金币和银币，辅币以铜、铜合金制造。随着欧洲社会经济的发展，商品交易量逐渐增大，到 15 世纪时，经济发达的佛兰德斯和意大利北部各邦国出现了通货紧缩的恐慌。从 16 世纪开始，大量来自美洲的黄金和白银通过西班牙流入欧洲，挽救了欧洲的货币制度，并为其后欧洲的资本主义经济发展创造了起步的条件。

4. 纸币

随着经济的进一步发展，金属货币同样显示出使用上的不便。在大额交易中需要使用大量的金属货币，其重量和体积都令人感到烦恼。金属货币使用中还会出现磨损的问题，据不完全统计，自从人类使用黄金作为货币以来，已经有超过两万吨的黄金在铸币厂里，或者在人们的手中、钱袋中和衣物口袋中磨损掉。于是作为金属货币的象征符号的纸币出现了。世界上最早的纸币为宋朝年间于中国四川地区出现的“交子”。……

目前世界上共有两百多种货币，流通于世界190多个独立国家和其他地区。作为各国货币主币的纸币，精美、多侧面地反映了该国历史文化的横断面，沟通了世界各国人民的经济交往。目前世界上比较重要的纸币包括美元、欧元、人民币、日元和英镑等。

5. 新货币形式

随着信用制度的发展，我们对存款货币和电子货币也已经不感到陌生了，但新的货币形式还将不断出现。

货币如同魔术师的神秘魔术，它神奇地吸引着人们的注意力，调动着人们的欲望，渗透到每一个角落，用一种看不见的强大力量牵引着人们的行为。我们要正确认识货币，更要正确使用货币。

货币职能：钱究竟有什么用

远古时期，人类的祖先以狩猎为生。由于狩猎工具非常原始，捕获的猎物常常不够吃，所以猎物都是由部落统一分配的。后来，部落里有一个聪明的小伙子发明了弓箭，捕获的猎物就多了起来。但是这个做弓箭的人自己亲自参加捕猎所获得的食物却没有他制作一张弓与别人交换得到的食物多，于是他索性不参加狩猎了，一心制作弓箭，然后与别人交换食物。于是，部落里由此出现了分工和交换。后来，随着分工的扩大，又出现了一些制作别的物品的人，他们也像这位聪明的小伙子一样拿自己制作出来的物品去交换自己所需要的东西。

如果我们引入货币，情况又如何呢？这个小伙子通过制作弓箭，收取货币报酬。然后这个小伙子可以用货币买到任何他想买的东西，这样就避免了不必要的以物易物的时间。这个小伙子可以节省大量的时间，用这些时间，他可以做他最擅长的事：制作弓箭。

从这个例子中可以看到，货币大大降低了花费在交换物品和劳务上的时间，提高了经济运行的效率。同时，它使人们可以专注于他们最擅长的事情，同样也可提高经济运行的效率。因此，货币就是买卖的桥梁，是商品流通的中介。在一手交钱，一手交货的买卖中，货币承担着交易媒介的功能。从远古时期的贝壳，到后来的金银铜，再到纸币，再到现在的电子货币，货币的每一次进步都使买卖变得更加便利。

想要了解货币具有哪些功能，我们需要从以下几个方面来认识货币。

1. 价值尺度

正如衡量长度的尺子本身有长度，称东西的砝码本身有重量一样，衡量商品价值的货币本身也是商品，具有价值；没有价值的东西，不能充当价值尺度。

在商品交换过程中，货币成为一般等价物，可以表现任何商品的价值，衡量一切商品的价值量。货币在执行价值尺度的职能时，并不需要有现实的货币，只需要观念上的货币。例如，1 辆自行车值 200 元人民币，只要贴上个标签就可以了。当人们在作这种价值估量的时候，只要在他的头脑中有多少钱的观念就行了。用来衡量商品价值的货币虽然只是观念上的货币，但是这种观念上的货币仍然要以实在的货币为基础。人们不能任意给商品定价，因为，货币的价值同其他商品之间存在着客观的比例，这一比例的现实基础就是生产两者所耗费的社会必要劳动量。

商品的价值用一定数量的货币表现出来，就是商品的价格。价值是价格的基础，价格是价值的货币表现。货币作为价值尺度的职能，就是根据各种商品的价值大小，把它表现为各种各样的价格。例如，1 头牛价值 2 两黄金，在这里 2 两黄金就是 1 头牛的价格。

2. 交换媒介

在商品交换过程中，商品出卖者把商品转化为货币，然后再用货币去购买商品。在这里，货币发挥了交换媒介的作用，执行流通手段的职能。

在货币出现以前，商品交换是直接的物物交换。货币出现以后，它在商品交换关系中则起媒介作用。以货币为媒介的商品交换就是商品流通，它由商品变为货币（W—G）和由货币变为商品（G—W）两个过程组成。由于货币在商品流通中作为交换的媒介，它打破了直接物物交换和地方的限制，扩大了商品交换的品种、数量和地域范围，从而促进了商品交换和商品生产的发展。

由于货币充当流通手段的职能，使商品的买和卖打破了时间上的限制，一个商品所有者在出卖商品之后，不一定马上就买；也打破了买和卖空间上的限制，一个商品所有者在出卖商品以后，可以就地购买其他商品，也可以在别的地方购买任何其他商品。

3. 贮藏手段

贮藏手段是指货币退出流通领域充当独立的价值形式和社会财富的一般代表而储存起来的一种职能。

货币作为贮藏手段，是随着商品生产和商品流通的发展而不断发展的。在商品流通的初期，有些人就把多余的产品换成货币保存起来，贮藏金银被看成是富裕的表现，这是一种朴素的货币贮藏形式。随着商品生产的连续进行，商品生产者要不断地买进生产资料和生活资料，但他生产和出卖自己的商品要花费时间，并且能否卖掉也没有把握。这样，他为了能够不断地买进，就必须把前次出卖商品所得的货币贮藏起来，这是商品生产者的货币贮藏。随着商品流通的扩展，货币的权力日益增大，一切东西都可以用货币来买卖，货币交换扩展到一切领域。谁占有更多的货币，谁的权力就更大，贮藏货币的欲望也就变得更加强烈，这是一种社会权力的货币贮藏。货币作为贮藏手段，可以自发地调节货币流通量，起着蓄水池的作用。

4. 支付手段

货币作为独立的价值形式进行单方面运动（如清偿债务、缴纳税款、支付工资和租金等）时所执行的职能。

因为商品交易最初是用现金支付的。但是，由于各种商品的生产时间不同，有的长些，有的短些，有的还带有季节性。同时，各种商品销售时间也是不同的，有些商品就地销售，销售时间短，有些商品需要远销外地，销售时间长。商品的让渡同价格的实现在时间上分离开来，即出现赊购的现象。赊购以后到约定的日期清偿债务时，货币便执行支付手段的职能。货币作为支付手段，开始是由商品的赊购、预付引起的，后来才慢慢扩展到商品流通领域之外，在商品交换和信用事业发达的经济社会里，就日益成为普遍的交易方式。

在货币当作支付手段的条件下，买者和卖者的关系已经不是简单的买卖关系，而是一种债权债务关系。作为支付手段的货币一方面可以减少流通中所需要的货币量，节省大量现金，促进商品流通的发展。另一方面，作为支付手段的货币进一步扩大了商品经济的矛盾。在赊买赊卖的情况下，许多商品生产者之间都发生了债权债务关系，如果其中有人到期不能支付，就会引起一系列的连锁反应，使整个信用关系遭到破坏。

5. 世界货币

货币在世界市场上执行一般等价物的职能。由于国际贸易的发生和发展，货币流通超出一国的范围，在世界市场上发挥作用，于是货币便有了世界货币的职能。作为世界货币，必须是足值的金和银，而且必须脱去铸币的地域性外衣，以金块、银块的形状出现。原来在各国国内发挥作用的铸币以及纸币等在世界市场上都失去作用。

在国内流通中，一般只能由一种货币商品充当价值尺度。在国际上，由于有的国家用金作为价值尺度，有的国家用银作为价值尺度，所以在世界市场上金和银可以同时充当价值尺度的职能。后来，在世界市场上，金取得了支配地位，主要由金执行价值尺度的职能。

国际货币充当一般购买手段，一个国家直接以金、银向另一个国家购买商品。同时作为一般支付手段，国际货币用以平衡国际贸易的差额，如偿付国际债务、支付利息和其他非生产性支付等。国际货币还充当国际间财富转移的手段，货币作为社会财富的代表，可由一国转移到另一国，例如，支付战争赔款、输出货币资本或由于其他原因把金银转移到外国去。在当代，世界货币的主要职能是作为国际支付手段，用以平衡国际收支的差额。

纸币：货币的价值符号

约翰·劳是 18 世纪欧洲的一个金融家，以推行纸币而闻名。当时，欧洲各国货币还是采用金属本位，市场上不是金币就是银币，总之没有纸币。因为欧洲人民都觉得跟黄金白银相比，纸币太不可靠了。但是，约翰·劳先生说："不，纸币是一个国家繁荣的最好方法。"他的信念就是："要繁荣，发纸币。"

1715 年约翰·劳先生说纸币可以带来繁荣，可以轻松地还清债务。奥尔良公爵立刻听从了他的建议，授权约翰·劳这个英国人组建法国历史上第一家银行，发行纸币。在开业初期，约翰·劳先生坚守承诺，他的任何银行发行的纸币都可以立刻兑换相当于面值的金币，老百姓因此相信他的纸币是有价值的，争相持有。可是，到了后来，法国政府顶不住增发纸币的诱惑，纸币泛滥成灾，终于在 1720 年的某一天，人们发现纸币的面值已经超过了全国金属硬币总和的 1 倍还多，于是纸币崩溃了，不得不全数被折价收回，重新流通金属硬币。无数人遭受巨大损失，法国为此差点爆发革命。

这位约翰·劳先生可算得上是货币史上的一位大名鼎鼎的人物。他发行纸币这个观念本身并没有错，那么，约翰·劳先生为什么会失败呢？约翰·劳后来的错误在于，他将创造货币等同于创造财富。然而，对于国家而言，重要的不是创造货币，而是创造财富。

纸币作为货币的价值符号，现在已经通行世界，如中国的人民币、美国的美元等都是一个国家的法定货币，由国家的中央银行统一发行、强制流通，以国家信用作保障，私人不能印制、发行货币。纸币本身没有金属货币那种内在价值，纸币本身的价值也比国家确定的货币价值要小得多，它只是一种货币价值的符号。

纸币本身不具有价值，虽然也是货币的一种，但不能直接行使价值尺度职能。纸币是当今世界各国普遍使用的货币形式，而世界上最早出现的纸币，是中国北宋时期四川成都的“交子”。中国是世界上使用纸币最早的国家。

纸币诞生后，在很长的时间内只能充当金属货币（黄金或白银）的“附庸”，就像影子一样，不过是黄金的价值符号。国家以法律形式确定纸币的含金量，人们可以用纸币自由兑换黄金，这种货币制度也被称为金本位制。在很长的历史时期里，金本位制是人类社会的基本货币制度，但它存在着先天无法克服的缺陷。

困扰金本位制的就是纸币和黄金的比价和数量问题。当依据黄金发行纸币的时候，必须确定一个比价，而此后不论是黄金数量发生变化还是纸币数量发生变化，原先的比价都无法维持，金本位制也就无法稳定运行。这个问题在后来的布雷顿森林体系中仍然存在，并最终导致了布雷顿森林体系的崩溃。

金本位制最终崩溃并退出历史舞台表明，纸币再也不能直接兑换成黄金，也就是不能直接兑换回金属货币，纸币这个金属货币的“附庸”终于走上了舞台的中央，成为货币家族的主角。

在我国，人民币是中华人民共和国的法定货币，由政府授权中国人民银行发行。1948 年 12 月 1 日，中国人民银行在华北解放区的石家庄成立，并在成立之日开始发行钞票，即第一套人民币。这套人民币共有 12 种面额，最大面额为 5 万元，最小为 1 元。票面上的“中国人民银行”六个字由时任华北人民政府主席并主持中共中央财经工作的董必武同志亲笔题写。由于当时中国正处于解放战争时期，人民解放军打到哪里人民币就发行到哪里，所以第一套人民币曾先后在石家庄、北平、上海、天津、西安、沈阳等十几个地方印制过，版面多达 62 种。

人民币的发行为中华人民共和国成立后统一国内市场货币、建立中国的货币制度奠定了基础。但是由于第一套人民币面额大、票面种类较多、印制粗糙、说明文字多为汉字一种等缺陷，也给管理和使用带来许多困难。1955 年 3 月 1 日，中国人民银行奉命发行第二套人民币，新发行的人民币面额较小，计价结算较为简单，且说明文字增加到汉、蒙、藏、维吾尔四种，便于在少数民族地区流通。同年 4 月 1 日，第一套人民币停止流通。

1962 年和 1987 年，中国人民银行又发行了第三、第四套人民币，除印制更加精美外，为扩大流通范围，票面上的说明文字又增加了壮文、汉语拼音和盲文。1999 年 10 月 1 日——共和国 50 岁生日的时候，中国人民银行首次推出了完全独立设计、印制的第五套人民币，与国际进一步接轨的人民币以崭新的面貌担负起新时期的重任。

电子货币："无脚走遍天下"

6 月的某天，北京正值盛夏，一直热衷于网购的小岩在客厅里一边吃西瓜，一边在线浏览琳琅满目的商品。在澳大利亚的一个网站上，她看上了一款澳洲本地羊皮袄，通过"海外宝"的简单几步点击操作，便很快将它收入囊中。

难以置信，人们足不出户，就可以坐在家里在网上商店购买商品，鼠标一点就可以完成货币支付。走进商场享受购物快乐，也不需要带上厚厚的现金，只要带一张薄薄的磁卡，轻轻一刷输入密码就可以完成交易。甚至出国旅行，也只需要带上一张小小的磁卡就可以了。这就是电子金融服务。它的特点是通过电子货币在网上进行即时电子支付与结算。以至人们可随时随地完成购物消费活动，进行货币支付。

像小岩热衷的网购实际上就是网上金融服务的一种，它包括了人们的各种需求内容，网上消费、家庭银行、个人理财、网上投资交易、网上保险等。网上支付的电子交易需要安全认证、数据加密、交易确认等控制，为了确保信息安全。而这一切，都依赖于电子货币的产生和发展。

电子货币，是指用一定金额的现金或存款从发行者处兑换并获得代表相同金额的数据，通过使用某些电子化方法将该数据直接转移给支付对象，从而能够清偿债务。

电子货币的产生首先是因为电子商务的产生，因为电子商务最终还是需要支付结算，这就需要有电子支付。但电子货币本质上并没有改变货币的本质，只是在形式上发生了变化。电子货币的出现方便了人们外出购物和消费。现在电子货币通常在专用网络上传输，通过设在银行、商场等地的ATM机器进行处理，完成货币支付操作。电子支付手段大大减少了经济运行的成本。电子货币相对于纸币，具有以下几方面的特点：

第一，以电子计算机技术为依托，进行储存、支付和流通；第二，可广泛应用于生产、交换、分配和消费领域；第三，融储蓄、信贷和非现金结算等多种功能为一体；第四，电子货币具有使用简便、安全、迅速、可靠的特征；第五，现阶段电子货币的使用通常以银行卡（磁卡、智能卡）为媒体。

欧洲人早在个人计算机出现之前就意识到电子支付的好处。长期以来，欧洲人采取的都是直接转账的方式，由银行直接为消费者支付账单转移资金，尤其是芬兰和瑞典等互联网用户比例引领世界的国家，三分之二的交易都是通过电子方式完成的。芬兰和瑞典等国家网络银行客户的比例也超过了世界上其他的国家。

就现阶段而言，大多数电子货币是以既有的实体货币（现金或存款）为基础存在的，具备“价值尺度”和“流通手段”的基本职能，还有“价值保存”“储藏手段”“支付手段”“世界货币”等职能，且电子货币与实体货币之间能以1：1的比率进行交换。

只有在高科技基础建设存在的情况下，电子货币才能以有效率和有效的方式在电子商务中被使用。有人认为，如果欲使电子货币成为未来“可流通”的货币，并且能够“使人信赖其安全性”的话，则此安全性技术自应受到政府管制，否则若无一定的监管标准，电子货币的信用何存？又如何能流通？但是，这里的问题是，政府监管的尺度应如何把握？政府的过分管制就会对技术的发展造成妨碍，这对于快速发展的电子商务是致命的，但是如果不加以管制，电子货币的信用就难以树立，因此把握政府管制的尺度是非常重要的。

电子货币无影无形，它依托金融电子化网络为基础，以商用电子化机具和各类交易卡为媒介，以电子计算机技术和通信技术为手段，以电子数据形式存储在银行的计算机系统中，并通过计算机网络系统以电子信息传递形式实现流通和支付功能的货币。银行卡就是我们常见的电子货币的载体之一。

由于电子货币使用十分方便，几乎所有的支付都可以用电子支付的方式完成，网上支付和银行卡支付已经成为目前我国电子支付的主流。在我国，全国性的商业银行目前都开通了网上银行业务，绝大多数经济发达地区的地方性商业银行也开通了网上银行服务，另外还有100多家非金融机构在从事网上支付业务。货币的每一次演变都让人惊奇。电子货币更是货币史上一次神奇的改变。近年来，随着网络日益商业化的发展，电子商务化的网上金融服务已经开始在世界范围内开展。

于是，人们提出一个构想：未来是否会进入一个无现金的社会？1975年，《商业周刊》曾经预言："电子支付方式不久将改变货币的定义，并将在数年后颠覆货币本身。"但电子货币由于缺乏安全性和私密性，短时间内并不能导致纸币体系的消亡。

正如马克·吐温所说："对现金消亡的判断是夸大其词了。"作为转移支付手段，大多数电子货币不能脱离现金和存款，而只是用电子化方法传递、转移，以清偿债权债务实现结算。因此，现阶段电子货币的职能及其影响，实质是电子货币与现金和存款之间的关系。

虚拟货币：互联网时代的新奇产物

1998年，当奥斯卡最佳女配角伍皮·戈德堡成为F1ooz.com的主要赞助人时，她希望F1ooz.com能成为全新的网络虚拟货币供应商。这实在是超前而大胆的想法，那时可没有多少人相信网络货币能成为一种"流行"的应用，并成为真正能与金钱兑换的、有价值的东西。然而现在，这种超前的眼光正在得到证实。当初，F1ooz.com的梦想是取代信用卡，成为在线货币提供商，只要在F1ooz.com上花钱购买一定数量的网络货币，就可以在加盟的零售店中购物，这种想法有点类似于商场提供的代金券。不过，由于当时的经济环境还远未超前到能够接受那样的新生事物，因而F1ooz.com的命运当然摆脱不了最终在2001年互联网冰点时遭遇倒闭的厄运，当时钟的脚步在转向了2005年以后，情况发生了根本的变化：虚拟货币在全世界风行，一个崭新的网络虚拟货币时代已经到来！

互联网的繁荣催生了一个全新的词汇："网络虚拟货币"。在这个虚拟的全新的世界里，流通着比特币、腾讯Q币、网易泡币、新浪U币、魔兽币、天堂币、盛大专券、各种点卡，游戏玩家们可以用人民币换取五花八门的游戏币，再去购买虚拟世界所向披靡的武器，虚拟的货币交换着虚拟的财产。现在甚至有很多专门提供虚拟货币与人民币进行双向兑换的网站，使虚拟货币逐渐成为一种可以流通的等价交换单位。虚拟货币时代就这样到来了！

那么，这些所谓的网络虚拟货币到底指什么？都有哪些种类呢？

虚拟货币即非真实的货币。在虚拟与现实有联系的情况下，虚拟的货币有其现实价值。说到虚拟货币，大家往往觉得那是一种不够“实在”的东西，但实际上，我们都曾或多或少地与它打过交道。比如说银行电子货币其实就是一种初级阶段的虚拟货币，但是它只具有虚拟货币的形式，如数字化、符号化，并不具有虚拟货币最重要的特质——个性化。

虚拟货币种类虽然繁多，但是就其本质而言也不外乎三个种类：

第一类是我们都熟悉的游戏币。最初，不同的游戏币只能用于相应的游戏，不能跨游戏使用，且数量难以控制。游戏玩家可用游戏币购买游戏道具以及各种装备，但不与现时流通的法定货币发生直接兑换关系。也就是说，在单机游戏时代，主角只能靠打倒敌人、进赌馆赢钱等方式积累货币，然后购买道具和装备，并在自己的游戏机里使用。那时，玩家之间没有“市场”。自从互联网建立起门户和社区，实现游戏联网以来，虚拟货币便有了“金融市场”，玩家之间可以交易游戏币。

第二种是门户网站或者即时通讯工具服务商发行的专用货币，这种虚拟货币可用于购买本网站内的服务。其中使用最广泛的当然要数腾讯公司的Q币，Q币可用来购买会员资格、QQ秀等增值服务。

第三种网络虚拟货币我们还不是很熟悉，这种虚拟货币对金融系统的冲击更大，似乎生来就为了攻占现实货币的地盘。最典型的例子是美国贝宝公司发行一种网络货币，这种货币可用于网上购物。这跟银行卡付款并没有太大区别，而且服务费还要低得多，更重要的是，一旦发生国际交易，交易者甚至不必考虑汇率。

目前，最有名的虚拟货币当属比特币了。比特币的概念最初由中本聪在2009年提出，是根据中本聪的思路设计发布的开源软件以及建构于其上的P2P网络。比特币是一种P2P形式的数字货币。点对点的传输意味着一个去中心化的支付系统。

与大多数货币不同，比特币不依靠特定货币机构发行，它依据特定算法，通过大量的计算产生，比特币经济使用整个P2P网络中众多节点构成的分布式数据库来确认并记录所有的交易行为，并使用密码学的设计来确保货币流通各个环节安全性。P2P 的去中心化特性与算法本身可以确保无法通过大量制造比特币来人为操控币值。基于密码学的设计可以使比特币只能被真实的拥有者转移或支付。这同样确保了货币所有权与流通交易的匿名性。比特币与其他虚拟货币最大的不同，是其总数量非常有限，具有极强的稀缺性。该货币系统曾在 4 年内只有不超过 1050 万个，之后的总数量将被永久限制在 2100 万个。

比特币可以用来兑现，可以兑换成大多数国家的货币。使用者可以用比特币购买一些虚拟物品，比如网络游戏当中的衣服、帽子、装备等，只要有人接受，也可以使用比特币购买现实生活当中的物品。

许多面向科技玩家的网站，已经开始接受比特币交易。包括 Mtgox，苹果之类的网站，以及淘宝某些商店，甚至能接受比特币兑换美元、欧元等服务。毫无疑问，比特币已经成为真正的流通货币，而非腾讯 Q 币那样的虚拟货币。国外已经有专门的比特币第三方支付公司，类似国内的支付宝，可以提供 API 接口服务。

货币需求：对持有货币的要求程度

假设你是一位正处于热恋中的小伙子，你很爱你的女朋友。有一天，你们一起逛商场时，你那位漂亮的女朋友看上了一套衣服。这套衣服实在是价格不菲，要花 3000 元！但为了取悦她，你还是决定为她买下这套衣服。可不巧的是，你已经把钱都买了债券和股票。这时，你就遇到了流动性短缺问题。为了不让你的女朋友失望，你有两种办法：第一，卖出部分债券或股票；第二，向亲朋好友借钱。在第一种情况下，卖出债券或股票要缴纳一定的佣金和印花税，如果你应了那句“情场得意、赌场失意”的话，卖出时的价格比买进时还要低，那么你就要遭受资本损失。在第二种情况下，如果借给你钱的那位朋友不讲义气，乘机宰你一把，要求 3% 的利息，你又要发生一笔支出了。虽然你的目的达到了，女朋友也很高兴，可是你心里难免会为遭受的非流动性成本而闷闷不乐。

在这样一次教训之后，你学精了，在与女朋友一起逛商场时，为了应付上述突发的货币支出，你决定随身带上 6000 元现金，足够她买一两套高档服装。但是这 6000 元在你的钱包里闲置了 3 个月后，你的女朋友才再次产生购买高档服装的欲望。如果存银行的年利率为3%，在这3个月里你损失了45元利息，你又遭遇了机会成本。钱虽然不多，但也足够你们来回打车的钱。

看来在身上装的现金太少和太多都不好。现金少了，有非流动性成本；现金多了，则有持有货币的机会成本。保留多少现金在身边真是一项需要好好琢磨的经济问题，这就和货币需求有关。

货币需求指经济主体（如居民、企业和单位等）能够并愿意持有货币的行为。经济学意义上的需求指的是有效需求，不单纯是一种心理上的欲望，而是一种能力和愿望的统一体。人们之所以对货币有需求，是因为货币是最具方便性、灵活性、流动性的资产，持有货币能满足人们对商品的需求。由于不同国家在经济制度、金融发展水平、文化和社会背景以及所处经济发展阶段的不同，影响货币需求的因素也会有所差别。

著名的经济学家凯恩斯认为，人们之所以持有货币，不仅是为了完成当期交易，而且还用来预防意料之外的需求，这一认识使得凯恩斯超越了古典分析的框架。例如，你一直想买一套时髦的音响，在途经一家商店时，恰好发现你想要的商品正在减价50%出售。此时，如果你持有为预防诸如此类事件发生的货币，就可以立即购买，否则你就只能坐失良机。此外，当你遇到意想不到的支出，比如汽车大修理或住院，预防性货币则可以马上派上用场。

我们到底有多少钱呢？这个看似简单的问题其实并不是那么好回答的。张大娘在菜市场门口拉住李大妈说：“老李，你借我20元钱买些菜吧，我今天出门钱没带够。”这里张大娘口中的“钱”是指她身上的现金。

白领小杨给他的一个好哥们儿打电话：“强子，借点钱给我当生活费吧，我连烟钱都没有了。”电话那边说：“怎么又没钱了，上周不是刚发的工资吗？”小杨讪讪地说：“我那钱都让股票给套牢了，取不出来呀！”这边小杨口中的“钱”指的是他可以随时支用的资金，包括现金和银行活期存款。

听说工商银行的微小企业贷款非常迅速和便利，还不用担保和抵押，做五金生意的老周赶紧让他老婆去工商银行办理小额贷款。老周老婆说：“咱家不是还有些存款吗？为什么要去银行贷款啊？”老周解释说：“现在五金行业有搞头，我打算再开一家分店，但是我们手头的钱不够扩大店面的。”这里，老周一家人口中的“钱”指的是他家的现金、活期存款和定期存款。

年轻人大鹏在公交车上挤得满头大汗，突然看见一个跟他差不多年纪的青年开着一辆宝马敞篷车从公交车旁飞驰而过。大鹏不服气地对一旁的朋友说："不就是'富二代'嘛，有什么了不起，仗着家里有钱就在街上嚣张，18 年后我儿子也是一个'富二代'呢。"这时大鹏口中的"钱"指的是现金、银行活期和定期存款以及个人固定资产。

6 岁的小朋友豆豆正在聚精会神地听《新闻联播》，跟着播音员学习说标准的普通话："初步核算，全年（2013 年）国内生产总值 568845 亿元，按可比价格计算，比上年增长 7.7%。"听到这里，豆豆兴奋地跳了起来，大声喊道："妈妈、妈妈，你快来看呀，我们国家有好多钱呢，50 多万亿元可以让我买好多好多的奥特曼、喜羊羊和灰太狼了吧！"豆豆不了解的是，电视里说的 50 多万亿元国内生产总值，也就是我们平常所说的 GDP，是指一个国家或地区在一定时期内（通常为一年）运用生产要素所生产出的全部最终产品和劳务的价值。

那么，我们到底有多少钱呢？要准确地回答这个问题，我们必须清楚货币的划分与归类。现阶段影响我国货币需求的因素主要如下：

1. 收入

近年来，随着人们收入水平的不断上升，以及经济货币程度的提高，货币在经济生活中的作用领域不断扩大，使得我国的货币需求不断增加。

这是因为在市场经济中，各微观经济主体的收入都是以货币形式获得的，其支出也都要以货币支付。可以这样理解，收入的提高，使得社会财富增多，支出也就会相应扩大，因此就需要更多的货币量来满足商品交易。所以，收入与货币需求量是同方向变动关系。

2. 利率

利率的高低决定人们持有货币机会成本的大小，利率越高，持币成本越大，此时人们会减少货币的持有量，而选择购买生息资产以期获得高额利息收益；相反，利率越低，持币成本越小，人们的货币持有量就会增加，而选择减少购买生息资产。

可见，利率的变动与货币需求量的变动是反方向的。例如，1988 年全国零售物价指数上升 18.5%，而当时一年的定期储蓄利率仅为 7.2%，实际利率为负的状况导致了人们大量提取存款，抢购商品，货币需求急剧上升。于是，政府很快采取物价指数保值的储蓄办法，随后实际利率上升，挤兑抢购的状况很快得到扭转，储蓄余额又开始上升，货币需求回落。

3. 价格

货币需求表示在一定价格水平上，人们从事经济活动所需要的货币量。在商品和劳务量既定的条件下，价格越高，用于商品和劳务交易的货币需求也必然增多。因此，价格和货币需求，尤其是交易性货币需求之间，是同方向变动关系。

现实生活中，由商品价值或供求关系引起的正常价格变动对货币需求的影响是相对稳定的，而由通货膨胀造成的非正常价格变动对货币需求的影响则极不稳定。新中国成立以后，我国几次通货膨胀期间都曾不同程度地出现了提款抢购、持币待购的行为，造成了这些时期货币需求超常增长。可见，价格因素对货币需求的影响很大。

4. 货币流通速度

货币流通速度是指一定时期内货币的转手次数。一定时期的货币总需求就是货币的总流量，而货币总流量为货币平均存量与速度的乘积。在用来交易的商品与劳务总量不变的情况下，货币流通速度的加快会减少现实的货币需求量。反之，货币流通速度的减慢则会增加现实的货币需求量。因此，货币流通速度与货币总需求呈反方向变动关系。

5. 其他因素

如民族特性、生活习惯、体制变化、对利润与价格的预期变化、财政收支引起的政府货币需求的变化、信用发展状况、金融服务技术与水平等，都会影响货币需求。

货币供给：社会运转究竟需要多少钱

央行货币政策司司长戴根有曾经针对货币供应量是否偏紧的问题，打了一个形象的比喻：假如有四十份饭，四十个学生，如果分配均匀，刚刚好，每一个学生都能吃饱。这是一个不错的比喻——用吃饭来阐述社会资金供求关系。控制流通中的货币总量与总需求保持基本平衡正是戴根有所领导的部门职责所在。因此，如果满足了市场的需求，就意味着投放的货币总量达到了预期的目标。

我们可以采用这样简单的故事来说明：

在一个小小的海岛上面住着三个人：一个农民、一个铁匠、一个养牛人。岛上流通的货币为一种珍稀的海贝。现在假设每个人有2个海贝，以便购买别人的产品。假设第一年农民生产3份粮食，铁匠生产3份铁具，养牛人出栏3头牛。这样这个社会是经济平衡的：农民卖出2份粮食给铁匠和养牛人，留一份自己使用，铁匠、养牛人也是如此。那么这一年下来，农民自己享用了自己生产的一份粮食和一份铁具、一头牛，并且仍有2个海贝，铁匠、养牛人也是如此。这样货币流通次数也只是一次。第二年他们同时扩大生产，将产品数量增加到以前的2倍。但是生产成本也增加了，如农民以前只用一份铁具就可以完成3份粮食生产，但他得增加消耗2份铁具才能实现6份产量的目标，其余类推。因为他只有2个海贝，所以他不能同时购买2份铁具和2头牛，他需要4个海贝，那他能怎么办呢，第一种情况：他先各买一份，安排生产，等生产出来产品，卖出后再买第二份，安排下一步生产。铁匠、养牛人也是如此，这时货币的流通次数为2次。假使农业生产是春种秋收，不能按半季来算，那么这个农民要增加生产，他必须一下买到2份铁具和2头牛。于是有了第二种情况：他只能先借铁具和牛各一份，那么这就产生了货币需求。第3种情况：我们分别再给他们3个海贝，那么货币需求就平衡了。

这就涉及一个货币供给量的问题。那么，维持一个社会健康运转又需要多少货币呢？货币的供给与需求又与什么有关呢？

货币数量论对以上问题作出了如下阐释：在其他条件不变的情况下，物价水平的高低和货币价值的大小由一国的货币数量所决定。货币数量增加，物价随之正比上涨，而货币价值则随之反比下降。反之则相反。也就是说，在货币数量变动与物价及货币价值变动之间存在着一种因果关系，假定其他因素不变，商品价格水平涨落与货币数量成正比，货币价值的高低与货币数量的多少成反比。随着经济学的发展，凯恩斯提出了一个著名的有效需求理论。他的观点很明确：货币的供给与货币的需求决定了利息率的高低，而利息率的高低同时支配着投资需求。利息越高人们持有货币在手中所付出的代价越大，利息越低人们持有的货币的数量越多。

货币供给的主要内容包括：货币层次的划分、货币创造过程、货币供给的决定因素等。在现代市场经济中，货币流通的范围和形式不断扩大，现金和活期存款普遍认为是货币，定期存款和某些可以随时转化为现金的信用工具（如公债、人寿保险单、信用卡）也被广泛认为具有货币性质。

货币创造（供给）过程是指银行主体通过其货币经营活动而创造出货币的过

程，它包括商业银行通过派生存款机制向流通领域供给货币的过程和中央银行通过调节基础货币量而影响货币供给的过程。

决定货币供给的因素包括中央银行增加货币发行、中央银行调节商业银行的可运用资金量、商业银行派生资金能力以及经济发展状况、企业和居民的货币需求状况等因素。货币供给还可划分为以货币单位来表示的名义货币供给和以流通中货币所能购买的商品和服务表示的实际货币供给两种形式。

货币供给通常包括三个步骤：

第一，由一国货币当局下属的印制部门（隶属于中央银行或隶属于财政部）印刷和铸造通货；

第二，商业银行因其业务经营活动而需要通货进行支付时，便按规定程序通知中央银行，由中央银行运出通货，并相应贷给商业银行账户；

第三，商业银行通过存款兑现方式对客户进行支付，将通货注入流通，供给到非银行部门手中。

作为人民币发行流通中的起始环节，担任国家法定货币生产设计、印刷的印钞厂、造币公司、钞券设计公司等企业因属于特种行业，在老百姓心目中一直戴着“神秘”的面纱。

随着 2010 年全国几大造币企业面向应届毕业生的集中招聘计划逐渐展开，造币厂的“神秘感”正在渐渐退去。2010 年 3 月以来，中国印钞造币总公司、钞券设计公司和国内 5 大造币厂等企业启动了规模最大、最集中的招聘计划，用人需求量超过 100 人。印钞公司扩招与货币增发有一定的关系。2005 年底市场货币流通量是 2.4 万亿，至 2010 年 11 月底，市场货币流通量已达 4.23 万亿。将近 5 年的时间，市场货币流通量增长了近 80%。2001 ~ 2005 年，货币供应增速超过 GDP+CPI 增速的幅度是 5.4 个百分点，2003 ~ 2007 年超过幅度是 2.8 个百分点。

货币虽然由中央银行供给，但中央银行并不直接把通货送到非银行部门手中，而是以商业银行为中介，借助于存款兑现途径间接将通货送到非银行部门手中。由于通货供给在程序上是经由商业银行的客户兑现存款的途径实现的，因此通货的供给数量完全取决于非银行部门的通货持有意愿。非银行部门有权随时将所持存款兑现为通货，商业银行有义务随时满足非银行部门的存款兑现需求。如果非银行部门的通货持有意愿得不到满足，商业银行就会因其不能履行保证清偿的法定义务，而被迫停业或破产。

第二章　“金融”改变我们的生活

——关于金融的财经常识

金融要回归它的本质，它是服务，它服务于实业、它服务于居民、服务于储蓄储户、服务于投资者。金融是一种中介，它是在中介的位置上为两头做服务，这是金融的本质。金融会产生很多衍生工具、产生很多投资和理财的工具等等。但是这个产品如果脱离了服务，脱离了它服务的对象，或者脱离得太远，很多问题就会出现。

——樊纲

（北京大学教授，任中国经济体制改革研究会副会长，中国改革研究基金会理事长，国民经济研究所所长）

金融如何创造财富

生活在现代社会，务必要了解一下金融学，因为金融学研究的就是关于金钱的问题，货币就是它的研究对象。更重要的是，当你推开金融学的大门，你会发现，金融无处不在。

随着社会经济的发展，大量西方发达国家的金融知识或金融产品被引入，同时普通民众接触到越来越多的关于金融的实际问题。伴随着金融业的发展、老百姓日常理财和投资需要的增加，特别是网络这一全方位学习媒介的普及，越来越多的人通过学习理论知识、亲身参与金融理财实践，加深了对金融学认识的广度和深度，而这些金融学知识也往往成为他们获取更多财富的重要路径。

以前，企业经济和金融甚至都可以分开，联系还不是那么紧密；而现在，全球经济紧紧地绑在一起，企业经济和金融也无法分开，更重要的是，金融已经和每个人绑在一起了，金融和实体经济相互影响和渗透，跟人们的生活密切相关。

所以无论是生活还是经营，在现在这个社会里，都已经离不开金融了。我们说，有投入才有产出，产出就是财富。所有的产业都一样，包括农业、工业和服务业，都是以创造财富为目的的。在早期的农业社会，财富是粮食，是农作物；在工业社会，财富就是产品，生产出多少产品就是创造了多少财富；在服务业发达的今天，财富的创造逐渐从农业和制造业转移到服务业上，而服务业里面，创造财富最多的，莫过于金融业了。

不少人都有这样的疑问：金融是如何创造财富的呢？财富被产生出来的标志就是用少量成本或者不用成本创造出更多价值来。这种所谓不花成本的东西，我们称之为生产要素，主要包括自然资源、劳动力以及资本。资本呢，有些场合可以俗称钱。那么很显然，用钱生钱似乎比用其他两种要素生钱效率更高，这就是金融业的作用。

我们都知道，同样是钱，同样是财富，在不同的时间和不同的地点，它们带来的效益是不一样的。举个例子说，同样100块钱，对于一个富人来说可能毫不在意，随手撕掉毫不放在心上；但是对一个穷人来说，100块钱很有用，也许可以为孩子买一罐奶粉，也许正好给年迈的父母买上一盒急用药，也许是家里好几天的买菜钱。这就是资金的效用不同。另外，相同的钱用在不同的地方带来的收益也完全不同。

比如还是那100块钱，有些人可能拿来买吃的，被消费掉了；而有些人则有可能拿来投资，放到股市里从而赚来更多的钱。那么金融就有这么一个作用，在没有金融的时候，人们钱多了只能储藏起来，而有金融系统以后，人们钱多了则有很多选择，可以放在银行里拿利息；可以放到证券市场上去投资，等待股息分红；可以购买保险、国债等等。这些活动有一个共同的地方，就是有闲钱的人把暂时闲置的资金拿出来，同时还有一定的收益可能；而另外一些资金可能不足但是有大好商机的人就可以先利用这一笔钱去赚钱，给提供资金的人一些回报就行。当然，金融是有风险的，这个风险则是每个人都需要承担的。但是与风险相对应的就是收益，金融创造出的巨大财富吸引广大资金闲置者将剩余资金放到金融市场里，以便为自己创造更多的财富。

作为老牌强国英国，资产阶级革命以后，随着资本市场的逐渐发展，股票和债券市场也随之建立起来。英国政府借助债券市场的力量，以较低的利率筹集到大量资金，不仅满足了各项经费开支，还利用这些资金建立起了一支强大的军队。英国在股票市场上也很有作为，英国的企业在股票市场上筹集到企业运营所必需的资金，同时所有的股东都根据投资额度而享有相应的有限责任，因此许多投资者都能够积极参与到企业的发展中去，全心为企业的发展着想。

美国的金融市场更不必说，几乎可以这么说，美国的崛起与金融是密不可分的。美国的独立战争以及南北战争，也欠下很多的战争债务。在独立战争之后，面对各种债务，财长汉密尔顿很轻松地化解了这些难题，其途径其实特别简单，就是发行了三只新债，并且进行债务重组，除了化解债务危机之外，还为华尔街的兴起奠定了坚实基础。

华尔街所创造的财富自然不必在这里强调，几乎大部分资本都会跑到华尔街。这充分证实金融对财富创造的一个巨大贡献。另外，几乎人尽皆知的一个人物——股神巴菲特，他的资产几乎都是通过股市这一金融活动所赚来的。再近一点，说我们的上海陆家嘴金融中心，那里林立的高楼中没有工厂，也不生产任何我们能看一看摸一摸的产品，但那些写字楼里坐着的，都是收入远远高于日夜不停劳作的工人的有钱人。这些有钱人都是金融创造出来的，金融不只创造了巴菲特一个，而是创造了千千万万拥有很多资产的人。

从个人来说，重要的就是个人理财。时间往前倒退二三十年，大部分人说起理财恐怕只有一个途径：存钱。而现在，很多人都知道投资理财有多种途径，鸡蛋不能放在一个篮子里。我们除了要规避投资风险，同样要注意储蓄的收益可能被通货膨胀抵消，所以很多人会进行股票、债券、保险、国债、基金以及不同期存款搭配选择来进行资产的保值增值。这种选择很显然，全是在金融系统里运作。

所以说，如今的生活中，越来越多的财富是被金融创造出来的，金融在经济生活中的作用也将越来越重要，我们每个人都应当越来越重视金融的作用，要更加深入地去了解和学习金融知识。

钱多并未让人感到幸福

钱多起来了，这句话用来形容中国确实一点也不过分。首先国家很富有，这没的说，我们的外汇储备多得都让专家们忧虑了；从人们的个人财富上来说，也确实比以前多了起来，同数十年前相比，生活水平是大大提高了，同30年前比，那改变更是天翻地覆。但是，如今人们的幸福感，也许还不如30年前呢？

为什么中国钱多了许多人并不感到富有？陈志武教授说过这么一段话：以前基于亲情和友情从而实现的互助互惠的经济活动，如今已经是市场化、经济化的东西了，全部都渗透了隐性的金融交易。而现实里显性金融服务，如保险、养老、信贷以及其他投资产品又无法跟上，保障不够健全，那么中国人在钱多起来的同时，可能仍旧很不安，甚至更加不安。就像我们古有养儿防老的说法，而现在老子不要养儿子已经很好了，生活压力似乎远超过我们的收入，即使今天能过着富有的生活，但人们对未来总是惴惴不安。这会导致人们的一个储蓄偏好，消费跟不上收入水平，因而会导致内需不足，无法增长，总体的经济增长仍然需要大量依靠外需来拉动，而国人的幸福感也无法提升。

所以，说起来是人们富起来了，但是金融工具没跟上。中华民族是古老勤劳的民族，勤劳一直都是美德，但是中国人历来勤劳却不够富有。因为我们缺少金融工具，没有丰富的产业资本和生产资金。改革开放之初，我们是没有资金，无法解决发展中需要资金的问题，因此要广引外资，借助外资的力量和技术来带动我们自身经济的发展。随着改革开放的深入，我们资金也引来了，技术也引来了，制度也开始效仿和创新了，各方面都发展上去了，但是金融的创新还没跟上。

另外，随着经济每年稳步增长，经济增长率在世界也是备受瞩目，人们财富增加的同时消费水平也逐渐提高，很平常的日常活动也需要大量金钱的支持，收入多了，支出也多了，于是总体上人们就感觉不到财富增加了多少。另外，一个很重要的因素，通货膨胀一直伴随着人们的生活，通货膨胀预期从来就没有减少，甚至日趋加深。人们的财富因通货膨胀抵消的程度很大，甚至导致了人们不敢消费又不敢储蓄的双重困境。一方面，因未来的不确定性以及防范风险和意外的需要导致不敢消费；另一方面，储蓄所得收益甚至都比不上通货膨胀率，钱放在银行里不仅没有增值，反而保值都困难，大量储蓄面临贬值的风险。

现在的保障体系还不完善，无论城市居民还是农村居民的保险都还有很多不健全的地方。经济活动的广泛导致生活环境质量日益下降，一些百姓生活最关心最重要的问题仍然不能够很好地解决，所以说个不好听的比喻，即使人们睡觉的时候手中还捏着钱，做的梦也许还是不安稳的，更谈不上幸福感。

在幸福感里面，一个很突出的问题就是房子的问题。在中国的文化里，本身就有一种置业文化，就类似于有房才有家的感觉。没有房子，即使结婚生子，却仍让人感觉浮萍无根，内心始终不觉得安定和充实，总有那么一种空虚感存在。因此，不管怎样，每个人几乎都有这么一个目标：要为房子而奋斗。即使是老年人，也许也还要为下一代操心，为儿女的房子付上首付才算完事。这反映了一个现实：除了房子这个本身不动产不可流通之外，人们的消费力度更加下降，流通性更加减弱，因此更加阻碍了经济的增长。

我们再想一想，为什么我们总感觉美国人那么有钱？为什么他们很乐意全世界到处乱跑去旅游？为什么他们敢于赚多少钱花多少钱，花没了再去赚？这一方面是观念上的差异，东西方消费观确实存在很大的不同；另外一个就是西方国家保障比较好，而我们则还有相当的差距。还有一个重要的原因，就是美国金融系统发达，他们的资金很自由。相对来说，中国金融则没那么发达，这是我们经济和制度需要努力发展和创新的方面之一。

金融家可以玩转世界

掌控世界需要哪些条件？肯定很多人首先想到：要有权。没权，你说话谁听？当然，还必须得有钱。美国选总统要不要钱？要，不仅要，还得用钱砸出来。因此两类人最有可能掌控世界：政治家和金融家。

金融家的重要性究竟有大，下面的两则故事足以说明问题。

对金融有所了解的人都知道有个神秘的罗斯柴尔德家族，对普通人来说，人们知道拿破仑，知道威灵顿，知道林肯，知道今天的巴菲特、乔布斯等人，但对这个名字和家族却比较陌生。

罗斯柴尔德家族的第一个成员叫梅耶，他是一个投资奇才。1770 年梅耶成为法兰克福的皇宫代理人，之后还获得了罗马帝国“帝国皇家代理”的头衔，奠定了罗斯柴尔德家族在法兰克福的金融地位。除了他自己之外，梅耶有五个儿子，同样都是投资奇才。大儿子阿姆斯洛驻扎法兰克福，其他几个儿子则分派到欧洲其他国家。最后形成的家族格局是以法兰克福为中心，所罗门驻扎维也纳，内森占领伦敦，卡尔分管那不勒斯，詹姆斯占据巴黎。

首先来介绍一下内森占领英国的故事。1789 年法国大革命爆发后，政治家忙着战争，投资家也没闲着。当拿破仑和威灵顿将军在前线激烈交战的时候，英国的内森在密切关注战事，他利用自己的间谍在第一时间内打探到滑铁卢战争的胜负，迅速抄底英国国债，一天之内就狂赚了 20 倍的金钱。而其他人得到前线传来的战争结果整整比内森的情报晚了一天！威灵顿和拿破仑在几十年战争中所赚到财富的总和，都不及内森在这一天里所赚的多！

再来说说所罗门。当时的奥地利四处征战，大家都知道战争不仅仅需要人力，还需要武器，需要武器就需要大量经济力量的支撑。所罗门首先结交外交大臣梅特涅，在取得梅特涅的信任和重用之后，所罗门便向奥地利提供大量贷款，迅速成为王室最大的债权人，控制了奥地利的财权。

在巴黎的詹姆斯也一样。利用家族的关系，詹姆斯大量购买法国国债以哄抬国债价格，价格被哄抬以后他们又大量抛出，致使国债价格急剧下跌，而詹姆斯则财富空前，成为法国名副其实、无可争议的金融寡头。卡尔在那不勒斯建立那不勒斯银行，正好意大利需要大量军用贷款，借此机会卡尔成为意大利宫廷的财政主脉。在法兰克福的阿姆斯洛也凭借在德意志的影响成为德意志的财政部长。

自此，家族强大的金融网在欧洲铺开，缔造了世上强大的金融帝国。所以归结起来，他们的强大财富除了本身的金融眼光和投资才能之外，主要外力都是借助战争。但是他们的获利，却远远超过政治家们，甚至因为经济和财政的原因，政治家也不得不听从他们家族的安排。

另外一个故事是索罗斯狙击英镑。1990 年英国打算加入西欧国家所创立的新货币体系，这个欧洲汇率体系会让体系内各国的货币转而相互钉住，而不是像之前各国货币钉住黄金或者美元的机制，这样会导致汇率的浮动比较大。尤其是两年后马斯特里赫特条约的签订，让很多欧洲货币被高估。索罗斯判断，一旦成员国国家市场发生动荡，如果核心国不牺牲自己利益来帮助欧盟成员，成员国自己是很难渡过难关的。当时英国经济处于低迷不景气的状态，索罗斯正是看清了这一点，于是就不断加大投资规模，随着时间的推移，英国政府无力维持高利率，但核心国德国联邦银行又拒绝英国降息的要求，于是英国经济日益衰退。经济的不景气导致英镑疲软，对马克的汇率不断下跌，索罗斯看准时机对包括英镑在内的其他疲软货币进行攻击，大量抛售，使得英镑不断贬值。索罗斯投入的是一场巨大的赌博，仅他一人就动用了近 100 亿美元。加之其他投机者的力量，最终迫使英镑退出欧洲汇率体系，至今仍在体系之外。索罗斯也成为打败英国政府，击垮英格兰银行的人。

由此可见，投资家的实力甚至能比一个政府还强大。经济与政治从来都是密不可分的，经济与生活也从来都是密不可分的。“经济基础决定上层建筑”，那么从某种意义上也可以说投资家可以控制政治家。所以真正善于投资的投资家，会关注世界的每一个角落，会关注每一个政策动态，会关注任何一个小小的事故。

比如有这样一个故事：有一天一个投资家在家看电视，新闻里讲到赞比亚发生战争。于是该投资家马上就决定购买期货，囤积铜。果不其然，之后铜的价格大涨，他狠狠地赚到一笔。看上去这个新闻和这个决定是两个八竿子打不着的独立事件，但在投资家眼里就是机会。正所谓内行人看门道，外行人看热闹。原来非洲的赞比亚是盛产铜的国家，赞比亚发生战争，投资家判断必然会对世界铜的供应产生影响，一旦供不应求，铜的价格必定会上涨。因此，他果断决定囤积铜以备后续之需。事实证明他这个决策是多么正确。

实际上，不一定人人都能做金融投资家，因为自己不一定具备金融家手中的资源，但是普通人也应该训练自己的金融眼光，着眼于自己的财富升值。

“国富”与“民富”的矛盾

人们常说“国富民强”，这也一直是国家和人民追求的。可是藏富于国和藏富于民是一回事吗？会带来一样的结果吗？为什么负债累累的政府国民过得比较幸福，经济制度比较健全，能真正酿出民主、自由，发展科学，达到全面繁荣？而有巨额财富，拥有强大外汇储备，是别国政府大债主的政府反而不能带给国民幸福，甚至发展不够健全，各种问题层出不穷？为什么不是富有者更加具有民主法制？为什么不是有钱了才更能办事？

综观中国历史，国富民安的朝代多采取休养生息、轻徭薄赋的政策，这也是儒家思想治国的核心之一。但是今天，似乎真正将此思想发扬光大并运用到实际中。“国富”和“民富”不是一回事了吗？国家富起来难道不等于国民富起来？人民富裕了对国家影响到底如何？

国富，就是财富都集中于国家。比如商鞅时期，鼓励农业生产，但是必须“家不积粟”，农民需要努力耕地种粮食，但是收成必须上交国家，不许自己私藏。出于商鞅的考虑，也许富有的人民不好管理，他们有自己的实力可以和政府对抗，而贫穷的百姓则好管理得多，他们能解决温饱即可。可是再想一想，多少农民起义不是因为赋税严重，苛捐严税，如硕鼠害民？

民富，则是指财富归百姓所有，藏富于民。这种结果多因为国家轻赋税重发展而致。试想，国家如果不大力发展生产，财富无法生成。而百姓即使有大量财富，如果都被征收税赋，则依然没有财富可言。

到底藏富于国有利于发展，还是藏富于民有利于发展呢？经济学家陈志武曾举这么一个事例，如果有两组国家，分别是1600年时国库丰盛的国家，如印度、土耳其以及日本；另一组负债累累，比如英国、意大利城邦、荷兰、西班牙、法国等。但是，从400年前直到19世纪、20世纪，当时负债累累的那组国家如今都是经济发达国家，且民主法制建设都很好；而除日本明治维新之后改变命运逐步发展并进入发达国家之外，那些“腰缠万贯”的国家反而都是发展中国家。

财富在民间和国家之间的分配与自由、民主、法制的发展有着相当微妙的关系。看似八竿子打不着的民主、自由、法制的建设与金融市场之间，其实有着依赖的关系。

拿美国来说，通过国债价格的涨跌变化能够对具体政策与制度作出相应评价，可以反映出市场对国家的未来定价。国家需要通过国债来收集资金，则当国债价格下跌时政府就必须对法律或者政策作出调整以让公众满意。也就是说，负债累累的政府对百姓的税收很依赖，只有促进民主制约专制让百姓满意，百姓才愿意缴税。当政府有求于百姓时，他就不得不为百姓做事。政府钱不够用时自然需要金融市场的运作，到市场上去融资，为了能更好地融资，势必就要建设好民主和法治。

在“国富”与“民富”的争执中有一个关键词语：税收。通过阐述，国家依赖税收这个杠杆则依赖于民众。那么税收应该在一个什么样的水平呢？是不是越多越好？显然不是。不收税是不行的，国家缺钱也无法发展建设，民主、自由、法治皆为空谈。但是税收超过民众的负担，劳动之后的成果全部被政府掠夺，则再也不会有人愿意劳动了，谁愿意辛辛苦苦却白白干活？所以关于税收，正如拉弗曲线所说，控制在一定的程度才能达到效益最大化，既不能不收，又不可多收。

对任何一个百姓来说，都是希望国家强大繁荣。国乃家之根本，是家和个人的强大后盾。但是，对于每一个普通百姓来说，生活是具体的，要的是公众温和友爱，善待他人，告别冷漠，看到别人需要帮助时不会不敢站出来帮一把，自己需要帮助时有人愿意搭把手，这些都需要政府的帮助，因此没有人不愿意依法纳税。但是同样的，开门七件事，样样都要钱。国家富有之外，百姓也需要富有，这样才能够相互支撑，也才有能力负担税赋，以让国家充实国库，更好发展。

从根本上说，国家的财富也是来源于民众的创造，是无数百姓将自己小份额的财产让渡给国家，才汇聚成国家的巨大财富。就好像一条大河，主干道充足的河水必定是由众多支流汇聚一起才得以形成强大水流的。小河里有水才能保证大河不干涸，而若大河抽干了所有小河里的水，大河离干涸的日子也不远了。

因此，可以说，藏富于民则政府有求于民，有求于完善的金融市场，政府必定要全力建设好才能够让民众心甘情愿让渡出财富，致力于发展的政府才无余力扩张政府的专制权力。

我们的财富会蒸发

有些人能够守得住自己的财富，有些人却失败了。《福布斯》杂志从 1982 年公布“福布斯 400”富豪排行榜以来，到今天，只有 50 位富豪依然榜上有名，也就是说高达 87% 的富豪富不过一代，甚至像流星一样一闪而过。

就像网络泡沫的蒸发，他们的钱也是在不知不觉中被挥发掉了。想当初，他们的财产也是经过千辛万苦一点一点积累起来的，应该说他们很善于理财投资，但是为什么却最后坠落？《福布斯》杂志的调查显示，除因为投资失败带来的财产蒸发，多数失败者并没有在生活上时刻注意，他们的钱时刻被一些昂贵的奢侈品花去，交付巨额物业管理费用，转移财产被爱人或情人侵蚀了。

当大家在拼命攒钱的时候，你是否曾想过，自己辛辛苦苦积累下来的资产，正在被其他东西无声无息地侵蚀掉？这种你在拼命赚钱，但不断被扯后腿亏钱的感觉实在很不爽。

一提到“资产流失”这几个字眼，人们首先想到的是国有资产的流失。其实，在生活中，一不小心，你的资产便会不知不觉地流失。想让个人财务正常运转，就从找出财务漏洞开始吧！个人因为财务漏洞导致的资产流失的主要集中在下面几个领域：

1. 储蓄流失增值机会

如果你每年的花销超过了资产的 7%，那么 20 年后，你花光所有钱的可能性高达 80%，原因很简单，就是“通货膨胀”。很多人经常有意无意地忽略“通货膨胀”的因素，其实“通货膨胀”是财产的强“腐蚀剂”。20 年后，由于“通货膨胀”的因素，人们手中的钱将贬值 20%，这还算是乐观的估计。

因此我们提倡“适度”储蓄，过度储蓄将可能使财产增值机遇流失。经济专家有观点认为，中国人的 40 万亿储蓄存款，假如相对于同期的国债之间 1% 左右的利息差（考虑到存款的本钱税和国债的免税因素），那么中国人将会在每年流失掉 4000 亿左右的资本增值的潜在获利机会。

对大多数居民来说，避免这类散失，最好的办法是将银行储蓄转为同期的各类债券。从目前来看，不仅有交易所市场还有银行柜台市场都能够很便利地实现这类交易，而且流动性也很强。在国人的传统观念中认为应该尽力地辛劳工作，也理解节约节俭、储蓄和爱护财富，但咱们不应该只是“擅长”储蓄，还应当“善待”储蓄，合理的储蓄才能将财富发挥到增长的最大价值。

2. 股市缩水几千亿

中国股市二十几年的发展成绩斐然，按较保守估计，中国股市的实际参与者至少应在 2500 万户左右，涉及近亿人群，这其中不乏数量庞大的新兴的中产阶级。根据相关统计，股市中共投入资金约为 23000 亿元，这些资金换成了股票的资金，因为股价下跌、缴纳各种税费等，如今的证券市场的流通市值只剩下了 13000 亿 ~14000 亿元。也就是说十几年来股市黑洞共吞噬了近万亿的资金，如果排除其他背景的资金损失，那么中国普通老百姓家庭的资产在股市上至少流失了数千亿元。

3. 过度和不当消费

消费的原因多种多样，很多时候你逛完商场时看到手里拎着的大包小包，回家一看却发现，有些东西其实不买也可以。这就是所谓的“过度”与“不当”的消费，它们也会让资产无形流失。所以，花钱买什么，一定要想清楚。

过度消费可以分解为“情绪化”消费或“冲动性”消费。例如，看到打折商品就兴奋不已，在商场里泡上半天，拎出一大包便宜的商品，看似得了便宜，实际上买了很多并不需要或者暂时不需要的东西，纯属额外开支。特别是在对大件消费品上，比如楼盘、汽车、高档家电，一时冲动，往往会造成“过度”消费。

这样，不仅造成家庭财政的沉重负担，而且会导致家庭资产隐性流失。

不当消费是指为了“面子”而不是因为需求的消费。在消费上总喜欢跟别人较劲，人家能花的我也要花，不论有没有必要。

4. 理财观念薄弱

中国家庭的活期储蓄总是太多，这让银行或其他金融机构白吃了大把大把的息差，其实只要稍加运作就能有效地减少利息损失。对单个家庭来说，“不当”储蓄的损失可能十分细微，但由于基数的宏大，中国家庭因此而流失的资产就是个天文数字，且仅对单个家庭来说随着时间的流逝，其累计损失也是无比大的。资产流失很多时候都不显山露水，但只要稍一放松就可能造成大量资产的流失。所以，只有不断地强化理财意识才能成功积累财富。

不注意平日里的财富漏洞，即使你是富翁也不免要沦落到穷人的下场，何况作为平凡人的我们本来就没有多少财产，就更应该提防财富漏洞，对财产的流失防患于未然。

金钱的时间价值

一个虔诚的教徒有一天遇见了上帝，就问：“上帝啊，对你而言，一百年意味着什么？”上帝回答说：“不过一瞬间而已。”教徒又问：“那 100 万元呢？”“不过 1 元钱而已。”于是教徒很高兴地说：“上帝呀，请给我 100 万元钱吧！”上帝给了他一个让人绝望的回答：“没问题，请等我一瞬间。”会心一笑后请认真思考一下，这个小幽默告诉了我们一个什么样的道理呢？请回答这样一个问题：相同的 1 元钱在今天和将来的价值是否相同？

很多人都会说是的，但经济学家说：不同。为什么？回答是，因为人们具有时间偏好——人们在消费时总是抱着赶早不赶晚的态度，认为现期消费产生的效用要大于对同样商品的未来消费产生的效用。因此，即使相同的 1 元钱在今天和未来都能买到相同的商品，其价值却不相同——因为相同的商品在今天和未来所产生的效用是不相同的。正是人们的时间偏好使货币具有了时间价值。这也正是上面那个小幽默的寓意所在：货币是具有时间价值的。今天的 1 元钱到明年可能就不是 1 元钱了，通常今天 1 元钱的价值要多于明天的 1 元钱。

本杰明 · 弗兰克说：钱生钱，并且所生之钱会生出更多的钱。这就是货币时间价值的本质。货币的时间价值这个概念认为，目前拥有的货币比未来收到的同样金额的货币具有更大的价值，因为目前拥有的货币可以进行投资，在目前到未来这段时间里获得复利。即使没有通货膨胀的影响，只要存在投资机会，货币的现值就一定大于它的未来价值。专家给出的定义：货币的时间价值就是指当前所持有的一定量货币比未来获得的等量货币具有更高的价值。如果从投资者角度分析，投资就是将目前的消费推迟到将来，把这1元钱用于投资而不是用于消费，投资是要求报酬的，这个报酬就是货币时间价值。当然也可以这样考虑，由于投资者消费时间向后推迟，货币的时间价值就可以理解为对投资者牺牲当前消费的一种补偿。

投资可以获得收入、银行存款可以给储户带来利息，今天收到的1元钱比明天收到的1元钱更值钱。我们用一个简单的例子来说明。

如果您将现在的100元存入银行，存款利率假设为5%，那么一年后将可得到105元。

这5元就是货币的时间价值，或者说货币的时间价值是5%。假设一年后，我们继续把所得的105元按同样的利率存入银行，则又过一年后，您将获得110.25元。第二年的利息比第一年多出0.25元，这是由第一年5元利息创造的利息。

这就是通常所说的复利计算或者利滚利。以此方式年复一年地存款，则当初的100元将会不断地增加，年限够长的话，到时可能是当初的几倍，几十倍。通过科学计算，如果将100元存入银行连续50年，假设每年利率维持在5%，50年后您将有1146.74元！

在现实生活中，货币的时间价值有两种计算方式：单利和复利。单利是指在计算利息时，每一次都按照原先融资双方确认的本金计算利息，每次计算的利息并不转入下一次本金中。比如，A借B100元，双方商定年利率为5%，3年归还，按单利计算，则A3年后应收的利息为3×100×5% =15元。

在单利计算利息时，隐含着这样的假设：每次计算的利息并不自动转为本金，而是借款人代为保存或由贷款人取走，因而不产生利息。

复利是指每一次计算出利息后，即将利息重新加入本金，从而使下一次的利息计算在上一次的本利和的基础上进行，说白了也就是利滚利。上例中，如A与B商定双方按复利计算利息，那么A3年后应得的本利和计算如下：

第 1 年利息：100×5% =5；

转为本金后，第 2 年利息（100+5）×5% =5.25；

转为本金后，第 3 年利息（105+5.25）×5% =5.5125；

加上本金，第 3 年的本利和为 105+5.25+5.5125=115.7625。

从上面的例子中，我们已经看到了复利带来的巨大利润。事实上对于财富来说，复利是最大的奇迹。假设您将 1 元钱投资到股票市场，每次收到的红利都进行再投资，如果每年投资能获得 15%的收益率，根据科学计算，1 元钱连续投资 100 年后的收益将近 120 万元！

无论是从公司还是从投资者的角度来说，财务决策的制定主要是依据不同投资选择的收益。例如，如果今天你手中有 1 万美元想投资，你必须决定怎样运用这笔钱来取得最大的收益。如果你用这笔钱投资，在 5 年后可以获得 1.5 万美元的收益，或者是在 8 年后可获得 2 万美元的回报，你将如何选择？为了回答这个问题，你必须决定这两项投资哪项给你带来的收益更大。

从另一方面来讲，早得到的 1 元就比晚得到的 1 元更有价值，这是因为 1 元得到的越早，它就可以更快地进行投资获得收益。这意味着 5 年期投资比 8 年期投资更有价值吗？不一定，因为 8 年期的投资收益率通常高于 5 年期的投资。为了决定哪项投资更有价值，我们需要比较同一时点上两项投资的报酬率，也就是说，我们要比较所谓的等值货币。因此，我们可以通过重新估价来求得上面两项投资的现值和在未来不同时点的预期收益（5 年后的 1.5 万元和 8 年后的 2 万元）。

货币的时间价值的巨大效应正在于此，货币在经历了一定时间的投资和再投资后，会增加价值。换句话说，货币用于投资并经历一定时间后会增值，增值部分即为时间价值。今天的 1 元钱和一年后的 1 元钱的潜在经济价值是不相等的，前者要大于后者，因为现在的 1 元钱在一年之后，可以超过 1 元钱。如果把这 1 元钱用于投资，从社会的角度分析，投资会有一个收益，而这个收益就是时间的价值。

时间就是金钱。货币的时间价值对个人理财很重要的启示是：理财要尽早规划，尽早行动，这样才能让您的财富不断增值。

钱太多了也不是好事

钱太多了，乍一听，是件好事，钱多了还不好吗？俗话说，物极必反，金融也是一个道理，虽然有钱是好事，但是太多了，也会带来危机。比如说现在市场上只有价值 10 元的商品，按道理国家只发 10 元的钞票就足够了，但是现在因为种种原因，市场上有 20 元的钞票，如果大家用这 20 元买了 10 元的东西，结果原本值 10 元的东西其价值就是 20 元了。

通常意义的“流动性”指整个宏观经济的流动性，即在经济体系中货币的投放量的多少。“流动性过剩”一词，是指市场上的钱太多，大大超过了长期资本的数量，至于多到多少才算“过剩”，似乎并无统一的定论。现在研究者对“流动性过剩”的识别，大多是从结果和原因来判断：“流动性过剩”的结果是资产市场泡沫严重，具体说就是股价、房价虚高；“流动性过剩”的原因一般则归结为货币升值预期下的外汇涌入，为控制汇价导致央行大量投放货币，从而形成“流动性过剩”。

由于贫富差距的扩大，富人获得社会财富的比重将更上一层楼，而穷人则只能获得“做大的蛋糕的更小份额”，而富人的消费倾向很低（因为相对穷人，该买的都买了），让富人获得了更多蛋糕，他们却不会拿来消费。为了追求保值增值，他们只好将资金投向资本市场。根据上面的论述，这会使得投资增长速度大于消费，最终会形成全社会性的生产过剩，也就是我们所熟悉的经济萧条或者“经济危机”。提起 2007 年的全球性金融危机，大家应该都深有感触，而这场危机的源头，正是流动性过剩。

当前，流动性过剩已经成为全球经济的一个重要特征。流动性过剩可由多种原因单个或共同导致。总的来说包括了中央银行实行扩张性货币政策（一般手段包括调降准备金率和利率，回购国债以放入资金到市场），经济周期的变化、汇率制度的缺陷，热钱大量涌入等。这些因素皆可大大提高流动性，当过度时，便会引起流动性过剩。另一方面，流动性过剩也可理解为伴随通货膨胀或者源于通货膨胀，即部分引起通货膨胀的因素也可能引起流动性过剩。

目前，我国银行体系中存在的流动性过剩，是国内外多种因素共同作用的结果。从内部因素来看，有经济结构不平衡、储蓄和投资倾向强于消费倾向等。储蓄投资缺口，造成了贸易顺差和外汇储备的急剧增长。按目前的外汇管理制度，我国的外汇收入必须结售给中国人民银行，而央行为收购外汇必须增加货币发行。与此相关的是，贸易顺差的大量增加，人民币升值预期加大，国外资本的流入显著增加。

到 2014 年 6 月，我国外汇储备已经逼近 4 万亿美元，而央行为收购这些外汇储备就需要发行货币超过 20 多万亿元，这是我国流动性过剩的重要内部原因。从外部因素来看，美国“9·11”事件以后，全球各主要经济体一度普遍实行低利率政策，导致各主要货币的流动性空前增长，出现了全球流动性过剩。在全球经济失衡的诱导下，大量资金从美国流入以中国为代表的亚洲新兴经济体，这是造成目前我国流动性过剩的重要外部原因。

流动性过剩，已经成为经济金融体系稳健运行的隐患，是影响金融稳定的核心因素。经济过热、通货膨胀、股市波动，这些都与流动性过剩密切相关。

1. 经济过热

中国经济的持续增长，使得外商投资不断加大，再加上长期以来的贸易顺差，大量资金通过各种途径进入中国，客观上加剧了中国的流动性过剩。而这些多余的资金，必然要寻找投资出路，于是就出现了经济过热的现象。

所谓经济过热，是指经济的发展速度与资源供给不成比例。当经济的发展速度高于资源的承受能力时，就会出现原材料因供给不足而产生的物价上涨，可以理解为商业投资加大导致了商品生产增多，从而使得生产商品的资源供货短缺，并带来原料资源的物价上涨，也就是生产成本的提高，这样一来，成本的提高自然也就带来物价的全面上涨。同时，在一定时期内，如果社会的需求总量不变，长时间的生产过剩，商品卖不出，投资没有回报，就会产生经济危机。

2. 通货膨胀

20 世纪 80 年代末，日本股票价格和不动产价格急剧上升，但物价指数却相当平稳，因而没有提高利率，紧缩银根。泡沫破裂后，日本陷入战后最严重的经济危机，资本市场的过度发展激活了处于冬眠状态的沉积货币，暂时退出流通的货币也重返流通领域去追逐商品，从而导致通货膨胀：所以，流动性过剩是通货膨胀的前兆，从流动性过剩到通货膨胀只有一步之遥。

流动性过剩不仅能够造成一国的经济危机，甚至能够引发全球金融危机，这一点，美国次贷危机就是一个很好的例子。

3. 股市波动

在股票市场，我们提到流动性就整个市场而言指参与交易资金相对于股票供给的多少，这里的资金包括场内资金（即已购买了股票的资金，也就是总流通市值）以及场外资金，就是还在股票账户里准备随时入场的资金。如果在股票供给不变的情况下，或交易资金增长速度快于股票供给增长速度的话，即便公司盈利不变，也会导致股价上涨，反之亦然，这是很简单的需求供给关系，但这种股价上涨是有限度的，受过多或过剩的资金追捧导致股价过度上涨而没有业绩支撑，终难持久，这种资金就是我们常说的热钱。

针对于股票投资的个股而言，流动性是指股票买卖活动的难易，也就是说投资者买了这只股票后是否容易卖出，我们常说这只股票流动性很差，就是指很难按理想价格卖出，所以流动性差的股票多是小盘股或高度控盘的股票，是不适合大资金运作的，即便买完之后股价涨上去了，但卖不掉，对于大资金风险更大，所以他们更愿意在流动性很好的大盘股里运作，那里交投活跃，大量买卖也不会引起股价明显变动。不过中小投资者就自由多了，由于资金量少，可以有很多选择。

货币实质上是中央银行代替社会发行的一部分人对另一部分人的负债。信用货币表明了一种债权债务关系，而流通纸币则实际上是一种特殊形式的债券。当存在流动性过剩时，货币与其他商品实现交易的速度大大加快了。这表明，持有货币的债权人希望尽快把货币与其他商品交换，实现自己的债权。由于所有的债权人都希望用货币换回其他商品，货币就出现了贬值的压力。货币流通速度越快，则货币贬值压力越大。这时，如果货币持有人手中的债券无法得到等值的偿还，就会发生抢购风潮、物价飞涨的现象，整个社会就会出现通货膨胀。

物价“疯涨”背后的金融学

继“蒜你狠”“豆你玩”“姜一军”“苹什么”“糖高宗”之后，“盐王爷”终于来了。随着2011年3·11日本本州岛海域地震，掀起了碘盐抢购风潮，盐价开始飙升，流行语“盐王爷”出炉。

“今天你买盐了吗？”“涨到5元一包了”“货架空了？！”在路上、在超市里时不时能听到关于诸如此类的买盐对话；而在网络上也诞生了诸如“盐如玉”“盐王爷”的热词。

2011年3月15日，因为日本核电站泄漏事故，有谣言称日本核辐射会污染海水导致以后生产的盐都无法食用，而且吃含碘的食用盐可防核辐射，因此引起一些市民疯狂抢购食盐。

无独有偶，从2009年起，大蒜批发价格从4月份的每公斤0.2元，到5月份的每公斤0.3元，到6月份的每公斤1元，到8月份的每公斤2.5元，再到12月份的每公斤4元，直至2010年年初的每公斤19元，一路猛涨。

以前去小饭馆吃顿饭，大蒜可以免费吃，东西不值钱，可现在最起码得要一块钱一个了，最贵时已经飙升到每公斤19元，于是有网友就送给了大蒜一个外号叫“蒜你狠”。同样表现不俗的还有“豆你玩”的绿豆等，它们带来的是新一轮的农产品涨价。平时“老实巴交”的农产品领域，为何一改往日的淳朴形象，同时走上了“疯涨”的路子？

这还得从2009年3月出现的甲流（甲型H1N1流感）疫情说起。那时，国内就盛传大蒜具有预防甲型流感的功效，甚至有媒体称美国专家也把大蒜列为九大消毒蔬菜之首。虽然其间有政府和专家出面解释：大蒜的抗甲流作用并未有临床证明，也没有科学依据。但是这期间，不单是中国，国际上也出现了“一蒜难求”的局面，从2009年多个国家开始加大大蒜进口力度，其中日本、韩国以及东南亚等国家，大量向中国采购大蒜，使得中国的大蒜出口量大幅增加。

究竟是什么原因造成了我们日常生活的必需品出现如此疯狂涨价的局面？物价变动是指商品或劳务的价格不同于它们以前在同一市场上的价格。物价是商品或劳务在市场上的交换价格，有输入价格和输出价格两种。输入价格是为生产或销售目的而取得商品或劳务的价格。输出价格是作为产品销售的商品或劳务的价格。企业按某一输入价格购买一项商品，再按较高的输出价格售给客户，这种情况不能视为该项商品的价格发生了变动，只有输入价格或输出价格同时增高或降低，才算物价发生了变动。

从2007年以来物价就一直走高。日前，国家统计局发布的2011年2月份居民消费价格指数（CPI）同比上涨4.9%，涨幅与1月份持平，大大超过3%的警戒线。粮、肉、蛋、菜等产品上涨幅度较大，商品房价格居高不下，这些问题都直接与民生相关。通货膨胀压力加大，物价普涨，不涨价的商品越来越少。消费者会紧盯这些价格低廉和平稳的生活必需品的价格波动，并随时采取抢购和囤积行动，这其中就包括食盐。这些客观原因的存在，使得本来并不值钱的农副产品，一夜之间，身价百倍，成为了珍贵的东西，被百姓一路追捧。

物价变动的原因，一般说来有以下几个主要方面：一是劳动生产率的变化。某种商品生产率普遍提高，该种商品的价格就会下跌；反之，如果劳动生产率普遍降低，则价格就会相应上涨。二是技术革命。技术进步，一方面使有关产品中凝结的人类复杂劳动增多，从而导致其价值增加，价格上涨；另一方面，使原有产品的经济效能相对降低，价值受贬，价格下跌。三是货币价值的变动。货币所表现的价值是商品的相对价值，即商品价值量同时发生等方面等比例的变动，商品的价格不变。但如果二者任何一方的价值单独发生变动，都会引起价格的涨跌。如果货币价值不变而商品价值提高，或者商品价值不变而货币价值降低，商品价格就会上涨。反之，如果货币价值不变而商品价值降低，或者商品价值不变而货币价值提高，商品价格就会下跌。四是供求关系。在市场经济条件下，商品价格在很大程度上受供求情况的影响。当商品供不应求时，价格就会上涨；反之，当商品供过于求时，供给就会下跌。五是竞争和垄断。竞争引起资本在各生产部门之间的转移，促使商品的价格发生变动，通常为价格下跌。垄断引起商品价格的操纵，使物价发生变动，通常为价格上涨。

防止物价过度变动，保持物价平稳，已经成为稳定人心、稳定社会的第一要素。确保物价平稳，尤其避免物价暴涨，是普通老百姓最关心的事。

中国古话说：“他山之石，可以攻玉。”当前物价上涨是全球性现象，原因错综复杂。各国为稳定物价，都采取了一些积极有效的措施。日本一直是世界上零售物价最稳定的国家之一，其稳定物价的成功做法主要有以下几个方面：

1. 高度重视生活必需品供给的稳定

日本提出，确保市场上生活必需品的供给，对于物价总水平的稳定具有决定性的意义。以蔬菜为例，蔬菜等鲜活农产品的生产和供给状况极易受气候影响，价格波动的频度和幅度远大于其他生活必需品。因此，日本的各种经济组织，一方面指导蔬菜等农产品的生产和上市有计划地进行；另一方面，当出现菜价一定程度或大幅度上升时，“稳定蔬菜供给基金”等组织，根据市场的有效需要，不失时机地向市场增投蔬菜，扩大供应，保证需求，从而平抑菜价。

2. 政府紧握流通的批发环节，调控生产和市场，稳定物价

在日本，农产品批发业主要是经营粮食、蔬菜、果品的批发。农产品批发的主要组织形式是各类农产品批发市场。考虑到分散交易很难看准市场的动态和价格变动的走向，只有当众多的交易对象聚集在一起时，才能通过“供求竞争”形成合理的价格。因此，政府高度重视并充分利用批发市场的作用，促进流通，调节供求，稳定物价。为此，大藏省和东京都联合出资兴建农产品中央批发市场，以便于政府对东京整体市场进行有效监督和调控，并促进市场的繁荣，进而为稳定物价奠定坚实的基础。

3. 建立、健全有效的统计和信息系统，及时公开经济信息，引导消费，稳定物价

日本不仅把统计和信息系统作为制定政策的重要依据，而且把及时公开经济信息作为强化民众监督、防止“搭车涨价”和不正当竞争的手段加以运用，尽可能迅速地向国民提供有关商品供求、价格变动的正确信息，引导消费者保持合理的消费行为，防止因抢购、囤积等不正当的行为引起物价上涨。在经济企划厅物价局设置“物价热线电话”，倾听消费者对物价的意见和建议，接受消费者的投诉，解答消费者的咨询等。可靠信息、有效传递，是稳定民心进而稳定物价不可或缺的环节。

金融出问题带来的后果

辛格夫妇都是工厂工人，如今退休在家，拿着养老金，日子闲适。一天在街上散步，听到很多人议论纷纷，说是金融危机来了，金融业许多公司倒闭，很多老板跳楼。二老一边唏嘘，一边高兴地说，我们虽然没什么钱，但这个时候我们比那些有钱人幸福。我们不投资，不买股票，没有债券，有点积蓄存银行里，多安全啊！当初不买基金，那个卖基金的小伙子还说咱们老顽固呢！这下是我们对了吧！

辛格夫妇说得到底对不对呢？是不是金融只对从事金融活动的人有影响，对普通老百姓没影响呢？金融出问题了，到底会带来哪些后果？

我们先回顾一下历史上人尽皆知的几次金融危机。

1929年经济大崩溃，大批银行倒闭，产品大量剩余积压，资本家们把成桶的牛奶倒入河里，企业纷纷破产，工人失业是普遍的现象，每天排队等候救济粮的失业工人不计其数。

1997年东南亚金融危机，自泰国货币危机开始，短短几个月内金融危机很快席卷整个东南亚，甚至波及日本、韩国地区，并且不断在向全球扩散。

更近一点，2008年美国金融危机，因次贷缘起，波及整个金融领域以致几乎引起全面的经济危机。受此影响，国内股市大跌，股民损失惨重，散户从2007

年短暂的股市春天里获利的日子就此成为历史上的记忆。更甚，对外贸的影响至今尚未恢复，就危机爆发的头几个月里广东沿海许多出口加工型的企业都已经纷纷倒闭。

这是国际性金融危机，但是也能波及国民个人，比如造成失业，股市暴跌，金融市场不稳定等。如果是国内金融出现问题，像解放前期国统区的通货膨胀，那种民不聊生的情况相信经历过的人都会永难忘记。

金融危机对我们生活的具体影响主要有以下几个层面：

第一个层面，首先是金融系统层面。既然金融出现问题，那么首先受影响的就是金融系统。基金债券公司倒闭，投行关门，金融从业者失业。比如2008年金融危机，让全球开始瞩目和震惊的就是因为雷曼兄弟破产，随后在同一天美林证券被美国银行收购，接着美国保险集团AIG也陷入危机，更有“两房”（房利美和房地美），让许多人艳羡的华尔街金融从业人员顷刻间纷纷失业，并且相当一段时间内还很难找到工作。除投行外，与民众联系更密切的银行也一样。如果银行倒闭，除银行工作人员失业外，市民的存款皆付之一炬，如果把全部存款都放在银行，且是同一个银行，则风险更大。现在国际金融系统联系越来越大，在开放系统下，任何一个国家出现问题都会影响到全球金融，就好像“美国打个喷嚏，全球可能就要感冒”的说法一样。

第二个层面，对实体经济的影响。金融危机的爆发会使实体经济进入低迷状态。金融为什么会影响实体呢？工人在工厂加工制造衣服、鞋子和帽子，和金融有什么关系？是的，看上去似乎有点不可思议，一个西方国家的人贷款买房的问题居然让一个在东方国家工厂里工作的工人失业了，似乎是不可能关联上的两件事，但它们就是切实联系在一起的。这个联系其实不复杂。制造的衣服鞋帽需要卖给西方人，当西方发生经济危机时，那边的工人失业，购买力低，银行倒闭或者资金紧缩，那边的企业也无法有贷款，企业也没能力继续购买我们的衣服帽子。工厂里成品卖不出去，无法接到订单，企业无法回收成本，工人工资难以为继，并且也不再需要工人干活，于是东方的工厂里工人也失业了。就从经济体内部讲，金融发生问题，企业融资势必就困难，并且有相当一部分企业本身会因在金融市场投资而失利，于是企业进行的生产就将萎缩，社会产出减少；大量工人失业，收入减少，购买力进一步下降，有效需求减弱，经济进一步萎靡；如果是全球性的问题，不仅国内需求减少，国际需求也逐渐减少，有效需求进一步降低，经济增长势必放缓，出现负增长也不是不可能，这时候的GDP，很显然，增长会受到影响。

第三个层面，就是金融危机对金融以及实体经济的影响会逐渐渗透到对人身心的影响，也就是市场信心的问题。当金融低迷时，投资者对市场信心就小，如果持续低迷，则信心越来越弱。如果金融问题影响到投资者信心，则预期收益会减少，投资者宁愿观望也不愿投资，投资需求则减少，投资需求是有效需求的一部分，有效需求不足会造成经济发展失衡，影响产出增长。

任何一次金融危机，都对经济带来了不同程度的影响，并且都会造成经济增长停滞或者放缓。严重的金融危机还会引起金融秩序的变化，很可能需要重新建立金融秩序。

所以，金融出现问题了，不仅仅是国家经济增长和产出变化的问题，和我们每个人都息息相关。金融危机一旦发生，每一个人的日子都将变得艰难。所以国家需要建立起完善的金融系统。而对个人虽无法控制大环境，但是在理财和投资方面也要注意避免将所有资产投资在一个方面，避免把鸡蛋放在同一个篮子里，否则，当发生危机时所有财产都会如水东流。

第三章　金融学就在你身边

——关于金融指标的财经常识

现在进行宏观经济分析时，政府及其他市场主体一直使用的GDP增长率、货币供应量、总贷款、总存款、外汇储备、CPI等指标均有一定的滞后性，参考意义有限。与之相比，国际上普遍使用的统计数据要丰富得多，预警性也更强。例如国际上对物价指数有详细的分类数据，通过观测某一类物价指数就能够作出前瞻性的趋势性分析；对库存的分析可以区分商业环节和生产环节，其中生产环节还可以再分为原材料和产成品环节，等等。

——巴曙松

（北京大学兼职教授，国务院发展研究中心金融研究所副所长，研究员）

反映物价涨跌的标杆：CPI

有人曾经列举了30年前的1元钱与现在的1元钱之间的区别：

30年前，1元钱能做什么？交一个孩子0.6个学期的学杂费（一个学期1.6元），治疗一次感冒发烧（含打针），买20个雪糕、7斤大米、50斤番茄、20斤小白菜、20个鸡蛋，到电影院看5次电影，乘20次公交车。

现在的某个不特定时间点，1元能够做什么？乘公交车1次（非空调车）、买2个鸡蛋，夏天买0.5斤小白菜、0.8斤番茄、0.7斤大米，看病挂号1次（最便宜的门诊），缴纳小孩学杂费的1/800，看0.05次电影。

为什么会有如此巨大的差异？简单地说，是由于物价（CPI）上涨了，钱不值钱了，所以 1 块钱买的东西会越来越少了。

经济危机之后，普通居民对物价的感觉是更贵了，CPI 恐怕是大家谈论最多的经济词汇了。对于普通老百姓而言，大家对 CPI 的关注归根结底还是对日常生活所需品的价格变化，比如说猪肉的价格变化、面粉的价格变化、蔬菜的价格变化等的关注。那么 CPI 能如实地反映出老百姓最关心的日常生活费用的增长吗?

我们先来了解一下到底什么是 CPI。CPI 是居民消费物价指数（Consumer Price Index）的缩写。我国的 CPI 指数是按食品、烟酒及用品、衣着、家庭设备用品及服务、医疗保健及个人用品、交通和通信、娱乐教育文化用品及服务、居住这八大类来计算的。这八大类的权重总和加起来是 100。其中，食品占比重最大，包括粮食、肉禽及其制品、蛋、水产品、鲜菜、鲜果。

在每一类消费品中选出一个代表品，比如，大多数人是吃米还是吃面，是穿皮鞋还是穿布鞋等。国家统计局选出一定数量的代表品，把这些代表品的物价按每一月、每一季、每一年折算成物价指数，定期向社会公布，就是我们所说的官方的 CPI 指数。

CPI 就是反映市场物价的一个最基本的术语。在中国现实的社会中，物价是和柴米油盐息息相关的，物价成为国家高度关注的问题。CPI 是反映与居民生活有关的产品及劳务价格统计出来的物价变动指标，通常作为衡量通货膨胀水平的重要指标。

物价指数计算的基本方法，是以计算期各种商品的价格乘以计算期各种商品的销售量，再除以基期各种商品的价格乘以基期各种商品的销售量。即：

CPI= 一组固定商品按当期价格计算的价值 / 一组固定商品按基期价格计算的价值 ×100%。

CPI 是反映城乡居民消费水平和消费品价格变动情况的重要指标，也被作为观察通货膨胀水平的重要指标。如果 CPI 在过去的 12 个月中上升了 2.3%，那么就表示当下的生活成本比 12 个月前平均要高出 2.3%，这无疑是不被欢迎的。而当生活成本提高时，你的金钱价值也随之下降。如果 CPI 在 12 个月内上升了 2.3%，那么去年的 100 元纸币，今年只可以买到价值 97.7 元的商品或服务。所以，CPI 升幅过大，就表明货币贬值幅度过大，通货膨胀就成为经济不稳定的因素。因此，CPI 指数也是反映通货膨胀程度的有力指标。

一般来说，当 CPI 增幅大于 3% 时，就已经引发了通货膨胀；而当 CPI 的增幅大于 5% 时，就已经是严重的通货膨胀了。一般在这种情况下，央行为了抑制通货膨胀，会有紧缩货币政策和财政政策的举措，但这种举措有可能造成经济前景不明朗。

编制物价指数的目的，是为国家分析物价变动对国民经济与人民生活的影响，从而制定有关物价宏观调控政策，加强物价管理提供依据。同时，也为企业作出相应的经济决策提供依据。物价上涨，有可能是由以下几种原因造成的：

1. 市场的波动

市场的格局发生了一些变化，导致某一种商品或者很多商品的价格上涨。最明显的例子是石油价格上涨，比如，由于伊拉克战争或者伊朗的形势紧张，导致市场参与者预期石油的供应可能会紧张，这会推动石油价格上涨。但是，这种上涨跟通货膨胀没有关系。

2. 价格的自由波动

这种涨跌恰恰就是市场机制在发挥作用。在计划经济条件下经常出现商品长期短缺，但在市场机制下，如果一种商品短缺，价格就会上涨。很快就会有很多企业去生产这些商品，短缺也就不存在了。因此，由于市场格局变化引起的物价上涨，实际上是市场启动了自己校正自己的一个过程，这个过程就可以驱动资源的重新配置。市场进行资源的有效配置，就是通过价格信号进行的。把这种物价上涨当作通货膨胀而对它进行调控，结果就是市场重新配置资源的机制被打断，只能扰乱市场秩序。

3. 通货膨胀型物价上涨

奥地利学派认为，通货膨胀是一种货币现象，通货膨胀就是由于货币供应量持续、过快地增长，导致物价上涨。在奥地利学派看来，通货膨胀型物价上涨不一定是物价的普遍上涨。在通货膨胀期内，不同行业、不同商品、不同服务的价格，会在不同的时间上以不同的幅度上涨。这样，每一类的商品、服务上涨持续的时间也不一样，最后累计上涨的幅度也不一样。物价上涨并不是同时发生物价的普遍上涨，而是呈现为一个波浪式的上涨过程。

这就如同向水中扔进一块石头，涟漪从中心向四周扩散，而且，可以说，最早上涨的那些价格就必然会一直领先于其他价格。因为，在特定时期，新增货币源源不断地流入这些行业。相反，越往后，价格上涨的幅度会越小，相关企业及其员工所能获得的收入增加就会越少。

相对来说，价格最晚上涨的，肯定是距离权力最远的企业和行业。而所有这些价格上涨会波及较为重要的最终消费品——食品。应当说，距离权力最远者，比如农民，也可能因为猪肉、粮食价格上涨而享受到一点好处，但在他们所生产的产品价格上涨之前，其他商品与服务价格早就涨上去了，而彼时，他们的收入却并无增加。更重要的是，一旦这些商品和服务价格上涨，通货膨胀就已经成熟，政府必然要采取强有力措施干预价格，于是，他们本来要得到的好处就流失了。总起来看，他们是通货膨胀的净损失者。

国家财富的标尺：GDP

小镇上，一个消费过度的富人死了。全镇的人都为他哀悼，当他的棺材被放进坟墓时，四处都是哭泣、哀叹声，就连教士和圣人死去时，人们都没有如此悲哀。第二天，镇上的另一个富人也死了，与前一个富人相反，他节俭禁欲，只吃干面包和萝卜。他一生对宗教都很虔诚，整天在豪华的研究室内学习法典，当他死后，除了他的家人外，没有人为他哀悼，葬礼冷冷清清。

一个陌生人对此迷惑不解，就问道："请向我解释一下这个镇上的人为什么尊敬一个荒淫的人，而忽略一个圣人。"镇上的居民回答说："昨天下葬的那个富人，虽然他是个色鬼和酒鬼，却是镇上最大的施舍者。他荒淫奢侈，整天挥霍自己的金钱，但是镇上的每一个人都从他那儿获益。他向一个人买酒，向另一个人买鸡，向第三个人要奶酪，小镇的GDP因为他不断增长。可死去的另一个富人又做了什么呢？他成天吃干面包和萝卜，没人能从他身上赚到一文钱，当然没有人会想念他的。"

在经济生活中，GDP这个词语频频被人们提起，它在我们的日常生活中起到了哪些作用呢？GDP即国内生产总值。通常对GDP的定义为：一定时期内（一个季度或一年），一个国家或地区的经济中所生产出的全部最终产品和提供劳务的市场价值的总值。

GDP是三个英文单词首字母的组合：gross，即毛的、总的；domestic，即国内的；product，即产值，翻译成汉语就是"国内生产总值"。GDP是指一个国家在一年内，所生产的全部最终产品（包括劳务）的市场价格的总和。

在经济学中，GDP 常用来作为衡量该国或地区的经济发展综合水平通用的指标，这也是目前各个国家和地区常采用的衡量手段。GDP 是宏观经济中最受关注的经济统计数字，因为它被认为是衡量国民经济发展情况最重要的一个指标。

GDP 的计算方法通常有以下几种：

1. 生产法

生产法是从生产角度计算国内生产总值的一种方法。从国民经济各部门一定时期内生产和提供的产品和劳务的总价值中，扣除生产过程中投入的中间产品的价值，从而得到各部门的增加值，各部门增加值的总和就是国内生产总值。

计算公式为：总产出－中间投入＝增加值

GDP= 各行业增加值之和。

也可以表示为 GDP ＝ Σ 各产业部门的总产出－Σ 各产业部门的中间消耗。

2. 收入法

收入法是从生产过程中各生产要素创造收入的角度计算 GDP 的一种方法。即各常住单位的增加值等于劳动者报酬、固定资产折旧、生产税净额和营业盈余四项之和。这四项在投入产出中也称最初投入价值。各常住单位增加值的总和就是 GDP。计算公式为：

GDP ＝ Σ 各产业部门劳动者报酬＋ Σ 各产业部门固定资产折旧＋ Σ 各产业部门生产税净额＋ Σ 各产业部门营业利润

3. 支出法

支出法是从最终使用的角度来计算 GDP 及其使用去向的一种方法。

GDP 的最终使用包括货物和服务的最终消费、资本形成总额和净出口三部分。计算公式为：

GDP ＝最终消费＋资本形成总额＋净出口

从生产角度，GDP 等于各部门（包括第一、第二和第三产业）增加值之和；从收入角度，GDP 等于固定资产折旧、劳动者报酬、生产税净额和营业盈余之和；从使用角度，GDP 等于总消费、总投资和净出口之和。

现今世界上，每个国家都非常关心经济增长。因为没有经济的适当增长，就没有国家的经济繁荣和人民生活水平的提高。例如，西方国家认为中国富强，就是因为它的 GDP 增长迅速，同其他世界大国相比，在经济总量、GDP 大小上，中国已经位居世界前二。

2011年2月，日本内阁府公布2010年全年经济数据，按可比价格计算，2010年日本名义GDP为5.4742万亿美元，比中国低4000多亿美元，排名世界第三。这也是1968年以来，日本经济首次退居世界第三。

2010年日本实际GDP增长3.9%，名义GDP增长1.8%。其中第四季度日本实际国内生产总值环比下降0.3%，这是日本经济五个季度来首次出现负增长。日本内阁官房长官枝野幸男公开表示，对日本GDP被中国赶超表示欢迎。他还表示，人均GDP方面日本仍然是中国的10倍多，重要的是日本应当如何汲取其活力。为了将发展优势传给下一代，日本将继续推进经济增长战略。

GDP是目前衡量国民财富总量无可替代的指标。中国在古代社会和农业社会一直位列全世界最发达的国家行列，自清代中后期以来才在工业革命浪潮中落后。上世纪初，中国GDP总量在世界排名最后二十位，现在终于上升到世界第二，说明中国国力的增强。

“中国仍然是一个发展中国家，人均GDP不但只有日本的十分之一，甚至不到世界平均水平的一半。而日本的发展，比如城乡之间、经济社会之间的发展比较平衡，而我们发展不平衡问题突出，差距很大。”北京大学国民经济核算研究中心研究员蔡志洲表示。

按照1995年的标准，中高等发达国家的人均GDP在8000美元以上，而中国人均GDP尚未达到这个标准。即便中国今后一直保持7%的增长速度，人均GDP要达到发达国家的高限标准，也需要15~20年的时间。

GDP对于任何一个国家来讲都是非常重要的，但是不能盲目崇拜GDP的增长。没有发展的增长和虚假无效的增长，短期行为的增长，不可持续的增长和结构失衡的增长都将破坏社会经济的和谐与发展。

国民财富的标尺：GNP

1929年，爆发了一次史无前例的世界性经济危机，对世界经济的破坏程度如同是投下了一颗原子弹。可是奇怪的是，当危机爆发之时，人们却浑然不知，当时的美国总统胡佛甚至认为经济形势正在转好。

我们没有理由嘲笑当时人们的无知，因为当时除了苏联统计机构有尚不完善的国民经济平衡表之外，有关国民经济的统计几乎是空白，所以人们当然不知道经济形势已经坏到什么地步。这次危害巨大的经济危机激发了人们对国民经济状况的了解的渴望。于是，美国参议院财经委员会委托西蒙库兹涅茨，建立一系列用来统计核算一国投入和产出的指标，由此发展出“国民收入账户”。这就是国民生产总值 GNP 的雏形。

1933 年，当 1929 ~ 1932 年的国民收入统计资料公开时，人们才发现这次经济危机竟是这么可怕。

国民生产总值（简称 GNP），是指一个国家（地区）所有常驻机构单位在一定时期内（年或季）收入初次分配的最终成果。一个国家常驻机构单位从事生产活动所创造的增加值（国内生产总值）在初次分配过程中主要分配给这个国家的常驻机构单位，但也有一部分以劳动者报酬和财产收入等形式分配给该国的非常驻机构单位。同时，国外生产单位所创造的增加值也有一部分以劳动者报酬和财产收入等形式分配给该国的常驻机构单位，从而产生了国民生产总值概念。它等于国内生产总值加上来自国外的劳动报酬和财产收入减去支付给国外的劳动者报酬和财产收入的差。

随着外商注入中国市场，我国 GDP 增长率逐年上升。但外商投资（外国国民）在中国的产出计入中国的 GDP，却不是中国的 GNP。因此，外商投资大规模进入中国的必然结果是，中国的 GNP 将明显小于 GDP，GNP 的增长率也会低于 GDP。

中国的国民生产总值＜国内生产总值，资本输出国（如日本）的国民生产总值＞国内生产总值，如果长期存在这一现象，中国经济的前途和社会福利将受到长远深刻的影响；如果中国自己企业的竞争力没有随着中国经济的增长和经济规模的扩大而持续提高，而只是单纯地依靠比较成本优势，甚至只是向跨国公司提供我们的比较优势资源，那么，即使中国的制造业规模有很大的扩张，也将在更大程度上只是“世界工场”，而不是真正的“世界工厂”。

在发达国家，GDP 与 GNP 比较接近，因此常用 GDP 来衡量并没有什么问题。然而用 GDP 而不是 GNP 看中国国力，其中的巨大差异则会导致对中国国力与财富创造能力的严重高估。这也就是为什么世界银行用平价购买力一算，就与原来的差别那么大的原因。

国民生产总值与社会总产值、国民收入有所区别：一是核算范围不同，社会总产值和国民收入都只计算物质生产部门的劳动成果，而国民生产总值对物质生产部门和非物质生产部门的劳动成果都进行计算。二是价值构成不同，社会总产值计算社会产品的全部价值；国民生产总值计算在生产产品和提供劳务的过程中增加的价值，即增加值，不计算中间产品和中间劳务投入的价值，国民收入不计算中间产品价值，也不包括固定资产折旧价值，即只计算净产值。

国民生产总值反映了一个国家的经济水平，按可比价格计算的国民生产总值，可以计算不同时期、不同地区的经济发展速度（经济增长率）。在现代金融生活中，只有正确评估国力，才能提高经济发展、开放效益和对外谈判的主动性。不论 GNP 或 GDP，都只是我们眼前能够看到的经济增长或变化，是近期能够切实感受的经济数值、经济水平，但要考虑到今后我们的下一代、甚至是子孙后代经济发展时，是不是应该计算“绿色 GNP”了呢？“绿色 GNP”即考虑经济发展的同时添加上资源的损耗和可再生资源的恢复。

经济发展的动力是我们的生活发展，生活最根本的则是我们身边的一草一木，是生命。如果有一天我们迎来了资源的全面枯竭，那将毫无疑问意味着经济发展的结束，甚至生活的衰竭、生命的完结。而“绿色 GNP”是摆在我们面前刻不容缓的问题。

工业经济的“体温计”：PPI

虽然每月国家统计局都会发布 PPI，不过，对于大多数人来说，PPI 还是一个十分陌生的概念。PPI 到底是什么？代表了什么呢？

PPI 是生产者物价指数的英文缩写，它是站在生产者的角度来观察不同时期货物和服务商品价格水平变动的一种物价指数，反映了生产环节价格水平，也是制定有关经济政策和国民经济核算的重要依据。

PPI 可以称得上是了解国家经济发展状况的“体温计”。通过 PPI 的变化，我们就能大体判断国家经济的运行状况，并可由此预判未来国家的宏观经济政策。

生产者物价指数是一个用来衡量制造商出厂价的平均变化的指数，它是统计部门收集和整理的若干个物价指数中的一个。如果生产物价指数比预期数值高，表明有通货膨胀的风险；如果生产物价指数比预期数值低，则表明有通货紧缩的风险。生产者物价指数主要的目的在衡量各种商品在不同的生产阶段的价格变化情形。

一般而言，商品的生产分为三个阶段：一是原始阶段：商品尚未做任何的加工；二是中间阶段：商品尚需作进一步的加工；三是完成阶段：商品至此不再做任何加工手续。PPI是衡量工业企业产品出厂价格变动趋势和变动程度的指数，是反映某一时期生产领域价格变动情况的重要经济指标。

在我国，PPI一般指统计局公布的工业品出厂价格指数。目前，我国PPI的调查产品有4000多种，包括各种生产资料和生活资料，涉及调查种类186个。其中，能源原材料价格在PPI构成中占较大比重。通常情况下，PPI走高意味着企业出厂价格提高，因此会导致企业盈利增加；但如果下游价格传导不利或市场竞争激烈，走高的PPI则意味着众多竞争性领域的企业将面临越来越大的成本压力，从而影响企业盈利，整个经济运行的稳定性也将受到考验。

因此，PPI可以用来对通货膨胀进行初期预测。理由很简单，企业成本上升时，企业通常会提高价格。一般而言，当生产者物价指数增幅很大而且持续加速上升时，该国央行相应的反应是采取加息对策阻止通货膨胀快速上涨，则该国货币升值的可能性增大；反之亦然。

美劳工部会在25000多家企业做调查，得出产品价格，根据行业不同和在经济中的比重、分配比例和权重、PPI能够反映生产者获得原材料的价格波动等情况，推算预期CPI，从而估计通货膨胀风险。总之，PPI上升不是好事，如果生产者转移成本，终端消费品价格上扬，通货膨胀上涨。如果不转移，企业利润下降，经济有下行风险。

在美国，生产者物价指数的资料搜集由美国劳工局负责，他们以问卷的方式向各大生产厂商搜集资料，搜集的基准月是每个月包含13日在内该星期的2300种商品的报价，再加权换算成百进位形态，为方便比较，基期定为1967年。真正的经济学家可以通过对PPI的关注，从而正确判断物价的真正走势——这是由于食物及能源价格一向受到季节及供需的影响，波动剧烈。

对于老百姓来说，PPI通常作为观察通货膨胀水平的重要指标。由于食品价格因季节变化加大，而能源价格也经常出现意外波动，为了能更清晰地反映出整体商品的价格变化情况，一般将食品和能源价格的变化剔除，从而形成“核心生产者物价指数”，进一步观察通货膨胀率变化趋势。

生活水平的衡量尺度：恩格尔系数

古人云：“食、色，性也。”这是古代先贤对人的天性的一种尊重。它说明，饮食和男女关系都是天生的需要，是人类生存繁衍的基础。尤其食物作为日常用品，是生存的前提条件，与生活息息相关。过去人们见面的第一句话就是“吃了没？”其重要性可见一斑。

随着时间的推移，人们发现这句话逐渐被其他话语替代了，“吃了没”也被大众淡忘了。难道食物对我们来说不重要了？非也，一日三餐仍旧是人们固定的习惯。其主要原因是随着经济的发展，民众用于购买食物的支出比例越来越少，而用于购买服装、汽车、娱乐上的消费比例增加了。当人们追求更多更高层次的消费时，相对较为低层次的食物需求就显得并不重要。

34岁的章先生是一家企业的管理人员，从事经营工作，家庭年收入在30万元到40万元之间。说起记账的初衷，章先生说，记账习惯与年龄无关，他五六年前就开始记账，是因为觉得只有把家庭生活经营好了，才能把自己的经营管理工作做得更好。“做家庭账本和做公司的账本一样，我每个月都要把家里的收入、支出、存量做平，对支出记账还要进行分类。”

“以我们的家庭收入，在西安应该还算是比较富裕的家庭。”章先生说，他们一家三口，孩子上幼儿园，现在已经不喝奶粉了，比起那些小孩喝奶粉的家庭，他们减少了这项支出。孩子每月托费1200元，平均下来每月花在孩子身上的钱就是2000元左右。其余的支出，除了吃，大项支出就是养车、房贷。每天记账，可以及时了解家庭支出的合理性。他以记账情况得出的结论仍是：食物支出过大，生活质量有所下降。

消费支出是指一个家庭日常生活的全部支出，包括食品、衣着、家庭设备用品及服务、医疗保健、交通和通讯、娱乐教育文化服务、居住、杂项商品和服务八大类。消费支出反映了居民的物价消费水平，是很重要的宏观经济学变量，被作为宏观调控的依据之一。这里我们所讲的恩格尔系数就是食品支出总额占个人消费支出总额的比重。

恩格尔系数，是指居民家庭中食物支出占消费总支出的比重。德国统计学家恩格尔根据经验统计资料对消费结构的变动提出这一看法：一个家庭收入越少，家庭收入中或者家庭总支出中用来购买食物的支出所占的比例就越大，随着家庭收入的增加，家庭收入中或者家庭支出中用来购买食物的支出将会下降。恩格尔系数是用来衡量家庭富足程度的重要指标。

恩格尔定律主要表述的是食品支出占总消费支出的比例随收入变化而变化的

一定趋势。恩格尔系数是国际上通用的衡量居民生活水平高低的一项重要指标，国际上常常用恩格尔系数来衡量一个国家和地区人民生活水平的状况。

吃是人类生存的第一需要，在收入水平较低时，其在消费支出中必然占有重要地位。随着收入的增加，在食物需求基本满足的情况下，消费的重心才会开始向穿、用等其他方面转移。因此，一个国家或家庭生活越贫困，恩格尔系数就越大；反之，生活越富裕，恩格尔系数就越小。

根据联合国粮农组织提出的标准，恩格尔系数在59%以上为贫困，50%～59%为温饱，40%～50%为小康，30%～40%为富裕，低于30%为最富裕。一般随居民家庭收入和生活水平的提高而下降。按此划分标准，20世纪90年代，恩格尔系数在20%以下的只有美国，达到16%；欧洲、日本、加拿大，一般在20%～30%之间，是富裕状态。东欧国家，一般在30%～40%之间，相对富裕，剩下的发展中国家，基本上分布在小康。

简单地说，一个家庭或国家的恩格尔系数越小，就说明这个家庭或国家经济越富裕。反之，如果这个家庭或国家的恩格尔系数越大，就说明这个家庭或国家的经济越困难。当然数据越精确，对家庭或国家经济情况的反映也就越精确。

人民网网友曾提问：近些年来农村恩格尔系数是一直像预期那样的直线下降呢？还是有波动的？这些数据对我们来讲有没有意义？是否预示着我们已经进入相对富裕的行列，还是仍停留在小康水平。

随着收入水平的提高、消费水平的提高，食品消费支出的比重会下降。改革开放30年来，我们国家的恩格尔系数，无论是农村还是城市，都是往下走的。不排除个别年份，因为物价水平的变化，恩格尔系数稍微有一些波动，但总的趋势是往下的。从农村来讲，基本上在42%左右。从城市来讲，居民的恩格尔系数已经下降到40%以下，充分说明我们国家随着收入水平的提高，人们由总体小康向全面小康变化，已经摆脱了原来以吃、喝、穿这种生存意义的消费结构，正在进入以住和行的消费为引导的消费升级的新阶段。

国家统计局的资料显示，改革开放以来，由于收入持续快速增长，我国居民家庭的恩格尔系数呈现下降趋势，与1978年的57.5%相比，2007年我国城镇居民家庭恩格尔系数为43.1%，这是居民消费结构改善的主要标志。这表明，我国人民以吃为标志的温饱型生活，正在向以享受和发展为标志的小康型生活转变。

随着经济的迅速发展，人们花在食物上的支出相对于以前已经多出不少，但是食物支出占整个家庭支出的比例已经呈现下降的趋势，花在住房、汽车、教育、娱乐等其他方面的支出占据越来越大的比重。这就是恩格尔系数在不断降低，但不排除在某一特殊时期会上升，如金融危机时期、通货膨胀时期，前面章先生的食品支出加大就是通货膨胀所造成的。

在使用恩格尔系数时应注意：一是恩格尔系数是一种长期趋势，时间越长趋势越明显，某一年份恩格尔系数波动是正常的；二是在进行国际比较时应注意可比口径，在中国城市，由于住房、医疗、交通等方面存在大量补贴，因此进行国际比较时应调整到相同口径；三是地区间消费习惯不同，恩格尔系数略有不同。

恩格尔定律是根据经验数据提出的，它是在假定其他一切变量都是常数的前提下才适用的，因此在考察食物支出在收入中所占比例的变动问题时，还应当考虑城市化程度、食品加工、饮食业和食物本身结构变化等因素都会影响家庭的食物支出增加。只有达到相当高的平均食物消费水平时，收入的进一步增加才不对食物支出产生重要的影响。

当然，恩格尔系数也并不是对每一个人或每一个家庭都完全适合。如自诩为美食家的人，以吃尽天下美食为己任，他花在食物上的消费比例肯定比其他消费多，但依此断定他贫困或富裕就有失偏颇。在使用恩格尔系数进行国际比较时，由于各国的价格体系、福利补贴等方面差异较大，所以，要注意个人消费支出的实际构成情况，注意到运用恩格尔系数反映消费水平和生活质量会产生误差。

贫富差距是否过大：基尼系数

基尼系数是意大利经济学家基尼于 1912 年提出的，定量测定收入分配差异程度，国际上用来综合考察居民内部收入分配差异状况的一个重要分析指标。

基尼系数的经济含义是：在全部居民收入中，用于进行不平均分配的那部分收入占总收入的百分比。基尼系数最大为“1”，最小等于“0”。前者表示居民之间的收入分配绝对不平均，即 100% 的收入被一个单位的人全部占有了；而后者则表示居民之间的收入分配绝对平均，即人与人之间收入完全平等，没有任何差异。但这两种情况只是在理论上的绝对化形式，在实际生活中一般不会出现。因此，基尼系数的实际数值只能介于 0.1 之间。

基尼系数按照联合国有关组织规定，低于 0.2 表示收入绝对平均；0.2 ~ 0.3 表示比较平均；0.3 ~ 0.4 表示相对合理；0.4 ~ 0.5 表示收入差距较大；0.5 以上表示收入差距悬殊。经济学家们通常用基尼指数来表现一个国家和地区的财富分配状况。这个指数在 0 和 1 之间，数值越低，表明财富在社会成员之间的分配越均匀；反之亦然。

通常把 0.4 作为收入分配差距的“警戒线”。将基尼系数 0.4 作为监控贫富差距的警戒线，应该说，是对许多国家实践经验的一种抽象与概括，具有一定的普遍意义。但是，各国、各地区的具体情况千差万别，居民的承受能力及社会价值观念都不尽相同，所以这种数量界限只能用作宏观调控的参照系，而不是教条和标准。

基尼系数由于给出了反映居民之间贫富差异程度的数量界线，可以较客观、直观地反映和监测居民之间的贫富差距，预报、预警和防止居民之间出现贫富两极分化，因此得到世界各国的广泛认同和普遍采用。

有很多人认为听到一个基尼系数，就了解了当地收入分配的一种实际状况。事情仿佛和天气预报差不多，听到最高最低温度多少，我们立刻就知道了气候的冷暖。

我们应该看到这样一个社会现象：富者很富，穷者很穷。用经济学术语来说，这就是收入分配中的“马太效应”。在国民收入分配领域，马太效应进一步显现出贫者越贫、富者越富的状态，这种情况对经济的协调发展和社会的和谐进步产生一定影响。一部分人已经先富起来了，这是中国的客观现实，大部分人虽然已经解决了温饱问题，收入有所提高，却还算不上富裕，也是中国的客观现实，居民收入差距不断地扩大，就是中国客观现实的反映。

国家统计局发布了反映国民经济运行情况的一些主要数据，其中 2013 年全国居民收入基尼系数为 0.473，是 2008 年以来的最低值。即使如此，仍然大大超过了国际公认的 0.4 的警戒线水平。据称，1984 年，中国总体基尼系数大约仅为 0.26，在短短 20 多年时间内，中国已经由收入分配比较平等的国家进入收入分配最不平等的国家行列。

如何解决基尼系数过大所带来的执政危险？专家对基尼系数现状提出了应对措施：

1. 改变现行税制在调节收入分配方面的制度缺陷，完善税收调节体系，使税收调节分配的功能在居民收入、存量财产、投资收益等各个环节得到有效发挥。

2. 运用综合调控手段，加强对高收入阶层的税收调控。

（1）加快个人所得税改革，建立综合与分类相结合的税制模式。

（2）深化消费税制改革。充分发挥消费税商品课税再分配功能，对必需品适用低税率或免税，对奢侈品适用高税率。

（3）可考虑对储蓄存款利息课征的个人所得税采用累进税率，以及开征物业税、遗产税等税种。

3. 把“富民优先”作为经济发展新阶段以及解决基尼系数拉大问题的重大经济政策，对低收入者实施积极的税收扶持政策。

（1）完善支持农业发展的税收政策措施。农业的基础地位和弱质产业特性，要求政府在取消农业税之后，进一步在提高农业生产专业化和规模化水平、大力发展农业产业集群、健全现代农产品市场体系等方面给予政策支持，具体讲要对农业生产资料采取更加优惠的增值税税率，降低生产资料价格，减轻农民负担。

（2）加大对中小企业的扶持力度，使民营经济得到长足发展。我国中小企业在解决社会就业、维护社会稳定方面发挥的重要作用是显而易见的。

（3）加大对城镇下岗失业人员再就业的税收支持力度，推进就业和再就业。

（4）建议开征社会保障税。

4. 完善配套措施，加大对非常态高收入阶层收入的监管。

（1）加强对垄断收入的监管。

（2）积极推行存款实名制，并逐步创造条件实行金融资产实名制，限制非法收入。

（3）对黑色收入和腐败收入、灰色收入、钻各种政策空子所得的非常态收入要采取有效手段加以打击和取缔。

当然，在解决贫富悬殊、化解基尼系数“越警”方面，税收的作用毕竟是有限的，必须和政府其他宏观经济政策共同发挥作用，才能更好地解决我国收入分配差距扩大的问题，从而促进我国经济社会健康和谐发展。

放开二胎的背后：人口增长率

自 2014 年初起，全国开始实施“单独二孩”政策。

逐步放开二胎的背后，是我国人口增长率不断出现下滑。人口增长率一般是指一定时间内（通常为一年）人口增长数量与人口总数之比。而对于我国而言，庞大的人口数量一直是我国国情最显著的特点之一。虽然我国已经进入了低生育率国家行列，但由于人口增长的惯性作用，当前和今后十几年，我国人口仍将以年均800～1000万的速度增长。按照目前总和生育率为1.8来进行预测，2020年，将达到14.6亿；人口总量高峰将出现在2033年前后，达15亿左右。

我们再来看一组数据，了解一下我国人口增长的速度。2005年年末，全国总人口为130756万人，比上年末增加768万人。全年出生人口1617万人，出生率为12.40‰；死亡人口849万人，死亡率为6.51‰；自然增长率为5.89‰。对于我国来说，控制人口过快增长还是作为一项基本国策长期坚持的。

虽然我国从20世纪70年代起就开始实行计划生育，但是由于人口基数大、出生死亡率降低以及人均寿命的延长，人口还是不断保持较高速率的增长，在90年代后期增长速度才较为稳定。目前我国人口增长具有以下几个特点：

第一，现在中国人口已经从高出生率、高自然增长率、低死亡率的人口增长模式转变为低自然增长率、低出生率、低死亡率的“三低”人口增长模式。

第二，劳动力人口的平均年龄将逐渐增加。从总量上来说，中国正在走出最严峻的就业困境，未来每年新增加劳动力会处于持续性下降的态势。

第三，女性初婚年龄将进一步推迟，这会持续降低人口出生率的负增长。

第四，“人口红利”会一直维持到2020年。在未来的几年当中，我国劳动力人口所占比重都在70%左右，是收取“人口红利”的黄金时期。

庞大的人口数量对我国经济社会的发展产生了多方面影响，在给经济社会的发展提供了丰富的劳动力资源的同时，也给经济发展、社会进步、资源利用、环境保护等诸多方面带来沉重的压力。马路拥挤、公车人满为患、住房紧张，还有产生过多垃圾、造成成环境污染，生存成本增加，教育、医疗等资源短缺，就业竞争压力大……无时无刻，我们不在受着人口增加带来的各种影响。

提到印度，相当多的中国人总难掩饰自己的“优越感”。的确，作为一个人口与中国差不多的国家，印度在主要经济指标上与中国相去甚远。但是，人口众多的印度有着大量的年轻劳动力资源，这是印度可能超越中国的最大资本。而我国的人口增长中老年人的增加却是一个不容忽视的问题。人口老龄化加速，将会使中国面临劳动力结构性短缺、储蓄率下降，以及社会养老负担日益加重的各种挑战。

第四章　是谁导演了金融活动

——关于金融原理的财经常识

总体而言，我们并没有“放之四海皆准”的建议。只要金融体制能够调动资源、分配资源、并处理好风险和建立信心，这样的金融体制就是好的金融体制。

——林毅夫

（北京大学中国经济研究中心主任，曾任世界银行副行长）

谁才是更大的笨蛋——博傻理论

1908年～1914年间，经济学家凯恩斯拼命赚钱。他什么课都讲，经济学原理、货币理论、证券投资等。凯恩斯获得的评价是“一架按小时出售经济学的机器”。

凯恩斯之所以如此玩命，是为了日后能自由并专心地从事学术研究而免受金钱的困扰。然而，仅靠讲课又能积攒几个钱呢？

终于，凯恩斯开始醒悟了。1919年8月，凯恩斯借了几千英镑进行远期外汇投机。4个月后，净赚1万多英镑，这相当于他讲10年课的收入。

投机生意赚钱容易，赔钱也容易。投机者往往有这样的经历：开始那一跳往往有惊无险，钱就这样莫名其妙进了自己的腰包，飘飘然之际又倏忽掉进了万丈深渊。又过了3个月，凯恩斯把赚到的利和借来的本金亏了个精光。投机与赌博一样，往往有这样的心理：一定要把输掉的再赢回来。半年之后，凯恩斯又涉足棉花期货交易，狂赌一通大获成功，从此一发不可收拾，几乎把期货品种做了个遍。他还嫌不够刺激，又去炒股票。到1937年凯恩斯因病金盆洗手之际，他已经积攒起一生享用不完的巨额财富。与一般赌徒不同，他给后人留下了极富解释力的“赔经”——更大笨蛋理论。

什么是“更大笨蛋理论”呢？凯恩斯曾举例说：从100张照片中选择你认为最漂亮的脸蛋，选中有奖，当然最终是由最高票数来决定哪张脸蛋最漂亮。你应该怎样投票呢？正确的做法不是选自己真的认为最漂亮的那张脸蛋，而是猜多数人会选谁就投她一票，哪怕她丑得不堪入目。

投机行为建立在对大众心理的猜测之上。炒房地产也是这个道理。比如说，你不知道某套房的真实价值，但为什么你会以5万元每平方米的价格去买呢？因为你预期有人会花更高的价钱从你那儿把它买走。

凯恩斯的更大笨蛋理论，又叫博傻理论：你之所以完全不管某个东西的真实价值，即使它一文不值，你也愿意花高价买下，是因为你预期有一个更大的笨蛋，会花更高的价格，从你那儿把它买走。投机行为关键是判断有无比自己更大的笨蛋，只要自己不是最大的笨蛋，就是赢多赢少的问题。如果再也找不到愿出更高价格的更大笨蛋把它从你那儿买走，那你就是最大的笨蛋。可以这样说，任何一个投机者信奉的无非就是“最大笨蛋理论”。

对中外历史上不断上演的投机狂潮最有解释力的就是最大笨蛋理论：

1593年，一位维也纳的植物学教授到荷兰的莱顿任教，他带去了在土耳其栽培的一种荷兰人此前没有见过的植物——郁金香。没想到荷兰人对它如痴如醉，于是教授认定可以大赚一笔，他的售价高到令荷兰人只有去偷。一天深夜，一个窃贼破门而入，偷走了教授带来的全部郁金球茎，并以比教授的售价低得多的价格很快把球茎卖光了。

就这样郁金香被种在了千家万户荷兰人的花园里。后来，郁金香受到花叶病的侵袭，病毒使花瓣生出一些反衬的彩色条或“火焰”。富有戏剧性的是病郁金香成了珍品，以至于一个郁金香球茎越古怪价格越高。于是有人开始囤积病郁金香，又有更多的人出高价从囤积者那儿买入并以更高的价格卖出。1638年，最大的笨蛋出现了，持续了五年之久的郁金香狂热悲惨落幕，球茎价格跌到了一只洋葱头的售价。

始于1720年的英国股票投机狂潮有这样一个插曲：一个无名氏创建了一家莫须有的公司。自始至终无人知道这是什么公司，但认购时近千名投资者争先恐后把大门挤倒。没有多少人相信它真正获利丰厚，而是预期更大的笨蛋会出现，价格会上涨，自己要赚钱。饶有意味的是，牛顿参与了这场投机，并且不幸成了最大的笨蛋。他因此感叹："我能计算出天体运行，但人们的疯狂实在难以估计。"

投资者的目的不是犯错，而是期待一个更大的笨蛋来替代自己，并且从中得到好处。没有人想当最大笨蛋，但是不懂如何投机的投资者，往往就成为了最大笨蛋。那么，如何才能使自己在投资和投机时避免做最大的笨蛋呢？其实，只要猜对了大众的想法，也就赢得了投机。

所以，要想知道自己会不会成为最大的笨蛋，除了需要深入地认识自己外，还需要具有对别人心理的准确猜测和判断能力。

只要有钱在手，就要拿它消费，不要害怕风险。在投资时不要有任何顾虑，也许你的钱投进去了，你就赚了，但你要是总在犹豫里徘徊，把钱攥得紧紧的，那你将永远赚不到钱。只有你把钱投进去了，才可能会有更大的笨蛋出现，要是你不投钱的话，那么发财的机会就永远是别人的，你就是最大的傻瓜了。

贫者越贫，富者越富——马太效应

《新约·马太福音》里说，一个国王远行前，交给三个仆人每人一锭银子，吩咐他们："你们去做生意，等我回来时，再来见我。"国王回来时，第一个仆人说："主人，你交给我们的一锭银子，我已赚了10锭。"于是国王奖励他10座城邑。第二个仆人报告说："主人，你给我的一锭银子，我已赚了5锭。"于是国王奖励了他5座城邑。第三个仆人报告说："主人，你给我的一锭银子，我一直包在手巾里存着，我怕丢失，一直没有拿出来。"于是国王命令将第三个仆人的一锭银子也赏给第一个仆人，并且说："凡是少的，就连他所有的也要夺过来。凡是多的，还要给他，叫他多多益善。"

科学社会学家R. 默顿即借用这段话，类比科学界存在的上述现象，并称其为"马太效应"。用来形容正向回馈，即"富者越来越富，穷者越来越穷"。

马太效应无处不在，无时不有。任何个体群体或地区，一旦在某一个方面如金钱、名誉、地位等获得成功和进步，就会产生一种积累优势，就会有更多的机会取得更大的成功和进步。如今，马太效应在经济领域的延伸意义就是贫者越贫，富者越富。

其实这一点很容易理解，因为在金钱方面也是如此：即使投资回报率相同，一个本钱比他人多 10 倍的人，收益也多 10 倍；股市里的大庄家可以兴风作浪而小额投资者往往血本无归；资本雄厚的企业可以纵情运用各种营销手腕推广自己的产品，小企业只能在夹缝中生活。

随着社会的发展，渐渐地马太效应适用的领域越来越广泛。经济学规律告诉我们，财富的增减有时候以几何的形式呈现。每一个有志于扩张财富的人，都应掌握财富增长的规律，去实现自己的计划。

对于投资者来说，储蓄和投资是积累财富的两大重要途径。从表面上看似乎是最没有风险的，而且可以获得稳定的利息，殊不知在低利率时代仅仅依靠储蓄不可能满足你积累财富的要求。因为通货膨胀一方面会使你手中的货币贬值，另一方面，投资会使以货币计量的资产增值，你持有了能够增值的资产，自然就不用担心资金购买力的侵蚀了。

不如我们先看个案例：光成和青楠是同一个公司的职工，他们每月的收入都是 2000 元，光成刚开始每个月从工资中扣除 400 元存在银行做储蓄，经过 3 年，积累了近 15000 元。然后，他将其中的 5000 元分别存在银行和买了意外保险。再将剩下的 1 万元投资了股市。起初，股票上的投资有赔有赚，但经过两年多的时间，1 万元变成了 4 万元多，再加上后面两年再投入的资本所挣得的赢利以及留存在银行里的储蓄，他的个人资产差不多达到了七八万。

而青楠则把钱全都存在了银行，5 年下来扣除利息税，再加上通货膨胀，他的钱居然呈现了负增长。也就是说如果他和光成一样，每月存 400 元，那 5 年后，他的存款也不过是 25000 元，再扣除通货膨胀造成的损失（假定为 0.03%）7.5 元，则剩下 24992.5 元。

5 年的时间，就让两个人相差将近 5 万元！一年就是 1 万，那么 40 年后呢？就是更大的数字了。而且，光成因为积蓄的增多，还会有更多的机会和财富进行投资，也就是能挣更多的钱。青楠则可能因为通货膨胀，积蓄变得更少。

案例正应了马太效应里的那句话，让贫者更贫，让富者更富。即便是再小的钱财，只要你认真累积，精心管理，也会有令人惊讶的效果，并让你有机会、有能力更加富有。

一些工薪族认为，每个月的工资不够用，即便省吃俭用也没剩下多少。即便理财，效果也不大，还有必要理财吗？这种想法是错误的。只要理财，再少的钱都可能给你带来一份收益，而不理财则再多的钱也会有花光的时候。再者，理财中还有一种奇特的效应，叫作马太效应。只要你肯理财，时间久了，也就积累了更多的财富，有更多的机会收获成功。不要让你的财富陷入负增长的不健康循环中去，善理财者会更富有，而不懂得运作金钱赚钱的人会日益贫穷，这就好比马太福音中的那句经典之言：让贫者越贫，富者越富！

货币也会排斥异己的——劣币驱逐良币

“劣币驱逐良币”是经济学中的一个著名定律，在两种实际价值不同而面额价值相同的通货同时流通的情况下，实际价值较高的通货（所谓良币）必然会被人们熔化、收藏或输出而退出流通领域；而实际价值较低的通货（所谓劣币）反而会充斥市场。这就是著名的格雷欣法则。在现实生活中，我们也经常会看到类似的现象。

假定男 A，男 B，美女 C，从客观条件和个人禀赋来看，男 A 较有优势，男 B 稍逊。若从资源配置来看，A、C 结合实属大快人心，然而现实并非如此简单。A 男因自身禀赋或客观条件好，选择面比较广，“吊死在一棵树上”的机会成本过大。而 B 男则相反，可能是“一无所有”，索性“孤注一掷，拼命一搏”。这样 B 男在追求美女 C 的努力程度上显然会大于 A 男，而 C 女只能凭借对方的行为表现来评判其爱恋自己的程度。往往会被 B 男刻意粉饰的“海枯石烂，一心一意”的倾慕和忠诚而迷惑，被 B 男拖入婚姻的“围城”。于是，婚恋角逐画上了句号。

在铸币时代，当那些低于法定重量或者成色的铸币——“劣币”进入流通领域之后，人们就倾向于将那些足值货币——“良币”收藏起来。最后，良币将被驱逐，市场上流通的就只剩下劣币了。当事人的信息不对称是“劣币驱逐良币”现象存在的基础。因为如果交易双方对货币的成色或者真伪都十分了解，劣币持有者就很难将手中的劣币用出去，或者即使能够用出去也只能按照劣币的“实际”而非“法定”价值与对方进行交易。

18 世纪 20 年代之后，白银终于变为非主流，黄金成为货币世界永恒的主题。对物理和数学来说，牛顿是奠基人；对牛顿来说，物理和数学只是业余爱好。牛顿的本职工作，只是英国王室造币大臣。在这个职位上他一干就是三十多年，那是相当兢兢业业。

牛顿当政之前，“造币大臣”只是一个闲职，没有任何实权。各家银行自己发行银行券，自行铸造铸币，日子过得那是相当滋润，关造币大臣何事。黄金为币，始于牛顿。

18世纪初，金银同为英国货币，但牛顿发现黄金越来越多，白银越来越少。因为，黄金在欧洲大陆购买力低于英国，白银的情况则恰恰相反。也就是说，在英国本土金贱银贵，在海外金贵银贱。

牛顿不但掏空了国库的白银家底，而且收购英国居民银器，就是为了增加白银铸币。费了九牛二虎之力才拿出约700万英镑白银，依然不能扭转金贱银贵的局面，新铸的银币也在流通中消失得无影无踪了。

牛顿很伤心，伤心之后就明白了：既然黄金在本土便宜，无论铸多少银币都会被人藏起来，即所谓“劣币驱逐良币”。

“劣币驱逐良币”现象最早是由英国的托马斯·格雷欣爵士发现并加以明确表述的。格雷欣是英国著名的金融家、慈善家，格雷欣学院的创建者，英国王室财政顾问和金融代理人。1559年，他根据对当时英国货币流通状况的考察，上书英国女王伊丽莎白一世，建议收回成色不足的劣币，以防止成色高的良币外流，并重新铸造足值的货币，以维护英国女王的荣誉和英国商人的信誉。格雷欣在建议书中首次使用“劣币驱逐良币”的说法，指出由于劣币与良币按面额等值使用，因此人们往往把良币贮藏起来或运往外国使用。这样就出现市面上所流通的都是劣币，而良币被驱逐出流通领域的货币现象。

格雷欣法则是金属货币流通时期的一种货币现象。但随着时代变迁，金属货币被纸制货币所代替。第一代纸币是可兑换的信用货币，其主要的、完善的形式是银行发行的银行券。它是银行的债务凭证，承诺其持有人可随时向发行人兑换所规定的金属货币。所以，这一种纸币叫作可兑换纸币。第二代纸币是由银行券蜕化而成的不可兑换纸币，它通常由中央银行发行，强制通用，本身价值微乎其微，被认为是纯粹的货币符号。

英国经济学家马歇尔在其《货币、信用与商业》一书中写道：“可兑换的纸币——即肯定可以随时兑换成金币（或其他本位硬币）的纸币——对全国物价水平的影响，几乎和面值相等的本位硬币一样。当然，哪怕对这种纸币十足地兑换成本位硬币的能力稍有怀疑，人们就会对它存有戒心；如果它不再十足兑现，则其价值就将跌到表面上它所代表的黄金（或白银）的数量以下。”显然，硬币是良币，可兑换纸币是劣币。在正常情况下，两者完全一样，但当纸币兑换成硬币发生困难时，其名义价值就会贬值，严重时就会发生挤兑。

这时纸币就会被卖方拒收，流通困难，从而迫使其持有人不得不涌向发行银行要求兑换硬币。这种情况，实际上宣告格雷欣法则的失效，即已经不是作为劣币的纸币代替硬币，而是相反，人们将持有硬币以代替纸币。

在现实生活中，格雷欣法则实现要具备如下条件：劣币和良币同时都为法定货币；两种货币有一定法定比率；两种货币的总和必须超过社会所需的货币量。“劣币驱逐良币”的现象不仅在铸币流通时代存在，在纸币流通中也有。大家都会把肮脏、破损的纸币或者不方便存放的镍币尽快花出去，而留下整齐、干净的货币。这种现象在现实生活中也比比皆是。譬如说，平日乘公共汽车或地铁上下班，规矩排队者总是被挤得东倒西歪，几趟车也上不去，而不遵守秩序的人倒常常能够捷足先登，争得座位或抢得时间。

最后遵守秩序排队上车的人越来越少，车辆一来，众人都争先恐后，搞得每次乘车如同打仗，苦不堪言。再比如，在有些大锅饭盛行的单位，无论水平高低、努力与否、业绩如何，所获得的待遇和奖励没什么差别，于是，年纪轻、能力强、水平高的就都另谋高就去了，剩下的则是老弱残兵、平庸之辈，敷衍了事。这也是“劣币驱逐良币”。再有，官场上的腐败现象如同瘟疫一样蔓延，不贪污受贿损公肥私只能吃苦受穷。而且，在众人皆贪的时候，独善其身者常常被视为异己分子，无处容身，被迫同流合污，否则就会被排挤出局。最后廉吏越来越少，越来越无法生存。这还是劣币驱逐良币原则在起作用。

让你暴富或破产的工具——财务杠杆率

曾经的次贷危机使整个发达国家的金融体系受到波及，除新世纪金融公司、美国的Countrywide、英国的诺森罗克银行、北岩银行因其业务主要集中在抵押贷款领域而遭受重创外，花旗集团、美林证券、瑞士银行等大型综合银行和投资银行也都未能幸免。

美林有稳定的经纪业务，花旗有大量的零售银行业务和全球化的分散投资，瑞士银行有低风险的财富管理业务，一贯享受着最高的信用评级，房地产抵押贷款只是他们利润来源的一小部分。但正是因为这个抵押贷款业务让这些金融寡头们遭受了沉重的打击。在20倍的高杠杆放大作用下，各大金融集团在次贷危机中的投资损失率竟然达到18%～66%，平均损失约30%。

很多投资银行在追求暴利的驱使下，采用20～30倍的杠杆操作。假设一个银行A自身资产为30亿，30倍杠杆就是900亿。也就是说，这个银行A以30亿资产为抵押去借900亿的资金用于投资，假如投资盈利5%，那么A就获得45亿的盈利，相对于A自身资产而言，这是150%的暴利。反过来，假如投资亏损5%，那么银行A赔光了自己的全部资产还欠15亿。

通过以上的案例可以看出，高杠杆率对投行的影响是双向的，它既能放大投行的盈利，也能放大投行的风险损失；其资产的小幅减值或业务的微小损失都有可能对孱弱的资本金造成严重冲击，令其陷入绝境。

所谓的杠杆率即一个公司资产负债表上的风险与资产之比率。杠杆率是一个衡量公司负债风险的指标，从侧面反映出公司的还款能力。一般来说，投行的杠杆率比较高，美林银行的杠杆率在2007年是28倍，摩根斯坦利的杠杆率在2007年为33倍。

财务杠杆之所以叫杠杆，有它省力的因素。物理杠杆通过增加动力臂长度，提高动力的作用，来节省所付出的力量；而财务杠杆则通过增加贷款数量来节约自有资金的支出，增加资金的流动性，进一步提高收益水平。这里需要符合一个基本的条件，就是贷款利率低于资金利润率，也就是说，用借来的钱赚得的钱要比借钱的利息高，否则贷得越多，赔偿的就会越多。

财务杠杆率等于营业利润与税前利润之比，反映的是由于存在负债，所产生的财务费用（利息）对企业利润的影响，在一定程度上反映企业负债的程度和企业偿债能力，财务杠杆率越高反映利息费用越高，导致ROE指标越低。

简单地讲就是把你的资金放大，这样的话你的资金成本就很小，同时你的风险和收益就放大了，因为盈亏的百分比不是依据原来的资金，而是根据放大后的资金来衡量的。也可以把财务杠杆简单看作是公司利用债务资产的程度，即公司负债与公司净资产的比值。可以确定的是，该比值越高，公司的杠杆比率就越大，说明公司的经营风险越高；比值越低，公司的杠杆比率就越低，公司的经营风险也就越低。

财务杠杆是用公司的资本金去启动更多的资金，在金融学中，经常用杠杆比例这一指标来表示。杠杆比例是总资产与净资产之比，这一比例越高，风险就越大。我们从一个简单的例子来看看高杠杆所带来的高收益与高风险。

以投资股票为例，假如某投资者有 1 万元可用于投资，欲购买 A 股票，当前价格 10 元，他可买 1000 股，在不计手续费的情况下，股价上涨至 15 元，他可获利 5000 元，股价下跌至 5 元，他将损失 5000 元。

又假如他可以按 1 ∶ 1 的比例融资（其杠杆是 2 倍），那么，他可购买 2000 股 A 股票。股价上涨至 15 元，他可获利 1 万元，股价下跌至 5 元，他将损失 1 万元。如此，收益和风险都扩大了两倍。

再假如他使用 4 倍的杠杆融到 4 万元，则其可以买 4000 股股票，如果股价同样从 10 元上涨至 15 元，他每股盈利 5 元，可以赚 2 万元，股票下跌至 5 元，他将损失 2 万元。其投资的收益与风险与初始投资相比，也放大了 4 倍。

在现实生活中很多人为了更多更快地获得资产性收益，利用财务杠杆开始压缩生活杠杆，通过炒股炒房获得资本，尝到甜头之后，往往抵押房地产炒股，甚至继续利用房地产抵押买来的股票做抵押再炒股炒房，杠杆比例持续上升。当资产价格上涨，这些杠杆带来正面效应，获得大量收益的时候，个人往往因为钱来得太容易而昏头，冲动买入大量奢侈品，刺激了生活杠杆。但是，如果资产价格下跌，这些杠杆作用的威力也是巨大的，你所有的资产均可能会化为泡影，成为负债累累的负翁。

因此，控制杠杆是分散业务风险的前提，在金融创新中要秉持“可以承受高风险，绝不承受高杠杆”的原则，当风险不可测时，控制杠杆比控制风险更重要。

投资具有风险性——风险收益率

我们进行投资的目的是获得收益，但是在有些情况下最后实际获得的收益可能低于预期收益，有些投资者甚至没有收益，这就是投资中会出现的风险。但是风险也并不仅仅是实现收益低于预期的收益。当实际收益高于预期收益时也是风险。比如卖出股票后，股票价格走势高于预期的价格，即使卖出股票的实现收益高于预期收益，表面上没有损失，但是卖出股票就等于失去了获利更多的机会。因此，对于卖方来说，实现的收益高于预期的收益也是一种风险。

正是在这个意义上，所谓的投资风险是指对未来投资收益的不确定性，在投资中可能会遭受收益损失甚至本金损失的风险。比如，股票可能会被套牢；

债券可能不能按期还本付息，也可能本金也未收回；投资房地产并不符合预期，可能会下跌等都是投资风险。投资者需要根据自己的投资目标与风险偏好选择金融工具。

美国经济学家詹姆斯·托宾说过："不要把你所有的鸡蛋都放在一个篮子里，但也不要放在太多的篮子里。"如果将财富投资到同一个地方，必然会引起相应的风险增加，一旦失误，一定会损失惨重；但要是投资太分散了，必然会减少利润空间，增加管理成本。因此，分散投资是有效地科学控制风险的方法，也是最普遍的投资方式。将投资在债券、股票、现金等各类投资工具之间进行适当的比例分配，一方面可以降低风险，同时还可以提高回报。

投资风险也预示着投资最终的实际收益与预期收益的偏离，或者说是证券收益的不确定性，包括预期收益变动的可能性和变动幅度的大小。这里的偏离既可能是高于预期收益，也可能是低于预期收益。

在证券投资中，收益和风险的基本关系是：收益与风险是相对应的，就是说风险大，证券收益率也高，而收益率低的投资往往风险也比较小，正所谓"高风险，高收益；低风险，低收益"。在股票市场上，如果预期一只股票的价格会涨得很高，通常股票的价格已经不低了，此时作出买入的决定，那么在股票价格下跌的情况下就会损失惨重。同样，在股票市场允许做空的时候，如果预期一只股票的价格会有很大的下跌空间，而股票的价格已经不高了，此时作出卖空的决定，那么在股票价格上涨的时候也会损失惨重。这时股票就具有高风险高收益的特征。

在理论上，风险与收益的关系可以用"预期收益率＝无风险利率＋风险补偿"来表示。无风险利率是指把资金投资于某一没有任何风险的投资对象而能得到的利息率，实际上并不存在无风险的利率。一段时间来我们把银行存款当作无风险的利率，现在银行经过商业化改造已成为一个企业或公司，已经不是以国家信用来担保，因此银行存款也是有风险的。相对而言，国家发行的债券尤其是短期的国库券，有国家信用和税收的担保，而且流动性好，风险很低，因此通常把它的利率作为无风险利率。

而相对应的风险收益率是指投资者因冒风险进行投资而要求的、超过资金时间价值的那部分额外的收益率。它的大小主要取决于两个因素：风险大小和风险价格。在风险市场上，风险价格的高低取决于投资者对风险的偏好程度。

既然要投资就要承担风险，要取得比较高的预期收益就要面临比较大的风险。就如股票投资和债券投资一样，股票投资的风险大于债券投资，股票价格上涨 50% 的情况并不少见，而债券价格却很难涨 50%。所以债券投资的风险比较低，其投资收益也比较低。

在不同的环境和条件下，不同的投资行为的风险也不同，投资者会根据风险和收益的情况调整投资的方向。比如股票市场的风险比较大，投资者就会减少股票投资转向债券、基金等投资。如果把债券持有到期，那么此种情况下就没有价格风险，剩下的主要是信用风险。

我们可以看下比尔·盖茨怎样用分散投资来规避风险。比尔·盖茨仅用 13 年时间就积累了富可敌国的庞大资产。他是如何打理这份巨额资产的呢?

如同一般美国人一样，盖茨也在进行分散风险的投资。盖茨拥有股票和债券，并进行房地产的投资。同时还有对货币、期货商品和对公司的直接投资。据悉，盖茨把两个基金的绝大部分资金都投在了政府债券上。在他除股票以外的个人资产中，美国政府和各大公司的债券所占比例高达 70%，而其余部分的 50% 直接贷给了私人公司、10% 投到了其他股票上、5% 则投在了商品和房地产上。他认为，“鸡蛋”放在一个“篮子”里，一旦“篮子”出现意外，所有的“鸡蛋”就都很难幸免于难。

为了使理财事务不致过多地牵制自己的精力，盖茨聘请了“金管家”。1994 年，盖茨在微软股票之外的财产已超过 4 亿美元时，聘请了年仅 33 岁的劳森作为他的投资经理，并答应劳森说，如果微软股价一直上升的话，劳森就可以用更多的钱来进行其他投资。除了 50 亿美元的私人投资组合外，劳森还是盖茨捐资成立的两个基金的投资管理人，盖茨对这两个基金的捐赠是以将自己名下的微软股份过户给这两个基金的方式来进行的。

随着现代金融投资品种趋向丰富化和多元化，其中的技巧性和难度就越大。因此，投资者在进行投资时，要根据风险承受能力和风险承受态度即风险偏好等来评估自身可能承受的风险水平，再选择相应的投资工具。绝不能盲从随大流，应睁大眼睛看好每一个产品的利弊得失，权衡不同投资的风险收益。

牵一发而动全身——乘数效应

一日，小张坐在桌前看书。妻子在擦窗户。小儿子非常顽皮，在街上玩的时候，用石头扔妈妈，没想到一不小心，将刚擦好的玻璃打碎了了。妻子非常生气，抓起孩子就要打。小张突然喝道："为什么要打孩子？他打碎一块玻璃，却能让装玻璃的工人有活干，能让玻璃厂多生产一块玻璃，能增加一个工人的工资，增加了国家多少的 GDP 啊。"妻子听了非常生气："那我呢，我辛辛苦苦擦的玻璃就这样被打碎了，我岂不是白忙了？"小张答道："本来你擦玻璃对 GDP 就没什么贡献，也没什么好难过的。"

孩子打碎玻璃，带来经济增长，妻子擦玻璃却对经济没有任何贡献，这道理从何说起？按照经济学家的解释，家里的门窗玻璃被打破了，的确是一种财产损失，但因过后要修理，安上新的玻璃，于是家里就会增加开支，对社会经济构成需求，从而创造了新的 GDP，刺激了经济，这未尝不是一件好事情。而妻子的家务活动，因为没有挣到薪水，因此对 GDP 的增长没有贡献。

怪诞的解释方法让人觉得有些不解。难不成以后应当鼓励孩子多砸几块玻璃？但经济学中确实有这样的道理。在经济学中，有一个词语叫"乘数效应"，就是指通过某项投资或消费从而带动相关产业的发展，从而带动经济的发展。具体来说，乘数效应是指在公共工程项目之后带来的消费水平和私人投资水平的上升。政府通过扩大国债发行规模，扩张财政支出，投资于公共工程，可以发挥财政支出所产生的乘数效应，解决经济发展的资金短缺，增加就业，提高社会消费需求。

我国古代有很多乘数效应的例子，比如古代忠孝从某种意义上来说就是一种乘数效应，对于忠孝者而言，君或者长辈对他们的教育或者激励也仅仅限于几次偶尔的说教或者奖赏，但是这种思想却一直延续下去。达到了很好的乘数效应。

乘数效应是宏观经济学的一个概念，也是一种宏观经济控制手段，是指支出的变化导致经济总需求与其不成比例的变化。当政府投资或公共支出扩大、税收减少时，对国民收入有加倍扩大的作用，从而产生宏观经济的扩张效应；当政府投资或公共支出削减、税收增加时，对国民收入有加倍收缩的作用，从而产生宏观经济的紧缩效应。

在宏观经济学中，支出的变化会导致经济总需求与其不成比例的变化，最初投资的增加所引起的一系列连锁反应会带来国民收入的数倍增加。假设投资增加了 100 亿元，若这个增加导致国民收入增加 300 亿元，那么乘数就是 3，如果所引起的国民收入增加量是 400 亿元，那么乘数就是 4。

为什么乘数效应所带来的乘数会大于 1 呢？比如某政府增加 100 亿元用来购

买投资品，那么此100亿元就会以工资、利润、利息等形式流入此投资品的生产者手中，从而国民收入增加了100亿元，这100亿元就是投资增加所引起的国民收入的第一轮增加。这100亿元转化了工资、利息、利润、租金的形式流入了为制造此投资品的所有生产要素所有者的口袋，因此，投资增加100亿元，第一轮就会使国民收入增加100亿元。随着得到这些资本的人将开始第二轮投资、第三轮投资，经济的增长就会以大于1的乘数增长。

乘数效应也叫“凯恩斯乘数”，事实上，在凯恩斯之前，就有人提出过乘数原理的思想和概念，但是凯恩斯进一步完善了这个理论。凯恩斯的乘数理论为西方国家从“大萧条”中走出来起到了重大的作用，甚至有人将其与爱因斯坦的相对论相提并论，认为20世纪两个最伟大的公式就是爱因斯坦的相对论基本公式和凯恩斯乘数理论的基本公式。

凯恩斯乘数理论对于宏观经济的重要作用在1929年～1923年的世界经济危机后得到重视，一度成为美国大萧条后“经济拉动”的原动力。

在我国，公共项目的“乘数效应”对经济发展的贡献功不可没。

2008年美国金融风暴带给我国经济的影响巨大，中国经济增长放缓、出口减少、就业压力增大。金融危机的背景下，普通百姓们自然要“节衣缩食”，但人们的眼光都集中到了政府的身上。2008年11月5日，国务院常务会议上确定了总额度为4万亿的两年经济振兴计划，来应对中国经济运行过程中的下滑风险，这样的大手笔是史无前例的。这项经济振兴计划包括加快民生工程、基础设施、生态环境建设和灾后重建等多项扩大内需的措施，促进经济平稳较快增长。正是因为庞大的公共项目的支持，中国率先走出了金融危机的阴影。

再以北京奥运会为例，奥运对北京经济发展的“乘数效应”是不可忽视的。与奥运会直接或间接相关的产业有50多项，包括建筑、建材、信息产业、现代制造、服务业等。奥运因素的注入直接拉动这些产业的快速发展，对经济产生第一轮拉动；而这些行业的增长又需要其他与之密切相关的行业的支持，因而产生新一轮的经济拉动作用。如此循环传导，奥运投资的乘数效应拉动了国民经济的整体增长。奥运投资所引发的“拉动效应”所带动的投资和消费市场就是通常所说的“奥运蛋糕”。如果按照“大投资”额来计算，以1.9为乘数，据此算下来的“奥运蛋糕”将近6000亿元。

如今，乘数效应已经广泛应用于各国的经济政策中。

第五章　那些影响历史的金融大师

——关于金融名人的财经常识

亚当·斯密研究的是两百多年前，工业革命发生之前，没错。但是，科学并不总是在进步的，我不认为今天的思想一定比上个世纪的一定先进。无论自然科学、社会科学，都有这个问题。为什么呢？因为人类本身在认知世界的过程中是免不了犯错误的。比如日心说，其实古希腊人就提出来了，一直到哥白尼才得到认同。经济学更是这样。所以，我不认为凯恩斯的理论就比凯恩斯之前的理论更好。我相信，未来人类的时间越长，我们会越认识到这一点。这也是为什么今天出现了很多伟大的思想家，无论是哲学的、宗教的。所以，我认为不能说亚当·斯密那时候不具有现代的技术，他的理论就比现在的更差。但理论技术方面没有现在这么精致。

——张维迎

（原北京大学光华管理学院院长，著名经济学家）

经济学鼻祖——亚当·斯密

早在200多年前，1776年，英国人亚当·斯密（1723～1790）出版了《国民财富的性质和原因的研究》，简称《国富论》，这本书是公认的第一本真正意义上的经济学著作。而斯密本人也被认为开创了近代政治经济学，被誉为“经济学之父”。

在西方历史上，亚当·斯密是为数不多的得到广泛赞誉的经济学家。亚当·斯密于1723年出生于苏格兰小城可可卡迪。亚当·斯密的父亲是一名律师，同时也是苏格兰的军法官和可可卡迪的海关监督。亚当·斯密出生的前几个月，父亲便去世了，亚当·斯密一生与母亲相依为命，终身未娶。

亚当·斯密14岁考入苏格兰格拉斯哥大学，由于成绩优秀，被送入牛津大学求学。毕业后，亚当·斯密先在爱丁堡大学教修辞学与文学。1751年，亚当·斯密转入格拉斯哥大学担任逻辑学和道德哲学教授，还兼负责学校行政事务，一直到1764年。在这十几年间，亚当·斯密一直从事修辞学和文学研究，获得了极高的成就，发表了获得极高赞誉的《道德情操论》。

但亚当·斯密并非完美，他在陌生环境下发表演说时，刚开始会因害羞频频口吃，一旦熟悉后，便恢复辩才，侃侃而谈。在研究起自己喜爱的学问时，亚当·斯密相当专注，他常因想事情想得出神，发生笑话。

亚当·斯密曾担任过国家的海关专员，他需要在不同的公文上签下自己的名字。有一次，他专注于一个经济学问题，思考得入了神。当别人将一个公文递给他时，他下意识地将公文上前一个签名者的名字抄了下来。同一个人的签名在一个公文上出现两次，这让亚当·斯密挨了上司一顿批评。

1768年，亚当·斯密受朋友之邀，着手著述《国民财富的性质和原因的研究》，他并未预料到自己即将研究的著作对自己乃至整个西方世界的影响。1773年该书基本完成，亚当·斯密又花了3年时间修改此书。1776年此书正式出版，引起世人的广泛讨论，这就是著名的《国富论》。它的影响极为广泛，除英国本土外，连欧洲和美洲也为之疯狂，亚当·斯密也因此获得“现代经济学之父”和“自由企业的守护神”的称号。

1790年7月17日，亚当·斯密在爱丁堡与世长辞，享年67岁。去世前，他烧毁了自己的全部手稿，以免误导后人。他的墓志铭是:《国富论》作者亚当·斯密长眠于此。

亚当·斯密生前享有极大的荣誉：一次，英国首相皮特与几位重臣正在交谈，亚当·斯密被邀参加，当斯密步入室内，每个人都站起来，他说：“诸位先生，请坐。”首相却说：“我们要等您先坐下来才就座，我们都是您的门徒啊。”

《国富论》被誉为经济学的“圣经”。亚当·斯密并不是经济学说的最早开拓者，他的许多著名思想也并非新颖独特，但他首次提出了全面系统的经济学说，为经济学的发展打下了良好的基础。因此，可以说《国富论》是现代政治经济学研究的起点。

亚当·斯密的经济思想体系结构严密、论证有力，他将经济思想学派的优点吸收进自己的体系，同时又系统地披露了它们的缺点。亚当·斯密的接班人，包括托马斯·马尔萨斯和大卫·李嘉图，这些经济学家又对他的体系进行了精心的充实和修正，成为古典经济学体系。

自亚当·斯密后，经济学有了突飞猛进的发展，他是使经济学说成为一门系统科学的主要创立人。他的经济学观点对后世的经济学理论家们影响深远。

“我们每天所需要的食物和饮料，不是出自屠户、酿酒师和面包师的恩惠，而是出于他们自利的打算。”这是经济学之父亚当·斯密的代表著作《国富论》中的一句话。他认为，经济学中人和人之间是一种交换关系，人们能获得食物和饮料，是因为商家要获得自己最大的利益。这也便是经济学对于人性的假设。

经济学家认为，经济人假设是经济学最根本的假设，整个经济学大厦都是建立在这一假设基础上的，如果否认这个假设，就等于取消了经济学本身。亚当·斯密还有另一句非常重要的话语，那就是:“自由经济社会的资源，是由一只看不见的手所支配。”对于这只“看不见的手”，相信很多人都已耳熟能详。

亚当·斯密在其《国民财富的性质和原因的研究》(简称《国富论》)中，系统地探讨了劳动价值论，并在劳动价值理论的基础上发展了相当完备的价格理论。在《国民财富的性质和原因的研究》中，亚当·斯密从分工引出交换，再从交换引出价值，第一次明确使用了使用价值和交换价值这两个概念。

斯密在经济学上的主要贡献是：把政治经济学发展成了一个完整的体系；提出了分工促进经济增长的原理；批判了重农主义和重商主义，重农主义认为农业是唯一创造财富的产业，重商主义则认为商业流通是财富的唯一源泉，斯密在理论上批判了它们的偏见，认为只要是包含人类劳动的产品都具有价值；提出了政府的职能，即建立国防、建立严正的司法机构、建立并维持必要的公共工程，这被后人称为小政府的标准；提出了赋税的四项原则，即公平、确定、便利、节省，直到今天这仍然是指导各国税收的指导原则。

自亚当·斯密之后，经济学登堂入室，成为一门独立的科学，历久不衰，甚至被称为所有社会科学的“皇后”。

美国金融教父——汉密尔顿

亚历山大·汉密尔顿（1757~1804 年）是美国的开国元勋之一，宪法的起草人之一，财经专家，美国的第一任财政部长，因政党恶斗而丧失生命的知名政治人物。

汉密尔顿出生于英属西印度群岛，由于母亲的不合法婚姻，他成了一个私生子，被剥夺了继承私人遗产的权利。在他 13 岁的时候母亲去世，在亲戚朋友的帮助下，汉密尔顿在圣克罗伊岛做会计助手，很快显露出他的精明能干，也同时练就了商人的机警和野心。他从小就才智出众，阅读了很多不同语言的书籍，积累了商业和经济知识并可以清晰地阐述自己的观点，为以后的新生活奠定了基础。他的才华最终被一个牧师发现，资助其到北美深造，从此改变了他的命运。汉密尔顿敏捷的才智、清晰的思维和表达能力在学院得到了充分的施展。

在美国的开国元勋中，没有哪位的生与死比亚历山大·汉密尔顿更富戏剧色彩了。在为美国后来的财富和势力奠定基础方面，也没有哪位开国大员的功劳比得上汉密尔顿。

1776 年，美国独立战争爆发，汉密尔顿作为乔治·华盛顿的副官，利用他的政治思想和沟通技巧为战争的胜利立下了战功。革命结束后，他推动了费城制宪会议的召开，并为宪法的批准作出了很大贡献。他与麦迪逊、杰伊三人为争取新宪法批准在纽约报刊上共同以“普布利乌斯”为笔名发表的一系列论文，留下了一部政治学的经典——《联邦党人文集》。联邦政府成立后，汉密尔顿担任了美国政府的第一任财政部长，创建了美联储的前身——合众国第一银行；为推动美国经济的发展，他制定了一系列影响深远的政策，塑造了美国财政经济体制的框架，将美国引入一条新的经济发展道路，为美国日后成为世界一流强国奠定了坚实的基础。

切尔诺夫的结论极具说服力：“如果说杰斐逊提供了美国政治论文的必要华丽诗篇，那么汉密尔顿就撰写了美国的治国散文。没有哪位开国元勋像汉密尔顿那样对美国未来的政治、军事和经济实力有如此的先见之明，也没有哪个人像他那样制定了如此恰如其分的体制使全国上下团结一心。”

汉密尔顿于 1789 年 9 月 11 日出任美国第一任财政部长，任职至 1795 年，当时美国在经济上也处于十分艰难的境地，贸易逆差巨大，政府债台高筑，财政极为困难。在其任财政部长期间，汉密尔顿分别向国会呈交了《关于公共信用的报告》《关于国家银行报告》《关于制造业的报告》，他通过向国会提交报告的形式，阐述了他的财政经济纲领。在报告中，他不仅提出了整顿财政的措施，还提出了加快工业化以推动美国由农业国向工业国转变的措施。因此，他的财政纲领实际上是一个旨在美国确立资本主义制度的纲领。汉密尔顿虽然没有受过财政金融方面的专门训练和实际的经历，但是凭借他之前读过相关的经济学著作，以及研究过亚当·斯密的经济学理论，并虚心向专业人士请教，上任财政部长后显示出他过人的胆量和才智。他不负华盛顿的重托，作出了一流的业绩，不但解决了联邦政府的财政困难，奠定了联邦政府的财政基础，也奠定了后来多届美国联邦政府经济发展的模式与基础。

首先，通过国债制度的建立，沉重的战争债务得到解决，濒危的公共信用又重新建立起来。到1794年底，旧国债已经全部还清，同时发行了新的国债。美国在欧洲的信用也很快恢复，1791年2月，财政部驻阿姆斯特丹代办威廉·肖特报告，荷兰银行家表示愿意向美国提供上百万弗罗林的贷款，使美国信用出现了新的转机。

其次，建立起全国统一的关税制度和税收制度。合众银行的建立，进一步完善了信用制度。1790年12月，汉密尔顿提交增加消费税的报告，为联邦政府建立了一套完整的关税和税收制度，结束了过去各州不同的税收制度和以关税为武器的商业竞争局面，为商业发展创造了有利条件，更重要的是为联邦政府提供有保障的财政收入。第一银行的建立使政府有了稳定的资金来源，政府财政得到了好转。

再次，汉密尔顿财政政策的实施不仅使政府建立了一套完善的财政制度，而且以发行国债、股票为契机进行美国金融业的变革，揭开了美国金融史的新篇章。随着财政金融状况的改善，流通货币的增加，股份公司大量出现，进一步促进了证券市场的形成，纽约和费城逐渐成为证券交易中心。汉密尔顿吸取英国的经验，用短短几十年的时间，使西欧和英国经过上百年才形成的财政金融制度在美国初步建立起来，不能不说是金融业的创举。这对美国的经济起了很大的促进作用，尤其是推动了商业和航海业的发展。

汉密尔顿所推行的政策和采取的手段，是建立在维护金融资产阶级、大商人和国家利益基础上的。他有意扶持商业和金融资产阶级，使他们从政策中获取利益。

汉密尔顿不仅是美国的第一任财政部长，他还是一位战场英雄、国会议员、纽约银行的创立者、制宪会议的成员、演说家、辩论家、律师、坚定的废奴主义者、外交理论家。

对于汉密尔顿在美国历史上的贡献，切诺的评价可谓恰如其分，他说："如果华盛顿是建国之父，麦迪逊是宪法之父，那么汉密尔顿便毫无疑问是美国政府之父。"

虽然亚历山大·汉密尔顿也身为美国建国之父之一，却始终没能像别的人那样做上美国总统，而且在与其主要政治对手托马斯·杰斐逊的竞争中更似乎是输得惨不忍睹。

可孰能料到历史的戏剧性就在于此，在亚历山大·汉密尔顿过世之后，他的政治遗产，包括"工业建国之路"和建立一个强有力的中央政府等，却在此后的美国历史中起着越来越显著的作用，甚至一些影响了美国历史进程的总统，如林肯和西奥多·罗斯福，他们所施行的政策就是建立在汉密尔顿的遗产基础上的。

一位学者这样描述汉密尔顿一生的经历：亚历山大·汉密尔顿是美国历史上罗曼蒂克式的人物。在我们诸多的政治人物当中，也许唯有他可以适合充当戏剧、悲情歌剧或者芭蕾舞剧的英雄角色。亚历山大·汉密尔顿从一个来自英属西印度群岛的私生子和无家可归的孤儿一跃成为乔治·华盛顿最信任的左膀右臂，但他后来卷入一桩性丑闻，在与副总统阿伦·伯尔的决斗中命丧黄泉。伴随着屈辱、忏悔和各种自我导致的剧变，亚历山大·汉密尔顿的一生富于多种戏剧化的因素。他的死也是其个性张扬的尤为特别的一幕。

历史上最早的融资者——吉拉德

1750年5月20日，吉拉德出生于法国港口城市波尔多。他的早年充满了苦涩和艰辛。父亲皮埃尔·吉拉德是个水手，一大家子人都靠他的微薄收入为生。身为长子，吉拉德从小就承担着照顾弟弟妹妹的责任。八岁时，因为一次偶然事故，吉拉德的右眼失明了。

1774年7月，吉拉德第一次来到纽约。纽约商人托马斯·兰德尔看上了精力充沛的吉拉德，二人开始了一段收益丰厚的合作——纽约与新奥尔良之间的航运。这使他很快积累了一定的资本并获得一艘船的一半所有权。事业刚刚有所起色，他的梦想就被突如其来的战争打破，被迫前往人生地不熟的费城。

无论从哪个方面来看，这个法国小商贩的成功几率都是微乎其微。他的资金少，经营业务琐碎，几乎不会说英语；他矮胖、表情麻木、眉毛浓密，仅剩的一个左眼目光迟钝。而且他个性冷漠，举止矜持，邻居们都不喜欢他，甚至有点害怕他。没有人想到，多年后，这个陌生的小商贩竟然逐渐成为这片大陆上最富有的人。

从 1780 年到 1800 年的 20 年，是吉拉德海上贸易的黄金期。拿破仑战争损害了欧洲的商业，给吉拉德提供了良机。尽管禁运、阻塞、海盗和扣押商船之类的事件仍时有发生，但是情况已大有改观。因为吉拉德的商船上挂着美利坚的国旗，处于国家的保护之下。

1795 年，吉拉德公司的商船“伏尔泰”号满载谷子从宾夕法尼亚出发，前往波尔多补充一些酒和水果，然后前往圣彼得堡换得亚麻和铁，再航行至阿姆斯特丹出售，得到铸币。接着又前往中国和印度，购买整整一船的瓷器、丝绸和茶，最后返回宾夕法尼亚，销售一空。

这是当时吉拉德的全球贸易的一个缩影。“伏尔泰”“卢梭”“孟德斯鸠”“爱尔维修”等 18 艘以法国启蒙思想家命名的商船在大洋上航行。在远东、南美、加勒比海、波罗的海、地中海，到处可见它们的身影。

1791 年，美利坚第一银行成立，公众被允许购买部分股份。史蒂芬·吉拉德趁机进入金融领域，购买了大量股份。到 1811 年第一银行的 20 年营业有效期截止时，吉拉德已经成为该银行的最大股东。国会经过激烈辩论，最终没有与第一银行续约。吉拉德投入 120 万美元，购买了第一银行的所有股份和资产，成立吉拉德银行。至此，吉拉德毫无争议地已经成为这个国家最富有的人。

作为一个美国公民，他经过艰难的讨价还价，计划和坚持建立起自己的财富。他控制着以法国哲学家命名的拥有 18 艘船的舰队，运送小麦、鱼、面粉、木材、糖和咖啡。尽管时常会发生禁运、阻塞、海盗和扣押等，但没有对他产生太多伤害，因为吉拉德和码头上最丑恶的人有资金往来。他是一个不能容忍愚蠢的精明商人，他宣称工作“是我在世上唯一的快乐”。吉拉德这个独眼、苦难的法国人从不休息，相信“劳动就是生活、幸福及一切”。

在 19 世纪早期吉拉德就已经拥有了一个百万资产的航运帝国，用数百万开立了自己的私人银行。随着他的国际声誉的鹊起，吉拉德和伦敦的巴林兄弟投资费城房地产、保险和美国第一银行时，获取了100万美元的利润。

1811年，政治骚动正在酝酿，第一银行的特许权被国会终止，这时吉拉德抽出他的海外资本，用过去投资于美国银行的1/4——120万美元创造了他非常有名的斯蒂芬·吉拉德银行。斯蒂芬·吉拉德没有银行业和金融业前辈的指示可遵照，他是一个开拓者。他具有早期美国的利己主义者的本质，他不仅能同海盗和政治家（两者有很多相似之处）平等地做生意，也能同银行家和商人平等地做生意。

当吉拉德的巨额资本可以不受限制地投资时，他选择组建了一个私人银行来补充海运公司的信用。“我的商业资本使我能够进行赊销，能够用手头的现金无须折扣开展海运生意。”他曾经这样告诉一位巴林兄弟。然而，不像其他通常与大商业机构往来的私人银行，吉拉德——以他的诚信闻名——将他的银行和生意小心翼翼地分开。

除了他独立而保守的银行操作以外，吉拉德被认为是他那个时代独特的象征。他与大口喝酒、偷盗货物的海盗进行斗争，在商业经济中变得富有；然后，在逐渐合作化、文明化的世界中担任着积极进取的商业银行家的角色。随着商业银行新时代的到来，老化的吉拉德不断抵制它的合作化本质，他预示即将产生的事物——全能的私人投资银行家。如果再活75年，富有而又有影响的吉拉德可能就会与强大的J.P.摩根相抗衡！

吉拉德是早期美国的公民品质和资本精神的代表。他征服了财富，也抵抗住了财富的进攻。在征服与抵抗之际，他当之无愧跻身“美国经济领域里的建国之父”行列，因为他不仅影响了美国的经济发展史，而且影响了美国人对财富的观念。

吉拉德只是一个商人，一个公民。他富可敌国，却勤俭节约，过着清苦的生活；他吝啬、苛刻，从不施舍，却在死后把巨额财富捐给慈善事业；他自称“启蒙时代的儿子”，笃信理性，认为“宗教在我心中没有任何位置”。他以工作为灵魂，相信“劳动就是生活、幸福及一切”；他谨慎，自私，却在瘟疫突发，城市混乱之际挺身而出，冒着生命危险救治伤员，维持秩序。吉拉德正是靠这种资本主义精神建立了庞大的财富帝国，也凭着它抵抗住了财富的进攻，以节俭和捐赠诠释出一种真正健康的财富观。

按照《福布斯》杂志在2006年给出的数据，他去世留下的财富大约600万美元。当然，这不像人们认为的那么多。一生中在某个地方，他一定失去了一部分财富，而损失在任何地方都没有记录。

1831年的600万美元，在消费品价格调整后，不可思议地，只相当于现在的8000万美金。因此，在他最富有的时候，也不及现在“福布斯400”中的任何一个人。在某种意义上，他的财富反映了早期的美国金融界贫穷的状况。

吉拉德以一张遗嘱完整地阐释了资本主义精神：它不仅仅是对财富的理性追求，也是对财富的理性应用。让人幸福和快乐的是对财富的追求，而不是无节制地享受财富。这种财富观是“吉拉德留给美国人的最宝贵的遗产，在美国人心中播下了一颗免疫堕落的种子”。

被誉为“华尔街船长”的人——范德比尔特

在19世纪末20世纪初的“镀金年代”，范德比尔特无疑是亿万富翁的代表之一。他是著名的航运、铁路、金融巨头，美国史上第三大富豪，身家远超过比尔·盖茨。他还是电脑游戏《铁路大亨》的原型人物。从100美元起家到成为亿万富豪，范德比尔特被誉为“华尔街船长”。

1794年，范德比尔特出生于纽约斯坦顿岛上，他的父亲拥有一块农场，站在那儿可以俯视整个纽约湾。范德比尔特的父亲供养着一大家子人，但不是一个很有雄心的人。相比较而言，母亲对范德比尔特的影响更大。

在他只有16岁的时候，他就渴望开始自己的事业。一次，在里士满港口出售帆驳船的时候，他看到了机会。在蒸汽机出现以前，由荷兰人引进的这种帆驳船是纽约港主要的运输工具，平底双桅杆的帆驳船最长可达18米，宽7米，有足够的空间来装载货物。由于吃水浅，它们几乎可以在纽约水域上自由航行。范德比尔特向他的母亲借了100美元来购买帆驳船，这在1810年可不是一个小数目。母亲和他进行了一个很苛刻的交易，母亲告诉他，如果能够在他生日以前把那块未经开垦的3.2公顷土地清理干净，并且犁好种上作物，她就会给他钱。当时离他的生日只有4个星期了，但范德比尔特组织起一些邻居小孩及时地完成了这个任务，成功购买了帆驳船。

1812年的战争确保了范德比尔特事业的成功。军队需要他们能够完全信任和依赖的供货商向保卫纽约港的要塞运送物资，虽然范德比尔特的报价与其他报价相比并不是最低的，但他们还是和他签了合同。但在大部分时间里，纽约的运输业务并不是靠合同来获得的，更准确地说，是看谁先抢到生意，然后设法保住它。

到 1817 年底，范德比尔特已经有了 9000 美元，同时还拥有数目可观的帆船运输队，但是他还是时刻关注着任何出现的变化和机会。他很快就在轮船中看到了他的未来。他卖了他的帆船，开始为托马斯・吉本斯工作，成为吉本斯一艘名为“斯托廷格”（Stoudinger）蒸汽船的船长。这艘蒸汽船由于船体很小，绰号“老鼠船”，航行于纽约、新不伦瑞克和新泽西三个港口之间。

在快到 70 岁的时候，范德比尔特已经成为美国当时最富有的 6 个人之一，就在这时，他决定放弃所钟爱的蒸汽船并开始涉足铁路事业。1863 年，当这位船长最初开始购买铁路股票时，他简直是被嘲笑着离开了华尔街。人们看到对铁路一无所知的年老的航运富豪完成了这件事——他正在把萧条的哈莱姆河与哈德孙河航线全部买下来！“让他们笑吧”，范德比尔特吼道——他从来不会斥责公众舆论。

当路面电车特许权被取消的时候，股票下跌了。随着股价的下跌，范德比尔特不停地买进，直到他认购了比实际存在的还多 27000 股的股份，他再次囤积了哈莱姆的股票。

老船长最终获得胜利的要诀是：“绝不要买任何你不想买的东西，也不要卖你没有的！”这次，股票涨到了 285 美元，卖空的人心惊胆战，但是船长不满意。他冷酷地喊道：“涨到 1000 吧，这种智力游戏会经常发生的。”但是，由于整个股票市场的恐慌，以及受船长囤积股票的明显惊吓，这个老傻瓜在 285 美元的时候出手了。

范德比尔特两次围歼熊市投机商，给他和他的同伴带来了 300 万美元的巨额财富。这次金融战也被公认为金融操纵史上的杰作。《纽约先驱报》曾宣称：“华尔街市场上从未看到过这么成功的股票坐庄。”

科尼利厄斯・范德比尔特在他那个时代，是世界上最富有的白手起家的人，这位美国资本家通过从事船运业和铁路建筑等，去世时积累了 1.05 亿美元的财富，据测算占当时 GDP 的比例为 1 ： 87。他住在华盛顿区很舒服的繁华市中心里的相对一般的房子里，并将第五街留给他的子孙们。但是，他还是不能完全拒绝使自己名垂千古的诱惑。

1896年时，他为他的纽约和哈得孙河铁路公司在下曼哈顿建了一个新的货仓，他还为自己准备了巨大的纪念碑作为这个建筑物的组成部分。这只是他的一个自传而已，用10万磅铜来镌刻。这个建筑物的山墙，有30英尺高，150英尺长，上面满是对自己的描述，用了高级的浮雕，说明了范德比尔特在船舶公司和铁路公司的工作经历。这些都位于他的船队队长的中央雕像的两侧，雕像整整高12英尺，重4吨。

这在19世纪的富豪中是一个特例。除了为自己树一个塑像之外，有钱人大部分将他们的名字与某个巨大的有用的事物联系在一起，这些事物为公众服务，也表现了它们的创造者们的虚荣心。单单纽约城就到处充斥着这样的东西：卡内基音乐厅、库珀联合学院、洛克菲勒大学、佩利公园和惠特尼博物馆、古根海姆博物馆等等，比比皆是。

他的名字说明一切——查尔斯·道

查尔斯·亨利·道（1851～1902年），出生于康涅狄格州斯特林，是道·琼斯指数的发明者和道氏理论的奠基者，纽约道·琼斯金融新闻服务的创始人，《华尔街日报》的创始人和首位编辑。

由于两个非常重要的原因，查尔斯·道成为华尔街最重要的传奇人物之一——他创造了金融圣经《华尔街日报》，以及第一个市场气压计——道·琼斯指数。他也是技术分析之父。具有讽刺意味的是，在他的有生之年，他的成就却是不引人注意的。

1851年11月6日，查尔斯·亨利·道出生在一个农场里。在他6岁时，父亲去世了。此后的很多年里，他一直在自家的农场里帮助母亲从事艰苦的劳动。大概十三四岁时，他离开了农场，后来还从事过20种不同的工作以赡养母亲。长期的艰苦生活磨炼了查尔斯·道的意志，使他变得成熟坚韧、谦虚谨慎，更难能可贵的是他始终怀有自己的理想，从未放弃过努力。在接受了不太充足的教育后，他在很有影响的马萨诸塞州报纸——《春田共和报》做了6年学徒。接着，他迁移到了一家罗德岛普罗维登斯报纸，在这里，他找到了金融写作方面的小窍门。

查尔斯·道在31岁时，为自己取了一个合适的名字，然后冒险到了纽约；

1882年，和他的伙伴、记者埃迪·琼斯创立了道·琼斯公司。华尔街认识到查尔斯·道这个安静的总是记下看到的所有事情的人，在用毫不夸张的语言发布着极为精确的信息。通过对股票收盘价的研究，查尔斯·道发现可以发明一个反映市场总体走势的晴雨表，即股票平均指数。

1884年7月3日，他在《顾客晚报》上首次刊登了一项包含11种股票的指数，其中包括9家铁路公司和两家汽轮公司股票的平均价格，又被称作“铁路平均指数”。道·琼斯指数一经推出，就迅速被华尔街所接受。它使股票市场改变了以往的面貌，缓解了华尔街股票交易面对的迷茫困境，给人们带来一盏指路的明灯。

查尔斯·道活着的时候并没有展示“道氏理论”。1884年，当他最初开始编写股市平均指数时——甚至在《华尔街日报》存在前——除了一个用来度量股市的、包括了一切“指数”的指标之外，他并没有建立很多其他的理论。后来，他加入了自己的直觉判断。事实上，我们现在知道的“道氏理论”是在他去世20年后，由威廉·P.汉弥尔顿这样的市场技术分析师从他的《华尔街日报》中总结和提炼出来的。

查尔斯·道在1895年创立了股票市场平均指数——“道·琼斯工业指数”。该指数诞生时只包含11种股票，其中有9家是铁路公司。直到1897年，原始的股票指数才衍生为二：一个是工业股票价格指数，由12种股票组成；另一个是铁路股票价格指数。到1928年工业股指的股票覆盖面扩大到30种，1929年又添加了公用事业股票价格指数。查尔斯·道本人并未利用它们预测股票价格的走势。

1902年过世以前，他虽然仅有5年的资料可供研究，但它的观点在范围与精确性上都有相当的成就。

道氏理论断言，股票会随市场的趋势同向变化以反映市场趋势和状况。股票的变化表现为三种趋势：主要趋势、中期趋势及短期趋势。主要趋势：持续一年或以上，大部分股票将随大市上升或下跌，幅度一般超过20%。中期趋势：与基本趋势完全相反的方向，持续期超过三星期，幅度为基本趋势的三分之一至三分之二。短期趋势：只反映股票价格的短期变化，持续时间不超过6天。牛市的特征表现为，主要趋势由三次主要的上升动力所组成，其中被两次下跌所打断，如：疲软期。在整个活动周期中，可能比预期下跌得低，每次都比上次更低。在整个活动周期中，通常由几次中期趋势的下跌和恢复所构成。

查尔斯·道的全部作品都发表在《华尔街日报》上，只有在华尔街圣经的珍贵档案中仔细查找才能重新建立起他关于股市价格运动的理论。但是已故的S.A.纳尔逊在1902年末完成并出版了一本毫不伪装的书——《股票投机的基础知识》。这本书早已绝版，却可以在旧书商那里偶尔得以一见。他曾试图说服查尔斯·道来写这本书却没有成功，于是他把自己可以在《华尔街日报》中找到的查尔斯·道关于股票投机活动的所有论述都写了进去。

1902年12月查尔斯·道逝世，华尔街日报记者将其见解编成《投机初步》一书，从而使道氏理论正式定名。值得一提的是，这一理论的创始者——查尔斯·道，声称其理论并不是用于预测股市，甚至不是用于指导投资者，而是一种反映市场总体趋势的晴雨表。大多数人将道氏理论当作一种技术分析手段——这是非常遗憾的一种观点。其实，“道氏理论”的最伟大之处在于其宝贵的哲学思想，这是它全部的精髓。雷亚在所有相关著述中都强调，“道氏理论”在设计上是一种提升投机者或投资者知识的配备或工具，并不是可以脱离经济基本条件与市场现况的一种全方位的严格技术理论。根据定义，“道氏理论”是一种技术理论；换言之，它是根据价格模式的研究，推测未来价格行为的一种方法。

银行业的革命先行者——贾尼尼

今天，我们早已习惯了和银行打交道，却很少有人想过，如果没有贾尼尼在银行业发起的革命，银行服务还只是少数富人享用的“奢侈品”。

20世纪四五十年代，美洲银行一度是美国规模最大的商业银行，也是美国第一家为普通百姓提供金融服务的银行——它是具有传奇色彩的意大利裔银行家贾尼尼一手创立的。因为对银行业发展的突出贡献，人们称贾尼尼为“现代银行业之父”。

1870年5月16日，阿马迪·贾尼尼出生在美国加州的一个意大利移民家庭。开始的时候，家里经营旅馆，后来因为生意不是很好，便卖掉旅馆，买下40英亩土地，开始做起了小农场主。日子虽然很辛苦，但还过得下去。但是，天有不测风云，1878年的一天，同村的一个葡萄农，因为还不起向贾尼尼父亲借的1美元贷款，竟然开枪打死了他父亲。这件事情给年幼的贾尼尼留下了不可磨灭的心灵创伤，而他在成为银行家后坚决反对放高利贷，与此有着直接联系。

贾尼尼的母亲是个坚强的女子，她一人既要照料 3 个孩子，又要管理果园。这样生活了一段时间后，她嫁给好心的马车夫斯卡蒂那。两年后，他们将果园和房子卖掉，搬到圣诺耶镇上居住，直到贾尼尼 12 岁，他们才在旧金山买了房子，开了一家“斯卡蒂那商行”，经营水果和蔬菜批发，做起了中间商。

贾尼尼很能吃苦，待人热情，又有心计，很快成了商行的得力帮手。一天，他向继父建议：“听说最近市场上柳橙和葡萄柚很好卖，我打听过，圣阿那的塔斯丁公司品质最好，我们买进来看看，怎么样？”斯卡蒂那将信将疑，就先买了一部分。事实正如贾尼尼所预料的那样，这两种商品十分畅销，日后原本在加州极为罕见的柳橙和葡萄柚也成了加州的特产，这不能不说是贾尼尼的功劳。

贾尼尼并没有满足现状，他还要进行改变，做更大的生意。为了减少中间环节，降低进货价格，他亲自跑到农家去收购果菜。在农作物未采收之前就与农民订立收购契约，这要付一部分定金，但蔬菜和水果的价格却要比码头上便宜得多。他这样做，不仅从贩运商手中夺过了利润，而且，比贩运商们买来的还便宜。农民也很乐意，因为得到了定金，农作物的销路也有了保证，又可以减少乃至避免气候突然变化造成的损失。这种做法是一个了不起的创举，年仅 19 岁的贾尼尼因此被人们视为经商的奇才、鬼才。

不仅如此，年仅 19 岁的贾尼尼还提出了“农民银行”的构想。因为，在经营这种契约买卖的过程中，贾尼尼深感农民的贫苦。尤其是那些来自意大利的移民，他们为了买农具和种子，经常不得不将农田作为担保，向高利贷者借钱，因为银行不肯贷款给贫苦的农民。

由此，贾尼尼萌生了向这些农民提供贷款的念头，他的想法是不收利息，用贷款的形式取得下一季收获的买卖契约。实际上，这便是他最初的“农民银行”的构想雏形，而在以后的日子里，贾尼尼实现了这个构想。

经过几年奋斗，贾尼尼的事业已略有所成。1892 年，他和银行家科涅尔的女儿结婚了。谁也没有想到这场婚姻，改变了贾尼尼的事业轨迹。1902 年大量外国资本涌入旧金山，造成当地美资银行与外资银行对峙的局面。但所有这些银行，不是从事投机，就是目光盯着大企业，没有一家想到小本经营的贫苦农民。贾尼尼认为，只有把这些农民作为贷款对象，他未来的银行才能有立足之地。

于是，贾尼尼和朋友一共 10 个人，商定大家合股开办银行。股东只占 1/3 股份，其余 2/3 在普通民众中募股，这些人包括鱼贩、菜商老板和一些乡下农民。

总的来说以意大利移民为主要对象，名称就叫意大利银行。他的想法的确有些离经叛道，最初大家都不理解，后来他们明白了，只有这样才能迅速地扩大银行在民众中的影响，开拓一片新的领域。这正是阿马迪·贾尼尼的超人见解。事实证明，正是由于他的这种经营思路，意大利银行得以从很低的起点上飞快地崛起，最终成为美国第一大银行。

1903 年至 1907 年，美国爆发了历史上最严重的经济危机。经济危机像瘟疫一样迅速传播开来，造成人心恐慌，储户纷纷提取存款，形成雪崩之势，一发不可收拾。加州的情况虽然没有其他地方严重，但因大气候影响，形势也岌岌可危。侥幸逃过这场危机的贾尼尼惊异地发现，旧金山只有一家银行没有受到影响，这就是加拿大银行。为此，他专门前去考察，发现了其中奥秘：原来加拿大银行在全国设有分行，分行形成一张网，从全国各地吸收存款汇集到总行。这样，银行就具有很大的机动支配能力。这和美国的金融体系大不一样。在美国，地方银行都把黄金集中到华尔街的大银行，华尔街一旦出现危机，各地银行也必然失去了保障。

贾尼尼恍然大悟：一定要有自己的分行网！随后，他开始了一次伟大的行动：逐步收购、兼并一些经营不善的地方银行。1910 年，贾尼尼又收购了旧金山银行和旧金山机械银行，此后不久，又成功地收购了圣玛提欧银行。但这些都不是贾尼尼真正的目标，他的目标是洛杉矶。

1918 年，贾尼尼在加州的意大利银行分行已经发展到 24 家，成为全美最大的分行制银行。这就使贾尼尼在任何时候都可以力挽狂澜，平安渡过危机。贾尼尼以一种极不正统的经营方式，打破了美国传统的民主，并在法律禁止垄断的空隙间，秘密地建成了遍布欧美的意大利银行分行网。他在晚年的时候，终于被推上了“全美第一银行家”的宝座，成为改写美国金融历史的巨人之一。

1949 年 6 月，奋斗了一生的金融大王贾尼尼，终于走完了他人生的最后一站。此时，他的银行的总资产已达到 20 亿美元。与此形成鲜明对比的是他的全部遗产只有价值 43.9 万美元的私人住宅等不动产！因为他对金钱极为看淡，坚信敛聚财富会割断他和他所服务的普通大众的联系，这一点和他开办银行的平民化作风完全相同。在谢世的前一年，贾尼尼把他 50 万美元的存款全部捐献出来，用于医学研究和银行员工子弟的教育奖学金。他以他的实际行动，实现了他“不为自己，而为大众”的誓言。

金融史上最受关注的银行家——摩根

一个世纪前，摩根像巨人一样支配着整个金融世界。作为创建通用电气公司、美国钢铁公司以及地域广泛的铁路帝国的幕后策划人物，在几十年里，他都是美国民间的核心银行家。1913 年他去世的几个月后，联邦储备银行取代了他所创建的私人金融系统。

摩根早期的工作，是帮助父亲在欧洲为铁路建设募集资金。他很擅长自己的工作。铁路在 19 世纪美国经济中的作用，就相当于信息技术在 20 世纪晚期在美国经济中的作用一样，它们改变了世界运转的方式。

19 世纪后期数十年的美国经济十分粗野狂躁，每隔 10 ~ 15 年就会发生一次市场崩溃。当时很多欧洲投资者出于恐慌、市场崩溃或对市场预期过高等原因而遭到损失，就像高科技泡沫、房地产泡沫那样。如果没有担保保证资金安全，这些受到损失的欧洲人是不愿意将资金投入到 3000 英里以外的美国市场的，而摩根家族提供了这种担保。欧洲投资者可能对伊利诺伊中央铁路、宾夕法尼亚铁路、纽约中央铁路一无所知，但他们知道摩根的名号就是一种担保，可以保证他们的资金不会损失，可以获得稳定的回报，并最终全额拿到投资资金。

1860 年，内战结束后，摩根和其他银行介入，帮助政府重新注册，调低了他们的还贷利息。他与其他银行共同组成了一个银行组织——辛迪加，从政府手中购买证券，然后以微利出售给全世界的投资者。辛迪加囊括了当时美国国内大多数主要银行，以及一些外国银行，例如（法国）洛希尔银行和巴林兄弟银行。由于辛迪加涉及的银行如此之多，所以它们总能够将债券卖给投资人。通常情况下，在短暂的市场低迷之后，他们总能够成功地出售债券而不至于被套牢。

摩根在自己的职业生涯中组建了通用电气、万国收割机公司、美国钢铁公司，并建立了美国电话电报公司的现代雏形。大家以为他拥有这些公司，事实上并非如此，是他组建了这些公司，然后将其股票和公债卖给投资者，摩根自己并没有买过多少这些公司的股票。

他在内战后为政府注资偿还债务，却并不拥有这些债务。他也不拥有他组建的，如一些人所说，进行现代化改造的铁路。摩根只是确保铁路运转正常，为这个国家建设铁路基础设施，后来又建立了电力行业，还将安德鲁·卡耐基创建的钢铁行业组合成一个巨大的钢铁集团。他建设了美国的铁路基础设施，电力产业和钢铁产业——继美国钢铁产业创始人安德鲁·卡内基之后，摩根把众多钢铁公司变成了一个巨大的统一体。

在摩根的职业轨迹上，他在华尔街建立了无人能及的威信。直至1904年，他是全世界最著名的银行家，一部分是因为那些大型交易，例如美国钢铁和通用，也与他为市场负责，并扮演着“个人中央银行”的角色密不可分。当时的政府是不可能做到这一点的。在摩根一生里，美国都没设立联邦储备委员会之类的机构。安德鲁·杰克逊总统在1836年解散了美国第二银行，这正好是摩根出生的前一年。而联邦储备委员会成立于1913年，这时摩根已经逝世9个多月了。在那段时间，美国是没有央行的。摩根试图扮演央行的角色，保证流入央行的资金可以转出、防止经济崩溃、防止公司破产、在资产流动性不足的危机时注入资金。所以，他自己承担了央行的责任。

1907年，经济危机袭来时，没有国家储备，而财政部长只有立法权，个人影响力不够，是摩根与一群银行家周旋了整整两周才遏制住了恐慌。由于金融恐慌是从信托公司开始的，其中一家出现了问题，摩根召集了他的团队，为了拯救这家信托公司，他花费了300万美元。那天证券交易所要在下午3点之前关门，实施一天的官方人为停业。为此证券交易委员会主席亲自去找摩根，摩根说：“绝对不行，你不能提前关门，否则恐慌会进一步扩大。”他给很多大银行行长打电话，把他们召集到自己的办公室里，要求他们在10分钟内凑齐2000万美元。他的要求得到了回应，2000万美元被送到了证券交易所，这才减轻了恐慌。纽约股市差点破产，无法支付员工的薪水，他们为其筹措资金，并一直救助信托公司。两周后，恐慌基本消除了。

由于在1907年金融恐慌中摩根扮演了重要角色，他成了国民英雄。走在华尔街街头，人们会为他欢呼。全世界各国首脑都发来了贺电，各地的报纸杂志也对他表达了高度的敬意，也为一个人能有如此大的力量而感到惊异。但是很快，美国人为一个民主国家的私人银行家拥有如此大的权力而感到害怕。

1907年的经济危机催生了国家货币委员会，并最终导致了国家储备和相应法律的诞生，规定政府应如何应对经济危机以及如何在危机中调控市场。

1913年，75岁的皮尔庞特·摩根去世。他是当时世界上最具实力的银行家，他组建了庞大的铁路系统和“托拉斯”，掌管着由欧洲输往美国的大批资本，而且，在美国还没有中央银行的时候，他担当着美国资本市场的监管员的角色，总是在最后关头挺身而出。正是在这一过程中，美国从一个以农牧业为主的社会逐渐转变成为一个现代化的工业国家，他参加到有关美国治国理念的斗争中，而这种斗争从杰斐逊和汉密尔顿就已经开始了。

摩根在许多方面塑造着他那个世界，也塑造着我们这个世界。摩根一生的历史，让人们重新审视美国经济崛起中银行家所扮演的角色。在摩根去世以后，他还一直笼罩在神秘的面纱里，有人称赞他是工业化进程中的英雄，也有人诋毁他是贪婪的强盗大亨。

第六章 走进财富的游乐场

——关于金融市场的财经常识

加大改革力度、加快中国金融市场开放的步伐，从一个角度来讲，这是我们自己的需要，我们需要我们的金融体系更有效果，我们需要我们的金融市场，包括银行、证券、间接融资、直接融资，各种金融投资形式更加丰富多彩，使我们资金配置的效率更加提高，使我们的金融机构更有效。

——樊纲

（北京大学教授，任中国经济体制改革研究会副会长，中国改革研究基金会理事长，国民经济研究所所长）

以资金融通为目标

在“钱生钱”的过程中，金融市场是必不可少的，它正逐渐成为我们生活中重要的组成部分。对金融市场这个名词或许大家已经非常熟悉，可是这并不代表你真正了解金融市场。

金融市场是指资金供应者和资金需求者双方通过信用工具进行交易而融通资金的市场，广而言之，是实现货币借贷和资金融通、办理各种票据和有价证券交易活动的市场。金融市场是交易金融资产并确定金融资产价格的一种机制。金融市场又称为资金市场，包括货币市场和资本市场，是资金融通市场。所谓资金融通，是指在经济运行过程中，资金供求双方运用各种金融工具调节资金盈余的活动，是所有金融交易活动的总称。在金融市场上交易的是各种金融工具，如股票、债券、储蓄存单等。

金融市场上资金的运动具有一定规律性，由于资金余缺调剂的需要，资金总是从多余的地区和部门流向短缺的地区和部门。金融市场的资金运动起因于社会资金的供求关系，最基本的金融工具和货币资金的形成，是由银行取得（购入）企业借据而向企业发放贷款而形成的。银行及其他金融机构作为中间人，既代表了贷者的集中，又代表了借者的集中，对存款者是债务人，对借款者是债权人。因而，它所进行的融资是间接融资。当银行创造出大量派生存款之后，为其他信用工具的创造和流通建立了前提。当各种金融工具涌现，多种投融资形式的形成，金融工具的流通轨迹就变得错综复杂，它可以像货币一样多次媒介货币资金运动，资金的交易不只是一次就完成，金融市场已形成了一个相对独立的市场。

在市场经济条件下，各种市场在资源配置中发挥着基础性作用，这些市场共同组成一个完整、统一且相互联系的有机体系。金融市场是统一市场体系的一个重要部分，属于要素市场。它与消费品市场、生产资料市场、劳动力市场、技术市场、信息市场、房地产市场、旅游服务市场等各类市场相互联系、相互依存，共同形成统一市场的有机整体。在整个市场体系中，金融市场是最基本的组成部分之一，是联系其他市场的纽带，对一国经济的发展具有多方面功能。主要体现在以下几个方面：

1. 资金“蓄水池”

金融市场在把分散资金汇聚起来重新投入社会再生产、调剂国民经济各部门及各部门内部资金、提高利用率方面功不可没。

2. 经济发展的“润滑剂”

金融市场有利于促进地区间的资金协作，有利于开展资金融通方面的竞争，提高资金使用效益。目前，我国银行对个人信用的判断标准还比较粗放，尚未达到精细化要求。

3. 资源优化配置和分散风险

金融市场优化资源配置、分散金融风险，主要是通过调整利率、调整各种证券组合方式以及市场竞争来实现的。

企业经济效益好、有发展前途，才能贷到款、按时归还贷款；善于利用各种证券组合方式以及对冲交易、套期保值交易等手段，才能更好地提高资金安全性和盈利性，规避和分散风险。

4. 调节宏观经济

金融市场对宏观经济具有直接调节作用。通过银行放贷前的仔细审查，最终只有符合市场需要、效益高的投资对象才能获得资金支持。大家都这样做，整个宏观经济面就会得到改善。

金融市场也会为政府对宏观经济的管理起到间接调节作用，这主要反映在政府相关部门通过收集、分析金融市场信息作为决策依据上。

5. 国民经济的“晴雨表”

金融市场是公认的国民经济信号系统，主要表现在：股票、债券、基金市场的每天交易行情变化，能够为投资者判断投资机会提供信息；金融交易会直接、间接地反映货币供应量的变动情况；金融市场上每天有大量专业人员从事信息情报研究分析，及时了解上市公司发展动态；金融市场发达的通讯网络和信息传播渠道，能够把全球金融市场融为一体，及时了解世界经济发展变化行情。

货币市场促进资金合理流动

一个商业公司有暂时过剩的现金，这家公司可以把这些钱安全地投入货币市场1~30天，或者如果需要可以投入更长的时间，赚取市场利率，而不是让资金闲置在一个无息活期存款账户里。另一种情况是，如果一家银行在联邦账户上暂时缺少储量，它可以到货币市场上购买另一机构的联邦基金，来增加联邦储备账户隔夜数额，满足其临时储备需要。这里的关键想法是，参与者在这些市场调节其流动性——他们借出闲置资金或借用短期贷款。

货币市场是一个市场的汇集，每个交易都使用明显不同的金融工具。货币市场没有正式的组织，如纽约证券交易所针对产权投资市场。货币市场的活动中心是经销商和经纪人，他们擅长一种或多种货币市场工具。经销商根据自己的情况购买证券，当一笔交易发生时，出售他们的库存证券，交易都是通过电话完成的，尤其是在二级市场上。由于那里金融公司集中，市场集中在纽约市曼哈顿区，主要参与者使用电子方式联系遍及美国、欧洲和亚洲的主要金融中心。

货币市场也有别于其他金融市场，因为它们是批发市场，参与大型的交易。尽管一些较小的交易也可能发生，但多数是100万美元或更多。由于非个人的、竞争的性质，货币市场交易是所谓的公开市场交易，没有确定的客户关系。比如说，一家银行从一些经纪人那里寻找投标来交易联邦基金，以最高价出售并以最低价买进。但是，不是所有的货币市场交易都像联邦基金市场一样开放。例如，即使银行没有以当前的利率积极地寻找资金，货币市场的银行通常给经销商“融资”，这些经销商是银行的好顾客，因为他们出售他们的可转让存单。因此，在货币市场上，我们找到了一些“赠送”，不是这么多形式的价格优惠，而是以通融资金的形式。

1. 货币市场活动的目的

主要是保持资金流动性，以便能随时随地获得现实的货币用于正常周转。换句话说，它一方面要能满足对资金使用的短期需求，另一方面也要为短期闲置资金寻找出路。

2. 货币市场的几个基本特征

（1）期限较短。货币市场期限最长为 1 年，最短为 1 天、半天，以 3 ~ 6 个月者居多。

（2）流动性强。货币市场的流动性主要是指金融工具的变现能力。

（3）短期融资。货币市场交易的目的是短期资金周转的供求需要，一般的去向是弥补流动资金临时不足。

3. 货币市场的功能

主要包括：媒介短期资金融通，促进资金流动，对社会资源进行再分配；联络银行和其他金融机构，协调资金的供需；显示资金形式，有助于进行宏观调控。让我们详细地研究，为什么货币市场工具具有这些特点。

首先，如果你有资金可以暂时投资，你只想购买最高信用等级企业的金融债券，并且尽量减少任何违约对本金的损失。因此，货币市场工具由最高等级的经济机构发行（即最低的违约风险）。

其次，你不想持有长期证券，因为如果发生利率变化，它们与短期证券相比有更大的价格波动（利率风险）。此外，如果利率变化不显著，到期期限与短期证券相差的时间不是很远，这时可以按票面价值兑换。

再次，如果到期之前出现意外，急需资金，短期投资一定很适合市场销售。因此，许多货币市场工具有很活跃的二级市场。为了具有高度的市场可售性，货币市场工具必须有标准化的特点（没有惊喜）。此外，发行人必须是市场众所周知的而且有良好的信誉。

最后，交易费用必须要低。因此，货币市场工具一般都以大面值批发出售——通常以 100 万美元到 1000 万美元为单位。比如说，交易 100 万美元至 1000 万美元的费用是 50 美分至 1 美元。

4. 个别货币市场工具和这些市场的特点

关于货币市场，可以从市场结构出发来重点关注以下几个方面：

（1）同业拆借市场。同业拆借市场也叫同业拆放市场，主要是为金融机构之间相互进行短期资金融通提供方便。参与同业拆借市场的除了商业银行、非银行金融机构外，还有经纪人。

同业拆借主要是为了弥补短期资金不足、票据清算差额以及解决其他临时性资金短缺的需要。所以，其拆借期限很短，短则一两天，长则一两个星期，一般不会超过一个月。正是由于这个特点，所以同业拆借资金的利率是按照日利率来计算的，利息占本金的比率称为“拆息率”，而且每天甚至每时每刻都会发生调整。

（2）货币回购市场。货币回购主要通过回购协议来融通短期资金。这种回购协议，是指出售方在出售证券时与购买方签订的协议，约定在一定期限后按照原定价格或约定价格购回出售的证券，从而取得临时周转资金。这种货币回购业务实际上是把证券作为抵押品取得抵押贷款。

（3）商业票据市场。商业票据分为本票和汇票两种。所谓本票，是指债务人向债权人发出的支付承诺书，债务人承诺在约定期限内支付款项给债权人；所谓汇票，是指债权人向债务人发出的支付命令，要求债务人在约定期限内支付款项给持票人或其他人。而商业票据市场上的主要业务，则是对上述还没有到期的商业票据，如商业本票、商业承兑汇票、银行承兑汇票等进行承兑和贴现。

货币市场的存在使得工商企业、银行和政府可以从中借取短缺资金，也可将它们暂时多余的、闲置的资金投放在市场中作为短期投资，生息获利，从而促进资金合理流动，解决短期性资金融通问题。各家银行和金融机构的资金，通过货币市场交易，从分散到集中，从集中到分散，从而使整个金融体系的融资活动有机地联系起来。

货币市场在一定时期的资金供求及其流动情况，是反映该时期金融市场银根松紧的指示器，它在很大程度上是金融当局进一步贯彻其货币政策、宏观调控货币供应量的帮手。

借助资本市场的力量

假设某企业购买一个预期经济寿命为15年的厂房。因为短期利率往往低于长期利率，乍看起来，短期融资似乎更划算。但是，如果利率像20世纪80年代初期那样急剧上升，该企业不得不为短期债务再融资，从而发现其借款成本不断飙升。在最糟糕的情况下，企业会发现它已经没有足够的现金流来支撑债务而被迫破产。同样，如果市场状况像2001年衰退时那样动荡，债务发行方会发觉自己无力为短期债务再融资；如果找不到其他贷款人，破产的厄运会再次降临。

在为资本支出而发行债务的时候，企业经常会把资产的预期寿命和债务的期限结合起来就不足为奇了。资本市场可以把长期资金的借款方和供应方汇集在一起，还允许那些持有以前发行的证券的人在二级资本市场上交易这些证券以获得现金。

1. 资本市场概念

资本市场，亦称“长期金融市场”“长期资金市场”，是指期限在1年以上的各种资金借贷和证券交易的场所。资本市场上的交易对象是1年以上的长期证券。因为在长期金融活动中，涉及资金期限长、风险大，具有长期较稳定收入，类似于资本投入，故称之为资本市场。狭义的资本市场就是指股票和债券市场；广义的资本市场，在此基础上还包括银行里的长期存贷款市场（如中长期存款、设备贷款、长期抵押贷款、房产按揭贷款等）。如果没有特别说明，一般情况下我们总是从狭义概念出发来理解资本市场。

2. 资本市场功能

资本市场就是指股票和债券市场。资本市场有哪些功能呢？在高度发达的市场经济条件下，资本市场的功能可以按照其发展逻辑而界定为资金融通、产权中介和资源配置三个方面。

（1）融资功能。本来意义上的资本市场即是纯粹资金融通意义上的市场，它与货币市场相对称，是长期资金融通关系的总和。因此，资金融通是资本市场的本源职能。

（2）配置功能。资本市场的配置功能是指资本市场通过对资金流向的引导而对资源配置发挥导向性作用。资本市场由于存在强大的评价、选择和监督机制，而投资主体作为理性经纪人，始终具有明确的逐利动机，从而促使资金流向高效益部门，表现出资源优化配置的功能。

（3）产权功能。资本市场的产权功能是指其对市场主体的产权约束和充当产权交易中介方面所发挥的功能。产权功能是资本市场的派生功能，它通过对企业经营机制的改造、为企业提供资金融通、传递产权交易信息和提供产权中介服务而在企业产权重组的过程中发挥着重要的作用。

上述三个方面共同构成资本市场完整的功能体系。如果缺少一个环节，资本市场就是不完整的，甚至是扭曲的。资本市场的功能不是人为赋予的，而是资本市场本身的属性之一。从理论上认清资本市场的功能，对于我们正确对待资本市场发展中的问题、有效利用资本市场具有重要的理论与实践意义。

全国证券交易自动报价系统于 1990 年 12 月 5 日开始运行，系统中心设在北京，连接国内证券交易比较活跃的大中城市，为会员公司提供有价证券买卖价格信息和结算。1992 年 7 月 1 日开始法人股流通转让试点。

1993 年 4 月 28 日开始运行的全国电子交易系统，是中国证券交易系统有限公司开发设计的，系统中心也设在北京，主要为证券市场提供证券集中交易及报价、清算、交割、登记、托管、咨询等服务。

3. 资本市场需要关注的几个问题

对于资本市场，还可以主要关注以下几个方面：

（1）证券和有价证券。

证券是一种法律凭证，用来证明持有人有权按照上面所记载的内容获得相应权益。有价证券，是指这种证券代表的是某种特定财产，并且对这部分特定财产拥有所有权或债权。有价证券包括商品证券、货币证券、资本证券。最常见的商品证券是提货单、运货单证；货币证券主要是指商业证券和银行证券，如商业汇票、商业本票、银行汇票、银行本票；资本证券主要指与金融投资有关的证券，如股票、债券、基金、期货、期权、互换协议等。

（2）证券发行市场。证券发行市场就是大家通常所说的一级市场、初级市场。许多股票投资者喜欢在新股发行时打新股，这种“打新股”就是在一级证券市场上购买第一手股票。

①发行证券时，按照证券发行对象的不同，可以分为私募发行和公募发行两大类。

私募发行也叫不公开发行，它的发行对象是特定投资者。正因如此，私募发行的手续比较简单，筹备时间也比较短。

公募发行也叫公开发行，它的发行对象是不特定的投资者，社会影响大，所以发行手续比较烦琐，筹备时间较长，条条框框非常严格。例如，发行者必须向证券管理机关递交申请书和相关材料，并获得批准；某些财务指标和信用等级必须达到要求；必须如实向投资者提供相关资料等等。

②发行证券时，按照证券发行方式的不同，可以分为直接发行和间接发行两种。

直接发行就是指通过承销机构，由发行人自己向投资者发行。它的优点是可以节约成本；缺点是必须由发行者自己承担发行风险，其前提条件是发行者要熟悉发行手续，精通发行技术，否则很多工作将无法开展下去。

间接发行也叫委托发行，是指通过承销机构，如投资银行、证券公司等中介金融机构代理发行证券。它的优点是可以节省发行者大量的时间和精力，减少发行风险，并且可以借助于中介机构的力量提高自身知名度；缺点是需要投入费用，提高发行成本。

间接发行更受证券发行人青睐，因而这也是目前最普遍的证券发行方式。确定发行价格是证券发行中的一个重要环节。发行价格过高，发行数量就会减少甚至发不出去，无法筹集到所需资金，证券承销商也会蒙受损失；发行价格过低，虽然证券发行工作比较顺利甚至会火暴起来，可是发行公司却会遭受损失。

4. 资本市场特点

资本市场主要有以下几方面的特点：

（1）融资期限长。资本市场的融资期限至少在 1 年以上，也可以长达几十年，甚至无到期日。

（2）流动性相对较差。在资本市场上筹集到的资金多用于解决中长期融资需求，所以流动性和变现性相对较弱。

（3）风险大而收益较高。由于融资期限较长，发生重大变故的可能性也大，市场价格容易波动，投资者需承受较大风险。同时，作为对风险的报酬，其收益也较高。

股票交易通过股票市场实现

股票的交易都是通过股票市场来实现的。股票市场是股票发行和流通的场所，也可以说是指对已发行的股票进行买卖和转让的场所。一般地，股票市场可以分为一、二级。一级市场也称为股票发行市场，二级市场也称为股票交易市场。股票是一种有价证券。有价证券除股票外，还包括国家债券、公司债券、不动产抵押债券等等。国家债券出现较早，是最先投入交易的有价债券。随着商品经济的发展，后来才逐渐出现股票等有价债券。因此，股票交易只是有价债券交易的一个组成部分，股票市场也只是多种有价债券市场中的一种。目前，很少有单一的股票市场，股票市场不过是证券市场中专营股票的地方。

股票是社会化大生产的产物，至今已有将近400年的历史。很少有人知道，中国最早的股票市场是由精明的日商于1919年在上海日领事馆注册的，而蒋介石竟然是中国最早的股民之一。

1919年，日商在上海租界三马路开办了“取引所”（即交易所）。蒋介石、虞洽卿便以抵制取引所为借口，电请北京政府迅速批准成立上海证券物品交易所。

这时的北京政权为直系军阀所控制，曹锟、吴佩孚等人不愿日本人以任何方式介入中国事务。于是，中国以股票为龙头的第一家综合交易所被批准成立了。

1920年2月1日，上海证券物品交易所宣告成立，理事长为虞洽卿，常务理事为郭外峰、闻兰亭、赵林士、盛丕华、沈润挹、周佩箴等6人，理事17人，监察人为周骏彦等。交易物品有7种，为有价证券、棉花、棉纱、布匹、金银、粮食油类、皮毛。

1929年10月3日《交易所法》颁布以后，它便依法将物品中的棉纱交易并入纱布交易所；证券部分于1933年夏秋间并入证券交易所，黄金及物品交易并入金业交易所。

一般交易所的买卖是由经纪人经手代办的。经纪人在交易所中缴足相当的保证金，在市场代理客商买卖货物，以取得相应的佣金。拥有资金实力的蒋介石、陈果夫、戴季陶等人便成了上海证券物品交易所的首批经纪人。但因为财力有限，他们不是上海证券物品交易所的股东，而只是他们所服务的“恒泰号”的股东。而恒泰号只是上海证券物品交易所的经纪机构之一。

恒泰号的营业范围是代客买卖各种证券及棉纱，资本总额银币35000元，每股1000元，分为35股。股东包括蒋介石在内，共有17人，但为避嫌，在合同中却多不用真名，蒋介石就用的是“蒋伟记”的代号。

蒋介石是中国首批经纪人，这个消息对很多在股市中混迹的人来说，恐怕都足够爆炸的。但据此看来，确有其事。当时的大宗证券交易，只有蒋介石这样的四大财团才有实力入市一搏，精明的老蒋当然不会错过这个机会。事实上，在蒋介石当经纪人的时候，上证所的主要业务还是棉花等大宗期货商品。当时还未真正形成股票市场。

而股票市场是已经发行的股票按时价进行转让、买卖和流通的市场，包括交易市场和流通市场两部分。股票流通市场包含了股票流通的一切活动。股票流通市场的存在和发展为股票发行者创造了有利的筹资环境，投资者可以根据自己的投资计划和市场变动情况，随时买卖股票。由于解除了投资者的后顾之忧，它们可以放心地参加股票发行市场的认购活动，有利于公司筹措长期资金，股票流通的顺畅也为股票发行起了积极的推动作用。对于投资者来说，通过股票流通市场的活动，可以使长期投资短期化，在股票和现金之间随时转换，增强了股票的流动性和安全性。股票流通市场上的价格是反映经济动向的晴雨表，它能灵敏地反映出资金供求状况、市场供求，行业前景和政治形势的变化，是进行经济预测和分析的重要指标。对于企业来说，股权的转移和股票行市的涨落是其经营状况的指示器，还能为企业及时提供大量信息，有助于它们的经营决策和改善经营管理。可见，股票流通市场具有重要的作用。

转让股票进行买卖的方法和形式称为交易方式，它是股票流通交易的基本环节。现代股票流通市场的买卖交易方式种类繁多，从不同的角度可以分为以下三类：

其一，议价买卖和竞价买卖。从买卖双方决定价格的不同，分为议价买卖和竞价买卖。议价买卖就是买方和卖方一对一地面谈，通过讨价还价达成买卖交易。它是场外交易中常用的方式。一般在股票上不了市，交易量少，需要保密或为了节省佣金等情况下采用；竞价买卖是指买卖双方都是由若干人组成的群体，双方公开进行双向竞争的交易，即交易不仅在买卖双方之间有出价和要价的竞争，而且在买者群体和卖者群体内部也存在着激烈的竞争，最后在买方出价最高者和卖方要价最低者之间成交。在这种双方竞争中，买方可以自由地选择卖方，卖方也可以自由地选择买方，使交易比较公平，产生的价格也比较合理。竞价买卖是证券交易所中买卖股票的主要方式。

其二，直接交易和间接交易。按达成交易的方式不同，分为直接交易和间接交易。直接交易是买卖双方直接洽谈，股票也由买卖双方自行清算交割，在整个交易过程中不涉及任何中介的交易方式。场外交易绝大部分是直接交易；间接交易是买卖双方不直接见面和联系，而是委托中介人进行股票买卖的交易方式。证券交易所中的经纪人制度，就是典型的间接交易。

其三，现货交易和期货交易。按交割期限不同，分为现货交易和期货交易。现货交易是指股票买卖成交以后，马上办理交割清算手续，当场钱货两清；期货交易则是股票成交后按合同中规定的价格、数量，过若干时期再进行交割清算的交易方式。

真实的股市在每一个股民的眼中都是不一样的。表面上看，股市永远像庙会那样人山人海，热闹非凡；而实际上，置身其中，就会发现股市就如一个百鸟园一般充满不同的声音，而你却不知谁说的才是真的。真假难辨，是股民心中对股市一致的印象。

风云变幻的证券市场

在普通老百姓的眼里，证券市场似乎总是那么虚幻、不可捉摸。一谈到证券市场，人们就会立刻想到那些一夜间变成百万富翁，又一夜间沦为乞丐的传奇故事。在中国，人们首先想到的是股票市场，因为股票市场和老百姓接触最多。像大多数国家的股票市场一样，中国的股票市场也凝聚了“股民”们太多的情感，它有时让人激动兴奋、为之着魔，有时又让人绝望沮丧、失魂落魄。证券市场是现代金融市场体系的重要组成部分，主要包括股票市场、债券市场以及金融衍生品市场等。在现代市场经济中，证券市场发挥的作用越来越大。

证券市场是证券发行和交易的场所。从广义上讲，证券市场是指一切以证券为对象的交易关系的总和。从经济学的角度，可以将证券市场定义为：通过自由竞争的方式，根据供需关系来决定有价证券价格的一种交易机制。在发达的市场经济中，证券市场是完整的市场体系的重要组成部分，它不仅反映和调节货币资金的运动，而且对整个经济的运行具有重要影响。

从经济学的角度来看，证券市场具有以下三个显著特征：

第一，证券市场是价值直接交换的场所。有价证券是价值的直接代表，其本质上只是价值的一种直接表现形式。虽然证券交易的对象是各种各样的有价证券，但由于它们是价值的直接表现形式，所以证券市场本质上是价值的直接交换场所。

第二，证券市场是财产权利直接交换的场所。证券市场上的交易对象是作为经济权益凭证的股票、债券、投资基金券等有价证券，它们本身仅是一定量财产权利的代表，所以，代表着对一定数额财产的所有权或债权以及相关的收益权。证券市场实际上是财产权利的直接交换场所。

第三，证券市场是风险直接交换的场所。有价证券既是一定收益权利的代表，同时也是一定风险的代表。有价证券的交换在转让出一定收益权的同时，也把该有价证券所特有的风险转让出去。所以，从风险的角度分析，证券市场也是风险的直接交换场所。

证券的产生已有很久的历史，但证券的出现并不标志着证券市场同时产生，只有当证券的发行与转让公开通过市场的时候，证券市场才随之出现。因此，证券市场的形成必须具备一定的社会条件和经济基础。股份公司的产生和信用制度的深化，是证券市场形成的基础。

证券市场是商品经济和社会化大生产发展的必然产物。随着生产力的进一步发展和商品经济的日益社会化，资本主义从自由竞争阶段过渡到垄断阶段，依靠原有的银行借贷资本已不能满足巨额资金增长的需要。为满足社会化大生产对资本扩张的需求，客观上需要有一种新的筹集资金的手段，以适应经济进一步发展的需要。在这种情况下，证券与证券市场就应运而生了。

证券市场是市场经济发展到一定阶段的产物，是为解决资本供求矛盾和流动而产生的市场。因此，证券市场有几个最基本的功能：

其一，融通资金。融通资金是证券市场的首要功能，这一功能的另一作用是为资金的供给者提供投资对象。一般来说，企业融资有两种渠道：一是间接融资，即通过银行贷款而获得资金；二是直接融资，即发行各种有价证券使社会闲散资金汇集成为长期资本。前者提供的贷款期限较短，适合解决企业流动资金不足的问题，而长期贷款数量有限，条件苛刻，对企业不利。后者却弥补了前者的不足，使社会化大生产和企业大规模经营成为可能。

其二，资本定价。证券市场的第二个基本功能就是为资本决定价格。证券是资本的存在形式，所以，证券的价格实际上是证券所代表的资本的价格。证券的价格是证券市场上证券供求双方共同作用的结果。证券市场的运行形成了证券需求者竞争和证券供给者竞争的关系，这种竞争的结果是：能产生高投资回报的资本，市场的需求就大，其相应的证券价格就高；反之，证券的价格就低。因此，证券市场是资本的合理定价机制。

其三，资本配置。证券投资者对证券的收益十分敏感，而证券收益率在很大程度上取决于企业的经济效益。从长期来看，经济效益高的企业的证券拥有较多的投资者，这种证券在市场上买卖也很活跃。相反，经济效益差的企业的证券投资者越来越少，市场上的交易也不旺盛。所以，社会上部分资金会自动地流向经济效益好的企业，远离效益差的企业。这样，证券市场就引导资本流向能产生高报酬的企业或行业，从而使资本产生尽可能高的效率，进而实现资源的合理配置。

其四，分散风险。证券市场不仅为投资者和融资者提供了丰富的投融资渠道，而且还具有分散风险的功能。对于上市公司来说，通过证券市场融资可以将经营风险部分地转移和分散给投资者，公司的股东越多，单个股东承担的风险就越小。另外企业还可以通过购买一定的证券，保持资产的流动性和提高盈利水平，减少对银行信贷资金的依赖，提高企业对宏观经济波动的抗风险能力。对于投资者来说，可以通过买卖证券和建立证券投资组合来转移和分散资产风险。投资者往往把资产分散投资于不同的对象，证券作为流动性、收益性都相对较好的资产形式，可以有效地满足投资者的需要，而且投资者还可以选择不同性质、不同期限、不同风险和收益的证券构建证券组合，分散证券投资的风险。

投资专家坐镇的基金市场

通俗地说，基金就是通过汇集众多投资者的资金，交给银行托管，由专业的基金管理公司负责投资于股票和债券等证券，以实现保值、增值目的的一种投资工具。基金增值部分，也就是基金投资的收益，归持有基金的投资者所有，专业的托管、管理机构收取一定比例的管理费用。基金以“基金单位”作为单位，在基金初次发行时，将其基金总额划分为若干等额的整数份，每一份就是一个基金单位。

为了进一步理解基金的概念，我们可以做一个比喻：假设你有一笔钱想投资债券、股票等进行增值，但自己既没有那么多精力，也没有足够的专业知识，钱也不是很多，于是想到与其他几个人合伙出资，雇一个投资高手，操作大家合出的资产进行投资增值。但在这里面，如果每个投资人都与投资高手随时交涉，那将十分麻烦，于是就推举其中一个最懂行的人牵头办理这件事，并定期从大伙合出的资产中抽取提成作为付给投资高手的劳务费报酬。当然，牵头人出力张罗大大小小的事，包括挨家跑腿，随时与投资高手沟通，定期向大伙公布投资盈亏情况等，不可白忙，提成中也包括他的劳务费。

上面这种运作方式就叫作合伙投资。如果这种合伙投资的活动经过国家证券行业管理部门（中国证券监督管理委员会）的审批，允许这项活动的牵头操作人向社会公开募集吸收投资者加入合伙出资，这就是发行公募基金，也就是大家现在常见的基金。

基金有广义和狭义之分。从广义上说，基金是机构投资者的统称，包括信托投资基金、单位信托基金、公积金、保险基金、退休基金、各种基金会的基金。在现有的证券市场上的基金，包括封闭式基金和开放式基金，具有收益性功能和增值潜能的特点；从会计角度透析，基金是一个狭义的概念，意指具有特定目的和用途的资金。因为政府和事业单位的出资者不要求投资回报和投资收回，但要求按法律规定或出资者的意愿把资金用在指定的用途上，而形成了基金。

基金将众多投资者的资金集中起来，委托基金管理人进行共同投资，表现出一种集合理财的特点。通过汇集众多投资者的资金，积少成多，有利于发挥资金的规模优势，降低投资成本。基金与股票、债券、定期存款、外汇等投资工具一样也为投资者提供了一种投资渠道。它具有以下特点：

其一，集合理财，专业管理。基金将众多投资者的资金集中起来，由基金管理人进行投资管理和运作。基金管理人一般拥有大量的专业投资研究人员和强大的信息网络，能够更好地对证券市场进行全方位的动态跟踪与分析。将资金交给基金管理人管理，使中小投资者也能享受到专业化的投资管理服务。

其二，组合投资，分散风险。为降低投资风险，中国《证券投资基金法》规定，基金必须以组合投资的方式进行基金的投资运作，从而使“组合投资、分散风险”成为基金的一大特色。“组合投资、分散风险”的科学性已为现代投资学所证明，中小投资者由于资金量小，一般无法通过购买不同的股票分散投资风险。基金通常会购买几十种甚至上百种股票，投资者购买基金就相当于用很少的资金购买了一篮子股票，某些股票下跌造成的损失可以用其他股票上涨的盈利来弥补。因此可以充分享受到组合投资、分散风险的好处。

其三，利益共享，风险共担。基金投资者是基金的所有者。基金投资人共担风险，共享收益。基金投资收益在扣除由基金承担的费用后的盈余全部归基金投资者所有，并根据各投资者所持有的基金份额比例进行分配。为基金提供服务的基金托管人、基金管理人只能按规定收取一定的托管费、管理费，并不参与基金收益的分配。

其四，严格监管，信息透明。为切实保护投资者的利益，增强投资者对基金投资的信心，中国证监会对基金业实行比较严格的监管，对各种有损投资者利益的行为进行严厉的打击，并强制基金进行较为充分的信息披露。在这种情况下，严格监管与信息透明也就成为基金的一个显著特点。

其五，独立托管，保障安全。基金管理人负责基金的投资操作，本身并不经手基金财产的保管。基金财产的保管由独立于基金管理人的基金托管人负责。这种相互制约、相互监督的制衡机制对投资者的利益提供了重要的保护。

基金管理公司就是这种合伙投资的牵头操作人，为公司法人，其资格必须经过中国证监会审批。一方面，基金公司与其他基金投资者一样也是合伙出资人之一；另一方面，基金公司负责牵头操作，每年要从大家合伙出的资产中按一定的比例提取劳务费，并定期公布基金的资产和收益情况。当然，基金公司的这些活动必须经过证监会批准。

为了保证投资者的资产安全，不被基金公司擅自挪用，中国证监会规定，基金的资产不能放在基金公司手里，基金公司和基金经理只负责交易操作，不能碰钱，记账管钱的事要找一个擅长此事信用又高的角色负责，这个角色当然非银行莫属。于是这些出资就放在银行，建立一个专门账户，由银行管账记账，称为基金托管。当然银行的劳务费也得从这些资产中按比例抽取按年支付。所以，基金资产的风险主要来自于投资高手的操作失误，而因基金资产被擅自挪用造成投资者资金损失的可能性很小。从法律角度说，即使基金管理公司倒闭甚至托管银行出事了，向它们追债的人也无权挪走基金专户的资产，因此基金资产的安全是很有保障的。

上市公司是股市大厦的基石

2007 年下半年，石油行业个股出现大幅下跌，其他权重股票也普遍表现疲软。中国石油天然气股份有限公司 2007 年 11 月 5 日正式在上交所上市交易，中国石油 A 股以 48.62 元开盘，比发行价上涨了 191%，这个价格也超出了大部分机构的预测。随后，中石油股价展开震荡，最终以 43.96 元报收，涨幅 163.23%，总成交 699.9 亿元，成为 A 股第一大市值股票，在上证指数中所占权重接近四分之一。加上 H 股市值，其总市值接近 10075 亿美元，超过了埃克森美孚公司的 4877 亿美元，成为全球市值最大的上市公司。据说，有 700 亿巨资暴炒中石油，使之成为全球最大上市公司。

中石油公司 A 股之所以开盘走势就好，很大程度上是因为中石油公司拥有雄厚的发展实力和稳定的政策支持。在每一只股票背后，都有一家上市公司作为基石。上市公司也因为发行股票得到长期的融资。但好景不长，不久中石油就开始了一路狂跌到 16 元，让人叹为观止。在全球市值最大的上市公司的宝座上还没坐热，就下来了。相比之下，美国通用电气公司（GE）就是股票市场上成功的典范。借助股票市场，美国通用电气公司实现了长久的繁荣，经久不衰。通用电气公司是自 1896 年道琼斯指数创立以来唯一至今仍保留在指数样本中的公司，经过了 100 多年的发展，通用电气的辉煌仍在继续。截至 2004 年，通用电气仍是全球市值最大的上市公司。2005 年末，通用电气的销售收入居全球 500 强企业的第 9 位。

上市公司是股市的基石。股票产生于上市公司。如果没有上市公司，也就没有股市，如果上市公司倒塌，股市也将不复存在。

上市公司是指所发行的股票经过国务院或者国务院授权的证券管理部门批准在证券交易所上市交易的股份有限公司。上市公司是股份有限公司的一种，这种公司到证券交易所上市交易，除了必须经过批准外，还必须符合一定的条件。

（1）上市公司是股份有限公司。股份有限公司可为非上市公司，但上市公司必须是股份有限公司。

（2）上市公司要经过政府主管部门的批准。按照《公司法》的规定，股份有限公司要上市必须经过国务院或者国务院授权的证券管理部门批准，未经批准，不得上市。

（3）上市公司发行的股票在证券交易所交易。发行的股票不在证券交易所交易的不是上市股票。

上市公司同时具有股份有限公司的一般特点，如股东承担有限责任、所有权和经营权。股东通过选举董事会和投票参与公司决策等。

与一般公司相比，上市公司最大的特点在于可利用证券市场进行筹资，广泛地吸收社会上的闲散资金，从而迅速扩大企业规模，增强产品的竞争力和市场占有率。因此，股份有限公司发展到一定规模后，往往将公司股票在交易所公开上市作为企业发展的重要战略步骤。从国际经验来看，世界知名的大企业几乎全是上市公司。例如，美国 500 家大公司中有 95% 是上市公司。

实际上，上市公司是把公司的资产分成了若干分，在股票交易市场进行交易，大家都可以买这种公司的股票从而成为该公司的股东，上市是公司融资的一种重要渠道；非上市公司的股份则不能在股票交易市场交易。上市公司需要定期向公众披露公司的资产、交易、年报等相关信息。但在获利能力方面，并不能绝对地说谁好谁差，上市并不代表获利能力多强，不上市也不代表没有获利能力。当然，获利能力强的公司上市的话，会更容易受到追捧。

股票市场的目标在于优化资本配置，把有限的资金提供给效率高、潜力大的优秀公司，帮助它们增加投入，实现更好的发展。上市公司的优良又会促进股票市场的繁荣和稳定。上市公司是股票市场的基石。如果基石不稳，人们很难看到一个繁荣稳定的股市。如果有，那也是一时呈现出的假象。如果上市公司管理不善，业绩滑坡，投资它的股票就得不到好的回报，及时暂时维持高的价位，最终也会因为确实支撑造成“泡沫”破灭，给投资者带来惨重的损失。如果整个经济并不景气，上市企业的业绩并不好，而股市却持续繁荣的话，那往往预示着一场股灾可能即将到来。

第七章 钱究竟存到了哪里

——关于金融机构的财经常识

新世纪来临之际，我国必须明确以中小银行为主，以大银行和股票市场为辅的发展思想。对于中小银行的发展，应该是：第一，提高门槛；第二，放开进入，第三，加强监管。

——林毅夫

（北京大学中国经济研究中心主任，曾任世界银行副行长）

银行：金融界的“带头大哥”

中世纪的时候，世界上只有两种人有钱，一种是贵族，另一种是主教。所以，银行是不必要的，因为根本没有商业活动。

到了 17 世纪，一些平民通过经商致富，成了有钱的商人。他们为了安全，都把钱存放在国王的铸币厂里。那个时候还没有纸币，所谓存钱就是指存放黄金。因为那时实行“自由铸币”制度，任何人都可以把金块拿到铸币厂里，铸造成金币，所以铸币厂允许顾客存放黄金。

但是这些商人没意识到，铸币厂是属于国王的，如果国王想动用铸币厂里的黄金，那是无法阻止的。

1638 年，英国国王查理一世同苏格兰贵族爆发了战争，为了筹措军费，他就征用了铸币厂里平民的黄金，美其名曰贷款给国王。虽然，黄金后来还给了原来的主人，但是商人们感到，铸币厂不安全。于是，他们把钱存到了金匠那里。金匠为存钱的人开立了凭证，以后拿着这张凭证，就可以取出黄金。

后来商人们就发现，需要用钱的时候，其实不需要取出黄金，只要把黄金凭证交给对方就可以了。再后来，金匠突然发现，原来自己开立的凭证，具有流通的功能！于是，他们开始开立“假凭证”。他们惊奇地发现，只要所有客户不是同一天来取黄金，“假凭证”就等同于“真凭证”，同样是可以作为货币使用的！

这就是现代银行中“准备金”的起源，也是“货币创造”的起源。这时正是17世纪60年代末，现代银行就是从那个时候起诞生的。所以，世界上最早的银行都是私人银行，最早的银行券都是由金匠们发行的，他们和政府没有直接的关系。

现代银行中的纸币竟然是这样发展而来的，恐怕人们都想象不到。从上面这段资料，大家就可以看出，银行起源于古代的货币经营业。而货币经营业主要从事与货币有关的业务，包括金属货币的鉴定和兑换、货币的保管和汇兑业务。当货币经营者手中大量货币聚集时就为发展贷款业务提供了前提。随着贷款业务的发展，保管业务也逐步改变成存款业务。当货币活动与信用活动结合时，货币经营业便开始向现代银行转变。

1694年，英国英格兰银行的建立，标志着西方现代银行制度的建立。银行一词，源于意大利Banca，其原意是长凳、椅子，是最早的市场上货币兑换商的营业用具。英语转化为

Bank，意为存钱的柜子。在我国有“银行”之称，则与我国经济发展的历史相关。在我国历史上，白银一直是主要的货币材料之一。“银”往往代表的就是货币，而“行”则是对大商业机构的称谓，所以把办理与银钱有关的大金融机构称为银行。

在我国，明朝中叶就形成了具有银行性质的钱庄，到清代又出现了票号。第一次使用银行名称的国内银行是“中国通商银行”，成立于1897年5月27日；最早的国家银行是1905年创办的“户部银行”，后称“大清银行”；1911年辛亥革命后，大清银行改组为“中国银行”，一直沿用至今。

在我国，银行有多种分类方法，一般大而化之的分类方法是把银行按如下方法分类：

一类是中国人民银行，它是中央银行，在所有银行当中起管理作用。

一类是政策性银行，如农业发展银行、国家开发银行、进出口银行，一般办理政策性业务，不以盈利为目的。

第三类是商业银行，又可分为全国性国有商业银行，如工行、农行、中行、建行；全国性股份制商业银行，如招商银行、华夏银行、民生银行；区域性商业银行，如广东发展银行；地方性商业银行，如武汉市商业银行，才上市的南京银行。不过，随着银行业务范围的扩大，这三种银行的区别正在缩小。

最后一类是外资银行。外资银行有很多，比较著名的有花旗银行、汇丰银行等等。在现在，外资银行一般都设在一线城市，它的业务与国内银行有很大不同，现在已逐步放开它的业务范围。

值得注意的是，银行是经营货币的企业，它的存在方便了社会资金的筹措与融通，它是金融机构里面非常重要的一员。商业银行的职能是由它的性质所决定的，主要有五个基本职能：

其一，信用中介职能。信用中介是商业银行最基本、最能反映其经营活动特征的职能。这一职能的实质，是通过银行的负债业务，把社会上的各种闲散货币集中到银行里来，再通过资产业务，把它投向经济各部门；商业银行是作为货币资本的贷出者与借入者的中介人或代表，来实现资本的融通、并从吸收资金的成本与发放贷款利息收入、投资收益的差额中，获取利益收入，形成银行利润。商业银行通过信用中介的职能实现资本盈余和短缺之间的融通，并不改变货币资本的所有权，改变的只是货币资本的使用权。

其二，支付中介职能。银行除了作为信用中介，融通货币资本以外，还执行着货币经营业的职能。通过存款在账户上的转移，代理客户支付，在存款的基础上，为客户兑付现款等，成为工商企业、团体和个人的货币保管者、出纳者和支付代理人。

其三，信用创造功能。商业银行在信用中介职能和支付中介职能的基础上，产生了信用创造职能。以通过自己的信贷活动创造和收缩活期存款，而活期存款是构成贷款供给量的主要部分。因此，商业银行就可以把自己的负债作为货币来流通，具有了信用创造功能。

其四，金融服务职能。随着经济的发展，工商企业的业务经营环境日益复杂化，许多原来属于企业自身的货币业务转交给银行代为办理，如发放工资、代理支付其他费用等。个人消费也由原来的单纯钱物交易，发展为转账结算。现代化的社会生活，从多方面给商业银行提出了金融服务的要求。

其五，调节经济职能。调节经济是指银行通过其信用中介活动，调剂社会各部门的资金短缺，同时在央行货币政策和其他国家宏观政策的指引下，实现经济结构、消费比例投资、产业结构等方面的调整。此外，商业银行通过其在国际市场上的融资活动还可以调节本国的国际收支状况。

政策性银行：不以赢利为目的

第二次世界大战后的德国民生凋敝、百废待兴，人民亟待重建家园。为了筹集巨额重建资金，1948 年，德国政府出资 10 亿马克组建德国复兴开发银行（KFW）。德国复兴开发银行成立以后，立即通过发行中长期债券筹措巨额款项，为德国人民在废墟上重建家园提供了大量资金。德国复兴开发银行为战后德国的复兴立下了汗马功劳，它也因此与美丽的莱茵河一样闻名遐迩。

那么，政策性银行与商业银行有何不同呢？政策性银行的职能是什么呢？政策性银行又将走向何方呢？

说起政策性银行，可能很多人都会感到陌生。政策性银行就是指那些由政府创立、参股或保证的，不以赢利为目的，专门为贯彻、配合政府社会经济政策或意图，在特定的业务领域内，直接或间接地从事政策性融资活动，充当政府发展经济、促进社会进步、进行宏观经济管理工具的金融机构。我国的三大政策性银行分别是中国进出口银行、国家开发银行、中国农业发展银行。

在经济发展过程中，常常存在一些商业银行从盈利角度考虑不愿意融资的领域或者其资金实力难以达到的领域。这些领域通常包括那些对国民经济发展、社会稳定具有重要意义，且投资规模大、周期长、经济效益见效慢、资金回收时间长的项目，如农业开发项目、重要基础设施建设项目等。为了扶持这些项目，政府往往实行各种鼓励措施，各国通常采用的办法是设立政策性银行，专门对这些项目融资。这样做，不仅是从财务角度考虑，而且有利于集中资金，支持重大项目的建设。

政策性银行的产生和发展是国家干预、协调经济的产物。政策性银行与商业银行和其他非银行金融机构相比，有共性的一面，如要对贷款进行严格审查，贷款要还本付息、周转使用等。但作为政策性金融机构，也有其特征：一是政策性银行的资本金多由政府财政拨付；二是政策性银行经营时主要考虑国家的整体利益、社会效益，不以盈利为目标，但政策性银行的资金并不是财政资金，政策性银行也必须考虑盈亏，坚持银行管理的基本原则，力争保本微利；三是政策性银行有其特定的资金来源，主要依靠发行金融债券或向中央银行举债，一般不面向公众吸收存款；四是政策性银行有特定的业务领域，不与商业银行竞争。

政策性银行的职能，主要表现在它的特殊职能上。它的特殊职能包括：

1. 补充性职能（亦称弥补性职能）

通过前述政策性银行存在根据和运行机制的分析可以看到，政策性银行的融资对象，一般限制在那些社会需要发展，而商业性金融机构又不愿意提供融资的那些事业上。对于那些能够获得商业性资金支持的事业，政策性银行就没有必要把有限的资金投入进去。因此，政策性银行具有在融资对象上为商业性融资拾遗补缺的功能。需要注意的是，需要政策性银行提供资金支持的具体事业范围不是不变的，而是随着社会、经济、技术等的发展在不断变化的。同时，其具体范围和内容还与具体国情等有关。

2. 倡导性职能

所谓倡导性职能，即提倡引导的职能。政策性银行的倡导性职能主要是通过以下途径发挥的：

（1）政策性银行通过自身的融资行为，给商业性金融机构指示了国家经济政策的导向和支持重心，从而消除商业性金融机构对前景模糊的疑虑，带动商业性资金参与。

（2）政策性银行通过提供利息补贴，弥补投资利润低而无法保证市场利息收入的不足，从而使商业性资金参与。

（3）政策性银行通过向商业性融资提供利息和本金的偿还担保，促成商业性资金参与。

（4）政策性银行通过为商业性金融机构提供再融资的方式，促使商业性资金的参与等等，通过这些方式，诱使和引导商业性资金参与特殊事业融资。

3. 经济调控职能（亦称选择性职能）

政策性银行的经济调控职能，是倡导性职能的必然结果。正是因为前两项职能，国家通过政策性银行业务可以实现区域经济、产业、行业、产品结构、生产力布局、固定资产投资规模和结构等合理化，实现经济的协调发展。

4. 特殊领域的金融服务职能

政策性银行以其服务对象的特殊性，决定了其所熟悉和擅长的领域的特别性。它在其服务的领域积累了丰富的实践经验和专业技能，聚集了一大批精通业务的业务技术人员，从而在这些特殊的领域方面，从投资论证到投资步骤、投资管理、投资风险防范等等方面，政策性银行可以为经济发展在这些领域提供专业化的有效服务。

而这些方面恰恰是商业银行所不熟悉或不擅长的业务领域，有效弥补商业性金融机构在这些领域所提供服务的不足。

资产管理公司自身在实际运营中必须积极地把握如何将业务创新与制度创新相结合，将企业的发展模式与持续经营能力联系在一块儿考虑。金融资产管理公司只有在实际工作中探索，形成符合自身发展的运营模式与经营风格，才能真正在市场化的竞争中取得一席之地。

当今世界上许多国家都建立有政策性银行，其种类较为全面，并构成较为完整的政策性银行体系，如日本著名的“二行九库”体系，包括日本输出入银行、日本开发银行、日本国民金融公库、住宅金融公库、农林渔业金融公库、中小企业金融公库、北海道东北开发公库、公营企业金融公库、环境卫生金融公库、冲绳振兴开发金融公库、中小企业信用保险公库；韩国设有韩国开发银行、韩国进出口银行、韩国中小企业银行、韩国住宅银行等政策性银行；法国设有法国农业信贷银行、法国对外贸易银行、法国土地信贷银行、法国国家信贷银行、中小企业设备信贷银行等政策性银行；美国设有美国进出口银行、联邦住房信贷银行体系等政策性银行。这些政策性银行在各国社会经济生活中发挥着独特而重要的作用，构成各国金融体系两翼中的一部分。

保险公司：实现损失分摊

保险公司是指经营保险业的经济组织，包括直接保险公司和再保险公司。保险关系中的保险人，享有收取保险费、建立保险费基金的权利。同时，当保险事故发生时，有义务赔偿被保险人的经济损失。在解读保险公司之前，先明确一下保险公司的定义。什么是保险公司呢？就是销售保险合约、提供风险保障的公司。保险公司分为两大类型——人寿保险公司、财产保险公司。平常人们最常接触的三种保险是人寿保险、财产保险、意外伤害保险。

保险公司属于资金融通的渠道，所以也是金融的一种。它是以契约的形式确立双方的经济关系。从本质上讲，保险体现的是一种经济关系，这主要表现在保险人和被保险人的商品交换关系以及两者之间的收入再分配关系。从经济角度来看，保险是一种损失分摊方法，以多数单位和个人缴纳保费建立保险基金，使少数成员的损失由全体被保险人分担。

保险是最古老的风险管理方法之一。保险和约中，被保险人支付一个固定金额（保费）给保险人，前者获得保证；在指定时期内，后者对特定事件或事件所造成的任何损失给予一定补偿。

大家日常所接触的保险公司就是经营保险业务的经济组织。具体说来，它是指经中国保险监督管理机构批准设立，并依法登记注册的商业保险公司。保险公司是采用公司组织形式的保险人，经营保险业务。

保险必须遵循一定的原则，具体来说，主要包括如下几个方面：

1. 最大诚信原则

1996 年，45 岁的老龚患胃癌并住院治疗，为了不让老龚情绪波动太大，老龚的家属没告诉他真相。老龚手术出院后，继续正常工作。8 月，老龚在某保险业务员的劝说下投了一份人身保险，但填写保单时并没有申报自己患有癌症的事实。1997 年年 5 月，老龚旧病复发，医治无效身亡。老龚家属要求保险公司赔付，而保险公司审查事实后却拒绝给付，这是为什么呢？

原来，保险这桩买卖最讲究的就是“最大诚信原则”。怎么算是最大诚信呢？最大诚信是要求当事人必须向对方充分而准确地告知有关保险的所有重要事实，不允许存在任何的虚伪、欺骗和隐瞒行为。如果一方隐瞒了重要事实，另一方有理由宣布合同无效或者不履行合同约定的义务或责任。

之所以要规定“最大诚信原则”，是因为如果投保人不履行最大诚信原则，对保险公司来说将会产生很大的道德风险！人们买保险的时候都故意隐瞒一些重要事实，而这些事实可能增大保险标的发生损失的可能性，长此以往，保险公司就无法经营下去。

最大诚信原则不光保护保险公司的利益，对于投保人或被保险人保险人义务来说也有好处。因为保险合同很复杂，专业性很强，而且所有的条款都是保险人制定的，老百姓对保险合同中的有些问题不容易理解和掌握。比如，保险费率是不是过高，承保条件是不是过于苛刻等，如果保险公司不遵守最大诚信原则，您恐怕很容易上当受骗！

所以说，保险当事人都要遵守最大诚信的原则，保险这桩买卖才能公平合理。

2. 保险利益原则

小张（男）和小王（女）大学时就是一对恋人，毕业后虽然在不同城市工作。但仍不改初衷。鸿雁传情。小王生日快到了，约好到小张那里相聚。小张想给她个惊喜，就悄悄买了份保单，准备生日那天送给小王。谁知在小王赶往小张所在城市的路上，遭遇车祸身亡。小张悲痛之余想起手里的保单，不料保险公司核查后却拒绝支付保险金。

这就涉及保险利益原则。简单地说，就是您不能给与您"毫不相干"的财产或者他人买保险。"毫不相干"在这里当然不是说丝毫没有关系，而是说没有法律上承认的利益关系。这里的保险利益要满足三个条件：首先，保险利益必须是合法的利益，为法律认可，受法律保护；其次，保险利益必须是客观存在的、确定的利益，不能是预期的利益；第三，保险利益必须是经济利益，这种利益可以用货币来计量。

为什么要讲究保险利益原则呢？试想，假如我们抛弃这个原则，任何人都可以随随便便给您上人身保险，同时指明受益人是他自己，那么您会不会觉得害怕？所以说，如果抛弃保险利益原则，就会产生极大的道德风险。

我国法律对人身保险的保险利益人范围作出了规定："投保人对下列人员具有保险利益：本人；配偶、子女、父母；前项以外与投保人有抚养、赡养或者扶养关系的家庭成员、近亲属。除前款规定外，被保险人同意投保人为其订立合同的，视为投保人对被保险人具有保险利益。"

在上面的案例中，小张和小王虽然是恋爱关系，但并不是法律认可的保险利益，而且小张在小王不知情的情况下为其买保险，所以，不能认定小张对小王有保险利益，保险公司是可以宣布合同无效的。假如小张在买保险之前征得了小王的同意，情况就完全不同了，根据上述第三款规定，保险公司就应按照约定支付保险金。

3. 近因原则

老李开了个杂货铺，还为自己的杂货铺和杂货铺里的货物买了财产保险。店铺保险金额15万元。店内货物保险全额5万元一天杂货铺因电线老化失火，老李在无法将大火扑灭的情况下，奋力把店里的杂货搬了出来。孰料街上的人一哄而起。把货物抢了个精光。事故发生后，老李向保险公司提出索赔。保险公司经审查后确认，老李店铺完全烧毁，店内烧毁货物约1万元。抢救出来被哄抢的货物2万元：于是保险公司只答应赔付店铺损失和店内被烧毁的货物损失，共计16万元。而对于被哄抢的货物则拒绝赔付。理由是货物不是被火烧毁的。双方争执不下，诉至法院，结果法院判决保险公司败诉。应向老李赔偿全部损失18万元。

造成保险事故的原因通常很多，有主要的也有次要的，有直接的也有间接的。近因就是引起保险事故或者保险标的损失的具有决定性作用的因素。近因原则的意思是说造成保险事故和保险标的损失的近因如果属于保险责任，保险公司就得赔偿；如果近因不属于保险责任之内，保险公司就可以不赔。

在上面的案例中，老李的店铺和在店铺内没有抢救出来的货物均被大火焚毁，火灾是近因，在保险责任之内，因而保险公司理应赔偿。但对于从店铺里抢救出来放在大街上、又被过路人哄抢而光的货物，保险公司却说损失不是由火灾引起的，这显然是违背近因原则的。因为搬出来的货物虽然不是烧毁的，但却是因为店铺发生火灾而搬出来的，也就是说，是火灾导致了最终的哄抢。因此，火灾是这些货物损失的近因，不论第二原因、第三原因是否在保险责任范围内，保险公司都应该照价赔偿。

4. 损失补偿原则

老刘刚买了一辆小轿车，他非常爱惜自己的汽车，就给自己的车上了“双保险”。他先在一家保险公司买了一份15万元的保险，后又在另一家保险公司买了一份同样的保险，两份保险合计保险金30万元。一天，老刘行驶中合法停靠路边，下车办事。不料刚走没多会儿，一辆飞驰而过的载重大卡车竟把老刘的爱车碾成“铁饼”，汽车彻底报废。老刘于是分别向两个保险公司索赔，要求两保险公司各赔付15万元。但两保险公司查明事实后，各自只赔付了7.5万。老刘不服，告上法院，法院却支持保险公司的做法。

这涉及保险中的“损失补偿原则”。意思是说，发生了保险事故，保险公司只补偿损失的部分，使被保险人的经济状态恢复到保险事故发生以前的状态。这里就有两层含义：一是只有当保险责任范围内的损失发生了，才补偿损失，没有损失就不补偿；二是损失补偿以被保险人的实际损失为限，不能因为保险公司的赔偿，使被保险人获得比以前更多的经济利益。

保险的本意就是要通过集中保险资金补偿个别损失。坚持损失补偿的原则也是为了减少道德风险，如果人们可以通过保险获得额外利益，就会有很多人故意制造损失，以获取更多的赔偿。

而老刘为自己的爱车买了“双保险”，也就是为同一保险标的重复保险，这种情况下一旦发生保险事故，保险公司的总赔付也是按照损失补偿的原则，所以两家保险公司总赔偿额为 15 万元，而不是 30 万元。两家保险公司则按照一定方式，比如根据各自收取的保费比例，分摊赔偿的保险金。

投资银行：“为他人作嫁衣裳”

贝尔斯登，这个古老的著名的投资银行犹如纽约世贸大厦般，以不可思议的速度轰然倒塌。2008 年 3 月 16 号，摩根大通银行曾宣布将以每股 2 美元，总计 2.362 亿美元的超低价收购贝尔斯登公司。这个收购价格，只相当于贝尔斯登曾经 200 亿美元市值的 1%。由于此超低报价遭到了贝尔斯登股东的强烈抵制，在该月 24 号达成的新协议中，摩根大通同意提高换股比例，相当于把收购报价由每股 2 美元提高到 10 美元，成交金额为 11.9 亿美元。同时，摩根大通还将购入 9500 万股贝尔斯登增发股，此举将使摩根大通在贝尔斯登的持股比例提高到 39.5%。在美国次贷危机中，贝尔斯登这个曾是全美最大的债券承销商，却最终通过“卖身”的方式避免了破产的噩运。

投资银行虽然名为“银行”，但它并不是真正的银行。投资银行是非银行金融机构，它不做吸收存款、发放贷款的买卖，而是专为别人提供金融服务，“为他人作嫁衣裳”。我们有必要了解一下投资银行是怎么发展而来的。在美国，投资银行往往有两个来源：一是由综合性银行分拆而来，典型的例子如摩根士丹利；二是由证券经纪人发展而来，典型的例子如美林证券。

现代意义上的投资银行产生于欧美，主要是由 18、19 世纪众多销售政府债券和贴现企业票据的金融机构演变而来的。伴随着贸易范围和金额的扩大，客观上要求融资信用，于是一些信誉卓越的大商人便利用其积累的大量财富成为商人银行家，专门从事融资和票据承兑贴现业务，这是投资银行产生的根本原因。证券业与证券交易的飞速发展是投资银行业迅速发展的催化剂，为其提供了广阔的发展天地。投资银行则作为证券承销商和证券经纪人逐步奠定了其在证券市场中的核心地位。资本主义经济的飞速发展给交通、能源等基础设施造成了巨大的压力，为了缓解这一矛盾，19 世纪欧美掀起了基础设施建设的高潮，这一过程中巨大的资金需求使得投资银行在筹资和融资过程中得到了迅猛的发展。而股份制的出现和发展，不仅带来了西方经济体制中一场深刻的革命，也使投资银行作为企业和社会公众之间资金中介的作用得以确立。

20 世纪前期，西方经济的持续繁荣带来了证券业的高涨，把证券市场的繁华交易变成了一种狂热的货币投机活动。商业银行凭借其雄厚的资金实力频频涉足于证券市场，甚至参与证券投机；同时，各国政府对证券业缺少有效的法律和管理机构来规范其发展，这些都为 1929 ~ 1933 年的经济危机埋下了祸根。

经济危机直接导致了大批银行的倒闭，证券业极度萎靡。这使得各国政府清醒地认识到：银行信用的盲目扩张和商业银行直接或间接地卷入风险很大的股票市场对经济安全是重大的隐患。1933 年后，美英等国将投资银行和商业银行业务分开，并进行分业管理，从此，一个崭新的独立的投资银行业在经济危机的萧条中崛起。

经过经济危机后近 30 年的调整，投资银行业再次迎来了飞速的发展。20 世纪 70 年代以来，抵押债券、一揽子金融管理服务、杠杆收购（LBO）、期货、期权、互换、资产证券化等金融衍生工具的不断创新，使得金融行业，尤其是证券行业成为变化最快、最富革命性和挑战性的行业之一。这种创新在另一方面也反映了投资银行、商业银行、保险公司、信托投资公司等正在绕过分业管理体制的约束，互相侵蚀对方的业务，投资银行和商业银行混业及其全球化发展的趋势已经变得十分强大。

随着证券市场的日益繁荣，投资银行已经成为资本市场上重要的金融中介。它们不仅经营传统的证券发行承销、经纪业务，企业并购、基金管理、理财顾问、创业投资、项目融资、金融工程等业务也已经成为投资银行的核心业务。总之，投资银行已成为证券市场不可或缺的组成部分。

我国的投资银行业务是从满足证券发行与交易的需要不断发展起来的。从我国的实践看，投资银行业务最初是由商业银行来完成的，商业银行不仅是金融工具的主要发行者，也是掌管金融资产量最大的金融机构。20 世纪 80 年代中后期，随着我国开放证券流通市场，原有商业银行的证券业务逐渐被分离出来，各地区先后成立了一大批证券公司，形成了以证券公司为主的证券市场中介机构体系。在随后的十余年里，券商逐渐成为我国投资银行业务的主体。但是，除了专业的证券公司以外，还有一大批业务范围较为宽泛的信托投资公司、金融投资公司、产权交易与经纪机构、资产管理公司、财务咨询公司等在从事投资银行的其他业务。

我国现代投资银行的业务从发展到现在只有短短数十年的时间，还存在着诸如规模过小、业务范围狭窄、缺少高素质专业人才、过度竞争等这样那样的问题。但是，我国的投资银行业正面临着有史以来最大的市场需求，随着我国经济体制改革的迅速发展和不断深化，社会经济生活中对投融资的需求会日益旺盛，这些都将为我国投资银行业的长远发展奠定坚实的基础。

金融中介：资金供需方的媒介

2008 年 3 月美国第五大投资银行贝尔斯登因濒临破产而被摩根大通收购近半年之后，华尔街再次爆出令人吃惊的消息：美国第三大投资银行美林证券被美国银行以近 440 亿美元收购，美国第四大投资银行雷曼兄弟因为收购谈判“流产”而破产。华尔街五大投行仅剩高盛集团和摩根士丹利公司。美国联邦储备局星期日深夜宣布，批准美国金融危机发生后至今幸存的最后两大投资银行高盛和摩根士丹利“变身”，转为银行控股公司。这个消息也意味着，独立投资银行在华尔街叱咤风云超过 20 年的黄金时代已宣告结束，美国金融机构正面临 20 世纪 30 年代经济大萧条以来最大规模和最彻底的重组。

金融中介机构指一个对资金供给者吸收资金，再将资金对资金需求者融通的媒介机构。通常我们所知道的商业银行、信用社和保险公司等都可以归为金融中介机构。

金融中介机构对资金供给者吸收资金，再将资金对资金需求者融通。它的功能主要有信用创造、清算支付、资源配置、信息提供和风险管理等几个方面。

金融中介机构可以分为三类：存款机构（银行）、契约性储蓄机构与投资中介机构。

1. 存款机构

存款机构是从个人和机构手中吸收存款和发放贷款的金融中介机构。货币银行学的研究往往特别关注这类金融机构，因为它们是货币供给的一个重要环节——货币创造过程的参与者。这些机构包括商业银行以及被称为储蓄机构的储蓄和贷款协会、互助储蓄银行和信用社。

2. 契约性储蓄机构

例如保险公司和养老基金，是在契约的基础上定期取得资金的金融中介机构。由于它们能够相当准确地预测未来年度里向受益人支付的金额，因此它们不必像存款机构那样担心资金减少。于是，相对于存款机构而言，资产的流动性对于它们并不那么重要，它们一般将资金主要投资于公司债券、股票和抵押贷款等长期证券方面。

3. 投资中介机构

这类金融中介机构包括财务公司、共同基金与货币市场共同基金。财务公司通过销售商业票据（一种短期债务工具）、发行股票或债券的形式筹集资金。它们将资金贷放给那些需要购买家具、汽车或是修缮住房的消费者以及小型企业。一些财务公司是母公司为了销售其商品而建立的。例如，福特汽车信贷公司就是向购买福特汽车的消费者提供贷款的。

金融中介实现了资金流、资源、信息三者之间的高效整合。金融中介扩大了资本的流通范围，拓展了信息沟通，减少了投资的盲目性，实现了调节供需失衡的作用。金融中介使资源配置效率化。金融中介在构造和活化金融市场的同时，进而活化整个社会经济，使整个社会的资源配置真正进入了效率化时代。金融中介发展推动了企业组织的合理发展。金融中介的活动，把对企业经营者的监督机制从单一银行体系扩展到了社会的方方面面，使企业的经营机制获得了极大改善，提高了企业应对市场变化的能力。

在进行投资和融资的过程当中，难免会存在风险，限制性契约就是人们用来缓解道德风险的一种方式。但是，尽管限制性契约有助于缓解道德风险问题，但并不意味着能完全杜绝它的发生。制定一份能排除所有有风险的活动的契约几乎是不可能的。另外，借款者可能会十分聪明，他们能发现使得限制性契约无法生效的漏洞。

从20世纪50年代，尤其是70年代以来，金融机构的发展出现了大规模全方位的金融创新，同时，随着跨国公司国际投资的发展，金融中介机构也逐步向海外扩张。在这些条件的促进下，金融中介机构的发展也出现了许多新的变化。这主要表现在：金融机构在业务上不断创新，而且发展方向也趋于综合化。兼并重组成为现代金融机构整合的有效手段，这促使了大规模跨国界的金融中介机构的不断涌现，从而加速了金融机构在组织形式上的不断创新。与此同时，金融机构的经营管理也在频繁创新，但是，金融机构的风险性变得更大、技术含量要求也越来越高。

为了达成中介的功能，金融中介机构通常发行各种次级证券，例如定期存单、保险单等，以换取资金，而因为各种金融中介机构所发行的次级证券会存在很大差异，因此，经济学家便将这些差异作为对金融中介机构分类的依据。一般而言，发行货币性次级证券如存折、存单等的金融中介机构称为存款货币机构，而这些由存款货币机构发行的次级证券不但占存款货币机构负债的大部分，一般而言，也是属于货币供给的一部分；至于非存款货币机构所发行的次级证券如保险单等，则占非存款货币机构负债的一大部分，而且这些次级证券也不属于货币供给的一部分。

根据定义来看，我们可以了解到金融中介机构其实就是金融产品的设计者和交易者。如我们所知，金融中介机构，特别是银行，只要它们主要提供私人贷款，就有能力避免搭便车问题。私人贷款是不交易的，所以没有人能搭中介机构监督和执行限制性契约的便车。于是，提供私人贷款的中介机构获得了监督和执行契约的收益，它们的工作减少了潜藏于债务合约中的道德风险问题。道德风险概念为我们提供了进一步的解释，说明金融中介机构在沟通资金从储蓄者向借款者流动的过程中发挥的作用比可流通的证券更大。

导致逆向选择和道德风险问题现象的出现，主要是由金融市场当中信息的不对称引发的，这极大地影响了市场的有效运作。解决这些问题的办法主要包括：由私人生产并销售信息、政府加强管理以增加金融市场的信息，在债务合约中规定抵押品和增加借款者的净值以及进行监管和运用限制性契约，等等。经过分析，我们不难发现：在股票、债券等可流通的证券上存在着搭便车问题，表明了金融中介机构，尤其是银行在企业融资活动中应发挥比证券市场更大的作用。

信托投资公司：受人之托，代人理财

1979 年 10 月，以中国国际信托投资公司的成立为标志，揭开了新中国金融信托业发展的序幕。而在经历了推倒重来、整改和起死回生的洗礼后，信托投资公司已经成为我国金融体系中不可或缺的重要力量。但是在我国，信托投资公司的业务范围主要限于信托、投资和其他代理业务，少数确属需要的经中国人民银行批准可以兼营租赁、证券业务和发行一年以上的专项信托受益债券，用于进行有特定对象的贷款和投资，但不准办理银行存款业务。此外，信托投资公司市场准入条件还非常严格，比如信托投资公司的注册资本不得低于人民币 3 亿元，并且其设立、变更、终止的审批程序都必须按照金融主管部门的规定执行。

信托投资公司都有哪些种类？它们的发展现状又如何呢？

信托投资公司是这样一种金融机构：它以受托人的身份代人理财；它的主要业务包括经营资金和财产委托、代理资产保管、金融租赁、经济咨询、证券发行以及投资等。信托投资公司与银行信贷、保险并称为现代金融业的三大支柱。

我国信托投资公司主要是根据国务院关于进一步清理整顿金融性公司的要求建立。信托业务一律采取委托人和受托人签订信托契约的方式进行，信托投资公司受委托管理和运用信托资金、财产，只能收取手续费，费率由中国人民银行会同有关部门制定。

信托投资公司与其他金融机构无论是在其营业范围、经营手段、功能作用等各个方面都有着诸多的联系，同时也存在明显的差异。从我国信托业产生和发展的历程来看，信托投资公司与商业银行有着密切的联系和渊源。在很多西方国家由于实行混业经营的金融体制，其信托业务大都涵盖在银行业之中，同时又严格区分。在此以商业银行为例，与信托投资公司加以比较，其主要区别体现在以下方面：

其一，经济关系不同。信托体现的是委托人、受托人、受益人之间多边的信用关系；银行业务则多属于与存款人或贷款人之间发生的双边信用关系。

其二，基本职能不同。信托的基本职能是财产事务管理职能，侧重于理财；银行业务的基本职能是融通资金。

其三，业务范围不同。信托业务是集“融资”与“融物”于一体，除信托存贷款外，还有许多其他业务，范围较广；银行业务则是以吸收存款和发放贷款为主，主要是融通资金，范围较小。

其四，融资方式不同。信托机构作为受托人代替委托人充当直接筹资和融资的主体，起直接融资作用；银行则是信用中介，把社会闲置资金或暂时不用的资金集中起来，转交给贷款人，起间接融资的作用。

其五，承担风险不同。信托一般按委托人的意图经营管理信托财产，在受托人无过失的情况下，一般由委托人承担；银行则是根据国家金融政策、制度办理业务，自主经营，因而银行承担整个存贷资金运营风险。

其六，收益获取方式不同。信托收益是按实绩原则获得，即信托财产的损益根据受托人经营的实际结果来计算；银行的收益则是按银行规定的利率计算利息，按提供的服务手续费来确定的。

其七，收益对象不同。信托的经营收益归信托受益人所有；银行的经营收益归银行本身所有。

其八，意旨的主体不同。信托业务意旨的主体是委托人，在整个信托业务中，委托人占主动地位，受托人受委托人意旨的制约；银行业务的意旨主体是银行自身，银行自主发放贷款，不受存款人和借款人制约。

当我们说起信托投资公司的时候，就不得不提到它的四个类型，或者说四个阶段：

第一种是起步期信托投资公司。顾名思义，起步期信托投资公司就是指信托业务刚刚起步，业务经验积累不足，资产规模较小，信托产品品种不多的信托投资公司。这类信托投资公司刚刚起家，业务上还是以模仿为主。它们的信托产品多为集合资金信托，投资领域也多集中在股东和原来固定客户方向。这类公司需要在模仿中逐渐积累业务经验，挖掘自身优势，培养核心竞争力，形成在某一行业、某一领域的业务优势。

第二种是成长期信托投资公司。从这里开始就算是转入正轨了，这个时期的信托投资公司经过一段时间的发展，积累了一定的经营经验，有一定客户基础。拥有中等的资产规模，业务模式不断成熟，逐渐形成具有竞争力的优势业务领域。成长期的信托投资公司一般积极探索信托业务创新，能够根据自身优势寻找优质项目资源，设计盈利能力显著的信托产品，而且这类信托投资公司一般注重市场形象，在市场中频频亮相，具有很强的发展前景。信托业务品种不仅限于集合资金信托，尝试涉足其他相关熟悉领域的投资等业务。

第三种是成熟期信托投资公司。成熟期的信托投资公司业务经验丰富，资产规模雄厚，经营效益好，并在某一行业或领域形成自己的优势产品，有自己的核心盈利模式，具有很强的竞争实力。成熟期信托投资公司能为客户提供富有特色的金融产品和服务，具有稳定而忠诚的客户群。这是一种非常理想的状态，但还是要在业务领域继续创新探索，或者支援筹备公司上市，或者寻求与国际著名金融机构的战略合作，谋求更大发展。

第四种是高峰期信托公司。高峰期信托投资公司是指在信托市场中占据主导地位，被公认为市场领袖，占有极大的市场份额，业务领域全面，资金实力和业务能力均很突出。它们在市场上从多个方面表现出资产规模最大、经营品种最多、信托产品创新迅速以及业务范围广泛等特点。

信托投资公司的终极目标就是让信托产品覆盖面广，业务门类齐全，把信托投资公司办成一个大型的金融超市。同时整合自身资源，扩大自身实力，使信托投资公司真正成为全能银行。目前我国的信托投资公司还需要扩大自身影响力，要有全球化的国际营销视野，这样才能发展得又快又好！

证券交易所：证券买卖的场所

我国很早就出现过证券交易所。上海最初的证券交易，经纪人大都另营他业，证券买卖只是副业，还没有达到专业化的程度。当时并没有巍峨的大厦和完善的设备，人们就在熙熙攘攘的茶馆里喝茶议价，进行交易。

辛亥革命后，证券市场发展很快。1934 年，上海证券交易所建成八层大楼，内部布置富丽堂皇。开幕那天，政府要员、社会名流与实业界巨子纷纷前来捧场道贺，盛况空前。在证券大楼底层，中间排列着九只交易柜。两旁的走廊里，装有许多部电话，直通各家证券号，证券行情就靠它传播出去。每只交易柜，兼做三四种不同的股票。当你打算买进或卖出股票的时候，自己不能直接进场，必须委托经纪人代为买卖，经纪人即在该种股票指定的交易柜上伸手叫价，买进手掌向内，卖出手掌向外。如另一经纪人觉得合意亦伸手表示，双方合意就拍板成交。每一笔买卖，无论成交数额大小，场务员都立即将成交价格照录于行市板上。同时，各证券号的电话员，立即利用对讲电话，通知各自的证券号，股票的行情就是这样形成的。

对于证券交易所大家都不陌生，但是说起证券交易所的业务、种类、功能，你又能说出来多少呢？

证券公司是从事证券经营业务的有限责任公司或者股份有限公司。它是非银行金融机构的一种，是从事证券经营业务的法定组织形式，是专门从事有价证券买卖的法人企业。

证券公司可分为证券经营公司和证券登记公司两大类。具体从证券经营公司的功能分，又可分为证券经纪商、证券自营商和证券承销商。证券经纪商，即证券经纪公司，是代理买卖证券的证券机构，接受投资人委托、代为买卖证券，并收取一定手续费，即佣金，如江海证券经纪公司；证券自营商，即综合型证券公司，除了证券经纪公司的权限外，还可以自行买卖证券的证券机构，它们资金雄厚，可直接进入交易所为自己买卖股票。如国泰君安证券；证券承销商，以包销或代销形式帮助发行人发售证券的机构。实际上，许多证券公司是兼营这 3 种业务的。按照各国现行的做法，证券交易所的会员公司均可在交易市场进行自营买卖，但专门以自营买卖为主的证券公司为数极少。

证券公司的业务有：一是证券承销业务。证券承销是证券公司代理证券发行人发行证券的行为。证券承销的方式分代销和包销两种。证券代销是指证券公司代发行人发售证券，在承销期结束时，将未售出的证券全部退还给发行人的承销方式。证券包销是指证券公司将发行人的证券按照协议全部购入或者在承销期结束时，将售后剩余证券全部自行购入的承销方式；二是证券经纪业务。证券经纪是证券公司接受投资者委托，代理其买卖证券的行为。

公司制证券交易所是以赢利为目的，提供交易场所和服务人员，以便利证券商的交易与交割的证券交易所。从股票交易实践中可以看出，这种证券交易需要收取发行公司的上市费与证券成交的佣金，其主要收入来自买卖成交额的一定比例。而且，经营这种交易所的人员不能参与证券买卖，从而在一定程度上可以保证交易的公平。

证券交易所的竞争非常激烈，事实上它的合并与整合在 20 世纪始终没有停止过。证券市场发展历史悠久的国家大都有许多家证券交易所：英国成立了 20 多家证券交易所、美国超过 100 家、意大利 10 多家、法国 7 家、澳大利亚 6 家，后来有些交易所在竞争中退出或被合并。证券交易所合并的原因很多，有的是由于新技术的应用，打破了证券交易的地域限制，使证券交易所过剩而合并；有的是由于证券交易所在同行业的激烈竞争处于劣势而被兼并；有的是因为股市泡沫破灭，交易所业务规模缩减而合并。例如，19 世纪末 20 世纪初电报技术的广泛应用，打破了交易所的地域限制，使美国证券交易所大量过剩而被合并；日本交易所一度因为战争而被迫关闭；香港 20 世纪 70 年代为了加强监管、防范金融风险，将原有 4 家证券交易所合并为 1 家。在 20 世纪 70 年代前各国的证券交易所都减少到一个相对合理的水平。

证券交易所到底对证券交易起到了什么样的作用呢?

证券交易所是规则的监察者。公平的交易规则才能达成公平的交易结果。交易规则主要包括上市退市规则、报价竞价规则、信息披露规则以及交割结算规则等,而证券交易所就要负起规范市场的责任。

证券交易所还要维护交易秩序。任何交易规则都不可能十分完善,并且交易规则也不一定能得到有效执行。因此,交易所的一大功能便是监管各种违反公平原则及交易规则的行为,使交易公平有序地进行。

此外,证券交易所还必须提供交易信息。证券交易依靠的是信息,包括上市公司的信息和证券交易信息。交易所对上市公司信息的提供负有督促和适当审查的责任,对交易行情负有即时公布的义务。

值得一提的是,证券交易所往往存在这样或那样的问题、弊端,也会给金融秩序带来负面影响。

比如扰乱金融价格。由于证券交易所中很大一部分交易仅是转卖和买回,因此,在证券交易所中,证券买卖周转量很大,但是,实际交割并不大。而且,由于这类交易其实并非代表真实金融资产的买卖,其供求形式在很大程度上不能反映实际情况,有可能在一定程度上扰乱金融价格,从事不正当交易。从事不正当交易主要包括从事相配交易、虚抛交易和搭伙交易,操纵价格。一旦目的达成后,搭伙者即告解散。

还有内幕人士操纵股市的情况发生。由于各公司的管理大权均掌握在大股东手中,所以这些人有可能通过散布公司的盈利、发放红利及扩展计划、收购、合并等消息操纵公司股票的价格或者直接利用内幕消息牟利,如在公司宣布有利于公司股票价格上升的消息之前先暗中买入,等宣布时高价抛出;若公司将宣布不利消息,则在宣布之前暗中抛出,宣布之后再以低价买入。

更甚者还有股票经纪商和交易所工作人员作弊。侵占交易佣金、虚报市价、擅自进行买卖从而以客户的资金为自己谋利或者虚报客户违约情况从而赚取交易赔偿金。交易所工作人员的作弊方式可能有:自身在暗中非法进行股票买卖、同时与股票经纪商串通作弊或同股票经纪商秘密地共同从事股票交易。

以上情况都是客观存在的,但是随着股市发展,市场规范的逐步完善,这种情况相信也会越来越少。

第八章　被称为“银行的银行”

——关于中央银行的财经常识

货币政策在一个国家和另一个国家，在一个时期和在另一个时期，它传导的有效性是不一样的，中央银行制定的是一些大的政策，但是它要通过商业银行，通过金融机构，通过企业，反映到整体经济中去，这种传导是否顺畅，是影响货币政策效果的重要因素。

——周小川

（中国人民银行行长，曾多次应邀到北京大学做学术报告）

中央银行与货币发行

中央银行的产生是有其深厚的的历史经济背景的。18 世纪初，西方国家开始了工业革命，社会生产力的快速发展和商品经济的迅速扩大，促使货币经营业越来越普遍，而且日益有利可图，由此产生了对货币财富进行控制的欲望。

而资本主义经济自身的固有矛盾必然导致连续不断的经济危机。面对当时状况，资产阶级政府开始从货币制度上寻找原因，企图通过发行银行券来控制、避免和挽救频繁的经济危机。另一方面。资本主义产业革命促使生产力空前提高，生产力的提高又促使资本主义银行信用业蓬勃发展。主要表现在一是银行经营机构不断增加；二是银行业逐步走向联合、集中和垄断。

清代有没有中央银行呢？ 1897 年 5 月 27 日成立的中国通商银行，清政府授予其发行纸币特权。1904 年 3 月 14 日清政府开始计议设立大清户部银行，1905 年 8 月在北京成立户部银行，制定章程 32 条，授予户部银行铸造货币、代理国库、发行纸币之特权。这是中国最早的中央银行，发行的纸币实为银两兑换券。1908 年户部银行改名大清银行，发行的纸币同户部银行相差无几。清末钱庄、银钱店、官银局都发行纸币，有银两票、银元票、钱票等三种。都以当时银价定值，缴纳钱粮赋税均可通用，谁家发行由谁家负责兑现。既未规定发行限额，也未建立发行准备制度。1909 年 6 月清政府颁布《兑换纸币则例 19 条》明确规定纸币发行权属于清政府，一切发行兑换事务统归大清银行办理，所有官商钱行号，一概不准擅自发行纸币。

所以我们可以看到中央银行的一个特征：货币发行垄断权。那么中央银行是怎样发行货币，怎样维持币值稳定的，人民币的发行程序又是怎样的呢?

钞票是大家再熟悉不过的东西，但您是否知道它们的来历？随意拿几张人民币，您会发现它们上面都印着“中国人民银行”的字样。世界上的其他许多地方也是如此：欧元钞票上印着“欧洲中央银行”，日元钞票上印着“日本银行”。钞票由中央银行独家印制和发行，这在许多国家都是如此。为什么会这样呢?

其实并不是一开始就由中央银行垄断发行货币的权力的。300 多年前，流通中的钞票是由一些商业银行发行的，称之为银行券。这是一种信用货币，如果发钞银行倒闭了，它发行的钞票就变成一张废纸，买不来任何东西。这种情况的弊症是显而易见的。19 世纪的美国，有 1600 多家银行竞相发行钞票，一时间竟有 3 万多种钞票进入市场流通。市场十分混乱，很多钞票根本就无法兑现，在无形中劫掠了平民百姓的财富。混乱的货币秩序让许多国家吃了苦头，他们意识到，需要由一家银行垄断货币的发行。于是，许多国家纷纷通过法令将发行货币的特权集中到本国的一家银行，而这家银行在运行的过程中逐渐担负起了实施货币政策的功能。

在早期，许多国家成立中央银行的初衷却是为政府筹款，帮助政府理财，这使中央银行在一开始就与政府建立了十分密切的联系。再加上发行货币的垄断性特权，这一家银行的实力和信誉就远远超过了同时代的其他银行。于是开始承担起监督管理银行系统，保证经济稳健运行的职责，针对经济发展中的问题，它利用手中的工具调控国家的经济。至此，中央银行由此逐渐演变形成。

中央银行是一国最高的货币金融管理机构，在各国金融体系中居于主导地位。中央银行的主要业务有：货币发行、集中存款准备金、贷款、再贴现、证券、黄金占款和外汇占款、为商业银行和其他金融机构办理资金的划拨清算和资金转移的业务等。现代中央银行的鼻祖是英格兰银行，它使中央银行成为一种普遍的制度，是从1920年开始的。布鲁塞尔国际经济会议决定，凡未成立中央银行的国家，应尽快成立，以稳定国际金融，消除混乱局面。

中央银行发行一国货币，币值的稳定与否是一国经济是否健康的一个重要指标。如果一国货币在升值的话，就说明该国的经济好了。如果大家都认可你都来要你的货币的时候，你的货币就会升值；如果大家都不相信你，都去抛出你的货币，当然你的货币就要贬值。所以货币标志着一个国家的经济实力，它是一种信心的象征，人们愿意要这种货币是因为它的足值和稳定。如果市场上的货币太多，物价自然就会上涨。

那么，如何防范中央银行滥发纸币呢？各国的货币发行制度因国情不同而内容各异，最核心的是设置发行准备金原则的区别。发行准备金一般分为两种。一种是现金准备，包括有十足货币价值的金银条块、金银币和可直接用于对国外进行货币清算的外汇结存。另一种是保证准备（又称信用担保），即以政府债券、财政短期库券、短期商业票据及其他有高度变现能力的资产作为发行担保。从历史上看，货币发行准备金制度有过五种基本类型：

十足现金准备制又称单纯准备制，即发行的兑换券、银行券要有十足的现金准备，发行的纸质货币面值要同金银等现金的价值等值，实际上这种纸质货币只是金属货币的直接代用品，只是为了便于流通。这种制度仅在金属货币时代适用。

部分准备制又称部分信用发行制、发行额直接限定制、最高保证准备制。部分准备制最先在英国出现，其要点是由国家规定银行券信用发行的最高限额，超过部分须有百分之百的现金准备，随着发行权的集中，这种限额可以在一定限度内增加。

发行额间接限制制包括：证券托存制，即以国家有价证券作为发行保证，在这种制度下，国家公债是银行券发行的保证，如1863年美国的《国民银行条例》；伸缩限制制，即国家规定信用发行限额，经政府批准的超额发行须缴纳一定的发行税，1875年德国曾采用此制。

比例准备制，即规定纸币发行额须有一定比例的现金准备，如1913年美国的《联邦储备法》。

最高限额发行制又称法定最高限额发行制，即以法律规定或调整银行券发行的最高限额，实际发行额和现金准备比率由中央银行掌握。法国自1870年起采用这一制度。

中央银行通过以上发行准备金制度的实行，就可以在最大程度上保证无法滥发纸币，进而维持币值的稳定。

中央银行的独立性

中央银行制度已经成为人类社会的基本经济制度之一。但在其演变发展过程的不同时期以及同一时期的不同国家，中央银行体制却存在明显的差异。从历史的角度来看，中央银行体制的总体变化趋势反映了其制度变迁的规律性；从国别的角度来看，中央银行体制的差异则反映了各国的经济、政治和文化特色，也是各国基本经济制度差异的一个重要方面。

很多西方国家的中央银行法都明确赋予中央银行以法定职责，或赋予中央银行在制定或执行货币政策方面享有相当的独立性。如西德联邦银行法中规定，“德意志联邦银行为了完成本身使命，必须支持政府的一般经济政策，在执行本法授予的权势，不受政府指示的干涉”。联邦银行的权力是非常广泛的。在贴现、准备金政策、公开市场政策等方面，联邦银行都可以独立地作出决定；日本银行法中，曾多次提到日本银行要受主管大臣的监督。并规定，“主管大臣认为日本银行在完成任务上有特殊必要时，可以命令日本银行办理必要业务或变更条款或其他必要事项”。这些规定与前述日本银行的隶属关系是一致的。在独立性方面，日本银行小于德意志联邦银行。

央行独立性的发展趋势是趋于归政府所有。目前很多西方国家的中央银行资本归国家所有，其中主要是英国、法国（以上两国的中央银行都是在第二次世界大战后收归国有的）、联邦德国、加拿大、澳大利亚、荷兰、挪威、印度等国。有些国家中央银行的股本是公私合有的，如日本、比利时、奥地利、墨西哥和土耳其等国。另外一些国家的中央银行虽然归政府管辖，但资本仍归个人所有，如美国和意大利等国。凡允许私人持有中央银行股份的，一般都对私人股权规定一些限制。例如日本银行的私人持股者只领取一定的红利，不享有其他的权利。意大利只允许某些银行和机关持有意大利银行的股票，美国联邦储备银行的股票只能由会员银行持有。中央银行资本逐渐趋于国有化或对私人股份加以严格的限制主要是出于以下的考虑，即中央银行主要是为国家政策服务的，不能允许私人利益在中央银行中占有任何特殊的地位。

从世界范围来看，目前主要有四种央行独立性模式。

第一，美国模式，直接对国会负责，较强的独立性。美国1913年《联邦储备法》建立的联邦储备系统行使制定货币政策和实施金融监管的双重职能。美联储（FED）实际拥有不受国会约束的自由裁量权，成为立法、司法、行政之外的“第四部门”。

第二，英国模式，名义上隶属财政部，相对独立性。尽管法律上英格兰银行隶属于财政部，但实践中财政部一般尊重英格兰银行的决定，英格兰银行也主动寻求财政部支持而相互配合。1997年英格兰银行事实上的独立地位向第一种模式转化。

第三，日本模式，隶属财政部，独立性较小。大藏大臣对日本银行享有业务指令权、监督命令权、官员任命权以及具体业务操作监督权，但是1998年4月日本国会通过了修正《日本银行法》以法律形式确认中央银行的独立地位，实现向第一种模式转化。

第四，中国模式，隶属于政府，与财政部并列。《中华人民共和国人民银行法》规定：“中国人民银行是中华人民共和国的中央银行。中国人民银行在国务院领导下，制定和执行货币政策，对金融业实施监督管理。”

当代世界范围的中央银行体制变革集中表现为三大趋势：更强的独立性、更高的透明度以及金融监管职能从中央银行分离。这些趋势的形成首先得到了理论上的支持。增强中央银行的独立性主要基于“时间不一致性”理论、政治性经济周期理论的发展完善；金融监管职能从中央银行分离主要依据利益冲突说、道德风险说、成本—效率说等理论。然而上述理论存在许多争议，批评和质疑的观点也相当尖锐。因此，还必须从历史发展的轨迹当中寻找其形成的现实基础。

世界上对于央行独立性的争论从来没有停止过，一方面支持独立性的人们认为：支持美联储独立性的最强有力的理由是，如果中央银行受制于更多的政治压力，就会导致货币政策出现通货膨胀倾向。根据很多观察家的观点，民主社会的政治家受赢得下次选举的目标驱动，通常是短视的。如果将此作为主要目标，这些人就不可能重视物价稳定等长期目标，而是寻求短期内解决高失业率或高利率等问题的方案，这些方案在长期来看会导致不利的后果。将美联储置于总统的控制之下（使其受到财政部更大的影响）被认为是相当危险的。因为美联储会被财政部当作弥补巨额预算赤字的工具，要求其购买更多的国债。财政部要求美联储帮助解除困境的压力可能会导致经济中出现更严重的通货膨胀倾向。

支持中央银行独立性的另外一个理由是，事实已经反复证明，政治家缺乏解决复杂经济事务（如削减预算赤字或改革银行体系）的才能，而货币政策又如此重要，当然不能交给政治家。

另一方面，央行独立性的反对者认为：由一批不对任何人负责的精英分子控制货币政策（它几乎影响到经济社会中的每个人）是不民主的。公众认为总统和国会应当对国家的经济福利负责，但他们却对决定经济健康运行至关重要的某个政府机构缺乏控制。另外，为了保持政策连续性，促进经济稳定增长，货币政策需要和财政政策（对政府支出和税收的管理）相互协调，只有将货币政策交由管理财政政策的政治家控制，才能防止这两种政策背道而驰。

但是，从历史发展的角度来看，维护中央银行独立性是当今世界的一大趋势，《中国人民银行法》以法律形式明确规定了中国人民银行的法律地位，即“中国人民银行是中华人民共和国的中央银行”“中国人民银行在国务院领导下，制定和执行货币政策，对金融业实施监督管理”。这些规定确立了其具有相对独立性。

世界各国中央银行体制纷纷进行改革和调整的时期，也正是中国经济对外开放不断扩大与加深的时期，因此世界趋势对中国的影响相当明显，这种影响往往通过制度移植得以实现。中国人民银行自 1984 年专门履行中央银行职能以来，其独立性、透明度不断改进，金融监管职能也已基本分离出去。然而作为一个新兴的转轨国家，追随世界潮流的同时也带来了一些问题，突出表现为实际独立性增强的同时未能相应提高透明度与责任性，这种条件下的监管职能分离又为金融稳定留下隐患。

当前中国人民银行体制需要解决的突出问题集中在下述三个方面：其一是货币政策决策体制，应适当借鉴发达国家经验，建立一整套包括决策中枢、决策咨询和决策信息在内的货币政策决策系统，其中最为关键的是完善我国的货币政策委员会制度；其二是组织管理体制，特别是分支机构的改革要适应独立性、透明度的要求，金融监管职能分离以后，大区分行的功能定位应转向金融稳定和货币政策调查研究；其三是与金融监管机构的协调机制，在充分、全面地认识国际上中央银行体制与金融监管体制发展共性特征的基础上，可以看出中国人民银行分离监管职能并非金融体系结构变化的要求，而主要是出于利益冲突的考虑以及对此前分支机构超前改革的适当调整。

有鉴于此，建立一个由国务院牵头、以中国人民银行为主导的金融稳定委员会，可能是一条切实可行的正确途径，而现有的三家金融监管部门未来整合为单一的综合性监管机构，将是必然的选择。

美联储成立的秘密

美联储，是“美国联邦储备银行”的简称，美联储是由美国国会在通过欧文—格拉斯法案的基础上建立的，由伍德罗·威尔逊总统于 1913 年 12 月 23 日签字，美国国会通过《联邦储备条例》，美联储成立。

该条例赋予美联储很高的独立性，规定美联储直接对国会负责。禁止美联储向财政透支或直接购买政府债券；美联储完全不依赖于财政拨款，能够拒绝审计总署的审计。此外，所有联邦储备体系理事会成员任期 14 年，不仅任期超过总统，而且还存在与所提名总统交错任职的情况，从而避免了总统直接操纵的可能。因此，美联储是世界上公认的独立性较高的中央银行。

在美国，联邦储备体系（简称美联储）承担着中央银行的职能，对美国乃至全球经济有着重要的影响力。那么美联储到底是怎样一个机构呢？

20 世纪初的时候，美国还没有中央银行，那时美国的商业银行经常出现支付危机。因为银行把钱都贷出去了，当储户来取钱的时候，它们没钱支付。一家银行如果没有钱的话，风声一旦传出，其他银行的门前就会排起长队，大家都去提款。因为所有的人都害怕明天取不出钱来了，如果大家都去取，钱就真的取不出来了，这就是挤兑。说起中央银行，并不是说自从有了从事存贷款业务的商业银行那天起就同时有了中央银行。中央银行的出现有一个过程，也是有原因的。

1907 年，美国经济出现了一些问题，大公司一个接一个倒闭。西奥多·罗斯福总统命人赶快去请金融巨头摩根，让他出面请求银行家们合作。摩根立刻把所有的银行家请到自己的私人图书馆里，让他们商量该怎么办。然后他出去，把门锁上，自己到另一间房子里，坐在桌前悠闲地玩纸牌，等待着谈话的结果。这些银行家们一整夜都在那儿谈，究竟怎样才能解救这场危机。大家知道，当企业要倒闭时，银行是不愿借钱给企业的。越没有钱，企业倒闭得就越快。如果银行见死不救的话，经济就会呈现连锁反应，整个经济就会崩溃，他们自身也会遭殃。于是这些银行家们争来争去，有人说出 500 万元，有人说 1000 万元。

最后快到天亮的时候，摩根推门进去说："这是合约，这是笔，大家签字吧！"他拿出早已让别人起草好的合约，让银行家们签字。这些筋疲力尽的银行家们拿起笔在合约上签了字，同意出 2500 万美元去解救这场危机。几天后，美国经济就恢复了。

故事中，摩根一个人充当了中央银行的角色，美国的经济是在没有央行的情况下运行的。缺少了央行，就无法动用适当的货币政策调节经济，并且，没有了最后的贷款人，金融系统也更容易出问题。试想一下，如果世界各国缺少了央行，到了 1907 年，蔓延的危机把美国的金融系统推向了崩溃的边缘。好在当时的金融巨头摩根及时出手，凭借一人之力，扮演了央行的角色，挽救了整个系统。

现在有一种观点：美国的中央银行美联储其实是一家私人的银行。这确实是一个惊人的内幕，一家私人机构拥有货币发行权，这对金融市场乃至全球金融市场意味着什么？美联储与华尔街巨头之间是怎样的关系？有没有什么幕后不为人知的秘密？

经过次贷危机，美联储的曝光率越来越高，谈论它的人也越来越多，而关于美联储是一家私人机构的说法也甚嚣尘上。人们说：美联储，被认为是与市场实现了完美互动，并被奉为中央银行的“标杆”。然而在这光鲜的背后，美联储在本质上却是一家私有的机构。

不管怎么说，这样的事实是无法否认的：美联储是股份公司，而拥有股份的并不是美国政府，政府只是拥有美联储理事的提名和任命权。而因此引起的种种问题也让人难以回答：

其一，我们知道货币发行权属于一国央行所有，而美国宪法明确规定国会拥有货币发行权，那么现在改由私有的美联储来执行货币发行权，是否在本质上符合美国宪法？这个问题的争论曾经导致第一、二合众国被关闭，这意味着这种讨论不是没有价值。

其二，在美元本位之下，美联储不仅是美国的央行，甚至还是全世界的央行，但没有任何国际机构对美联储的行为进行监管，私有本质对美联储在全球金融市场上发挥作用是否起到了很大的影响。由此我们需要进一步来分析中央银行与政府之间的关系：

中央银行应对政府保持一定的独立性。中央银行的独立性表现在制定政策方面，除了有权制定货币政策外，它可以从证券资产中，或者至少从其对银行的贷款中，获得客观的、独立的收入来源，不必受制于国会控制的拨款。

中央银行对政府的独立性是相对的。各国中央银行应力求与政府（特别是财政部）保持密切合作，因为国家的经济政策（包括财政政策）和货币政策是不可分割的。美联储结构的法律也是由国会颁布的，并且可以随时调整。因此，美联储仍然要受到国会影响，过分的强调独立性，容易与政府关系不协调。

有经济学家指出，央行和政府之间的界越来越模糊，通货膨胀虽然是政府最不能抗拒的事情，但央行失去独立性以及和政府之间的清晰界限对国民经济来说，将更加危险。一方面，如果美联储受制于更多政治压力，就会被财政部当作弥补巨额预算赤字的工具，会导致经济中出现严重的通货膨胀倾向，因此独立的美联储更能够有力地抵制来自财政部的压力。另一方面，政治家缺乏解决复杂经济事务的才能，如此重要的货币政策不应该交由政治家来解决。事实上，独立的央行体系可能推行政治上不受欢迎但符合公共利益的政策。因此，近年来，加强中央银行的独立性已成为全球的一种共识和趋势。

理清美联储到底是国有还是私有的问题并非无关紧要，毕竟现在我们正处于国际金融体系的调整期，明确美联储的私有性质，明确美国货币发行的本质将有助于我们认清国际金融市场的本质，以及国际金融体系的前进方向。

中央银行与政府间的界限

1963 年 6 月 4 日，美国总统肯尼迪签署了一份鲜为人知的 1110 号总统令，命令美国财政部“以财政部所拥有的任何形式的白银，包括银锭、银币和标准白银美元银币作为支撑，发行白银券”，并立刻进入流通。

如果这个计划得以实施，那么将使美国政府逐渐摆脱当时必须从“美联储”借钱，并支付高昂利息的窘迫境地。“白银券”的流通将逐渐降低美联储发行的

“美元”的流通度，很可能最终迫使美联储银行破产。美联储作为私有的中央银行，它的背后是国际财团的强大支撑。肯尼迪此举无疑为自己带来了危险。

1963年11月22日，肯尼迪总统在德克萨斯州的达拉斯市遇刺身亡。分析人士从许多迹象中得出，这份关系到美联储货币发行权的总统1110号令很可能就是为肯尼迪带来杀身之祸的直接原因。

货币发行权是央行最基本的权力。保住央行的货币发行权，也是为了保住央行的独立性以及在经济中的地位。如果失去货币发行权，美联储将失去中央银行的地位，也意味着失去影响、控制美国经济的权力。美联储作为一个私有的中央银行，自有历史以来就与美国政府保持着距离，这使得它的独立性得到了极大地发挥。美联储对于美国经济的作用是不言而喻的，也正因如此，美国历史上从来不缺少捍卫美联储的斗士。

1996年，美国民主党参议员萨巴尼斯曾经提出一个“馊主意”，遭到经济学家一致唾骂。他提出应该剥夺地区联邦储备银行总裁在联邦公开委员会中的投票权。民主党另一众议员冈萨雷斯则补充提出，地区联邦储备银行总裁由总统任命并由参议院确认。这两个建议受到经济学家一致抨击。当时，被认为有可能接替格林斯潘美联储主席的著名经济学家马丁·费尔德斯坦对此著文疾呼“不要踩在美联储的头上”。

为什么“不要踩在美联储的头上”？因为全地球的人都知道，美国经济的成功在很大程度上得益于美联储的货币政策。货币政策的正确又依赖于美联储决策的独立性。美联储的七位高层主席由总统任命并经参议院确认，美联储的货币政策决策者为联邦公开市场委员会，其成员包括美联储7位理事和12个地区联邦储备银行的总裁。这些总裁中有5位有投票权，除纽约联邦储备银行总裁总有投票权外，其他总裁轮流享有投票权，地区联邦储备银行总裁由这些银行的理事会选出，不对政府负责，这些总裁来自美联储的雇员，许多人支持稳健的货币政策目标。这种人事任命和决策制度是美联储和货币政策独立性的制度保证。而这两位议员的提议正是要削弱美联储的独立性，理所当然地引起了费尔德斯坦的愤怒和经济学家一致反对。

美联储的独立性保证了在作出货币政策决策时可以摆脱来自政府或议会的政治压力。作为政治家的总统和议员，其行为目标是连选连任，这就要迎合选民的意见，选民往往是目光短浅的，只看眼前的经济繁荣，而很少想到这种繁荣在未来引起的通货膨胀压力。因此，他们通常都喜欢能刺激经济的低利率政策，而不喜欢提高利率。就总统而言，大选前的经济繁荣、失业率低对他连选连任是有利的。因此，在大选前会选择刺激经济的政策，当选后又会实行紧缩，以遏制通货膨胀。这就是说，当包括货币政策在内的经济政策为政治服务时，政策本身有可能成为经济不稳定的根源之一。

随着历史的发展，美联储作为中央银行的地位日趋稳固，它越来越倾向于扮演调节经济稳定的角色。在美联储独立性保卫战中，人们看到了保持央行独立性的重要性。中央银行独立性是指中央银行履行自身职责时法律赋予或实际拥有的权力、决策与行动的自主程度。

中央银行是一国金融体系的核心，不论是某家大商业银行逐步发展演变成为中央银行，比如英国，还是政府出面直接组建成立中央银行，比如美联储，都具有“发行的银行”“银行的银行”“政府的银行”三个特性。各个国家的中央银行的产生是为了解决商业银行所不能解决的问题。中央银行独立性，一般就是指中央银行在履行制定与实施货币职能时的自主性。费雪把中央银行独立性划分为目标的独立性与手段的独立性两个方面。

央行的独立性意味着货币政策不受其他政府部门的影响、指挥或控制。从广义上看，央行的独立性包含两层含义：一是中央银行目标的独立性，即央行可以自行决定货币政策的最终目标；二是央行政策工具的独立性，即央行可以自行运用货币政策工具。

央行独立性的程度即依赖于一系列可观察的因素，如法律差异，又依赖于某些不可观察的因素，如其他政府部门的非正式的安排等。

因此，要保证央行政策的独立性，需要做到以下几点：

其一，前提是央行对货币政策具有最终决策权。

其二，货币政策委员会成员具有较长的任期，而且重新任命的机会有限，这是央行顺利实施操作独立性的有效保证。

其三，将央行排除在政府工作分配之外，可以确保货币政策操作的独立性。

其四，确保央行不直接参与国债成交。

提倡央行政策的独立性目的是要使央行从短期、短视的政治压力下解放出来。独立性有助于提高央行实现价格稳定的可靠性及其他好处。

设法维护金融稳定

世界银行的研究表明，自20世纪70年代以来，共有93个国家先后爆发117起系统性银行危机，还有45个国家发生了51起局部性银行危机。促进金融稳定日益成为各国中央银行的核心职能。而我国在加入世界贸易组织以后，金融体系面临巨大的挑战和新的风险，维护金融稳定已经成为促进经济增长的关键因素，是国民经济健康稳定发展和社会长治久安的保障。

金融是现代经济的核心，金融市场一旦出现动荡，整个经济和社会都会大受影响。在历史上，股灾、银行倒闭、金融危机屡见不鲜，而金融危机的后果往往是经济发展停滞和社会动荡。历史的惨痛教训，值得人们深思。

金融稳定是指一种状态，即一个国家的整个金融体系不出现大的波动，金融作为资金媒介的功能得以有效发挥，金融业本身也能保持稳定、有序、协调发展，但并不是说任何金融机构都不会倒闭。“金融稳定”一词，目前在我国的理论、实务界尚无严格的定义。西方国家的学者对此也无统一、准确的理解和概括，较多地是从“金融不稳定”“金融脆弱”等方面来展开对金融稳定及其重要性的分析。

金融稳定是一个具有丰富内涵、动态的概念，它反映的是一种金融运行的状态，体现了资源配置不断优化的要求，服务于金融发展的根本目标。具体而言，金融稳定具有以下内涵：

1. 金融稳定具有全局性

中央银行应立足于维护整个宏观金融体系的稳定，在密切关注银行业运行态势的同时，将证券、保险等领域的动态及风险纳入视野，重视关键性金融机构及市场的运营状况，注意监测和防范金融风险的跨市场、跨机构乃至跨国境的传递，及时采取有力措施处置可能酿成全局性、系统性风险的不良金融机构，保持金融系统的整体稳定。

2. 金融稳定具有动态性

金融稳定是一个动态、不断发展的概念，其标准和内涵随着经济金融的发展而发生相应的改变，并非是一成不变而固化的金融运行状态。健康的金融机构、稳定的金融市场、充分的监管框架和高效的支付清算体系的内部及其相互之间会进行策略、结构和机制等方面的调整及其互动博弈，形成一种调节和控制系统性金融风险的整体的流动性制度架构，以适应不断发展变化的金融形势。

3. 金融稳定具有效益性

金融稳定不是静止的、欠缺福利改进的运行状态，而是增进效益下的稳定。一国金融体系的稳定，要着眼于促进储蓄向投资转化效率的提升，改进和完善资源在全社会范围内的优化配置。建立在效率不断提升、资源优化配置和抵御风险能力增强等基础上的金融稳定，有助于构建具有可持续性、较强竞争力和良好经济效益的金融体系。

4. 金融稳定具有综合性

金融稳定作为金融运行的一种状态，需要采取不同的政策措施及方式（包括货币政策和金融监管的手段等）作用或影响金融机构、市场和实体经济才能实现，从而在客观上要求对金融稳定实施的手段或政策工具兼具综合性的整体考量。

中央银行承担着维护金融稳定的重要职责，为了实现这一目标，中央银行建立了一套完备的制度。维护金融乃至社会稳定，最重要的是防患于未然。中央银行也正是这么做的，它平时就在密切注视着金融市场的运行，尽早发现隐患，尽可能地采取有效措施迅速消除隐患。而当危机真正来临时，中央银行也能够及时伸出援手，帮助陷入危机的金融机构渡过难关，阻止事态扩大，稳定市场信心。

人们渴望幸福安定的生活。虽说好日子各有各的过法，但从经济角度说，有些标准还是共同的，比如说，有一份稳定的收入，最好还能有健全的社会保障，口袋里的钞票不要贬值，钱可以放心地存入银行。要享受这样的生活，就需要中央银行努力维持币值的稳定，就需要金融体系正常运转，为人们提供便捷的金融服务。

币值稳定是金融稳定的基础，所以中央银行义不容辞地承担起了维护金融稳定的职责。为了履行好这一职责，中央银行建立起一整套完整的制度体系，科学合理地操控着手中的各种政策工具。例如，中央银行能够利用货币政策工具中的“三大法宝”来控制社会流通中的货币数量，从而有效保障币值的稳定。它还能够利用利率政策和汇率政策，调节资金，使其有序流动，防止大规模资金异常出入。当出现强烈冲击时，中央银行还能维持支付清算体系的正常运转，保证资金的正常流动。正是凭借如此强大的力量，中央银行才能够有效履行职责，使金融体系承受住各种冲击。

值得注意的是，金融稳定指的是一个国家的整个金融体系不出现大的波动，并不是说任何金融机构都不会倒闭。金融机构常常同时面临许多种类的风险，其中的某个环节出现问题，都有可能使一家金融机构遭受“灭顶之灾”。防范和控制风险，需要各方共同努力，而中央银行要做的，是尽可能地控制整个金融体系面临的系统性风险。当然，要确保金融体系时时刻刻都在安全运转是非常困难的，但中央银行确实在为这一目标而竭尽全力。当您在享受安定生活的同时，应当理解中央银行所作出的努力。

中央银行稳定金融的措施

美国联邦体系通过监督、调节、审查、存款保险以及向陷入困境的银行贷款等手段维持其稳定性。50 多年以来，这些防范措施防止了银行系统恐慌。当今这个世界上，所有的银行系统实际上都是受到管制的。

由于美联储制定银行法定存款准备金制度的权力（国会制定的范围限制内）和扩大或缩小美元储备量的权力，联储控制着商业银行系统的放贷活动，从而控制着货币的制造过程，这是大家都知道的。联储还决定什么可以算作法定存款准备金。从 20 世纪 60 年代起，法定存款准备金包括银行的金库现金和商业银行自己在本地区联邦储备银行的存款。

在美国，最基本的规范，也是对于货币制造最根本的约束，是法定存款准备金制度。银行的储蓄负债数量不得超过其一定倍数的存款准备金数量。存款准备金制度是用百分比的形式表现出来的，被称为法定存款准备金比率，这是银行业的重要游戏规则。法定存款准备金比率是指银行必须在金库现金中或在地区联邦储备银行储蓄中持有的全部准备金的比例。

例如，25% 的法定存款准备金比率意味着拥有总计 1 亿美元支票存款的银行必须在金库中持有 2500 万美元，其余的 7500 万美元作为银行的超额准备金，是银行用来进行获利性投资的，一般采用贷款的形式进行。不要忘了商业银行是要获取利润的。它们计划以低利率借进（例如，在它们支付你的储蓄账户的时候），以高利率借出，之间的差额就代表了潜在的利润，当然是在银行的其他开支都被刨除之后。

现在的法定存款准备金比率平均约为 7%~ 8%。这就意味着，一个拥有总计 1 亿美元储备的普通商业银行可能在金库中有 800 万美元，而且联邦储备允许其将其余的9200万美元投资到可以获得（合理）利润的活动当中，银行金库里的美元无法赚取利息。因此，从个体银行家的角度看，法定存款准备金对他们来说像是某种税金：提高法定存款准备金比率意味着银行的超额准备金减少了，这会减弱它们提供贷款的能力，给它们带来更高的成本，并且降低它们潜在的盈利能力。

银行无法随意地发放贷款。首先，银行必须找到愿意来银行借钱的人，同时银行也愿意出借，而且这些人还要有能力让银行相信他们会按照约定还款。其次，每家银行必须在其准备金限制范围内运作。这种限制是政府当局实施的，用来控制银行放贷，从而控制其钱币制造过程。每家银行都必须依照法律规定持有准备金。银行只有在拥有超额准备金，也就是说准备金的数量大于法律规定其必须持有的最小量时，才能借出新的贷款，制造货币。联储有权增加或减少银行系统的准备金数量，或者增加或减少银行必须持有的准备金在其总存款负债中的比例。银行法定存款准备金的作用是限制流通中货币数量的增长，这似乎和通常概念上的储备基金没什么关系，储备基金是可以在紧急情况下使用的。如今法定存款准备金实际上已经不再履行大量储备的功能了。当今，法定存款准备金制度主要是法律施加的一种限制，用于限制商业银行系统扩大货币存量的能力。

如果人们突然间由于某种原因失去了对一家银行的信任，想要把存款都以现金形式取出来，这家银行会无法兑现所有提款，银行不得不破产，让所有顾客的存款化为乌有。如果发生了这样的情况，这种信任的丧失会波及其他银行，击垮银行系统中的大部分银行。

从20世纪30年代以来，美国实际上没有出现过这样的金融恐慌。但是其原因与银行准备金水平无关。在听到银行财务危机的传言时，银行的顾客不再冲去银行提取存款，因为现在联邦储蓄保险公司为他们的存款上了保险。不论出于何种原因，如果银行破产，其储户可以在几天之内从联邦政府的保险系统中获得赔偿。

1933年联邦储蓄保险公司成立之时对银行为存款投保收取的保险金额度太低，如果银行关门，联邦储蓄保险公司为了赔付储户的存款，自己也会破产。但是联邦储蓄保险公司的存在终止了银行挤兑的现象；而没有了挤兑行为，银行破产现象也不再像原来那么多了。由此，联邦储蓄保险公司收取的保险金也被证明是足够多的了。

联邦储蓄保险公司制度可能是20世纪30年代制定的最稳定的一项货币改革措施。美联储清楚地知道，不论银行持有多少数量的准备金，它都有责任为银行系统提供现金。因此，通过从联储调取现金，现在的银行可以满足任何对现金的需求，不管需求有多大。如果银行快要用完全部的准备金，联邦储备会借给银行准备金，将借款银行资产中的部分“欠条”作为担保。只要银行对准备金有合理需求，银行就能享受这种借款特权，这让整个银行和货币系统在应对不断变化的环境时更加灵活，面对危机和暂时的混乱状况时也有更强的抵御能力。

20 世纪 30 年代以来，美联储通过改善联邦储备的程序，获得了广大储户的充分的信任。

零通货膨胀率不是央行的目标

中央银行的目标说到底只有一个，就是维护社会的稳定。如果通货膨胀率太高了，就把它降下来。世界上很多国家都执行通货膨胀目标制，也就是，国家的中央银行直接以通货膨胀为目标并对外公布该目标的货币政策制度。在通货膨胀目标制下，传统的货币政策体系发生了重大变化，在政策工具与最终目标之间不再设立中间目标，货币政策的决策依据主要依靠定期对通货膨胀的预测。政府或中央银行根据预测提前确定本国未来一段时期内的中长期通货膨胀目标，中央银行在公众的监督下运用相应的货币政策工具使通货膨胀的实际值和预测目标相吻合。

这就使得经济界引发了中央银行的通货膨胀目标应该设定为多少才是正确的论战。有些经济学家认为，中央银行应该以零通货膨胀作为目标。这些经济学家认为，即使是温和的通货膨胀，通货膨胀的成本也会相当大。他们所说的通货膨胀的成本主要是指：与减少货币持有量相关的皮鞋成本；与频繁地调整价格相关的菜单成本；相对价格变动性提高；由于税规非指数化引起的税收负担不合意的变动；改变计价单位引起的混乱与不方便；与用美元表示债务相关的财富任意再分配。正如短期菲利普斯曲线所表明的，降低通货膨胀通常要有一个高失业和低产量的时期。但这种反通货膨胀所引起衰退仅仅是暂时的，一旦人们明白了，决策者的目标是零通货膨胀，通货膨胀预期就会下降，这会改善菲利普斯曲线的短期权衡取舍。由于预期的调整，长期中通货膨胀与失业之间没有权衡取舍。

大家都不喜欢通货膨胀。当通货膨胀太厉害时，就会超越社会、政治而成为一个国家的主要问题。所以，中央银行应该以零通货膨胀为目标。

那么零通货膨胀是好是坏？那要计算它的成本。一些经济学家认为温和的通货膨胀成本不大，无关紧要，而另一些经济学家则恰好相反，认为成本大。短期靠菲利普斯曲线表明，降低通货膨胀一般都会有一个高失业和低产量的时期，会引起社会的倒退。经济金融统计学的研究结果告诉我们，10% 左右的低通货膨胀有助于拉动消费，进而刺激经济增长，提高就业率。而零通货膨胀，稍有不慎有可能带来通缩，那样会适得其反，导致经济萎缩。经济萎缩的后果是失业率上升，市场竞争力降低。所以央行的目标是低通货膨胀或者叫有节制（控制）的通货膨胀，而不应该以零通货膨胀为目标。

如果可以像一些经济学家认为的那样不付代价而降低通货膨胀，这样做当然是合意的。但这在实践中很难实现。当各个经济降低其通货膨胀率时，它们几乎总要经历一个高失业和低产量的时期。相信中央银行可以很快获得信任而使反通货膨胀无痛苦，这种想法也是危险的。

在衰退期间，所有行业的企业都大幅度减少它们对新工厂和设备的支出，使投资成为 GDP 中变动最大的一个部分。即使在衰退过去以后，资本存量的减少也使生产率、收入和生活水平下降到应该达到的水平之下。此外，当工人在衰退中成为失业者时，他们失去了有价值的工作技能。即使在经济复苏之后，他们作为工人的价值也减少了。

当经济进入衰退时，所有的收入并不是同比例地减少。相反，总收入的减少集中在那些失去工作的人身上。那些易受伤害的工人往往是技术和经验最少的工人。因此，减少通货膨胀的大部分代价要由那些承担能力最差的人来承担。

虽然经济学家列出了通货膨胀的一些成本，但对这些成本是不是很大，专业人士并没有一致看法。皮鞋成本、菜单成本和经济学家确认的其他成本看来并不大，至少对温和的通货膨胀率是如此。公众确实不喜欢通货膨胀，但公众也会被误导相信通货膨胀错觉——一种认为通货膨胀降低了生活水平的观点。经济学家知道，生活水平取决于生产率，而不取决于货币政策。由于名义收入膨胀与物价膨胀总是同时发生的，所以，降低通货膨胀并不会使实际收入增加更快。

此外，决策者可以实际上并不降低通货膨胀而减少许多通货膨胀的成本。他们可以通过重新制定税法以考虑到通货膨胀的影响来消除与非指数化税制相关的问题。他们还可以像克林顿政府在 1997 年所做的那样，通过发行指数化债券来减少由未预期到的通货膨胀所引起的债权人与债务人之间任意的财富再分配。这种做法会使政府债务持有人避开通货膨胀。此外，可以通过确定一个例子来鼓励私人债务人和债权人签订根据通货膨胀指数化的合约。

经济学家艾伦·布林德曾任美联储副主席，他在《冷静的头脑，仁慈的心》这本书中有力地表明，决策者不应该作出这种选择："达到美国和其他工业化国家所经历的低而温和的通货膨胀的代价看来也应该是非常适当的——像社会得了感冒，而不是患了癌症。作为理性人，我们并不会为了治愈感冒而自愿做大手术。但是，作为一个集体，我们却用经济上的大手术（高失业）来治疗感冒这样的通货膨胀。"布林德的结论是，学会在温和通货膨胀之下生活会更好一些。

中国现行的货币政策最终目标是"保持货币币值的稳定，并以此促进经济增长"。但这只是原则性的规定，而没有数量化的指标，因而对其职责的履行难以进行准确的评判。为了使中央银行的职责更加明晰，需要确定中长期通货膨胀目标值或目标区。

所谓通货膨胀目标区间是指在特定时期特定经济体中，客观存在的能够保持国民经济持续、稳定、健康增长的通货膨胀率的上下限。保持物价稳定并不是说必须使通货膨胀率为零，而是说只要通货膨胀率在一个合适的范围波动，就不会对宏观经济稳定运行造成负面影响。实行通货膨胀目标制国家的货币当局必定要将在未来一段时间所要达到的目标通货膨胀率向外界公布，换句话说就是必须确定和公布合理通货膨胀目标区间。当通货膨胀率位于此区间中是可接受的，或者说可容忍的。

第九章　神奇的金融魔杖

——关于利率的财经常识

根据凯恩斯主义宏观经济理论，好多人认为我们对货币、就业、通货膨胀知道得很清楚，我们知道什么时候应该降低利率，什么时候提高利率。是那样吗？过去几年的历史，证明不仅是中国，全世界对宏观经济变量之间的关系是很无知。

——张维迎

（原北京大学光华管理学院院长，著名经济学家）

利息是怎样产生的

利息是金融学中一个非常重要的概念。在莎士比亚的名作《威尼斯商人》中，故事主题就涉及到了“利息”的概念。

安东尼奥是个威尼斯商人。他的好友巴萨尼奥因要向贝尔蒙特的名门闺秀波西亚求婚，急需钱款，请求安东尼奥尽力相助。但是，安东尼奥手头既缺现钱，也没有可以变换现款的货物，于是不得不以自己的名义向高利贷者夏洛克借3000块金币。

由于安东尼奥借钱给人家从不收利钱，因而压低了威尼斯放债这一行人的利息收入，影响了夏洛克盘剥取利，所以夏洛克对安东尼奥早就恨之入骨。当夏洛克听到安东尼奥要向他借钱时，他表示同意借钱，而且不收分文利息，但须写下借约，规定借期为三个月，届期不能还清本金，就从安东尼奥身上割下一磅肉。

安东尼奥为了替朋友解难，又想到过两个月货船即可返回，到时“有九倍这笔借款的数目进门”，便签订了借约。

但是安东尼奥的商船遇险，且已行踪不明，由于借款过期，安东尼奥被夏洛克告到了法庭，按照合约，他会遭到夏洛克索取一磅肉的厄运。波西亚听到这个消息，女扮男装以律师的身份紧急奔回威尼斯去营救安东尼奥。在法庭上，波西亚聪明地答应夏洛克可以剥取安东尼奥的任何一磅肉，但是如果流下一滴血的话（合约上只写了一磅肉，却没有答应给夏洛克任何一滴血），就用夏洛克的性命及财产来补赎。法庭宣判夏洛克以谋害威尼斯市民的罪名，没收其财产的1/3，因此，安东尼奥获救。

也许人们对利息都不陌生，但很难保证说对银行利息究竟有多重要、究竟产生什么样的影响有足够清晰的认识。总体来看，利息是借款人付给贷款人的报酬；同时它还必须具备一个前提，那就是两者之间必须存在着借贷关系。

什么是利息呢？利息是资金所有者由于向他人借出资金而取得的报酬，它来自生产者使用该笔资金发挥营运职能而形成的利润的一部分，也就是货币资金在向实体经济部门注入并回流时所带来的增值额，其计算公式是：利息 = 本金 × 利率 × 时间。

利息的最高水平是利润。利息作为资金的使用价格在市场经济运行中起着十分重要的作用，并影响着个人、企业和政府的行为活动。现实生活中，贷款人把收取利息收入看作是理所当然的。在会计核算中，全球各国的会计制度都规定，借款所发生的利息支出首先要作为财务费用列入成本，只有在扣除这一部分后，剩下的部分才能作为经营利润来看待。

刘先生在银行任职。多年来，在他的办公桌的玻璃台板下总压着一张储蓄存款利率表。凡穿西装的季节，在他西装衣袋里也总有一个票夹子，票夹子里藏着一张储蓄存款利率表。储蓄存款利率升了降，降了升，升了降，降了又降，对历年的利率变化难以记牢，所以刘先生就随处备有利率表，为的是与人方便、与己方便。

一次，一位中年妇女在储蓄柜台取款后迟迟没有离去，以为银行把她存款的利息算错了。刘先生把几次变化的利率一行一行抄给她，把利率计算的方法告诉她，她这才打消了心中的疑团。

还有一位熟人曾让刘先生帮她计算利息。说3年前向姐夫借了12000元钱，当时没有约定还款时间，也没有约定还款时加上多少利息，只想手头宽裕了，把借款和利息一次还清。刘先生就将随身带的利率表递上，并把利息计算的方法、保值贴补的时间段很明白地告诉她，由她根据自己的实际和承诺计算利息，末了她连声道谢。另外，刘先生家与亲戚家也有过几次借款关系，在还款时也是参照储蓄存款的利率还款的，双方都乐意接受，利率表起了中间人的作用。

在生活中，常常有民间借贷，有承诺的也好，无承诺的也好，还款时常要与同期的储蓄存款利息比一比。在炒股生涯中，常常要对自己的股票或资金算一算，自然而然要想到与同期的利率做比较。储蓄存款利率变了又变，涉及千家万户，千家万户要谈论储蓄存款利率。随身备有一张利率表，起到的作用还真的很大。但令人费解的是，利率为什么在不同的时期有不同的变化？这代表着什么？利率的高低又是由什么决定的？

现代经济中，利率作为资金的价格，不仅受到经济社会中许多因素的制约，而且，利率的变动对整个经济产生重大的影响。从形式上看，利息是因借款人在一定时期使用一定数量的他人货币所支付的代价。代价越大，说明利率越高。利率的高低，成为衡量一定数量的借贷资本在一定时期内获得利息多少的尺度。那么，是利率决定利息还是利息决定利率呢？

利息出现的原因主要有以下四点：一是延迟消费，当放款人把金钱借出，就等于延迟了对消费品的消费。根据时间偏好原则，消费者会偏好现时的商品多于未来的商品，因此在自由市场会出现正利率。二是预期的通货膨胀，大部分经济会出现通货膨胀，导致一定数量的金钱，在未来可购买的商品会比现在较少。因此，借款人需向放款人补偿此段期间的损失。三是代替性投资，放款人有选择地把金钱放在其他投资上。由于机会成本，放款人把金钱借出，等于放弃了其他投资的可能回报。借款人需与其他投资竞争这笔资金。四是投资风险，借款人随时有破产、潜逃或欠债不还的风险，放款人需收取额外的金钱，以保证在出现这些情况后，仍可获得补偿。五是流动性偏好，人会偏好其资金或资源可随时供立即交易，而不是需要时间或金钱才可取回。利率亦是对此的一种补偿。

现实生活中，贷款人把收取利息收入看作是理所当然的。利息在国民生活中所发挥的重要作用主要表现为以下几个方面：

1. 影响企业行为的功能

利息作为企业的资金占用成本已直接影响企业经济效益水平的高低。企业为降低成本、增进效益，就要千方百计减少资金占压量，同时在筹资过程中对各种资金筹集方式进行成本比较。全社会的企业若将利息支出的节约作为一种普遍的行为模式，那么，经济成长的效率也肯定会提高。

2. 影响居民资产选择行为的功能

在我国居民实际收入水平不断提高、储蓄比率日益加大的条件下，出现了资产选择行为，金融工具的增多为居民的资产选择行为提供了客观基础，而利息收入则是居民资产选择行为的主要诱因。居民重视利息收入并自发地产生资产选择行为，无论对宏观经济调控还是对微观基础的重新构造都产生了不容忽视的影响。从我国目前的情况看，高储蓄率已成为我国经济的一大特征，这为经济高速增长提供了坚实的资金基础，而居民在利息收入诱因下作出的种种资产选择行为又为实现各项宏观调控作出了贡献。

3. 影响政府行为的功能

由于利息收入与全社会的赤字部门和盈余部门的经济利益息息相关，因此，政府也能将其作为重要的经济杠杆对经济运行实施调节。例如：中央银行若采取降低利率的措施，货币就会更多地流向资本市场；当提高利率时，货币就会从资本市场流出。如果政府采用信用手段筹集资金，可以用高于银行同期限存款利率来发行国债，将民间的货币资金吸收到手中，以用于各项财政支出。

利率并非只跟存款有关

当你去银行存钱，银行会按照存期划分的不同利率来给客户计算利息。利率的存在告诉我们，通过放弃价值 1 元的现期消费，能够得到多少未来消费。这正是现在与未来之间的相对价格。整体利率的多少，对于现值至关重要，必须了解现值才能了解远期的金融现值，而利率正是联系现值和终值的一座桥梁。

利率，就表现形式来说，是指定时期内利息额同借贷资本总额的比率。利率是单位货币在单位时间内的利息水平，表明利息的多少。

凯恩斯把利率看作是“使用货币的代价”。利率可以看作是因为暂时放弃货币的使用权而获得的报酬，是对放弃货币流通性的一种补偿，如果人们愿意推迟消费，则需要为人们这一行为提供额外的消费。从借款人的角度来看，利率是使用资本的单位成本，是借款人使用贷款人的货币资本而向贷款人支付的价格；从贷款人的角度来看，利率是贷款人借出货币资本所获得的报酬率。

哪些因素会导致利率的变化？通常情况下，影响利率的因素大致有四种：

1. 货币政策

政府制定货币政策的目的就是促进经济稳定增长。控制货币供给和信贷规模，可以影响利率，进而调节经济增长。扩大货币供给，会导致利率下降；反之，则造成利率上升。

2. 财政政策

一个国家的财政政策对利率有较大的影响，通常而言，当财政支出大于财政收入时，政府会在公开市场上借贷，以此来弥补财政收入的不足，这将导致利率上升。而扩张性的经济政策，往往扩大对信贷的需求，投资的进一步加热又会导致利率下降。

3. 通货膨胀

通货膨胀是指在信用货币条件下，国家发行过多的货币，使过多的货币追求过少的商品，造成物价普遍上涨的一种现象。通货膨胀的成因比较复杂，因此，通货膨胀使得利率和货币供给之间的关系相对复杂。如果货币供给量的大幅增长不是通货膨胀引起的，那么利率不仅不会下降，反而会上升，造成高利率的现象，以弥补货币贬值带来的损失。因此，利率水平随着通货膨胀率的上升而上升，随着通货膨胀率的下降而下降。

4. 企业需求和家庭需求

企业对于信贷的需求往往成为信贷利率变化的“晴雨表”，每当经济步入复苏和高涨之际，企业对信贷需求增加，利率水平开始上扬和高涨；而经济发展停滞时，企业对信贷的需求也随之减少，于是，利率水平转趋下跌。家庭对信贷的需求也影响到利率的变化，当需求增加时，利率上升；需求减弱时，利率便下跌。

经济学家一直在致力于寻找一套能够完全解释利率结构和变化的理论，可见利率对国民经济有着非常重要的作用。利率为什么具有如此魔力？因为利率是资金使用的价格，它的涨跌关系着居民、企业、政府各方的钱袋，能不让人紧张吗？

利率是经济学中一个重要的金融变量，几乎所有的金融现象、金融资产均与利率有着或多或少的联系。当前，世界各国频繁运用利率杠杆实施宏观调控，利率政策已成为各国中央银行调控货币供求，进而调控经济的主要手段，利率政策在中央银行货币政策中的地位越来越重要。合理的利率，对发挥社会信用和利率的经济杠杆作用有着重要的意义，而合理利率的计算方法是我们关心的问题。那么利率的水平是怎样确定的呢？换句话说，确定利率水平的依据是什么呢？

首先，是物价总水平。这是维护存款人利益的重要依据。利率高于同期物价上涨率，就可以保证存款人的实际利息收益为正值；相反，如果利率低于物价上涨率，存款人的实际利息收益就会变成负值。因此，看利率水平的高低不仅要看名义利率的水平，更重要的是还要看是正利率还是负利率。

其次，是国有大中型企业的利息负担。长期以来，国有大中型企业生产发展的资金大部分依赖银行贷款，利率水平的变动对企业成本和利润有着直接的影响。因此，利率水平的确定必须考虑企业的承受能力。

再次，是国家财政和银行的利益。利率调整对财政收支的影响，主要是通过影响企业和银行上交财政税收的增加或减少而间接产生的。因此，在调整利率水平时，必须综合考虑国家财政的收支状况。银行是经营货币资金的特殊企业，存贷款利差是银行收入的主要来源，利率水平的确定还要保持合适的存贷款利差，以保证银行正常经营。

最后，是国家政策和社会资金供求状况。利率政策要服从国家经济政策的大方针，并体现不同时期国家政策的要求。与其他商品的价格一样，利率水平的确且也要考虑社会资金的供求状况，受资金供求规律的制约。

利率通常由国家的中央银行控制，在美国由联邦储备委员会管理。现在，所有国家都把利率作为宏观经济调控的重要工具之一。当经济过热、通货膨胀上升时，便提高利率、收紧信贷；当过热的经济和通货膨胀得到控制时，便会把利率适当地调低。因此，利率是重要的基本经济因素之一。

究竟有多少种利率

利息按照不同的划分方法，可以有不同的分类。按计算利率的期限单位可划分为：年利率、月利率与日利率；按利率的决定方式可划分为：官方利率、公定利率与市场利率；按借贷期内利率是否浮动可划分为：固定利率与浮动利率；按利率的地位可划分为：基准利率与一般利率；按信用行为的期限长短可划分为：

长期利率和短期利率；按利率的真实水平可划分为：名义利率与实际利率；按借贷主体不同划分为：中央银行利率（包括再贴现、再贷款利率等）、商业银行利率（包括存款利率、贷款利率、贴现率等）、非银行利率（包括债券利率、企业利率、金融利率等）；按是否具备优惠性质可划分为：一般利率和优惠利率。利率的各种分类之间是相互交叉的。例如，3 年期的居民储蓄存款利率为 4.25%，这一利率既是年利率，又是固定利率、差别利率、长期利率与名义利率。各种利率之间以及内部都有相应的联系，彼此间保持相对结构，共同构成一个有机整体，从而形成一国的利率体系。

利率是单位货币在单位时间内的利息水平，通常用百分比表示，按年计算则称为年利率。其计算公式为：

利率 = 利息量 ÷ 本金 ×100%

根据本金与利息的计算时期不同，可为年利率、月利率和日利率三种。年利率按本金的百分之几表示，月利率按千分之几表示，日利率按万分之几表示。其中：

日利率（%∞）= 年利率（%）÷360

月利率（‰）= 年利率（%）÷12

利率是利息率的简称，指在一定时期内利息与本金的比率。利率有许多种分类方法，具体如下：

1. 根据计算方法不同，分为单利和复利

单利是指在借贷期限内，只在原来的本金上计算利息，对本金所产生的利息不再另外计算利息；复利是指在借贷期限内，除了在原来本金上计算利息外，还要把本金所产生的利息重新计入本金，重复计算利息，俗称“利滚利”。

与单利相比，复利更重视时间因素所起的作用，也更能反映信贷关系的本质，更好地体现信贷资金占用时间越长利息越多的原则。当然，复利的计算过程也要复杂得多。

2. 根据与通货膨胀的关系，分为名义利率和实际利率

名义利率是指没有剔除通货膨胀因素的利率，也就是借款合同或单据上标明的利率；实际利率是指已经剔除通货膨胀因素后的利率。

例如，如果一年期贷款利率为 5.5%，当年的通货膨胀率为 4.5%，那么该贷款的名义利率就是 5.5%，实际利率是 1%。

3. 根据确定方式不同，分为官定利率、公定利率和市场利率

官定利率是指由政府金融管理部门或者中央银行确定的利率；公定利率是指由金融机构或银行业协会按照协商办法确定的利率。这种利率标准只适合于参加该协会的金融机构，对其他机构不具约束力，利率标准也通常介于官定利率和市场利率之间；市场利率是指根据市场资金借贷关系紧张程度所确定的利率。在我国，目前的利率标准基本上是官定利率。

4. 根据利率变化情况不同，分为固定利率和浮动利率

固定利率是指在整个借贷期限内利率是固定不变的，通常适用于借贷期限不长或者预期未来市场利率变化不大的情况下。

浮动利率是指在整个借贷期限内要随着市场行情变化定期进行调整的利率，通常适用于借贷期限较长或者预期未来市场利率变化较大的情况下。这时候的利息计算虽然不确定，而且比较复杂，但由于更切合实际，所以有助于降低双方的利率风险。

5. 根据国家政策意向不同，分为一般利率和优惠利率

一般利率是指在不享受任何优惠条件下的利率；优惠利率是指对某些部门、行业、个人所制定的利率优惠政策。

在西方国家，商业银行通常对那些资信最高、处于有利竞争地位的企业实行优惠利率；而在我国，通常是对某些重点行业和领域实行优惠利率，如个人商业性住房贷款就全都实行优惠利率。

6. 根据银行业务要求不同，分为存款利率和贷款利率

存款利率是指在金融机构存款所获得的利息与本金的比率；贷款利率是指从金融机构贷款所支付的利息与本金的比率。

无论从哪个角度来看，存款人取得存款利息、贷款人付出贷款利息只要在适度范围内就应该是合理且合法的。例如，银行发放贷款所取得的利息在扣除接受存款支付的利息后，就构成了银行利润的主要来源。可是也应当承认，如果这种利率水平太高，变成了“高利贷”，这就是法律所禁止的了。

如何计算名义利率与实际利率

假如银行储蓄利率是5%，某人的存款在一年后就多了5%，是说明他富了吗？这只是理想情况下的假设。如果当年通货膨胀率为3%，那他只富了2%的部分；如果是6%，那一年前100元能买到的东西现在要106了，而存了一年的钱只有105元了，他反而买不起这东西了！

如果现在利率上升到8%，你预期的通货膨胀率为10%，情况会如何？虽然在1年末你的现金数量增加了8%，但购买商品需要多付10%，结果是，年末你能购买的商品少了2%，也就是说，以不变价来计算，你损失了2%。作为贷款人，在这种情况下，你显然不愿意发放贷款，因为按照不变为商品和劳务来衡量，你所赚取的是-2%的利率。与此相反，借款人更愿意借入资金，因为在该年末，按照不变的商品和劳务来衡量，他需要偿还的金额减少了2%。也就是说，按不变价来计算，借款人多得了2%。

所谓名义利率，是央行或其他提供资金借贷的机构所公布的未调整通货膨胀因素的利率，即利息（报酬）的货币额与本金的货币额的比率，也就是包括补偿通货膨胀（包括通货紧缩）风险的利率。名义利率虽然是资金提供者向使用者现金收取的利率，但人们应当将通货膨胀因素考虑进去。例如，张某在银行存入100元的一年期存款，一年到期时获得5元利息，利率则为5%，这个利率就是名义利率。

名义利率并不是投资者能够获得的真实收益，还与货币的购买力有关。如果发生通货膨胀，投资者所得的货币购买力会贬值。因此，投资者所获得的真实收益必须剔除通货膨胀的影响，这就是实际利率。实际利率，指物价水平不变，从而货币购买力不变条件下的利息率。

实际利率越低，借款人借入资金的动力就越大，贷款人贷出资金的动力就越小。名义回报率与实际回报率也存在类似的区别。名义回报率没有考虑通货膨胀因素，是我们通常所说的没有任何定语的“回报率”。从名义回报率中剔除通货膨胀因素，就可以得到实际回报率，它表示投资某证券所能多购买的商品和劳务的数量。

名义利率与实际利率的区分十分重要，原因在于实际利率反映了真实的借款成本，是反映借款动力和贷款动力的良好的指示器。它还能很好地传达信用市场上发生的事件对于人们的影响程度。

名义利率与实际利率存在着下述关系：

一是当计息周期为一年时，名义利率和实际利率相等，计息周期短于一年时，实际利率大于名义利率。

二是名义利率不能完全反映资金时间价值，实际利率才真实地反映了资金的时间价值。

三是以 i 表示实际利率，r 表示名义利率，n 表示年计息次数，那么名义利率与实际利率之间的关系为 1+ 名义利率 =（1+ 实际利率）×（1+ 通货膨胀率），一般简化为名义利率 = 实际利率 + 通货膨胀率。

四是名义利率越大，周期越短，实际利率与名义利率的差值就越大。

例如，如果银行一年期存款利率为 2%，而同期通货膨胀率为 3%，则储户存入的资金实际购买力在贬值。因此，扣除通货膨胀成分后的实际利率才更具有实际意义。仍以上例，实际利率为 2%–3%=–1%，也就是说，钱存在银行里是亏损的。在中国经济快速增长及通货膨胀压力难以消化的长期格局下，很容易出现实际利率为负的情况，即便央行不断加息，也难以消除。

所以，名义利率可能越来越高，但理性的人士仍不会将主要资产以现金方式在银行储蓄，只有实际利率也为正时，资金才会从消费和投资逐步回流到储蓄。

当通货膨胀率预期上升时，利率也将上升。用公式表示＼就是：实际利率 = 名义利率 – 通货膨胀率。把公式的左右两边交换一下，公式就变成：名义利率 = 实际利率 + 通货膨胀率。在某种经济制度下，实际利率往往是不变的，因为它代表的是你的实际购买力。

当通货膨胀率变化时，为了求得公式的平衡，名义利率——也就是公布在银行的利率表上的利率会随之而变化。名义利率的上升幅度和通货膨胀率完全相等，这个结论就称为费雪效应或者费雪假设。埃尔文 · 费雪认为，债券的名义利率等于实际利率与金融工具寿命期间预期的价格变动率之和。它表明名义利率（包括年通货膨胀溢价）能够足以补偿贷款人到期收到的货币所遭受的预期购买力损失。即贷款人要求的名义利率要足够高，使他们能够获得预期的实际利率，而要求的实际利率就是社会中实物资产的经营报酬加上给予借款人的风险补偿。费雪效应是一种一对一的影响关系，即如果预期通货膨胀率提高 1%，名义利率也将提高 1%。正是因为这个原因，当物价上涨时，人民银行就会制定出较高的利率水平，甚至还有保值贴补率；而物价下跌，人民银行就一而再，再而三地降息。费雪效应表明：物价水平上升时，利率一般有增高的倾向；物价水平下降时，利率一般有下降的倾向。

名义利率和实际利率通常不是同向变动的。(其他国家和地区的名义利率与实际利率也是如此)特别是美国名义利率较高的20世纪70年代，实际利率却非常低，甚至经常为负数。如果按照名义利率的标准来判断，你可能会认为由于借款成本较高，这一时期信用市场的银根很紧。然而，实际利率的估计值却表明你的判断是错误的。按照不变价衡量，借款成本非常低。直至最近，美国只报道名义利率，实际利率仍是无法观测的变量。

复利：银行存款如何跑过CPI

西方人把国际象棋称之为“国王的游戏”。

相传国际象棋是一个古波斯的大臣所发明，国王为这个游戏的问世深为喜悦。当时该国正在与邻国交战，当战争进入对峙阶段，谁也无法战胜谁时，两国决定通过下一盘国际象棋来决定胜负。最后，发明国际象棋的这个国家赢得了战争的胜利。国王因此非常高兴，决定给大臣以奖赏。大臣就指着自己发明的棋盘对国王说：“我只想要一点微不足道的奖赏，只要陛下能在第一个格子里放一粒麦子，第二个格子增加一倍，第三个再增加一倍，直到所有的格子填满就行了。”国王轻易地就答应了他的要求：“你的要求未免也太低了吧？”但很快国王就发现，即使将自己国库所有的粮食都给他，也不够百分之一。因为从表面上看，大臣的要求起点十分低，从一粒麦子开始，但是经过很多次的翻倍，就迅速变成庞大的天文数字。

这就是复利的魔力。虽然起点很低，甚至微不足道，但通过复利则可达到人们难以想象的程度。复利不是数字游戏，而是告诉我们有关投资和收益的哲理。在人生中，追求财富的过程，不是短跑，也不是马拉松式的长跑，而是在更长甚至数十年的时间跨度上所进行的耐力比赛。只要坚持追求复利的原则，即使起步的资金不太大，也能因为足够的耐心加上稳定的“小利”而很漂亮地赢得这场比赛。

据说曾经有人问爱因斯坦：“世界上最强大的力量是什么？”他的回答不是原子弹爆炸的威力，而是“复利”；著名的罗斯柴尔德金融帝国创立人梅尔更是夸张地称许复利是世界上的第八大奇迹。

那么我们有必要了解一下复利与单利的区别。无论从事何种行业，生活中总会遇到一些存款和借款的情况，因此学会计算利息是很有必要的。利率通常有两种计算方法，即单利和复利。

单利的计算方法简单，借入者的利息负担比较轻，它是指在计算利息额时，只按本金计算利息，而不将利息额计入本金进行重复计算的方法。如果用 I 代表利息额，P 代表本金，r 代表利息率，n 代表借贷时间，S 代表本金和利息之和。那么其计算公式为：

$I=P\times r\times n$

$S=P\times(1+r\times n)$

例如某银行向某企业提供一笔为期 5 年、年利率为 10% 的 200 万元货款，则到期时该企业应付利息为：

$I=P\times r\times n$

$=200\times 10\%\times 5$

$=100$（万元）

本金和利息为：

$S=P\times(1+r\times n)$

$=200\times(1+10\%\times 5)$

$=300$（万元）

复利是指将本金计算出的利息额再计入本金，重新计算利息的方法。这种方法比较复杂，借入者的利息负担也比较重，但考虑了资金的时间价值因素，保护了贷出者的利益，有利于使用资金的效率。复利计算的公式为：

$I=P\times[(1+r)^n-1]$

$S=P\times(1+r)^n$

若前例中的条件不变，按复利计算该企业到期时应付利息为：

$I=P\times[(1+r)^n-1]$

$=200\times[(1+10\%)^5-1]$

$=122.102$（万元）

$S=P\times(1+r)^n$

$=200\times(1+10\%)^5$

$=322.102$（万元）

由此可见，和复利相对应的单利只根据本金算利，没有利滚利的过程，但这两种方式所带来的利益差别一般人却容易忽略。假如投入 1 万元，每一年收益率能达到 28%，57 年后复利所得为 129 亿元。可是，若是单利，28%的收益率，57 年的时间，却只能带来区区 16．96 万元。这就是复利和单利的巨大差距。

我们完全可以把复利应用到自己的投资理财活动中。假设你现在投资 1 万元，通过你的运作每年能赚 15%，那么，连续 20 年，最后连本带利变成了 163665 元了，想必你看到这个数字后感觉很不满意吧？但是连续 30 年，总额就变成了 662117 元了，如果连续 40 年的话，总额又是多少呢？答案或许会让你目瞪口呆，是 2678635 元，也就是说一个 25 岁的年轻人，投资 1 万元，每年赢利 15%，到 65 岁时，就能获得 200 多万元的回报。当然，市场有景气有不景气，每年都挣 15%难以做到，但这里说的收益率是个平均数，如果你有足够的耐心，再加上合理的投资，这个回报率是有可能做到的。

因此，在复利模式下，一项投资所坚持的时间越长，带来的回报就越高。在最初的一段时间内，得到的回报也许不理想，但只要将这些利润进行再投资，那么你的资金就会像滚雪球一样，变得越来越大。经过年复一年的积累，你的资金就可以攀登上一个新台阶，这时候你已经在新的层次上进行自己的投资了，你每年的资金回报也已远远超出了最初的投资。

当然，复利的巨大作用也会从投资者的操作水平中体现出来。因为，为了抵御市场风险，实现第一年的赢利，投资者必须研究市场信息，积累相关的知识和经验，掌握一定的投资技巧。在这个过程中，需要克服一些困难，但投资者也会养成一定的思维和行为习惯。在接下来的一年里，投资者过去的知识、经验和习惯会自然地发挥作用，并且又会在原来的基础上使自己有一个提高。这样坚持下来，使投资者越来越善于管理自己的资产，进行更熟练的投资，这是在实现个人投资能力的“复利式”增长。而投资理财能力的持续增长，使投资者有可能保持甚至提高相应的投资收益率。

这种由复利所带来的财富的增长，被人们称为“复利效应”。不但利率中有“复利效应”，在和经济相关的各个领域其实广泛存在着复利效应。比如，一个国家，只要有稳定的经济增长率，保持下去就能实现经济繁荣，从而增强综合国力，改善人民的生活。

不堪重负的负利率时代

2008 年 11 月，日本 6 个月期的国库券的利率为负，即 –0.004%，投资者购买债券的价格高于其面值。这是很不寻常的事件——在过去的 50 年中，世界上没有任何一个其他国家

出现过负利率。这种情况是如何发生的呢？

我们通常假定，利率总是为正。负利率意味着你购买债券所支付的金额低于你从这一债券所获取的收益（从贴现发行债券的到期收益中可以看出）。如果出现这样的情况，你肯定更愿意持有现金，这样未来的价值与今天是相等的。因此，负利率看上去是不可能的。

日本的情况证明这样的推理并不准确。日本经济疲软与负的通货膨胀率共同推动日本利率走低，但这两个因素并不能解释日本的负利率。答案在于，大投资者发现将这种 6 个月期国库券作为价值储藏手段比现金更为方便，因为这些国库券的面值比较大，并且可以以电子形式保存。出于这个原因，虽然这些国库券利率为负，一些投资者仍然愿意持有，虽然从货币的角度讲，持有现金更为划算。显然，国库券的便利性使得它们的利率可以略低于零。

例如一个 1000 块钱的东西一年后值 1065 块钱，但是 1000 块钱存在银行一年只有 1038 块，还没有它升值快，存钱不赚反赔。当物价指数（CPI）快速攀升，存银行的利率还赶不上通货膨胀率，导致银行存款利率实际为负，就成了负利率。用公式表示：

负利率 = 银行利率 – 通货膨胀率（CPI 指数）

这种情形下，如果你只把钱存在银行里，会发现随着时间的推移，银行存款不但没有增加，购买力逐渐降低，看起来就好像在“缩水”一样。

假如你把钱存进银行里，过一段时间后，算上利息在内没有增值，反而贬值了，这就是负利率所引发的。负利率是指利率减去通货膨胀率后为负值。当你把钱存入银行，银行会给你一个利息回报，比如某年的一年期定期存款利率是 3%。而这一年整体物价水平涨了 10%，相当于货币贬值 10%。一边是银行给你的利息回报，一边是你存在银行的钱越来越不值钱了，那么这笔存款的实际收益是多少呢？用利率（明赚）减去通货膨胀率（暗亏），得到的这个数，就是你在银行存款的实际收益。

例如2008年的半年期定期存款利率是3.78%（整存整取），而2008年上半年的CPI同比上涨了7.9%。假设你在年初存入10000元的半年定期，存款到期后，你获得的利息额:（10000×3.78%）-（10000×3.78%）×5%＝359.1元（2008年上半年征收5%的利息税）；而你的10000元贬值额=10000×7.9%＝790元。790-359.1＝430.9元。

也就是说，你的10000元存在银行里，表面上增加了359.1元，而实际上减少了430.9元。这样，你的银行存款的实际收益为-430.9元。

负利率的出现，意味着物价在上涨，而货币的购买能力却在下降。即货币在悄悄地贬值，存在银行里的钱也在悄悄地缩水。在负利率的条件下，相对于储蓄，居民更愿意把自己拥有的财产通过各种其他理财渠道进行保值和增值，例如购买股票、基金、外汇、黄金等。如果银行利率不能高过通货膨胀率那么就这意味着：存款者财富缩水，国家进入“负利率时代”。

虽然理论推断和现实感受都将“负利率”课题摆在了百姓面前，但有着强烈“储蓄情结”的中国老百姓仍在“坚守”储蓄阵地。银行储蓄一向被认为是最保险、最稳健的投资工具。但也必须看到，储蓄投资的最大弱势是：收益较之其他投资偏低，长期而言，储蓄的收益率难以战胜通货膨胀，也就是说，特殊时期通货膨胀会吃掉储蓄收益。因此，理财不能单纯依赖“积少成多”的储蓄途径。

负利率将会对人们的理财生活产生重大影响。以货币形式存在的财富如现金、银行存款、债券等，其实际价值将会降低，而以实物形式存在的财富如不动产、贵金属、珠宝、艺术品、股票等，将可能因为通货膨胀的因素而获得价格的快速上升。因此，我们必须积极地调整理财思路，通过行之有效的投资手段来抗击负利率。

面对负利率时代的来临，将钱放在银行里已不合时宜。对于普通居民来说，需要拓宽理财思路，选择最适合自己的理财计划，让“钱生钱”。抵御负利率的手段有很多：

首先，是进行投资，可以投资基金、股票、房产等，还可以购买黄金珠宝、收藏品。当然，我们必须以理性的头脑和积极的心态来进行投资，不要只看到收益，而忽视风险的存在。除了投资之外，还要开源节流，做好规划。其中首先就是精打细算。在物价不断上涨的今天，如何用好每一分收入显得尤为重要。每月收入多少、开支多少、节余多少等，都应该做到心中有数，并在此基础上分清哪些是必要的开支、哪些是次要的、哪些是无关紧要的或可以延迟开支的。只有在对自己当前的财务状况明白清楚的情况下，才能做到有的放矢。

其次，是广开财源，不要轻易盲目跳槽，在条件允许的情况下找一些兼职，与此同时也要不断地提升自我，增强职场与市场竞争力。

最后，就是要做好家庭的风险管理，更具体来说，就是将家庭的年收入进行财务分配，拿出其中的一部分来进行风险管理。而提及风险，就必然要提到保险，保险的保障功能可以使人自身和已有财产得到充分保护，当发生事故的家庭面临资产入不敷出的窘境时，保险金的支付可以弥补缺口，从而降低意外收支失衡对家庭产生的冲击。从这一点来说该买的保险还是要买，不能因为省钱而有所忽视。

负利率时代的到来，对于普通老百姓尤其是热衷于储蓄的人来说是一个不得不接受的事实；而在积极理财、投资意识强的人的眼中，它却意味着赚钱时代的到来。我们只有通过科学合理的理财方式来进行个人的投资，才能以行之有效的投资手段来抵御负利率。抵御负利率的手段有很多，如减少储蓄，多消费，甚至以理性的头脑和积极的心态进行投资（如股票、房产等）。因为你的投资收益越大，抵御通货膨胀的能力也就越强。所以，负利率不可怕，可怕的是面对负利率却无动于衷！

第十章 联通世界金融的支点

——关于汇率的财经常识

我国目前的通货膨胀压力中有两个问题是和汇率改革结合在一起的：一是外汇储备占用人民币太多；二是外资热钱纷纷流入中国。目前经济学界基本形成一个共识，如果人民币大幅度升值，很可能对中国经济带来十分不利的影响，出口将遇到困难，企业将缩小规模，失业将增加，农民改善收入的愿望也可能落空。所以人民币大幅升值是不可取的。现在经过一段时间的讨论基本达成了共识，认为人民币小步升值是利大于弊的。

——厉以宁

（北京大学光华管理学院名誉院长，著名经济学家，中国经济学界泰斗）

汇率是各国联系的重要桥梁

故事发生在美国和墨西哥边界的小镇上。有一个单身汉在墨西哥一边的小镇上，他付了1比索买了一杯啤酒，啤酒的价格是0.1比索，找回0.9比索。转而他来到美国一边的小镇上，发现美元和比索的汇率是1美元：0.9比索。他把剩下的0.9比索换了1美元，用0.1美元买了一杯啤酒，找回0.9美元。回到墨西哥的小镇上，他发现比索和美元的汇率是1比索：0.9美元。于是，他把0.9美元换为1比索，又买啤酒喝。这样他在两个小镇上喝来喝去，总还是有1美元或1比索。换言之，他一直在喝免费啤酒，这可真是个快乐的单身汉。

这个快乐的单身汉为什么能喝到免费的啤酒呢？这跟汇率有关系，在美国，美元与比索的汇率是 1 ∶ 0.9，但在墨西哥，美元和比索的汇率约为 1 ∶ 1.1。那么，什么才是汇率呢？

汇率亦称“外汇行市或汇价”，是一国货币兑换另一国货币的比率，是以一种货币表示另一种货币的价格。由于世界各国货币的名称不同，币值不一，所以一国货币对其他国家的货币要规定一个兑换率，即汇率。从短期来看，一国的汇率由对该国货币兑换外币的需求和供给所决定。外国人购买本国商品、在本国投资以及利用本国货币进行投机会影响本国货币的需求。本国居民想购买外国产品、向外国投资以及外汇投机影响本国货币供给。

在长期中，影响汇率的主要因素有：相对价格水平、关税和限额、对本国商品相对于外国商品的偏好以及生产率。

各国货币之所以可以进行对比，能够形成相互之间的比价关系，原因在于它们都代表着一定的价值量，这是汇率的决定基础。

例如，一件价值 100 元人民币的商品，如果人民币对美元的汇率为 0.1502，则这件商品在美国的价格就是 15.02 美元。如果人民币对美元汇率降到 0.1429，也就是说美元升值，人民币贬值，用更少的美元可买此商品，这件商品在美国的价格就是 14.29 美元，所以该商品在美国市场上的价格会变低。商品的价格降低，竞争力就变高，便宜好卖。反之，如果人民币对美元汇率升到 0.1667，也就是说美元贬值，人民币升值，则这件商品在美国市场上的价格就是 16.67 美元，此商品的美元价格变贵，买的人就少了。

简要地说，就是用一个单位的一种货币兑换等值的另一种货币。

在纸币制度下，各国发行纸币作为金属货币的代表，并且参照过去的做法，以法令规定纸币的含金量，称为金平价，金平价的对比是两国汇率的决定基础。但是纸币不能兑换成黄金，因此，纸币的法定含金量往往形同虚设。所以在实行官方汇率的国家，由国家货币当局规定汇率，一切外汇交易都必须按照这一汇率进行。在实行市场汇率的国家，汇率随外汇市场上货币的供求关系变化而变化。

随着经济全球化的发展，世界各国之间的经济往来越来越紧密，汇率作为各国之间联系的重要桥梁，发挥着重要作用。

汇率与进出口。一般来说，本币汇率下降，即本币对外的币值贬低，能起到促进出口、抑制进口的作用；若本币汇率上升，即本币对外的比值上升，则有利于进口，不利于出口。汇率是国际贸易中最重要的调节杠杆。因为一个国家生产的商品都是按本国货币来计算成本的，要拿到国际市场上竞争，其商品成本一定会与汇率相关。汇率的高低也就直接影响该商品在国际市场上的成本和价格，直接影响商品的国际竞争力。

汇率与物价。从进口消费品和原材料来看，汇率的下降要引起进口商品在国内的价格上涨。至于它对物价总指数影响的程度则取决于进口商品和原材料在国民生产总值中所占的比重。反之，本币升值，其他条件不变，进口品的价格有可能降低，从而可以起抑制物价总水平的作用。

汇率与资本流出入。短期资本流动常常受到汇率的较大影响。当存在本币对外贬值的趋势下，本国投资者和外国投资者就不愿意持有以本币计值的各种金融资产，并会将其转兑成外汇，发生资本外流现象。同时，由于纷纷转兑外汇，加剧外汇供求紧张，会促使本币汇率进一步下跌。反之，当存在本币对外升值的趋势下，本国投资者和外国投资者就力求持有以本币计值的各种金融资产，并引发资本内流。同时，由于外汇纷纷转兑本币，外汇供过于求，会促使本币汇率进一步上升。

汇率是两种不同货币之间的比价，因此汇率多少，必须先要确定用哪个国家的货币作为标准。由于确定的标准不同，于是便产生了几种不同的外汇汇率标价方法。

1. 直接标价法

直接标价法，又叫应付标价法，是以一定单位（1、100、1000、10000）的外国货币为标准来计算应付出多少单位本国货币。就相当于计算购买一定单位外币所应付多少本币，所以又叫应付标价法。在国际外汇市场上，包括中国在内的世界上绝大多数国家目前都采用直接标价法。如日元兑美元汇率为 119.05 即 1 美元兑 119.05 日元。

在直接标价法下，若一定单位的外币折合的本币数额多于前期，则说明外币币值上升或本币币值下跌，叫作外汇汇率上升；反之，如果要用比原来较少的本币即能兑换到同一数额的外币，这说明外币币值下跌或本币币值上升，叫作外汇汇率下跌，即外币的价值与汇率的涨跌成正比。

2. 间接标价法

间接标价法又称应收标价法。它是以一定单位（如 1 个单位）的本国货币为标准，来计算应收若干单位的外汇货币。在国际外汇市场上，欧元、英镑、澳元等均为间接标价法。如欧元兑美元汇率为 0.9705，即 1 欧元兑 0.9705 美元。在间接标价法中，本国货币的数额保持不变，外国货币的数额随着本国货币币值的变化而变化。如果一定数额的本币能兑换的外币数额比前期少，这表明外币币值上升，本币币值下降，即外汇汇率下跌；反之，如果一定数额的本币能兑换的外币数额比前期多，则说明外币币值下降，本币币值上升，即外汇汇率上升，这说明外汇的价值和汇率的升跌成反比。因此，间接标价法与直接标价法相反。

由于直接标价法和间接标价法所表示的汇率涨跌的含义正好相反，所以在引用某种货币的汇率和说明其汇率高低涨跌时，必须明确采用哪种标价方法，以免混淆。

世界上没有完美无缺的事物，对于任何一个国家来说，汇率都是一把“双刃剑”。汇率变动究竟会带来怎样的好处与坏处，要视一个国家的具体情况而定。

汇率指标的适用程度不同

汇率作为国家间配置资源的重要工具，其水平的决定与作用机制非常复杂，同时汇率作为交易国家货币兑换的标准，发挥着在国家间配置资源的重要作用。为了解释与汇率相关的复杂经济现象，经济学理论提出了一系列汇率指标。在目前经济研究中，通过给出的汇率指标的统计来界定得到的相关汇率的数据。

1994 年墨西哥货币贬值之前，汇率指标使墨西哥将通货膨胀率从 1988 年的 100% 以上降到了 1994 年的 10% 以下。在工业化国家，汇率指标的最大成本，是无法实施独立的货币政策以对付国内事务。如果中央银行可以认真负责地实施独立的国内货币政策，通过比较 1992 年后法国和英国的经历，可以发现，这实在是一个很大的成本。不过，要么由于中央银行缺少独立性，要么由于对中央银行的政治压力导致通货膨胀型的货币政策，不是所有的工业化国家都能够成功实施自己的货币政策。在这样的情况下，放弃对国内货币政策的独立控制权，可能不是很大的损失，而让货币政策由核心国的更有效运作的中央银行来决定，所带来的收益可能是相当大的。

意大利就是典型的案例。在所有的欧洲国家中，意大利公众是最赞成欧洲货币联盟的，这并非偶然。意大利货币政策的历史记录并不好，意大利公众意识到，让货币政策由更负责任的外人来控制，其收益会远远大于失去采用货币政策解决国内事务的能力所带来的成本。

工业化国家会发现以汇率为指标非常有用的第二个原因是，它促进了本国经济和邻国经济的融合。这可由一些国家如奥地利和荷兰长期将汇率钉住德国马克，以及先于欧洲货币联盟的汇率钉住的例子所证实。

除非在以下两种情况下，以汇率为指标可能不是工业化国家控制整体经济的最好的货币政策策略，即一是国内货币和政治机构不能作出良好的货币政策决策；二是存在其他重大的和货币政策无关的汇率指标利益。

以汇率为指标有以下几个优点：

其一，国际贸易商品的国外价格是由世界市场决定的，而这些商品的国内价格由汇率指标得以固定。汇率指标的名义锚将国际贸易商品的通货膨胀率和核心国相挂钩，从而有助于控制通货膨胀。例如，2002 年之前，阿根廷比索对美元的汇率恰好是 1 ：1，因此国际贸易中 5 美元 / 蒲式耳小麦的价格就被确定为 5 阿根廷比索。如果汇率指标是可信的（也就是预计能够固定住），那么汇率指标的另一个好处就是，将通货膨胀预期和核心国的通货膨胀率固定在一起。

其二，汇率指标为货币政策的实施提供了自动规则，从而缓解了时间一致性问题。当本国货币有贬值趋势时，汇率指标会促使推行紧缩的货币政策；当本国货币有升值的趋势时，汇率指标会促使推行宽松的货币政策。因此，就不大可能选择自由放任的一致性的货币政策。

其三，汇率指标具有简单和明晰的优点，使得公众容易理解。“稳定的货币”是货币政策易于理解的追求目标。过去，这一点在法国非常重要，建立“法郎堡垒”（坚挺的法郎）的要求经常被用来支持紧缩的货币政策。

尽管汇率指标有内在的优点，但针对这个策略还是有一些严厉的指责。问题在于，追求汇率指标的国家，由于资本的流动，钉住国不能再实施独立的货币政策，丧失了利用货币政策应付国内突发事件的能力。而且，汇率指标意味着核心国遭受的突发冲击会被直接传递到钉住国，因为核心国利率的变动会导致钉住国利率的相应变动。

汇率指标引起的第二个问题是，钉住国向冲击它们货币的投机者敞开了大门。实际上，德国统一的一个后果就是 1992 年 9 月的外汇危机。德国统一后的紧缩性货币政策意味着 ERM 国家会遭受需求的负面冲击，这种冲击会导致经济增长下滑和失业率提高。对这些国家的政府来说，在这样的情况下维持汇率相对于德国马克固定不变，当然是可行的，但是，投机者开始琢磨，这些国家钉住汇率的承诺是否会削弱？投机者断定，这些国家要抵挡对其货币的冲击，必须保持相当高的利率，由此所引起的失业率上升是这些国家政府难以容忍的。

在新兴市场国家，汇率指标也是迅速降低通货膨胀率的有效手段。许多新兴市场国家的政治和货币机构特别薄弱，因而这些国家遭受了持续的恶性通货膨胀，对于这些国家，以汇率为指标可能是打破通货膨胀心理、稳定经济的唯一途径。另一方面，新兴市场国家对外汇市场信号效应的需求可能更为强烈，因为中央银行的资产负债表和行为不像工业化国家那样透明。以汇率为指标可能使得人们更难判断中央银行的政策举动，1997 年 7 月货币危机之前的泰国就是如此。汇率指标是最后的稳定政策，公众不能监控中央银行以及政治家对中央银行施加的压力，使货币政策很容易变得过于扩张。然而，如果新兴市场国家以汇率为指标的制度没有一直保持透明，这些制度更有可能崩溃，通常导致灾难性的金融危机。

法国和英国通过将它们货币的价值钉住德国马克，成功地使用了汇率指标来降低通货膨胀率。1987 年，当法国首次将汇率钉住德国马克，它的通货膨胀率是 3%，高于德国通货膨胀率 2 个百分点。到 1992 年，它的通货膨胀率降到 2%，该水平可以被认为是与物价稳定相一致的，甚至低于德国的通货膨胀率。到 1996 年，法国和德国的通货膨胀率十分相近，达到略低于 2% 的水平。类似地，英国在 1990 年钉住德国马克之后，到 1992 年被迫退出汇率机制之时，已经将通货膨胀率从 10% 降到 3%。工业化国家已经成功地利用汇率指标控制了通货膨胀。

钉住汇率的货币政策策略由来已久。它的形式可以是，将本国货币的价值固定于黄金等商品，即前面所介绍的金本位制度的关键特征。近年来，固定汇率制度已经发展为，将本国货币的价值同美国、德国等通货膨胀率较低的大国货币固定在一起。另一种方式是采用爬行指标或钉住指标，即允许货币以稳定的速率贬值，以使钉住国的通货膨胀率能够高于核心国的通货膨胀率。

经济规模小和经济实力较弱的发展中国家倾向于选择钉住汇率制，这主要是由于它们承受外汇风险的能力较差。目前的固定汇率制主要表现为钉住汇率制。这种钉住不同于布雷顿森林体系下钉住美元的做法，因为那时美元是与黄金挂钩的，而美元的金平价又是固定的。而布雷顿森林体系瓦解后，一些国家所钉住的货币本身的汇率却是浮动的。因此目前的固定汇率制本质上应该是浮动汇率制。

“巨无霸”指数反映购买力平价

1986年9月，英国著名的杂志《经济学人》推出了有趣的“巨无霸指数”，将世界各国麦当劳里的巨无霸汉堡包价格，根据当时汇率折合成美元，再对比美国麦当劳里的售价，来测量两种货币在理论上的合理汇率。巨无霸指数是一个非正式的经济指数，用以测量两种货币的汇率理论上是否合理，从而得出这种货币被“高估”或“低估”的结论。在一些西方经济学家眼中，麦当劳的巨无霸已经成为评估一种货币真实价值的指数，这个指数风靡全球。

两国的巨无霸的购买力平价汇率的计算法，是以一个国家的巨无霸以当地货币的价格，除以另一个国家的巨无霸以当地货币的价格。该商数用来跟实际的汇率比较，要是商数比汇率为低，就表示第一国货币的汇价被低估了；相反，要是商数比汇率为高，则第一国货币的汇价被高估了。

举例而言，假设一个巨无霸在美国的价格是4美元，而在英国是3英镑，那么经济学家认为美元与英镑的购买力平价汇率就是3英镑等于4美元。而如果在美国一个麦当劳巨无霸的价格是2.54美元，在英国是1.99英镑、在欧元区是2.54欧元，而在中国只要9.9元的话，那么经济学家由此推断，人民币是世界上币值被低估最多的货币。巨无霸指数是一个非正式的经济指数，用以测量两种货币的汇率理论上是否合理。这种测量方法假定购买力平价理论成立。

有关汇率决定的最著名的一个理论就是购买力平价理论。购买力平价理论最早是由20世纪初瑞典经济学家古斯塔夫·卡塞尔提出的。该理论指出，在对外贸易平衡的情况下，两国之间的汇率将会趋向于靠拢购买力平价。一般来讲，这个指标要根据相对于经济的重要性考察许多货物才能得出。简单地说，购买力平价是国家间综合价格之比，即两种或多种货币在不同国家购买相同数量和质量的商品和服务时的价格比率，用来衡量对比国之间价格水平的差异。

例如，购买相同数量和质量的一篮子商品，在中国用了80元人民币，在美国用了20美元，对于这篮子商品来说，人民币对美元的购买力平价是4 ∶ 1，也就是说，在这些商品上，4元人民币购买力相当于1美元。如果当一国物价水平相对于另一国上升，其货币应当贬值（另一国货币应当升值）。假定相对于美国钢材的价格（仍然为100美元），日本钢材的日元价格上升了10%（1.1万日元）。如果日本的物价水平相对于美国上涨了10%，美元必须升值10%。

这一理论在长期实践中得到了证实。从 1973 年至 2002 年底，英国物价水平相对于美国上涨了 99%，按照购买力平价理论，美元应当相对于英镑升值，实际情况正是如此，尽管美元只升值了 73%，小于购买力平价理论计算的结果。

例如，如果有代表性的一组货物在美国值 2 美元，在法国值 10 法郎，汇率就应该是 1 美元等于 5 法郎。因此，购买力平价理论认为：一个平衡的汇率是使所比较的两种通货在各自国内购买力相等的汇率，偏离于使国内购买力相等的汇率是不可能长期存在的。如果一件货物在美国所值的美元价格相当于法国所值的法郎价格的 1/5，而汇率却是 1 美元等于 1 法郎，那么，每个持有法郎的人就会把法郎换成同数的美元，而能够在美国购买 5 倍的货物。但市场上对美元的需求会使汇率上涨，一直达到 1 美元等于 5 法郎为止，也就是达到它的货币购买力的比率与各国货币所表示价格水平的比率相等为止。

购买力平价理论认为，人们对外国货币的需求是由于用它可以购买外国的商品和劳务，外国人需要其本国货币也是因为用它可以购买其国内的商品和劳务。因此，本国货币与外国货币相交换，就等于本国与外国购买力的交换。所以，用本国货币表示的外国货币的价格也就是汇率，决定于两种货币的购买力比率。由于购买力实际上是一般物价水平的倒数，因此两国之间的货币汇率可由两国物价水平之比表示。这就是购买力平价说。从表现形式上来看，购买力平价说有两种定义，即绝对购买力平价和相对购买力平价。

购买力平价决定了汇率的长期趋势。不考虑短期内影响汇率波动的各种短期因素，从长期来看，汇率的走势与购买力平价的趋势基本上是一致的。因此，购买力平价为长期汇率走势的预测提供了一个较好的方法。

购买力平价的大前提为两种货币的汇率会自然调整至一水平，使一篮子货物在该两种货币的售价相同（一价定律）。在巨无霸指数，该一“篮子”货物就是一个在麦当劳连锁快餐店里售卖的巨无霸汉堡包。选择巨无霸的原因是，巨无霸在多个国家均有供应，而它在各地的制作规格相同，由当地麦当劳的经销商负责为材料议价。这些因素使该指数能有意义地比较各国货币。

现行的货币汇率对购买力平价于比较各国人民的生活水平将会产生误导。例如，如果墨西哥比索相对于美元贬值一半，那么以美元为单位的国内生产总值也将减半。可是，这并不表明墨西哥人变穷了。如果以比索为单位的收入和价格水平保持不变，而且进口货物在对墨西哥人的生活水平并不重要（因为这样进口货物的价格将会翻倍)，那么货币贬值并不会带来墨西哥人的生活质量的恶化。如果采用购买力平价就可以避免这个问题。

体现商品价值的一价定律

假定美国钢材的价格为每吨 100 美元，与其同质的日本钢材的价为每吨 1 万日元。按照一价定律，日元和美元的汇率应当是 100 日元 / 美元（0.01 美元 / 日元)，这样每吨美国钢材在日本的价格为 1 万日元（等于日本钢材的价格)，而每吨日本钢材在美国的价格为 100 美元（等于美国钢材的价格)。如果汇率为 200 日元 / 美元，每吨日本钢材在美国的价格为 50 美元，是美国钢材价格的一半；而每吨美国钢材在日本的价格为 2 万日元，是日本钢材的两倍。由于美国钢材在这两个国家都比日本钢材价格高，并且与日本钢材同质，美国钢材的需求就会减少为零。假定美国钢材的美元价格不变，只有当汇率下跌到 100 日元 / 美元的水平上，由此产生的美国钢材超额供给才会消除，此时，美国钢材和日本钢材在这两个国家的价格都是相固定的。这就是金融学当中著名的一价定律。

一价定律即绝对购买力平价理论，它是由货币学派的代表人物弗里德曼提出的。一价定律可简单表述为：当贸易开放且交易费用为零时，同样的货物无论在何地销售，其价格都相同。这揭示了国内商品价格和汇率之间的一个基本联系。一价定律认为在没有运输费用和官方贸易壁垒的自由竞争市场上，一件相同商品在不同国家出售，如果以同一种货币计价，其价格应是相等的。按照一价定律的理论，任何一种商品在各国间的价值是一致的。（通过汇率折算之后的标价是一致的）若在各国间存在价格差异，则会发生商品国际贸易，直到价差被消除，贸易停止，这时达到商品市场的均衡状态。

1934 年，英国经济学家格里高利首先提出了均衡汇率的概念。他说，实际上存在着三种汇率：第一，事实上的汇率，即市场上流行的汇率；第二，真实的均衡汇率，是根据购买力平价，再估计到国际收支方面的各项因素及和通货膨胀无关的其他各种因素而得出的汇率；第三，购买力平价，是按各国一般物价水平的对比而计算出来的汇率。格里高利认为，真实的均衡汇率只是极近似购买力平价，而不等于购买力平价。至于事实上的汇率，则既不同于真实的均衡汇率，又有别于购买力平价。

购买力平价理论是基于两国所有商品同质与运输成本和贸易壁垒很低的假定，得出汇率完全由物价水平的相对变化所决定的结论。并非所有商品和服务（其价格被包括在一国的物价水平当中）都可以跨境交易。住宅、土地以及餐饮、理发和高尔夫等服务都是不能进行交易的商品，因此，即使这些商品的价格上涨，导致该国相对于其他国家物价水平上升，也不会影响汇率。

我们的分析表明，有四个因素在长期影响汇率：相对物价水平、关税和配额、对国内和外国商品的偏好以及生产能力。任何增加国内商品相对于外国商品需求的因素都可能导致国内货币升值，因为即使当国内货币价值升高时，国内商品也能继续销售。同理，任何增加国外商品相对于国内商品需求的因素都可能导致国内货币贬值，因为只有当国内货币价值降低时，国内商品才会继续销售。

相对物价水平按照购买力平价理论，美国商品价格上升（假定外国商品价格不变），对美国商品的需求会减少，美元趋于贬值，使美国商品得以继续销售。相反，如果日本商品价格上升，美国商品的相对价格下跌，对美国商品的需求会增加，美元趋向升值，因为即使美元价值上升，美国商品也会继续销售良好。长期来看，一国物价水平的上升会导致其货币贬值，而一国相对物价水平的下跌会导致其货币升值。

自由贸易壁垒会影响汇率。假定美国提高关税，或者给予日本钢材以较少的配额，这些贸易壁垒增加了对美国钢材的需求，美元趋于升值，因为即使美元价值升高，美国钢材也会保持良好的销售态势，增加贸易壁垒导致该国货币长期内升值。

如果日本人偏好美国商品，譬如说佛罗里达州的柑橘和美国电影，对美国商品需求（出口）的增加导致美元升值，因为即使美元价值升高，美国商品的销售也会非常好。同样，如果相对于美国汽车而言，美国人更偏好日本汽车，对日本商品需求（进口）的增加导致美元的贬值。对一国出口的需求增加导致其货币长期内升值；相反，对进口的需求增加会导致该国货币贬值。

如果一国的生产能力相对于其他国家提高，该国的企业就能降低本国商品相对于外国商品的价格，并仍能赚取利润。于是，国内商品需求增加，国内货币趋于升值。然而，如果一国生产能力的提高滞后于其他国家，其商品的相对价格就会升高，其货币趋于贬值。从长期来看，一国相对于其他国家生产能力提高，其货币就会升值。

由此我们可以得出这样一个重要结论，即一价定律成立的前提条件有四个：一是对比国家都实行了同等程度的货币自由兑换，货币、商品、劳务和资本流通是完全自由的；二是信息是完全的；三是交易成本为零；四是关税为零。

同自由市场上其他任何商品或资产的价格相同，供给和需求共同决定了汇率。为了简化对自由市场上外汇决定的分析，我们将其分为两个步骤。首先，我们考察长期汇率是如何决定的；之后，我们利用长期汇率决定的知识来理解短期汇率决定机制。

一价定律在评价成本和收益以计算净现值时，可以用任何一个竞争市场的价格来确定它们的现金价值，而不用考虑所有可能的市场价格。

固定汇率好还是浮动汇率好

自 2005 年 7 月 21 日起，我国开始实行以市场供求为基础、参考一篮子货币进行调节、有管理的浮动汇率制度。人民币汇率不再钉住单一美元，形成更富弹性的人民币汇率机制。

2005 年 7 月 21 日，美元对人民币交易价格调整为 1 美元兑 8.11 元人民币，作为次日银行间外汇市场上外汇指定银行之间交易的中间价，外汇指定银行可自此时起调整对客户的挂牌汇价。此后，每日银行间外汇市场美元对人民币的交易价仍在人民银行公布的美元交易中间价上下千分之三的幅度内浮动，非美元货币对人民币的交易价在人民银行公布的该货币交易中间价上下一定幅度内浮动。

中国人民银行将根据市场发育状况和经济金融形势，适时调整汇率浮动区间。同时，中国人民银行负责根据国内外经济金融形势，以市场供求为基础，参考篮子货币汇率变动，对人民币汇率进行管理和调节，维护人民币汇率的正常浮动，保持人民币汇率在合理、均衡水平上的基本稳定，促进国际收支基本平衡，维护宏观经济和金融市场的稳定。至此，人民币汇率改革首次破冰，引发市场活跃。

人民币为什么要放弃固定汇率制度而改为浮动的汇率制度？为什么这一改革道路进行得颇为艰难？

固定汇率是将一国货币与另一国家货币的兑换比率基本固定的汇率，固定汇率并非汇率完全固定不动，而是围绕一个相对固定的平价的上下限范围波动，该范围最高点叫“上限”，最低点叫“下限”。当汇价涨或跌到上限或下限时，政府的中央银行要采取措施，使汇率维持不变。在19世纪初到20世纪30年代的金本位制时期、第二次世界大战后到20世纪70年代初以美元为中心的国际货币体系，都实行固定汇率制。

固定汇率的优点有以下两点：一是有利于经济稳定发展；二是有利于国际贸易、国际信贷和国际投资的经济主体进行成本利润的核算，避免了汇率波动风险。

缺点包括以下三点：

一是汇率基本不能发挥调节国际收支的经济杠杆作用。二是为维护固定汇率制将破坏内部经济平衡。比如一国国际收支逆差时，本币汇率将下跌，成为软币，为不使本币贬值，就需要采取紧缩性货币政策或财政政策，但这种政策会使国内经济增长受到抑制、失业增加。三是引起国际汇率制度的动荡和混乱。东南亚货币金融危机就是一例。

浮动汇率是固定汇率的对称。根据市场供求关系而自由涨跌，货币当局不进行干涉的汇率。在浮动汇率下，金平价已失去实际意义，官方汇率也只起某种参考作用。就浮动形式而言，如果政府对汇率波动不加干预，完全听任供求关系决定汇率，称为自由浮动或清洁浮动。但是，各国政府为了维持汇率的稳定，或出于某种政治及经济目的，要使汇率上升或下降，都或多或少地对汇率的波动采取干预措施。这种浮动汇率在国际上通称为管理浮动或肮脏浮动。1973年固定汇率制瓦解后，西方国家普遍实行浮动汇率制。

浮动汇率制度的主要长处是防止国际游资冲击，避免爆发货币危机；有利于促进国际贸易的增长和生产的发展；有利于促进资本流动等等。缺点是经常导致外汇市场波动，不利于长期国际贸易和国际投资的进行；不利于金融市场的稳定；基金组织对汇率的监督难以奏效，国际收支不平衡状况依然得不到解决；对发展中国家更为不利。

浮动汇率制度形式多样化，包括自由浮动、管理浮动、钉住浮动、单一浮动、联合浮动等。在浮动汇率制度下，汇率并不是纯粹的自由浮动，政府在必要的时候会对汇率进行或明或暗的干预。由于汇率的变化是由市场的供求状况决定的，因此浮动汇率比固定汇率波动要频繁，而且波幅大。特别提款权的一篮子汇价成为汇率制度的组成部分。有管理的浮动汇率制是指一国货币当局按照本国经济利益的需要，不时地干预外汇市场，以使本国货币汇率升降朝着有利于本国的方向发展的汇率制度。在有管理的浮动汇率制下，汇率在货币当局确定的区间内波动。区间内浮动有助于消除短期因素的影响，当区间内的汇率波动仍无法消除短期因素对汇率的影响时，中央银行再进行外汇市场干预以消除短期因素的影响。

在现行的国际货币制度下，大部分国家实行的都是有管理的浮动汇率制度。有管理的浮动汇率是以外汇市场供求为基础的，是浮动的，不是固定的。它与自由浮动汇率的区别在于它受到宏观调控的管理，即货币当局根据外汇市场形成的价格来公布汇率，允许其在规定的浮动幅度内上下浮动。一旦汇率浮动超过规定的幅度，货币当局就会进入市场买卖外汇，维持汇率的合理和相对稳定。

2005 年以来，中国开始了一篮子货币的浮动汇率制度，自此以后人民币汇率问题一直是国内外舆论关注的热点。2006 年人民币加速了升值的速度，随着 2007、2008 两年经济的快速发展，人民币在一路“高升”之后渐趋于平稳。这让央行大大松了一口气。对央行来说，保持人民币汇率内外均衡一直是央行政策中的重点。但什么样的汇率水平才是均衡的？这一问题值得探讨。

在 1944 年，经济学家努克斯给均衡汇率下了一个更为简洁的定义，即“均衡汇率是这样一种汇率，它在一定时期内，使国际收支维持均衡，而不引起国际储备净额的变动”。1945 年，他又进一步对均衡汇率的概念进行修正：均衡汇率是在 3 年左右的时间内，维持一国国际收支均衡状态而不致造成大量失业或求助于贸易管制时的汇率。自此以后，凯恩斯主义者们就以就业作为判断汇率是否均衡的标准。

均衡汇率理论实际上并不是关于解释汇率决定和汇率变动的理论，而是从一个国家的国内经济状况、国际收支的变动等诸方面来考虑汇率水平是否合理，判断汇率是高估还是低估，并决定汇率水平是否应当变动。因此，均衡汇率理论实际上是一种政策性工具。它未能回答汇率的决定政策问题，却在汇率理论和汇率政策之间架起了桥梁，因而也具有非常重要的意义。但是，均衡汇率理论的一些基本内容是建立在诸如“其他一切都不变化”的前提上，而这个条件在现实中是几乎不存在的，这个缺陷限制了均衡汇率理论作为一种政策工具的“可操作性”，因而降低了它的实际应用意义。

固定汇率制度和浮动汇率制度是两种不同的汇率制度，某个国家在某个经济周期，结合本国的经济结构，固定汇率制度可能优于浮动汇率制度，而另一个阶段，另一种经济结构下，浮动汇率制度又有可能优于固定汇率制度。所以，权衡固定汇率制度好还是浮动汇率制度好，一定要结合本国的具体国情和经济发展状况，才能作出客观理性的分析。

外汇交易是怎样进行的

自从外汇市场诞生以来，外汇市场的汇率波幅越来越大。1985 年 9 月，1 美元兑换 220 日元，而 1986 年 5 月，1 美元只能兑换 160 日元，在 8 个月里，日元升值了 27%。近几年，外汇市场的波幅就更大了，1992 年 9 月 8 日，1 英镑兑换 2.0100 美元，11 月 10 日，1 英镑兑换 1.5080 美元，在短短大约两个月里，英镑兑美元的汇价就下跌了 5000 多点，贬值 25%。

不仅如此，目前，外汇市场每天的汇率波幅也不断加大，一日涨跌 2% 至 3% 已是司空见惯。1992 年 9 月 16 日，英镑兑美元从 1.8755 跌至 1.7850，英镑日下挫 5%。正因为外汇市场波动频繁且波幅巨大，给投资者创造了更多的机会，吸引了越来越多的投资者加入这一行列。

外汇交易就是一国货币与另一国货币进行交换。与其他金融市场不同，外汇市场没有具体地点，也没有中央交易所，而是以电子交易的方式进行。“外汇交易”是同时买入一对货币组合中的一种货币而卖出另外一种货币，即以货币对形式交易，例如欧元 / 美元（EUR/USD）或美元 / 日元（USD/JPY）。

外汇交易中大约每日的交易周转的 5% 是由于公司和政府部门在国外买入或销售他们的产品和服务，或者必须将他们在国外赚取的利润转换成本国货币；而另外 95% 的交易是为了赚取盈利或者投机。对于投机者来说，最好的交易机会总是交易那些最通常交易的（并且因此是流动量最大的）货币，叫作“主要货币”。今天，大约每日交易的 85% 是这些主要货币，它包括美元、日元、欧元、英镑、瑞士法郎、加拿大元和澳大利亚元。这是一个即时的 24 小时交易市场，外汇交易每天从悉尼开始，并且随着地球的转动，全球每个金融中心的营业日将依次开始，首先是东京，然后是伦敦和纽约。不像其他的金融市场，外汇交易投资者可以对无论是白天或者晚上发生的经济、社会和政治事件而导致的外汇波动而随时反应。外汇交易市场是一个超柜台（OTC）或“银行内部”交易市场，因为事实上外汇交易是交易双方通过电话或者一个电子交易网络而达成的，外汇交易不像股票和期货交易市场那样，集中在某一个交易所里进行。

从交易的本质和实现的类型来看，外汇买卖可分为以下两大类：一是为满足客户真实的贸易、资本交易需求进行的基础外汇交易；二是在基础外汇交易之上，为规避和防范汇率风险或出于外汇投资、投机需求进行的外汇衍生工具交易。属于第一类的基础外汇交易的主要是即期外汇交易，而外汇衍生工具交易则包括远期外汇交易，以及外汇择期交易、掉期交易、互换交易等。

外汇交易主要可分为现钞、现货外汇交易、合约现货外汇交易、外汇期货交易、外汇期权交易、远期外汇交易、掉期交易等。

1. 现钞交易

现钞交易是旅游者以及由于其他各种目的需要外汇现钞者之间进行的买卖，包括现金、外汇旅行支票等。

2. 现货外汇交易

现货外汇交易是大银行之间，以及大银行代理大客户的交易，买卖约定成交后，最迟在两个营业日之内完成资金收付交割。下面主要介绍国内银行面向个人推出的、适于大众投资者参与的个人外汇交易。个人外汇交易，又称外汇宝，是指个人委托银行，参照国际外汇市场实时汇率，把一种外币买卖成另一种外币的交易行为。由于投资者必须持有足额的要卖出外币，才能进行交易，较国际上流行的外汇保证金交易，缺少保证金交易的卖空机制和融资杠杆机制，因此也被称为实盘交易。国内的投资者，凭手中的外汇，到工、农、中、建、交、招等6家银行办理开户手续，存入资金，即可透过互联网、电话或柜台方式进行外汇买卖。

3. 合约现货外汇交易（按金交易）

合约现货外汇交易，又称外汇保证金交易、按金交易、虚盘交易，指投资者和专业从事外汇买卖的金融公司（银行、交易商或经纪商），签订委托买卖外汇的合同，缴付一定比率（一般不超过10%）的交易保证金，便可按一定融资倍数买卖10万、几十万甚至上百万美元的外汇。

以合约形式买卖外汇，投资额一般不高于合约金额的5%，而得到的利润或付出的亏损却是按整个合约的金额计算的。外汇合约的金额是根据外币的种类来确定的，具体来说，每一个合约的金额分别是12500000日元、62500英镑、125000欧元、125000瑞士法郎，每张合约的价值约为10万美元。每种货币的每个合约的金额是不能根据投资者的要求改变的。投资者可以根据自己定金或保证金的多少，买卖几个或几十个合约。一般情况下，投资者利用1千美元的保证金就可以买卖一个合约，当外币上升或下降，投资者的盈利与亏损是按合约的金额即10万美元来计算的。

这种合约形式的买卖只是对某种外汇的某个价格作出书面或口头的承诺，然后等待价格上升或下跌时，再做买卖的结算，从变化的价差中获取利润，当然也承担了亏损的风险。外汇投资以合约的形式出现，主要的优点在于节省投资金额。由于这种投资所需的资金可多可少，所以，近年来吸引了许多投资者的参与。

4. 外汇期货交易

外汇期货交易是指在约定的日期，按照已经确定的汇率，用美元买卖一定数量的另一种货币。期货市场至少要包括两个部分：一是交易市场，另一个是清算中心。期货的买方或卖方在交易所成交后，清算中心就成为其交易对方，直至期货合同实际交割为止。

期货外汇和合约外汇交易既有一定的联系，也有一定的区别。合约现货外汇的买卖是通过银行或外汇交易公司来进行的，外汇期货的买卖是在专门的期货市场进行的。外汇期货的交易数量和合约现货外汇交易是完全一样的。外汇期货买卖最少是一个合同，每一个合同的金额，不同的货币有不同的规定，如一个英镑的合同也为62500英镑、日元为1250000日元，欧元为125000欧元。外汇期货买卖与合约现货买卖有共同点亦有不同点。

目前，全世界的期货市场主要有：芝加哥期货交易所、纽约商品交易所、悉尼期货交易所、新加坡期货交易所、伦敦期货交易所。

影响汇率变动的因素是什么

一国外汇供求的变动要受到许多因素的制约。这些因素既有经济的，也有非经济的，而各个因素之间又是相互联系，相互制约，甚至相互抵消的关系。因此，汇率变动的原因极其错综复杂。影响汇率变动的原因是多方面的，总的来说，一国经济实力的变化与宏观经济政策的选择，是决定汇率长期发展趋势的根本原因。除此以外，下列因素也影响汇率变动：

1. 一国的国际收支状况

国际收支状况是决定汇率趋势的主导因素。国际收支是一国对外经济活动中的各种收支的总和。一般情况下，国际收支逆差将引起本币贬值，外币升值，即外汇汇率上升。国际收支顺差则引起外汇汇率下降。国际收支变动决定汇率的中长期走势。

例如，自20世纪80年代中后期开始，美元在国际经济市场上长期处于下降的状况，而日元“恰恰”相反，一直不断升值。究其原因就是美国长期以来出现国际收支逆差，而日本持续出现巨额顺差。仅以国际收支经常项目的贸易部分来看，当一国进口增加而产生逆差时，该国对外国货币产生额外的需求，这时，在外汇市场就会引起外汇升值，本币贬值，反之，当一国的经常项目出现顺差时，就会引起外国对该国货币需求的增加与外汇供给的增长，本币汇率就会上升。

2. 一国的国民收入

国民收入的变动引起汇率是升还是降，要取决于国民收入变动的原因。如果国民收入是因增加商品供给而提高的，则在一个较长时间内该国货币的购买力得以加强，外汇汇率就会下降。如果国民收入因扩大政府开支或扩大总需求而提高，在供给不变的情况下，超额的需求必然要通过扩大进口来满足，这就使外汇需求增加，外汇汇率就会上升。

3. 通货膨胀率的高低

通货膨胀率的高低是影响汇率变化的基础。如果一国的货币发行过多，流通中的货币量超过了商品流通过程中的实际需求，就会造成通货膨胀。通货膨胀使一国的货币在国内购买力下降，使货币对内贬值，在其他条件不变的情况下，货币对内贬值，必然引起对外贬值。因为汇率是两国币值的对比，发行货币过多的国家，其单位货币所代表的价值量减少，因此该国货币在折算成外国货币时，就要付出比原来多的该国货币。

4. 货币供给是决定货币价值、货币购买力的首要因素

如果本国货币供给减少，则本币由于稀少而更有价值。通常货币供给减少与银根紧缩、信贷紧缩相伴而行，从而造成总需求、产量和就业下降，商品价格下降，本币价值提高，外汇汇率将相应地下跌。如果货币供给增加，超额货币则以通货膨胀的形式表现出来，本国商品价格上涨，购买力下降，这会促进相对低廉的外国商品大量进口，外汇汇率上升。

5. 一国的财政收支状况对国际收支有很大影响

财政赤字扩大，将增加总需求，常常导致国际收支逆差及通货膨胀加剧，结果本币购买力下降，外汇需求增加，进而推动汇率上涨。如果财政赤字扩大时，在货币政策方面辅之以严格控制货币量、提高利率的举措，反而会吸引外资流入，使本币升值，外汇汇率将下降。

6. 利率差异即利率高低，会影响一国金融资产的吸引力

一国利率的上升，会使该国的金融资产对本国和外国的投资者来说更有吸引力，从而导致资本内流，汇率升值。当然不能不考虑一国利率与别国利率的相对差异，如果一国利率上升，但别国也同幅度上升，则汇率一般不会受到影响；如果一国利率虽有上升，但别国利率上升更快，则该国利率相对来说反而下降了，其汇率也会趋于下跌。利率因素对汇率的影响是短期的。一国仅靠高利率来维持汇率强盛，其效果是有限的，因为这很容易引起汇率的高估，而汇率高估一旦被市场投资者（投机者）所认识，很可能产生更严重的本国货币贬值风潮。

例如，20 世纪 80 年代初期，里根入主白宫以后，为了缓和通货膨胀，促进经济复苏，采取了紧缩性的货币政策，大幅度提高利率，其结果使美元在 20 世纪 80 年代上半期持续上扬，但是 1985 年，伴随美国经济的不景气，美元高估的现象已经相当严重，从而引发了 1985 年秋天美元开始大幅度贬值的浪潮。

7. 各国汇率政策和对市场的干预

在浮动汇率制下，各国中央银行都尽力协调各国间的货币政策和汇率政策，力图通过影响外汇市场中的供求关系来达到支持本国货币稳定的目的。中央银行影响外汇市场的主要手段是：调整本国的货币政策，通过利率变动影响汇率；直接干预外汇市场；对资本流动实行外汇管制。

8. 投机活动与市场心理预期

自 1973 年主要资本主义国家实行浮动汇率制以来，外汇市场的投机活动越演越烈，投机者往往拥有雄厚的实力，可以在外汇市场上推波助澜，使汇率的变动远远偏离其均衡水平。

另外，外汇市场的参与者和研究者，包括经济学家、金融专家和技术分析员、资金交易员等，他们对市场的判断及对市场交易人员心理的影响，交易者自身对市场走势的预测，都是影响汇率短期波动的重要因素。当市场预计某种货币趋跌时，交易者会大量抛售该货币，造成该货币汇率下浮的事实；反之，当人们预计某种货币趋于坚挺时，又会大量买进该种货币，使其汇率上扬。公众预期的投机性和分散性的特点，加剧了汇率的短期波动。

9. 政治与突发因素

政治与突发因素对外汇市场的影响是直接和迅速的，这些因素包括政局的稳定性，政策的连续性，政府的外交政策以及战争、经济制裁和自然灾害等。另外，西方国家大选也会对外汇市场产生影响。政治与突发事件因其突发性及临时性，使市场难以预测，故容易对市场造成冲击。

总之，影响汇率的因素是多种多样的，这些因素的关系是错综复杂的，有时这些因素同时起作用，有时个别因素起作用，有时这些因素甚至起互相抵消的作用，有时这个因素起主要作用，另一个因素起次要作用。但是从长时间来看，汇率的变动主要受国际收支的状况和通货膨胀所制约，因而国际收支的状况和通货膨胀是决定汇率变化的基本因素，利率因素和汇率政策只能起从属作用，即助长或削弱基本因素所起的作用。一国的财政货币政策对汇率的变动起着决定性作用。政治与突发事件、投机活动只是在其他因素所决定的汇价基本趋势基础上起推波助澜的作用。

汇率变动对经济发展的影响

汇率作为一种重要的经济杠杆，不仅会直接影响国内外商品的相对比价，从而影响国际收支平衡；而且还会对国民收入、物价水平等宏观经济变量产生重要影响。

各种货币汇率每天都在变动，但人们对于汇率为什么要这样变来变去不一定十分清楚，有人甚至认为是政府强行使汇率在变动。然而，汇率并不是一国政府能够左右或者完全左右得了的，它所涉及的影响因素众多，可谓牵一发而动全身。

2009 年以来，外币利率持续在低位“徘徊”，收益能力也远不如投资者们预期的那么强，因此在近半年时间里，外币理财产品对投资者的吸引力已经变得越来越小。统计显示，近期外币理财产品发行下降明显，市场占比持续下落。然而业内专家表示，澳元等商品货币与美元、日元之间的利差仍有吸引力。在投资外币理财产品时，投资者应加强对汇率变化的关注。

汇率变动是指货币对外价值的上下波动，包括货币贬值和货币升值。货币贬值是指一国货币对外价值的下降，或称该国货币汇率下跌。汇率下跌的程度用货币贬值幅度来表示。货币升值是指一国货币对外价值的上升，或称该国货币汇率上涨。汇率上涨的程度用货币升值幅度来表示。

因为汇率会影响国内外商品的相对价格，因而相当重要。对于美国人而言，法国商品的美元价格取决于两个因素：法国商品的欧元价格和欧元与美元的汇率。

假定美国品酒家决定购买 1 瓶好的法国红酒来充实其酒库。如果这瓶酒在法国的价格为 10000 欧元，欧元与美元的汇率为 1∶1.08，品酒家购买这瓶酒的成本是 10800 美元 = 10000 欧元 ×1.08 美元 / 欧元。现在，假定品酒家在 3 个月后才购买，那时欧元升值为 1.20 美元。如果该酒的国内价格仍然为 10000 欧元，美元成本就会从 10800 美元上升到 12000 美元。相反，如果欧元贬值，就会降低了法国商品在美国的价格，但提高了美国商品在法国的价格。如果 1 欧元价值下跌到 0.90 美元，品酒师购买法国红酒只需花费 9000 美元，而非 10800 美元。

综上所述，我们可以得到下面的结论：如果一国货币升值（相对于其他货币价值上升），该国商品在国外就变得更加昂贵，假定两国国内价格保持不变，而外国商品在该国就会更加便宜；相反，如果一国货币贬值，其商品在海外就变得便宜，而外国商品在该国就变得昂贵。

货币升值会加大国内制造商在海外销售商品的难度，增加本国市场上来自外国商品的竞争，因为这些商品相对而言更加便宜了。1980 ~ 1985 年初，美元的升值损害了美国产业的竞争力。例如，美国钢铁业受损，原因是不仅更加昂贵的美国钢材在海外的销售锐减，而且相对便宜的外国钢材在美国的销售增加。虽然美元的升值损害了一些国内企业的利益，但消费者却从中受益，因为外国商品的价格降低了。美元的升值降低了日本录音机和照相机的价格，减少了去欧洲度假的费用。

如果外国存款利率上升，假定其他所有因素不变，这些存款的预期回报率必然上升。因此，对于给定的汇率水平，欧元汇率的上升导致欧元存款预期回报率上升，结果是美元发生贬值。

在最初的均衡汇率水平上，欧元存款预期回报率的增加是由于汇率的上升，人们希望购买欧元和卖出美元，因此美元的价值就会下跌。我们经过分析可以得到以下结论：外国存款利率的上升，导致国内货币贬值。相反，如果欧元的价值下跌，欧元存款的预期回报率减少，汇率上升，可以导致国内货币升值。

汇率的变动很大程度上影响着预期收益率的走势，因此当实行固定汇率制的国家突然决定改变本币的外币价值的时候，汇率的变动就会引发一系列的波动。

关于汇率变动究竟会对我国经济产生哪些影响，可以主要关注以下几方面。

1. 汇率变动对商品进出口的影响

一般来说，人民币贬值会推动外汇汇率走高。这时候，如果我国国内物价保持不变，国人对我国商品、劳务的购买力就会增强，这有助于扩大我国商品对外出口。与此同时，由于人民币贬值，商品出口后以外币表示的价格就降低了，从而提高了出口商品的竞争力，这也是有助于扩大商品出口的；反过来说，以人民币表示的进口商品的价格会有所提高，从而影响到进口商品在我国的销售，起到抑制进口的作用。

从整体上看，人民币汇率贬值有利于扩大出口，抑制进口。不过需要指出的是，这个过程中存在着时滞现象。也就是说，可能要过一段时间才能看到这种效果。货币政策的时滞现象在金融学上很常见，所以在制定相关政策时，必须考虑从制定政策到获取主要效果或全部效果的时间差。

2. 汇率变动对国际资本移动的影响

人民币汇率如果上升，表明人民币的购买力增强了，这会有助于国内资本的对外投资。最典型的是，20 世纪 80~90 年代日元大幅度升值后，日本的汽车、家用电器、办公机械、机床行业等都拼命向外扩张。

人民币汇率如果发生贬值，这时候就要分两种情况来看待了：如果人们普遍认为这种贬值还没到位，那么国内资本就会向国外转移，以避免发生更大的贬值损失；如果人们普遍认为这种贬值已经到位，那么就会促使原来因为汇率过高而转移到国外的资本回流。当然，除此以外也会吸引一部分外资进入中国，因为这时候的外资购买力增强了。

3. 汇率变动对外汇储备的影响

我国的外汇储备主要是美元，如果美元汇率下跌，我国的外汇储备也会相应受损；相反，如果美元汇率上升，我国外汇储备的实际价值也会随之增加。相应的，人民币汇率发生变动，也会通过资本流动和进出口贸易额的增加减少，直接影响人民币外汇储备的增加减少。

总体来看，人民币汇率保持稳定，有助于外国投资者稳定地获得利息和红利收入，有助于吸引国外资本投入中国，促进我国的外汇储备增加；相反，人民币汇率不稳定则会引起资本外流及外汇储备的减少。

4. 汇率变动对物价的影响

人民币汇率如果发生贬值，那么进口商品、进口原材料、进口半成品的价格都会相应上涨，本国工资水平也会得到提高，从而导致国内商品生产成本提高，物价也就相应上涨了。除此之外，还会因此带动贸易收支改善的乘数效应，引发需求拉动型物价上涨。

5. 汇率变动对国际经济影响

这主要取决于某个国家的货币在国际经济贸易中的地位。

如果是主要工业国的汇率发生贬值，则会不利于其他工业国和发展中国家的贸易收支，很可能会引发贸易摩擦和汇率大战，甚至直接引发国际金融市场动荡，影响这些国家乃至全球的经济景气指数。相反，如果是一些弱小国家的汇率发生变动，这种影响程度就要小得多。

在现实生活中各国政府，往往通过币值下调，来达到政府克服本国失业的目的。例如，如果政府增加支出和预算赤字在政治上不受欢迎，或者立法过程太慢，那么政府就会倾向于选择贬值作为扩张总需求的最方便的途径。同时，币值下调可以改善经常项目的收支情况，这是政府十分需要的。另外，币值下调可以影响中央银行的外汇储备：如果中央银行的外汇储备不足，那么可以运用突然的、一次性的贬值增加其储备。

汇率政策必须审慎

汇率和国内的物价水平也有密切的关联。对中国经济来说，浮动汇率会减缓外汇储备的增长速度，避免外汇储备更大的贬值，提高政府财政方面的长期健康水平；会允许中国货币政策独立于外国经济形势，完全根据国内情况而制定，缓解国内商业周期的负面影响；会减少资产价格上升导致通货膨胀的风险。汇率对经济造成的影响还远非这么直观和简单。这一点同样可以通过网上广为流传的一个浅显的故事来表达。

据说有一个外星人来到地球上，发现一种果子很好吃，他说："我要吃这种果子。"地球人告诉他："好，但要先确定你到哪里去买，到中国去买，1 元人民币 1 个，到欧洲去买，1 欧元 1 个。"

外星人说："那我用 1 欧元买一个好了。"

地球人说:“慢！其实你不用花钱就可以，你先从中国借一个果子，到欧洲去换 1 欧元，拿 1 欧元到中国去，就可以换 10 个果子，拿一个果子还给中国人，你就白得了 9 个果子，你再拿 9 个果子再去换 9 欧元，再到中国去换 90 个果子，再拿这 90 个果子去换 90 欧元，再到中国去换 900 个果子……这样下去中国的果子都被你拿走了！”外星人惊讶道:“还有这样的好事！那中国人为什么不把果子运到欧洲去卖钱?

“因为中国政府需要出口外汇，所以规定 10 元人民币＝1 欧元，就是规定了 10 个中国的果子＝欧洲一个果子呀，就算把中国的果子拿去卖也赚不了钱啊。”

“难怪中国的外汇储备世界第一呀！那中国要这么多的外汇做什么用啊?

“暂时来说这么多的外汇实际上还没有派上用处呢！因为如果中国把这个钱花在外国，就起到只能买一个果子的作用，就是说本来手里有 10 个果子，一交换就变成只有 1 个果子，再交换一次就变成 0.1 个果子，再交换一次就变成 0.01 个果子……那这样越交换就越穷了。现在中国把它换成人民币，所以我们现在人民币越来越多，才会引起通货膨胀啊。”

汇率对经济的影响是深远的。实际上，世界各国政府都极大关注汇率状况。在与国外正式进行贸易后，所有国家每天都在进行汇率战争，这并非凭空虚构。从历史上看，汇率战争中获胜的国家分享了经济繁荣，而失利的国家则要忍受严重的经济苦难。一个国家在本国货币的对外价值，即以汇率为对象进行的战争中获胜与否，左右着一个国家的经济命运。当然，经济的兴衰不是完全由汇率决定的，许多经济变量共同作用于国家经济，决定其兴或亡、增长或衰落。

一部分经济学者探讨了国民性的重要性问题。他们列举了经济增长国家的国民性，如对环境变化的适应力、资源分配的转换能力、创意性和发明能力、活跃性、反应力和灵活性、恢复力等。同时列举了衰落或停滞国家的国民性，如对变化的抗拒、逃避危险、懒惰、麻木、被动、懈怠、麻痹状态等。不过，也很难区分这些是增长或衰落的原因还是结果。或许被视为结果更符合现实。新近新兴工业国中，特别是东南亚国家更加如实地证明了这一点。过去东南亚各国的国民虽然被错误地评价为具有懒惰等国民性，但经济跃进后，他们变得勤劳和具有挑战性，不逊色于任何民族。随着经济的增长，国民性也发生了根本性的转变。

为了成功引领汇率政策，应正确地推断增长潜力和国际竞争力。如果对增长潜力和国际竞争力估值偏低或估值偏高，汇率政策只能失败，因为汇率政策在正确推定增长潜力和国际竞争力时才能成功。如果增长潜力和国际竞争力的增长率较许可范围记录的高，经济就会马上力竭。相反，如果增长潜力和国际竞争力的增长率较许可范围记录的低，增长潜力和国际竞争力就会恶化。打个易于理解的比喻，如果马拉松选手赛跑的速度超过了自身的能力（体力），就会很快精疲力竭，无法赛跑了。同样，如果赛跑的速度低于自身的能力，选手的实力就会逐渐降低，因为马拉松运动员的实力要在试图跑得最快的过程中才能提高。汇率政策与此没有太大的不同。

首先，如果实施的汇率政策以记录的增长率超出了增长潜力和国际竞争力为前提，则物价会出现严重的不稳定，导致物价上涨的恶性循环，随之，国际收支严重恶化，外汇储备枯竭，进而爆发外汇危机。这种情况在发展中国家时常发生，也偶发于发达国家。实际上，美国在 20 世纪 60 年代实施了扩大财政支出以提高增长率的政策，但进入 20 世纪 70 年代物价不稳定问题才真正暴露出来，加之石油危机的来袭，美国深受严重的滞胀危机之苦。虽然国际收支迅速恶化，但由于美元是国际基础货币，所以没有遭遇外汇储备枯竭的危机。

不过，英国的情况完全不同。它与美国一样在 20 世纪 60 年代为止扩大了财政支出，维持了经济的良好态势，不过记录的增长率较潜在增长率高，因而出现了物价不稳定和国际收支的恶化。英国不仅深受滞胀的煎熬，还遭遇了外汇危机，最终不得不于 1976 年末接受了国际货币基金组织的救济贷款。

潜在增长率是指以不引发物价不稳定和国际收支恶化为前提的最高增长率，因此，不发生物价不稳定和国际收支恶化时所达到的最高增长率可以视为潜在增长率。特别是在开放进口的情况下，国际收支不恶化期间记录的最高增长率可以推定为潜在增长率。换言之，实现国际收支均衡时记录的最高增长率就是国际竞争力，因为物价不稳定，进口会首先急剧上升。

经济的兴衰并非单纯是由某一个变量决定的。“汇率政策”决定了国家经济的兴衰也很难被视为一般理论。尽管如此，汇率浮动对国家经济的兴衰具有十分重要的作用这一事实是被历史证明过的了。

经济学的经济增长理论认为，劳动、资本、技术、资源等生产要素的增加能够促进经济增长。不过，这一理论也有其根本的局限性。因为当其他生产要素保持了一定的水平，而只有生产要素中的一个或几个要素增加了，经济本应增长，但却反而衰落的情况比比皆是。

举例而言，中国清朝末期，劳动和资本的积累增加了，科学技术或资源也未退步，但经济困难却日渐深化。这些事实表明，生产要素可以作为说明经济增长的重要变量，但在寻找经济衰落的原因时却毫无助益。这与身高、体重等体格超出常人的人并不都能成为优秀的田径运动员或足球运动员是一样的道理。劳动、资本、技术和资源等经济条件也是如此。

经济学者们对经济衰落的具体原因列举如下：投资率和储蓄率的减少；生产率低下；经济结构从实物产业移向金融产业；在国际竞争中失败；经济关注点从生产移向消费和财产方面等等。不过，很难区分这些是经济衰落的原因还是结果。举例来说，尽管 20 世纪 90 年代美国的投资率和储蓄率较日本或欧洲的其他国家相对低些，而且美国的储蓄率较以往减少了，但经济增长率反而更高了。美国不仅在海外市场竞争中失利，在国内竞争中也败给了其他国家，从实物产业向金融产业的结构变化很快，国民关注点从生产向消费或财产方面转移得也很迅速，可是美国却在 20 世纪 90 年代到 21 世纪初实现了长期的经济繁荣。

仔细察看世界历史中反复上演的经济兴衰过程，特定的经济变量不是在一个时代都同时出现的，同时出现的现象并不多，汇率政策的成功和失败与其他因素共同决定了经济的命运。

汇率政策的成功和失败对国家经济的兴衰产生着更普遍、更强有力的影响，对于汇率政策的制定和实施，各个国家需要极为慎重和谨慎。

外汇投资的收益、风险

前些年，各大中外资行相继推出外汇理财产品。随后，浦发、光大、广发、深发、民生、东亚、荷银等新一轮产品扎堆上市。固定收益型产品收益率持续攀升，浮动收益型产品日趋复杂多样。理财专家提醒，莫把收益率当作唯一尺码，风险和流动性亦不可忽视。

值得注意的是，保本浮动收益产品不断创新，产品设计也日趋复杂多样。投资标的物从国债、金融债券到货币基金、信托计划等；挂钩指数则从利率、汇率到股票、石油、黄金和水资源类等。

面对高收益诱惑，光大一位理财师提醒，美元仍有加息空间，外币理财应以短期为主，切莫只看收益率，而不考虑资金的流动性和机会成本，以及可能承担的利率风险和汇率风险。

外汇风险是指某种资产的实际收益率通常不能预测，而且可能会与储蓄者购买时的预期大相径庭。如果储蓄者进行债券投资，实际收益率为 10%，这是由债券投资的美元价值预期增长率（20%）减去美元价格预期增长率（10%）而得到的。但是，如果预期失误——债券的美元价值保持不变，而不是上升 20%，那么储蓄者最终将获得负的 10% 的实际收益率。这种不确定性，即资产处于高度不稳定状态下就被称为外汇风险。如果某种资产实现的收益率变动很大时，这种资产即使具有较高的收益率，可能也不会对储蓄者产生吸引力。当由于公司遭受重大损失导致违约的可能性增大时，公司债券的违约风险提高，预期回报率下降。

因此，储蓄者在决定持有哪一种资产时，要考虑资产的风险、流动性以及预期实际收益率。同样，对外汇资产的需求，不仅取决于收益，也取决于风险和流动性。例如，即使欧元存款的预期美元收益比美元存款更高，如果欧元存款的收益变化无常的话，人们可能也不愿意持有欧元存款。

近期，人民币对美元汇率中间价屡创新高。人民币的不断升值，使手中握有外汇的人急于寻找出路；各商业银行则推出了名目繁多的外汇理财产品，令人眼花缭乱。外汇理财产品中的确有很多不错的产品。然而，有一些理财产品却充满了风险，甚至是陷阱。外汇市场中的风险主要有以下几个方面：

1. 不可不防范的流动性风险

流动性风险是指不能对理财产品进行提前获取现金而带来的损失。外汇理财产品的设计都有时间限定，短则 3 个月、半年，长则 3 年、5 年不等。由于投资者在理财前没有考虑周全或突然急需用钱，不得不中断理财，往往造成较大的损失。如某商业银行推出的理财产品，合约上写明，该理财产品年收益率为 3.65%，期限两年。如果投资者履行合约，两年期满可以得到如上收益；如投资者违约，未到期提前支取，没有投资收益，还需向银行缴纳 2%的违约金。过了 1 年，一位投资者因儿子结婚，看中了房子首付钱不够，只得向银行提出“提前中断理财”，并支付违约金 2%。

有的银行在设计外汇理财产品时，把流动性风险完全推给投资者，投资者承担了风险，却往往得不到任何收益。当国际金融市场剧烈波动，投资有风险时，就会提前终止该理财产品，避免承担损失。届时投资者即使不愿意提前中断，也必须被动接受。对于这种“单方面可终止”的格式理财合约，投资者在参加时，一定要慎之又慎。

2. 保本承诺难以抵抗汇率带来的风险

2005 年 7 月 21 日央行公布执行新的汇率政策并将人民币升值 2%之后，对原先购买外汇理财产品的投资者来说就蒙受不同程度的损失，且理财产品期限越长，可能遭受到的损失也越大。

在外汇理财中往往容易被忽视的是汇率变动的风险。有些投资者由于工作忙，没时间关注汇率变化的趋势，受到了损失。有的银行推出“保本”外汇理财产品，承诺 100%保本。

“保本承诺”始终是让人心动的一个条件，毕竟投资者的第一种心态是保证资金的安全，在这个基础上再寻求资金的增值。然而恰恰是这个意在保护资金安全的“保本承诺”，成了资金不安全的最大隐患。即使投资者完全按照合约条款届时取回了本金，由于汇率的变动，此“本金”已不同于那“本金”，即使资本金的数量还稍有增加，币值与面值之间已发生了很大的背离。这时，投资者不仅损失了外汇储蓄利息，如果是用人民币换美元购买长期与利率挂钩的外汇理财产品，还要承担人民币升值和外币贬值带来的损失，因为汇率变化带来的损失往往比得到的利息收益要大得多。

3.“漂亮数字”表演的障眼法

为了吸引投资者的眼球，有的理财产品玩起了数字游戏，打着“高收益”的幌子，在漂亮数字背后设下陷阱。如某商业银行推出的理财产品收益率为 13.5%，经仔细了解，才知道这 13.5%是 3 年的总收益。还有“累计收益率”也是个非常迷惑人的词。有的理财产品上写着：本理财产品挂钩港股，无论升跌，皆可获利，累计收益率为 6%。粗一看，有 6%的收益，不低了。但累计收益率是“把多个收益段的收益相加”。比如，年收益率为 6%，当然不错；但如果是 2 年的累计收益，就显得低了。

所以，累计收益对投资者来说只是一个相对概念，只有明确了产品的期限，才能真正计算出产品给投资者带来的真实回报。投资者在购买银行理财产品时，一定要仔细阅读条款，看清楚产品收益的计算方式，然后将其折合成年收益率，这样才能对不同理财产品进行比较。

对于外汇市场风险的重要性，经济学家们没有达成共识，甚至对“外汇风险”的定义，仍然存在着争议。为了避免卷入过分复杂的讨论之中，我们假设，无论以何种货币形式存款，所有存款的实际收益的风险都是一样的。换言之，我们假定风险差异不影响对外汇资产的需求。然而，我们在决定持有何种货币时，一些市场参与者可能会受到流动性因素的影响。大多数这类参与者是进行国际贸易的公司和个人。

对此，理财专家指出，高收益必然有高风险。内地客户一般青睐保本产品，保本必然以收益率的降低为代价。在选择一些挂钩石油、黄金等波动较大的产品时，一定要看清收益率区间、观察期、参与率等如何设置，在何种条件下才能得到最高回报率。一般而言，此类产品要达到最高收益率的条件都比较严苛，对客户来说，务必要警惕“收益率陷阱”。

第十一章　为什么钱越来越不值钱

——关于通货膨胀的财经常识

滞胀不是没有可能的。在经济中具有重要意义的两个预期，一个是通货膨胀预期，一个是企业盈利前景的预期。稳定人们的通货膨胀预期，对治理通货膨胀是有效的。但如果忽略了企业盈利前景预期，企业不但会降低投资的信心，甚至会见好就收，因为再经营下去，就得不偿失，企业对前景的不看好，和采取收缩的做法，必然带来财政收入减少等等问题，滞胀就是这么来的。另一方面，失业人数增加，经济增长滑坡，这对社会的影响不言而喻。因此目前在采取措施之前，不能忽略两种预期同样重要，否则，难道我们费这么大的劲实现货币流通正常水平，就是引发一次滞胀吗？

——厉以宁

（北京大学光华管理学院名誉院长，著名经济学家，中国经济学界泰斗）

钱不经用的背后

你会发现，手中的钱还是那么多，甚至比原来多了不少，可是却不经用了。这到底是怎么回事？为什么你的钱会越来越不值钱了？要解释这个问题还要从通货膨胀说起。

英国经济学家哈耶克认为，要找出通货膨胀的真正原因，就必须先对通货膨胀的概念进行界定，分清什么是通货膨胀，什么不是通货膨胀。他认为物价上涨是否具有通货膨胀性，关键看其原因何在。如果通货膨胀是货币数量过度增加而引起的，那么货币数量过多是形成通货膨胀的唯一原因。

有个聪明的穷人A想挣钱，他在海边捡了一颗石子，说这颗石子值100万，把它卖给了一个人B，B觉得自己所有的钱加一起也没有100万啊，怎么办，于是向银行借，银行也没有这么多钱，于是把印钞机打开，印了这100万，借给了B买了这颗石子。

然后B开始转卖这颗石子，以100万卖给了C，由于A把钱花了，所以岛上的钱多了，所以这100万可以筹集到，多卖些产品就有了。但当C把这颗石子以200万转让的时候，钱庄只能又印了100万，就这样钞票越印越多。可是当这颗石子不停地流动时，大家并不觉得岛上的钱多，产品价格还是原来的那样。可是当这颗石子不流通或流通得慢时，大家觉得钱多了。可是如果当持有石子的人把它扔到大海里，那就等于岛上凭空多出N多个100万来，怎么办？央行最害怕的就是这颗石子没了。它没了岛上产品的价格就会飞涨，就会通货膨胀。那么持有石子的人就绑架了岛上的经济。

在纸币流通条件下，因货币供给大于货币实际需求，也即现实购买力大于产出供给，导致货币贬值，而引起的一段时间内物价持续而普遍地上涨现象，其实质是社会总需求大于社会总供给。

因此，通货膨胀只有在纸币流通的条件下才会出现，在金银货币流通的条件下不会出现此种现象。因为金银货币本身具有价值，作为贮藏手段的职能，可以自发地调节流通中的货币量，使它同商品流通所需要的货币量相适应。而在纸币流通的条件下，因为纸币本身不具有价值，它只是代表金银货币的符号，不能作为贮藏手段，因此，纸币的发行量如果超过了商品流通所需要的数量，就会贬值。例如：商品流通中所需要的金银货币量不变，而纸币发行量超过了金银货币量的一倍，单位纸币就只能代表单位金银货币价值量的1/2。在这种情况下，如果用纸币来计量物价，物价就上涨了一倍，这就是通常所说的货币贬值。此时，流通中的纸币量比流通中所需要的金银货币量增加了一倍，这就是通货膨胀。

在经济学中，通货膨胀主要是指价格和工资的普遍上涨，在经济运行中出现的全面、持续的物价上涨的现象。纸币发行量超过流通中实际需要的货币量，是导致通货膨胀的主要原因之一。纸币发行量超过流通中实际需要的货币量，也就是货币供给率高于经济规模的增长率，是导致通货膨胀的主要原因。那么一般在什么样的情况下，纸币的发行量会超过实际需要的货币量呢？

首先是外贸顺差。因为外贸出口企业出口商品换回来的美元都要上交给央行，然后由政府返还人民币给企业，那么企业挣了很多的外汇，央行就得加印很多人民币给他们，纸币印得多了，但是国内商品流通量还是不变，那么就可能引发通货膨胀。

其次，投资过热。在发展中国家，为了使投资拉动经济发展，政府会加大对基础设施建设的投入，那么就有可能印更多的纸币。通货膨胀的实质就是社会总需求大于社会总供给，通常是由经济运行总层面中出现的问题引起的。

其实在我们的社会生活中还有一类隐蔽的通货膨胀，就是指社会经济中存在着通货膨胀的压力或潜在的价格上升危机，但由于政府实施了严格的价格管制政策，使通货膨胀并没有真正发生。但是，一旦政府解除或放松这种管制措施，经济社会就会发生通货膨胀。

当发生通货膨胀，就意味着手里的钱开始不值钱，但是大家也不用提到“通货膨胀”即谈虎色变。一些经济学家认为，当物价上涨率达到 2.5% 时，叫作不知不觉的通货膨胀。他们认为，在经济发展过程中，搞一点温和的通货膨胀可以刺激经济的增长，因为提高物价可以使厂商多得一点利润，以刺激厂商投资的积极性。同时，温和的通货膨胀不会引起社会太大的动乱。温和的通货膨胀即将物价上涨控制在 1% ~ 2%，至多 5% 以内，则能像润滑油一样刺激经济的发展，这就是所谓的“润滑油政策”。

从宏观上来讲，普通老百姓对抑制通货膨胀无能为力，必须要依靠政府进行调控。政府必须出台相关的经济政策和措施，例如上调存贷款利率，提高金融机构的存款准备金率，实行从紧的货币政策，包括限价调控等。对于我们普通人而言，应该有合理的措施来抵消通货膨胀对财产的侵蚀，如进行实物投资、减少货币的流入等，以减少通货膨胀带来的压力和损失。

我们被货币欺骗了

自 1997 年以来，全球货币的增长速度远远超过全球的经济发展速度。2002 年以后，全球货币增长率持续上涨，高于 10%，甚至达到 25%，但世界 GDP 的增长率一直在 2% ~ 5% 之间，两者之间的差距越来越大。这是货币超发导致的货币泛滥现象，致使众多商品出现了历史上从未出现的价格走势怪现象。

近几年，中国需求较为集中且数量较大的国际大宗商品：煤炭、铁矿石，尤其是石油和粮食，都出现了幅度很大的涨价情况，并且正在持续进行着。从2009年开始，国内电价、水价、天然气等，尤其是房价，涨势十分疯狂，涨价这个话题已成为老百姓谈论的热点。

自2007年6月康师傅等高价方便面率先提价后，以华龙、白象等为首的中低价方便面价格也整体上调，平均每袋方便面涨两三毛。康师傅五连包涨了1元，单袋涨了0.2元。统一方便面从1.3元涨到1.6元，五连包和单袋的涨幅分别达到14%和19%。

这与成本的增长息息相关。2006年以来，方便面原材料的价格不断上涨，持续到2007年上半年，仍无下降趋势。比如棕榈油由4200元/吨涨到8000元/吨。

涨价了，我们手中的钱数没有变，那么可以买的东西就少了，人们的购买力就下降了，进而导致商品积压，形成通货膨胀。

这种现象顽强地闯入我们的生活当中，让人感到紧张，又让人觉得无路可逃。谁都想将通货膨胀问题解决掉，但谈何容易。

钱为什么会越来越不值钱呢？来看看货币的本质吧。

马克思认为最早的货币是实物，中国最早的货币就是牲畜币，在当时，牲畜币最大的特征就是实用，且“不容易大量获取”。“不容易大量获取”是其能够充当货币的基础，一旦数目过多，就会失去货币功能，也就是说货币必须是稀有的少部分的东西。

以“不容易大量获取”这个特性为基础，后来人们便将金属作为货币，这就迎来了金属货币时代。由于铸币价值与其所包含的金属价值一致，几乎不会出现通货膨胀的现象。用金属作为货币，没有通货膨胀，但出现了流通中的货币日益减少的钱荒等现象。

再后来，人们发明了纸币，就是我们现在用的钱。纸币不像珍贵的金银生产过程麻烦又有限，而是简简单单的一张纸，在上面印上较大的数字即可。

纸币这种既简单又方便的货币勾起统治者滥发货币的冲动，全球货币泛滥已经达到了令人难以想象的地步。全球绝大部分国家都存在着不同程度的货币超发问题。

人们对货币购买力的下降和物价的上涨一直是深有感触。但货币到底在发生怎样的变化呢?

2011 年 2 月 28 日，中国人民大学国际货币研究所理事和副所长向松祚撰文指出: 20 世纪 70 年代以来全球基础货币或者说国际储备货币从 380 亿美元激增到超过 9 万亿美元，增速超过 200 倍，而真实经济增长还不到 5 倍。全球货币或流动性泛滥是今日世界金融和经济最致命的痼疾。

货币增速远远超过经济的增长速度，这是一个极不正常的发展趋势。有专家测算，1990 年 1 月至 2009 年 12 月间，我国居民消费价格指数（CPI）的月平均值为 4.81%，也就是说如果在 20 世纪 70 年代改革开放之初时拥有 100 万元，到现在只相当于当年的 15 万元。很多人都有这样的感慨：我的钱越存越少了。

中国金融 40 人论坛学术委员、北京师范大学金融研究中心教授钟伟曾从居民人均储蓄入手，分别选取 1981 年、1991 年、2001 年和 2007 年四个时间点，对“万元户”财富的变迁进行测算。从居民人均储蓄看，上述 4 个时点居民储蓄总额分别为 523 亿元、9200 亿元、7.4 万亿元和 17.3 万亿元，考虑人口变化之后的人均储蓄为 52 元、800 元、5900 元和 1.3 万元。这样算来，1981 年的“万元财富”相当于当时人均储蓄的 200 倍，折算到现在差不多是 255 万元。

结论显而易见：过去 30 年，钱随着时间的推移变得越来越“不值钱”了!

怎样衡量通货膨胀率

通货膨胀程度到底如何，在实际生活中很难准确去衡量。因为经济体里面涉及的商品种类千千万万，没有人能完全统计得清楚。但是就没有办法衡量通货膨胀了吗？当然也不是，既然通货膨胀就是一定时间内物价持续明显上涨的现象，那么显然可以通过价格指数来计算通货膨胀率。

那么通货膨胀率是什么呢？打这么个比方，如果用气球的体积来表示物价水平，那么在吹气球的过程中气球体积变化的快慢，也就是气球膨胀的速度，就是我们所讲的通货膨胀率，即物价上升的幅度。在国内的基础经济学教材上有这样一个公式来表示通货膨胀率：

通货膨胀率 $\pi = (p-p0)/p0$

其中 p 表示当期价格，p0 表示上一期的价格。

通常情况下有三个大家非常熟悉的指标来表示通货膨胀率：

1. 消费者物价指数（CPI）

提到CPI没有人觉得陌生，因为它与人们的日常生活息息相关，也是人们茶余饭后关心的问题。消费者价格指数指的是普通家庭对常用商品支出的价格变化，也就是同样一组商品，今天需要花费的钱和过去需要花费多少钱的一个比率。国家每隔一段时间都会公布一次消费者价格指数，如月度CPI、季度CPI及年度CPI等。

CPI是国家统计局根据编制的“一篮子”物品的价格统计出来的，篮子里的物品并不是永久不变，而是根据人们生活消费的变化而变化。比如随着时代的发展，有些物品如同火柴逐渐淡出人们的生活，而有些物品如同汽车逐渐走入寻常家庭，于是这些物品都是要根据时代的变化而变化，得出最贴近生活的数据。

CPI的测算标准是很重要的，曾经美国就出现过商务部和劳工统计局所统计的CPI差别相当大的结果。其误差的主要原因就在于当时两个部门在统计CPI时所选择的规则并不相同，人们消费结构变化，不断有新产品的发明使用，商务部根据变化采取了新的测算标准，而劳工统计局并没来得及调整，因此就得出了不一样的结果。

消费者价格指数如今是全球各国都通用的一个指数，因为消费品价格基本上都是商品的最终价格了，能够比较切实地反映出流通中商品对货币的需要量。

2. 生产者价格指数（PPI）

与消费者价格指数相对应的还有一个生产者价格指数。消费者价格指数衡量的主要是最终商品和劳务价格变动情况，生产者价格指数则主要反映生产资料价格的变化，也就是商品生产成本的变化。

为什么有了消费者价格指数，还要有生产者价格指数呢？两者有很重要的关联关系。生产者价格指数主要反映的是生产资料价格的变动，消费者价格指数主要衡量最终消费品价格的变动，但是大家都知道，商家永远只可能转移成本而不可能自己承担成本的，所有生产资料价格的变动都会最终反映到消费品价格上，因此生产者价格指数对预测未来价格变化很重要，这就是其得到重视的主要原因之一。

正常情况下，PPI和CPI的趋势是一样的，PPI上涨势必会导致CPI上涨，CPI上涨对PPI也会有促进上涨的作用，但是同一个季度或者同一个观察期内消费者价格指数和生产者价格指数也可能呈现不一致的情况，比如说PPI倒挂，就是有时候CPI明明是在降的，但是PPI却在上涨。这是怎么回事呢？其实也不难理解。因为本期生产资料价格的上涨要到下期才能反映到消费品身上，并不是立即显现的，商品生产的过程有一定的时间差。这里需要注意的问题是当出现这种倒挂时，并不能放心地认为消费者价格指数降下来了，不会有通货膨胀的危险，而是要提高警惕：既然这期PPI在上涨，那么CPI的上涨也不远了，所以要做好防范和准备应对的工作。

3. 零售物价指数（RPI）

零售物价指数指以现金，包括信用卡等形式来支付的零售商品的价格变化情况。零售物价指数与城乡居民的生活支出以及对国家财政收入都有重大关联，直接影响居民购买力和市场需求平衡，是对经济活动进行观察的一个有力武器。

在我国，零售物价指数主要有：零售商品议价指数、零售商品品牌指数以及全社会零售物价总指数和集市贸易价格指数。在美国，商务部每个月都会对全国性企业进行抽样调查，除不包括服务业消费之外，超市里销售的物品和药品等等商品都是调查对象。

零售物价指数是市场价格变动的基本标志，当个人消费增加，社会需求增加，在供给来不及变动的情况下物价上升，导致零售物价指数也上升，随之而来的必然是通货膨胀的压力，为缓和通货膨胀政府需要紧缩银根，利率趋于上升，于是相应汇率也会发生变化，因此许多外汇市场分析人员十分注重这个指数。

消费者物价指数和零售物价指数有何区别呢？消费者价格指数是测量一定时期内城市个人和家庭所消费的商品与劳务的价格变动情况，而零售物价指数则是包括城市和农村居民零售商品的价格变动情况。

通货膨胀速度有讲究

不少上班族发现，虽然每月工资没少，但好像越来越不够花，工资怎么缩水了？与此同时，各种涨声响成一片：粮价涨了，油价涨了，猪肉价涨了，房价更是涨得离谱……这是怎么回事呢？一切都是由通货膨胀引起的。

通货膨胀，是货币相对贬值的意思。简单地说，是指在短期内钱不值钱了，一定数额的钱不能再买同样多的东西了。比如在以前，8元钱能买1斤猪肉，可是现在却需要13元才能买1斤猪肉。当你环顾四周发现，所有商品的价格都在上涨时，那么，通货膨胀就真的发生了。通货膨胀会对人们的生活产生不利影响，因为辛辛苦苦赚来的钱变得不值钱了——尽管在通货膨胀时，人们往往赚得更多。

通货膨胀可以分为好几类，而且不同的通货膨胀对人们生活以及社会经济的影响也不相同。如果从价格上升的速度加以区分的时候，通货膨胀可以分为以下四种类型：

1. 爬行的通货膨胀

这种通货膨胀率始终比较稳定，一般保持在2%～3%。有的经济学家认为，当物价上涨率达到2.5%时，才叫作不知不觉的通货膨胀，低于2.5%都不能算是通货膨胀。

这种温和的通货膨胀不会引起社会的动乱，相反，还会对社会有利，因为物价提高可以使厂商多得利润，可以刺激社会投资的积极性。因此，对社会经济的发展有“润滑”作用。

2. 飞奔的通货膨胀

疾驰的或飞奔的通货膨胀也称为奔腾的通货膨胀、急剧的通货膨胀。它是一种不稳定的、迅速恶化的、加速的通货膨胀。在这种通货膨胀发生时，通货膨胀率较高（一般达到两位数以上），所以在这种通货膨胀发生时，人们对货币的信心产生动摇，经济社会动荡，所以这是一种较危险的通货膨胀。

3. 超速的通货膨胀

这是一种通货膨胀率非常高的通货膨胀，一般会达到三位数以上，且失去控制。其结果是导致社会物价持续飞速上涨，货币大幅度贬值，人们对货币彻底失去信心。这时整个社会金融体系处于一片混乱之中，正常的社会经济关系遭到破坏，最后容易导致社会崩溃、政府垮台。这种通货膨胀在经济发展史上是很少见的，通常发生于战争或社会大动乱之后。

迄今为止，世界上发生过3次典型的这类通货膨胀。第一次发生在1923年的德国，当时第一次世界大战刚结束，德国的物价在一个月内上涨了2500%，一马克的价值下降到仅及战前价值的一万亿分之一。第二次发生在1946年的匈牙利，第二次世界大战结束后，匈牙利的一个潘戈价值只相当于战前的八十多万分之一。第三次发生在中国，从1937年6月到1949年5月，法币的发行量增加了

1445亿倍，同期物价指数上涨了36807亿倍。

4. 受抑制的通货膨胀

由于政府对社会经济中存在的通货膨胀压力或潜在的价格上升危机实施了严格的价格管制政策，所以通货膨胀并没有真正发生。当政府一旦松手，通货膨胀就会发生，因此又被称为隐蔽的通货膨胀。

从宏观上来讲，抑制通货膨胀我们普通老百姓无能为力，主要是依靠政府进行调控，出台相关的经济政策和措施，例如上调存贷款利率，提高金融机构的存款准备金率，实行从紧的货币政策，包括限价调控令、严禁哄抬商品价格等。从微观上来说，老百姓自身也可以采取一些措施，以应对通货膨胀。首先，可以努力工作，多赚钱，减少开支，以减轻通货膨胀的压力。其次，可以通过各种理财工具来抵消通货膨胀对财产的侵蚀，但需要针对不同程度的通货膨胀考虑选择投资理财的工具。

温和的通货膨胀一般是经济最健康的时期。这时一般利率还不高，经济景气良好。应当充分利用你的资金，分享经济增长的成果，最可取的方法是将资金都投入到市场上。此时，无论股市、房产市场还是做实业投资都很不错。一般不要购买债券特别是长期的债券。要注意的是，对手中持有的资产，哪怕已经有了不错的收益，也不要轻易出售，因为更大的收益在后面。

当通货膨胀达到5%~10%的较高水平，通常这时经济处于非常繁荣的阶段，常常是股市和房地产市场高涨的时期。这时政府往往会出台一些政策来调控经济运行，所以投资股市、房市应小心为妙。

在更高的通货膨胀情况下，经济明显已经过热，政府必然会出台一些更加严厉的调控政策，经济软着陆的机会不大，基本上经济紧接着会有一段衰退期，因此这时一定要离开股市。这时财务成本较高，不要贷款买房，也不要投资房产。因为这时的利率较高，所以不妨买进一些长期债券，还要买些保险。

当出现了恶性的通货膨胀的时候，任何金融资产都没有价值，甚至实物资产如房产、企业等都不能要，因为经济必将陷入长期的萧条，甚至出现动乱。对于普通老百姓来说，最好的方法是多选择黄金、收藏等保值物品，以减少损失。

综上所述，通货膨胀的原因有很多种，也比较复杂，比如物价指数提高、经济过热、大宗商品交易价格上升、政治因素等。对于我们普通人来说，关键是如何应对，以减少通货膨胀带来的压力和损失。

通货膨胀对生活的影响

二战以后，主要资本主义国家经济高速发展，直至20世纪70年代以前，这些国家每年的物价上涨率基本上都稳定在2%～3%的水平，最高上限不超过10%。此时主要资本主义国家经济蓬勃发展，人民安居乐业，不断应用科技革命所带来的成果，加强世界联系，进一步巩固了经济的发展。

而20世纪70年代以后，美国以至于整个西方世界都陷入严重的通货膨胀，西方7个主要发达国家的年消费物价指数一度达到9.4%，美国一度平均通货膨胀率达到8%，同时失业也曾达到9%，经济陷入滞涨时期，严重阻碍了经济社会的发展脚步。

为什么同样是物价上涨，却带来截然不同的结果，一个促进了经济发展，一个阻碍了经济发展呢？原因就在于，国家对通货膨胀的承受能力是不同的，物价上涨的程度也是不同的，在国家可以承受的范围内，一定的通货膨胀对经济发展有好处，而一旦通货膨胀的速度超过了国家的承受能力，势必就要影响经济的发展。不同程度的通货膨胀除对经济影响不同之外，通货膨胀效应主要有两个方面：

1. 通货膨胀与收入再分配

首先，对于靠固定货币收入为主的人群来说，通货膨胀是一种打击。对于大多数靠固定薪资生活的人群，或者是靠固定救济、政府福利或者是各种政府转移支付而生活的人来说，一旦发生通货膨胀，则表示物价上升，而他们的总收入却没有变化，购买相同数量物品所需要的货币就增多，这也代表着这批人的实际收入下降了，他们的生活水平也会因此而下降。而相对应的，通货膨胀对靠利润生活的人或者工资能够随生活费用上涨而上涨的人群则是有利的。因为对于利润分享者来说，物价上涨，则他们的收入也上涨，并且利润的上涨还更快。工资能够随着生活费用上涨的人群也一样，他们能在物价上涨的时候获得大幅度的加薪。

其次，通货膨胀与债权人和债务人的关系。

通货膨胀对债权人不利，对债务人有利。为什么这么说呢？因为债务是固定的，发生通货膨胀时负债不变，但是相同的货币所代表的实际利益却下降，因此同债务人借债时候相比，此时的那笔借款已经贬值了。例如说，甲向乙借款一千元买一台电视，现在发生通货膨胀，甲还是欠乙一千元，但是此时电视已经涨价了，如果乙还给甲一千元，甲却买不到一台电视了。同样的，通货膨胀对储蓄者是不利的。储蓄者就相当于债权人，存款的购买力随着价格的上涨而下降，所以对于持有现金或者是固定储蓄的人，财富是在缩水的。

2. 通货膨胀对产出变化的影响

情况之一，如果在需求的拉动下通货膨胀导致产出增加，随着产出的增加居民收入增加，最终得到的是促进经济发展的有利结果。很多经济学家都认为这种需求拉动的温和通货膨胀是有利于刺激经济发展的，因此鼓励保持一定的通货膨胀水平。例如凯恩斯就提出过“半通货膨胀”理论，旨于利用温和的通货膨胀使经济活动得到刺激，而这一理论和实践也确实对解决20世纪30年代的经济危机起到很关键的作用，但是后来由于温和的通货膨胀最终发展成为奔腾式的通货膨胀，凯恩斯主义也就经受了巨大的考验并且遭到许多经济学家的质疑。

情况之二，除了需求拉动的通货膨胀，我们讲到还有成本推动的通货膨胀。如果发生成本推动的通货膨胀。当工人工资上涨时，为了节约成本，企业雇主会选择减少雇佣工人，而此时就会造成大量失业，失业又导致购买力下降，购买力又会影响总产出。

情况之三，严重的通货膨胀，也即“奔腾式”的通货膨胀，很容易导致经济的崩溃。通货膨胀一旦发展为奔腾式的，就会引起居民的恐慌，并且人们的通货膨胀预期不断加强，于是会引发抢购风潮。为了不至于手里的钱逐渐贬值变成废纸，人们会疯狂地购买物品。

起始阶段也许还是理性购买，到后来形势严重时就变成盲目的过度购买，引起经济秩序混乱，同时储蓄和投资都会大量减少。储蓄和投资的减少会致使企业贷款更加困难。同时物价的上涨致使生活费用不断上升，工人要求增加工资以弥补物价上升的损失，而工资增加又使企业生产成本上升，于是企业又减少人工，扩大生产的积极性严重受挫。

其实通货膨胀是会一直持续伴随着经济发展的，在合理的程度之内通货膨胀的影响都会通过其他地方来抵消。比如说，居民的投资方式总会有很多种，大家都知道不要把鸡蛋放在一个篮子里，所以家庭理财时会有一部分投资股票，还有一部分购买债券、基金、保险，甚至还有投资黄金，另外留存一些现金和储蓄。当通货膨胀影响到现金和储蓄时，其他的股票、基金和黄金等不固定收入可能会盈利，于是抵消损失。

另外，如果工资能够灵活跟着通货膨胀而变动，则人们的实际收入还是不变的。当然现实中工资的变动总是滞后于物价的变动，出现“除了工资，什么都涨”的局面。总之，通货膨胀不可怕，可怕的是严重的通货膨胀。

美国引起的全球性通货膨胀

布雷顿森林体系建立以后，全球通货膨胀就一直没有消失过，只是大多情况下，它表现得不是很明显，人们意识不到它的存在而已。在过去的 40 年中，发生过 3 次严重的通货膨胀和资产价格泡沫，当通货膨胀和价格泡沫消失后，全球经济便陷入衰竭。

每一次危机过后，美国总想通过自己所握有的超级货币来解决危机。根据美国国会的报告，自美国爆发金融危机以来，美国财政部、联邦政府机构和美联储至少投入了 8.5 万亿美元来挽救美国经济，其中主要是美联储通过各种方式滥发信贷，收购美国国债和银行的有毒资产。这一数字已经超过了美国参与的历次战争费用的总和，包括南北战争、两次世界大战、朝鲜战争、越南战争和伊拉克战争。泡沫经济破灭初期大量增发货币向金融市场注资，能够暂时取得缓解市场动荡和经济衰退的效果，但长期持续注资就会造成货币贬值和通货膨胀。由于美元是国际贸易的通用货币，粮食、石油等大宗商品主要用美元进行交易结算，美联储不断推出量化宽松货币政策造成全球美元泛滥，势必引起这些关系民众生活的商品价格猛涨，导致各国持有的巨额外汇储备和美元债券不断贬值。

近几年来，许多国家的食品、能源价格上涨幅度超过了两位数。由于发展中国家民众的消费支出中食品、燃料占更大比重，美联储滥发货币必然对发展中国家造成更大冲击，而国际局势动荡能够刺激避险情绪，有利于维护美元霸权，这样既能滥发美元又能避免美元急剧下跌并丧失购买力，通过制造、加剧国际局势动荡获得利益。正因如此，美国一面积极输出天量信贷政策、美元和通货膨胀，一面竭力宣扬普世价值、输出颜色革命和政治动荡，通过向世界各国转嫁危机谋求多方面利益。

有一位经济学家说过：美元享有本位币的地位，享受本位币的利益，却从未承担过本位币的责任，美元发行不受拘束，这就是当前这个货币体系的核心问题。美国通过大量发行货币，在一定时间内稳住国内趋势，但时间久了，不仅不能改变经济总量下降的趋势，还会造成全球范围内的通货膨胀。

近几年，通货膨胀已成为全球性大难题，放眼望去，许多产品价格都创出了新高。直到次贷危机以不可遏止的速度恶化，全球性的物价上涨才止住脚步。

美元无处不在，美国滥发钞票所导致的通货膨胀令人无所遁形。2010 年 8 月，美联储宣布，将实行继 2008 年以来的第二轮量化宽松政策，即 QE2 政策，其实质就是要印制货币购买财政部发行的高达 6000 亿美元的债券。美国的这个决定，目的很明显，就是通过大量购买美国国债，压低长期利润来刺激美国经济。很明显，这个 QE2 政策就是一个陷阱。因为新增货币并不会进入美国实体经济，而是会以热钱的形式流向新兴市场，从而再度引发全球性的通货膨胀。

2011 年 5 月，美国斯坦福大学威廉·依贝尔国际经济学教授罗纳德·麦金农做客上海陆家嘴金融论坛，与中国经济学家展开了关于输入型通货膨胀的讨论。他认为美联储零利率政策会对全球经济造成极大的影响。大宗商品的剧烈波动，迅速从美国流入中国、巴西、拉丁美洲的热钱，都会给世界各国带来很大的负面影响。因为当大宗产品以高价及零利率出口，就很有可能面临非常大的通货膨胀。

作为能够印制世界储备货币的美国，和全球范围内的通货膨胀是脱不了干系的。通货膨胀可以说是美国引起的全球性大波澜。

警惕宽松货币政策

与欧美发达经济体面临的经济衰退风险不同，新兴经济体需要应对的则是日益高企的通货膨胀。新兴经济体的通货膨胀状况取决于全球的利率环境即美国利率。

2009 年 3 月和 2010 年 11 月，美联储先后实施了两轮量化宽松政策，向市场投放 2 万多亿美元。虽然 QE2 政策招致来自美联储内外的批评，但美联储主席伯南克仍认为 QE2 政策是成功的。

美联储公布的最近一次货币政策决策例会纪要称，最近一轮美国经济衰退比原先预计的程度要深。截 2011 年第二季度，美国实际国内生产总值还没有恢复到 2007 年经济衰退以前的水平。于是，美联储的决策者讨论了其他一些刺激经济复苏的政策工具，并准备在适当时机采取行动。

美联储理事在是否采取新的刺激性货币政策问题上产生分歧。在参加投票的 10 位美联储货币政策决策者当中，有 7 人投了赞成票，3 人投了反对票。这种情况在美联储历史上是少见的。反对者担心进一步的宽松货币政策会导致未来通货膨胀加剧。

美联储像是个水龙头不停向池子里注水，这些水大部分被其他国家吸收，各国的紧缩政策只能拖延时间等待美联储宽松政策的退出。

当前发达国家深陷主权债务危机，尤其是对于美国债务型经济体制而言，要想举债就必须提高债务上限，而未来继续增发货币以及“弱美元政策”为赤字融资无疑是债务削减的必然选择。

美国将由此大量印钞，美元维持弱势甚至继续贬值的趋势将更加明显，而作为世界货币的美元，其泛滥引发的全球流动性过剩将使通货膨胀问题雪上加霜。

2010年以来，受美国量化宽松政策和欧洲债务危机的影响，美元和欧元轮番贬值，有关统计数据显示，2010年全年，人民币对美元升值3.1%左右，人民币对欧元升值11%左右。

弱势美元和流动性过剩，将推动石油、铁矿石等大宗商品价格持续上涨，因此中国、印度等新兴经济体要警惕输入型通货膨胀。

同时，由于美欧经济复苏乏力且投资机会少，加上美国长时间的超低利率政策，热钱将持续涌入复苏情况较好的新兴经济体寻求更多的回报，因此新兴经济体还要严防资产泡沫的风险。

德意志银行大中华区首席经济学家马骏表示，持续的量化宽松政策将推高金融资产和大宗商品的价格，进而为日后更高的通货膨胀埋下伏笔。另一方面，量化宽松政策将推动投机资本流入新兴经济体，导致这些经济体面临更大的通货膨胀风险。

2011年，中国前7个月消费物价指数（C P I）同比上涨5.5%，巴西前5个月通货膨胀率累计达3.71%，印度前5个月批发价格平均涨幅为9.25%，已连续17个月超过8%，俄罗斯5月份CPI同比上涨9.6%。此外，越南等“新钻国家”也出现较高的通货膨胀率。

为管理通货膨胀及通货膨胀预期，新兴经济体纷纷开始收紧货币政策。2011年以来，中国央行连续6次提准，3次加息，巴西央行连续4次加息，印度央行更是从2010年3月至2011年6月已经10次加息。

为了消除物价上涨的货币条件，中国自2010年以来共12次上调法定存款准备金率，冻结银行资金大概在4.2万亿左右，而从2011年9月份开始，保证金将纳入存准提取范围，初步测算在 8000 亿 ~ 9000 亿元。在 20 个月的时间里，中国“蓄水”逾 5 万亿人民币，这些资金主要是用于对冲外汇占款。

2011 年 10 月 7 日巴西国家地理统计局公布的数据显示，9 月份巴西综合消费价格指数同比上涨 7.31%，创 2005 年 5 月以来新高。同时环比上涨 0.53%，超过 8 月份 0.37% 的环比涨幅。

但就在新兴经济体国家紧缩货币政策效果日益显现，通货膨胀率有望回落之际，由美债引发的经济风暴很可能将这些国家抗通货膨胀的努力吞噬。自美债评级遭标普下调以来，恐慌情绪弥漫全球。欧美的任何风吹草动，都会引发全球金融市场过山车般的大起大落。

食品价格的攀升是新兴国家 CPI 攀升过快的重要因素。食品价格在印度的 CPI 中占 58%，在印尼和泰国占 40%，在中国占 34%。联合国粮农组织发布报告称，由 55 种粮食商品组成的食品价格指数在 6 月份攀升至 234 点，同比涨 39%。据荷兰合作银行统计，食品约占亚洲国家 CPI 权重的 30%，在印度和菲律宾，食品占比甚至高达 45%。

受流动性推动，经济增长较快以及全球初级产品价格上涨等因素，进入 2012 年，新兴经济体通货膨胀整体抬头开始成为全球面临的一个新风险。因此，“外堵热钱，内防通货膨胀”是新兴经济体的头号经济政策。

当前新兴经济体物价上升仍是一个长期趋势。包括中国在内的发展中国家应当在稳定宏观经济政策的前提下，加快转变发展方式，实现产业转型升级，提高对通货膨胀的“消解力”。

恶性通货膨胀并不遥远

20 世纪 90 年代，日本经济完全是在苦苦挣扎中度过的，不少日本人哀叹那是“失去的十年”。

人们的需求是无穷无尽的，经济社会中，我们的财产迅速积累，获得无数的幸福。中国人总讲，祸福相依，离不开它的收益我们自然也拒绝不了它带来的毁灭。经济市场自始就是个充满了各种诱惑和陷阱的大染缸，为了利益人们总是展开不可避免的博弈争斗，各种价值冲突愈演愈烈。货币的发明就是人类利益驱使下的产物，恶性通货膨胀也由此产生。一般情况下的通货膨胀都比较温和，只有在特殊时期，通货膨胀才如同洪水猛兽，将你的财产一夜吞噬。

宏观经济学认为，通货膨胀率在100%以上时，被称为恶性通货膨胀。所谓恶性通货膨胀，也称为脱缰的通货膨胀、急速的通货膨胀或者超速的通货膨胀。这种通货膨胀一旦发生（一般达到三位数以上），唯一的结果就是导致物价飞速上涨，货币大幅贬值，人们对货币彻底失去信心。这时，整个社会金融体系就处于一片混乱之中，正常的社会经济关系遭到破坏，引发全面经济危机、经济崩溃、政府垮台等。急剧的恶性通货膨胀发生时，总体价格会以20%、100%、200%，甚至是1000%、10000%的速度增长。发生这种通货膨胀的地区，在价格被竭力稳定后，会出现严重的经济扭曲现象，并且对本国货币会失去信心，会运用一些价格指数或外币作为衡量物品价值的标准。恶性通货膨胀，被称为经济的癌症，这种致命的通货膨胀以百分之一百万，甚至是百分之万亿的速度上涨，在短时间内摧毁市场经济。

世界史上有所记载的恶性通货膨胀都发生在20世纪。别以为泡沫总是过去的故事，历史总是惊人地相似。

美国1973年3月到1974年11月的恶性通货膨胀由1973年10月第四次中东战争和第一次石油危机（1973～1974年）引起，国际市场上石油价格从每桶3美元涨到12美元，上涨了3倍。但在石油危机前，1973年9月美国通货膨胀率已达到7.36%，1974年11月达到最高点12.19%，1976年12月回落到5.02%，石油危机加剧了美国通货膨胀的程度。

1973年3月到1974年11月美国恶性通货膨胀时期，物价持续快速上涨，股市大幅下跌，CPI累计上涨18.7%，股市累计下跌36.8%。恶性通货膨胀时，利率随物价上涨而大幅度提高，联邦基准利率从1973年3月的7.09%提高到1974年7月的12.92%。联邦基准利率上调到最高后开始下调，两个月后股市触底反弹，4个月后物价达到最高涨幅，5个月后物价开始下跌，利率下调幅度更大，导致1974年9月到1978年1月持续两年多的负利率。

1974年9月到1978年1月负利率时期，物价累计上涨23.9%，股市虽有波动但总体趋势上涨，累计上涨39.9%。

第一次石油危机后，美国1975～1978年通货膨胀率均在5%以上。1978年2月到1980年3月，美国CPI同比涨幅从6.24%持续上涨到14.61%，此次恶性通货膨胀始终没有改变股市震荡走高趋势。CPI累计上涨25.4%，股市累计上涨

33.6%。1980年5月到9月美国再次出现负利率，短短5个月物价累计上涨2.6%，股市累计上涨25.1%。这次通货膨胀时间长，但物价涨幅不高，大部分时间属于温和通货膨胀。这次通货膨胀全过程股市仍呈现持续缓慢走高趋势，2004年10月到2006年8月，CPI累计上涨12.5%，股市累计上涨70.9%。回望历史，通货膨胀几乎在每个国家都发生过，所到之处便会给该国经济带来沉重的打击。

从第一场恶性通货膨胀开始，人类就创造了一个又一个的泡沫奇迹。2006年，我国也接连创造了“兰花泡沫”“红木泡沫”“普洱泡沫”等等。我们的兰花2006年一年之内就涨了数十倍，单株兰花的最高价曾达到2000万元，不过随着媒体的披露，泡沫瞬间破灭。

2004年开始，海南黄花梨、小叶紫檀的家具价格成倍地往上翻，上涨10倍以上的家具比比皆是，到了2007年下半年，泡沫破灭，许多红木家具的“身价”都被“腰斩”……

似乎所有泡沫的过程都是相似的：在狂热中上涨，似乎所有人都疯狂投入其中，直到发现荒谬，于是开始恐慌，最后噩耗此起彼伏。所有这一切，源头皆为利。通货膨胀不是离我们很远么？其实恶性通货膨胀就近在眼前，历史似乎又重现。经济可以活跃社会，但同样也可以覆灭一个社会。

小心通货膨胀的危害

经济学家哈耶克认为，加速度的通货膨胀已把经济带到了一个危险的境地，或是悬崖勒马，或是全面崩溃，没有其他途径。到达这种境地后，无论选择哪一条路，出现大量失业都是必然的，这是社会错误政策深为遗憾但无法回避的后果。

通货膨胀一方面通过破坏市场机制，导致供求失调，造成资源在极大范围内的配置不当，使规模失业在所难免。通货膨胀对当前中国民众的生活和经济发展至少有三大危害。

第一，通货膨胀将使得中国已经不平等的收入分配结构更加不平等。

人们都知道通货膨胀会降低消费者的实际生活水平。但是很多人并不十分清楚，通货膨胀对低收入民众的生活的冲击最大。土地、资本和其他财产所有者可以在轮番涨价的通货膨胀中通过提高土地和产品的价格来降低通货膨胀损失，甚至在通货膨胀中获得一些收益。由于低收入民众只有工资收入（或者养老金收入），而工资收入的增长不仅总是在落在通货膨胀之后，而且上涨的幅度永远也比不上物价上涨的幅度。这就是普通劳动者总是在通货膨胀面前感到完全无能为力的原因。这种情况在劳工权利缺乏的中国更加明显。

第二，通货膨胀给投资和消费带来的巨大的不确定性。

这种不确定性将使得中国本来已经扭曲的经济结构更加扭曲。商品的价格应该是市场对生产者发出的信号，生产者根据这个信号来掌握市场对自己产品的需求，从而相应地提高或者减少生产规模，以保证各种社会经济资源能够得到更好地运用。但是在通货膨胀的情况下，一种商品价格的上涨，并非是由于市场的真正需求的上涨，而只是由于生产者的投机冲动或者消费者对价格进一步上涨的恐慌造成的。由于并不是每一个生产者都能掌握市场的全面信息，因此这种由不确定性带来的投机和恐慌很可能推动没有根据的进一步的投资冲动。如果中国政府不能有效迅速地制止这一轮通货膨胀，人们将在若干年后发现，中国长期累积的过度投资和生产能力过剩的现象将更加严重。中国调整宏观经济结构的努力将更加困难。

第三，通货膨胀给国内就业带来了沉重的打击。

一方面，扰乱了相对价格和工资体系，产生许多错误的信息，将劳工引导到并不是社会真正需要的部门中，劳工错误地在部门间转移，实际上加剧了劳工市场的矛盾。因此，哈耶克认为，通货膨胀是失业增加的原因，而不是治理失业的药方。“现在的失业乃是过去25年实行所谓充分就业政策的直接的、不可避免的后果，许多人仍然错误地相信，总需求的增长，将消除暂时失业。他们没有意识到，这种办法尽管暂时奏效，但在以后会带来更多的失业。”

另一方面，大量增加的失业反过来又加剧了通货膨胀，公众向政府施加压力，并随时有可能触发政治动乱。因此，当政府许诺承担充分就业的责任时，为了维持较低的失业率，只能继续增发货币并不断地提高货币工资，在这种情况下，超过生产率增长的每一次工资提高，都必将使总需求增长，因此，货币数量的经常注入成为持续不断的过程，致使通货膨胀愈演愈烈。于是，持续的通货膨胀带来了更大的失业，而失业急剧增加又促发了更严重的通货膨胀。

第四，通货膨胀将阻碍劳动生产率的提高，从而降低中国的国际竞争能力。从生产者的角度看，在一个通货膨胀时期，最简单的谋取利润的办法就是涨价；

而且是争取自己的产品以更快的速度涨价。虽然到头来轮番的价格上涨将冲销自己产品涨价所带来的大部分甚至全部的收益，但是如果不涨价损失则将更高。这种俗话说的“浑水摸鱼”的价格战略是企业在通货膨胀中的唯一理性选择。既然直接涨价能够迅速地带来更多的收益，那么谁都不会花气力去从事新产品的研发、新技术的应用，以及劳动生产率的提高。中国经济已经是一种外延型的经济，技术的含量并不高，在国际上完全靠价格低廉来赚取微薄的利润。通货膨胀不仅将使得中国经济长期无法摆脱在国际分工中的这种低端地位，甚至有可能使得中国在与其他劳动密集型经济争夺国际市场份额的竞争中败北。

针对通货膨胀带来的种种危害，政府主要通过运用以下几种方式来治理通货膨胀：一是增加税收，使企业和个人的利润和收入减少，从而使其投资和消费支出减少；二是削减政府的财政支出，以消除财政赤字、平衡预算，从而消除通货膨胀的隐患；三是减少政府转移支付，减少社会福利开支，从而起到抑制个人收入增加的作用。

同时政府应加强对资本市场和房地产市场的监管，完善相关法律制度。政府需要运用税收和转移支付手段，给予企业和居民各项财政补贴。针对国际收支盈余增长过快的输入型通货膨胀，可以采取降低出口退税率，对国内稀缺的生产要素加征出口关税，减少出口。进一步削减进口关税，给予企业进口补贴，扩大进口，使贸易不平衡问题得以缓解。

对于流进我国的热钱，可以采取征收托宾税的办法，防止资本市场膨胀带来的通货膨胀，稳定汇率和减少资本账户盈余。

针对成本和结构型通货膨胀，财政政策要适时扩大增值税转型试点范围，降低企业税率，同时对受到通货膨胀影响较大的企业，如粮油面、石油、电力等给予财政补贴，以减轻这些企业由于成本上升造成的通货膨胀压力。

通货膨胀还会对居民产生财富效应，尤其对低收入者的影响最大。在治理通货膨胀的过程中，政府要把财政支出不断地向教育、医疗卫生、社会保障领域倾斜，向低收入人群倾斜，使财政收入的分配格局更加合理化。这不仅有利于保障社会公平，而且有利于提高人民的生活水平和消费能力，扩大内需，保持经济又好又快发展。

第十二章 必须遵守的金融游戏规则

——关于信用的财经常识

因为人的行为都是由预期支配的，信用是整个社会经济活动赖以生存、发展的基础，其他的都可模仿，信用却不能，而其中政府信用是第一位的。

——张维迎

（原北京大学光华管理学院院长，著名经济学家）

信用是金融的发展基础

在以熊彼特为代表的“信用创造学派”的眼中，信用就是货币，货币就是信用；信用创造货币；信用形成资本。在财富的世界里，还有什么比信用更可宝贵的呢？富人之所以富有，就是因为他们真正理解了信用的价值所在。那么什么是信用呢？

一个名叫 J.P. 摩根的人曾经主宰着美国华尔街的金融帝国。而他的祖父，也就是美国亿万富翁摩根家族的创始人——老摩根，当年却是个一无所有的人。1835 年，当时的老摩根还是个普普通通的公司职员，他没有想过发什么大财，只要能在稳定的收入之余得到一笔小小的外快就足以让他心满意足。

一个偶然的机会，老摩根注册成为一家名叫“伊特纳火灾”的小保险公司的股东，因为这家公司不用马上拿出现金，只需在股东名册上签上名字就可成为股东。这正符合当时摩根先生没有现金却想获得收益的情况。

然而在摩根成为这家保险公司的股东没多久，一家在“伊特纳火灾”保险公司投保的客户发生了火灾。按照规定，如果完全付清赔偿金，保险公司就会破产。股东们一个个惊慌失措，纷纷要求退股。

这个时候，老摩根斟酌再三，认为自己的信誉比金钱更重要，于是他便四处筹款并卖掉了自己的住房，低价收购了所有要求退股的股份，然后他将赔偿金如数付给了投保的客户。一时间，“伊特纳火灾”保险公司名声大噪。

身无分文的老摩根成为保险公司的所有者，但是保险公司资金严重短缺濒临破产。无奈之中他打出广告：凡是再到“伊特纳火灾”保险公司投保的客户，理赔金一律加倍给付。他没有料到的是，没多久，指名投保火险的客户蜂拥而至。原来在很多人的心目中，“伊特纳火灾”保险公司是最讲信誉的保险公司，这一点使它比许多有名的大保险公司更受欢迎。“伊特纳火灾”保险公司从此崛起。

结果，摩根不仅为公司赚取了利润，也赢得了信用资产。信用资产不仅让他自己终身受用，还让他的后代子孙受益。在约瑟·摩根先生的孙子 J. P. 摩根主宰了美国华尔街金融帝国后，大女婿沙特利在日记中记载了 J. P. 摩根生前最后一次为众议院银行货币委员会所做的证词，他的核心证词只有两个字：“信用！”

从经济学的角度来看，《新帕格雷夫经济大辞典》中，对信用的解释是：“提供信贷意味着把对某物（如一笔钱）的财产权给以让度，以交换在将来的某一特定时刻对另外的物品（如另外一部分钱）的所有权。”可见，信用是和资本、财产密切相关的。因此，若我们想在财富上有所作为，就不能不向富人们看齐，随时注意自己的信用。

信用不仅是个人获得财富的智慧，更是现代经济生活中的基石，无论个人还是现代经济社会，都在遵循着一个重要的法则——无信不立。

美国加州的威尔·杰克是百万富翁。起初他身无分文，直到外出工作，才有了一些积蓄。每个周末威尔会定期到银行存款，其中一位柜员注意到了他，觉得他天生聪慧，了解金钱的价值。后来威尔决定创业，从事棉花买卖，那位银行工作人员知道了，便给他贷了款。这是威尔第一次使用别人的钱，很快他便偿还清了银行的贷款，赢得了良好的声誉。

一年半之后，他改为贩卖马和骡子，逐渐积累了一些财富。后来，有两个创业失败但很优秀的保险业务员找他，希望他能以个人信誉作担保，从银行贷款相助。威尔看到这两个人的确很优秀，现在只不过是一时之艰，于是决定帮助他们。威尔向加州银行贷款。银行非常愿意把钱贷给像威尔这样有诚信的人。由于威尔的贷款额度不受限制，所以他用贷出来的钱买下了那两位业务员创立的公司的全部股份。此后，在短短10年内，这家寿险公司，从原来只有40万的资本，通过基本客户群制度获利4000万。

由此可见，信用对金融生活中的生意往来和财富积累都有着非常关键的作用。分析信用对金融生活的影响，我们可以从积极作用和消极作用两个方面来看。

信用在经济中起到的积极作用主要表现在以下几个方面：

第一，现代信用可以促进社会资金的合理利用。通过借贷，资金可以流向投资收益更高的项目，获得一定的收益。

第二，现代信用可以优化社会资源配置。通过信用调剂，让资源及时转移到需要这些资源的地方，就可以使资源得到最大限度的运用。

第三，现代信用可以推动经济的增长。一方面通过信用动员闲置资金，将消费资金转化为生产资金，促进经济增长；另一方面，信用可以创造和扩大消费，通过消费的增长刺激生产扩大和产出增加，也能起到促进经济增长的作用。

同时，信用对经济的消极作用也不容忽视，它主要表现在信用风险和经济泡沫的出现。信用风险是指债务人无法按照承诺偿还债权人本息的风险。在现代社会，信用关系已经成为最普遍、最基本的经济关系，社会各个主体之间债权债务交错，形成了错综复杂的债权债务链条，这个链条上有一个环节断裂，就会引发连锁反应，对整个社会的信用联系造成很大的危害。经济泡沫是指某种资产或商品的价格大大地偏离其基本价值。经济泡沫的开始是资产或商品的价格暴涨。价格暴涨是供求不均衡的结果，即这些资产或商品的需求急剧膨胀，极大地超出了供给，而信用对膨胀的需求给予了现实的购买和支付能力的支撑，使经济泡沫的出现成为可能。

最受信赖的国家信用

战国时，商鞅准备在秦国变法，唯恐老百姓不信，于是命人在都城的一个城门前，放了一根高三丈长的木柱，并到处张贴告示："谁能把城门前那根木柱搬走，官府就赏他五十金。"老百姓看到告示后议论纷纷。大家怀疑这是骗人的举动，但一个年轻力壮、膀大腰圆的小伙子说："让我试试看吧！我去把城门那木柱搬走，要是官府赏钱，就说明他们还讲信用，往后咱们就听他们的；如果不赏钱，就说明他们是愚弄百姓。他们往后说得再好，我们也不信他们那一套了。”说罢来到城门前把那根木柱搬走了。商鞅听到这一消息，马上命令赏给那人五十金。那位壮汉看到自己果真得到了五十金，不禁开怀大笑，一边炫耀那五十金，一边对围观的老百姓说：“看来官府还是讲信用的啊！”这事一传十，十传百，不久就传遍了整个秦国。“移木立信”后，国家信用深深植根于社会，社会信用由此孕育发展，商鞅下令变法，秦国于是政行令通。

移木立信的故事我们都曾听说过，它其实就是国家信用的树立过程。那么，国家信用在金融市场中起到了什么样的作用呢？

国家信用既是国家为弥补收支不平衡、建设资金不足的一种筹集资金方式，同时也是实施财政政策、进行宏观调控的一种措施与手段。

国家信用是一种特殊资源，政府享有支配此种资源的特权，负责任的好政府绝不能滥用国家信用资源。政府利用国家信用负债获得的资金应该主要用于加快公共基础设施的建设，以及为保障经济社会顺利发展并促进社会公平的重要事项，以向社会公众提供更多的公共物品服务，并实现社会的和谐与安宁。

国家信用的财务基础是国家将来偿还债务的能力，这种偿债能力源于属于国家（全体人民）的财务资源。它的现金流来源于三个方面：国家的税收收入、政府有偿转让国有资产（包括土地）获得的收入以及国家发行货币的专享权力。

国家信用的基本形式是发行政府债券，包括发行国内公债、国库券、专项债券、财务投资或借款等。公债是一种长期负债，一般在1年以上甚至10年或10年以上，通常用于国家大型项目投资或较大规模的建设，在发行公债时并不注明具体用途和投资项目；国库券是一种短期负债，以1年以下居多，一般为1个月、3个月、6个月等；专项债券是一种指明用途的债券，如中国发行的国家重点建设债券等；财政透支或借款是在公债券、国库券、专项债券仍不能弥补财政赤字时，余下的赤字即向银行透支和借款。透支一般是临时性的，有的在年度内偿还。借款一般期限较长，一般隔年财政收入大于支出时（包括发行公债收入）才能偿还。有的国家（如中国）只将财政向银行透支和借款算为财政赤字，而发行国库券和专项债券则作为财政收入而不在赤字中标示。国家信用的产生是由于通过正常的税收等形式不足以满足国家的财政需要。国家信用应当由国家的法律予以保障。

在我国，20世纪50年代初期曾发行过公债券，后来一度取消。1979年经济改革以来，从1982年开始发行国库券，后又发行国家重点建设债券等国家信用工具，一方面筹集部分资金弥补财政赤字，另一方面主要是为了增加生产投资，加快国家重点建设。到20世纪90年代，国家信用已成为我国筹集社会主义建设资金的重要工具，债券、发行市场和流通市场也有了很大发展。

国家信用是以国家为主体进行的一种信用活动。国家按照信用原则以发行债券等方式，从国内外货币持有者手中借入货币资金。说白了，国家信用其实是一种国家负债。

随着资本主义的发展，国家信用甚至从国内发展到了国外，即一国政府以国家名义向另一国政府或私人企业、个人借债以及在国际金融市场上发行政府债券。它既成为弥补一国财政赤字的手段，也成为调节国际收支、调节对外贸易的有力杠杆。这种国家信用主要不是用于弥补经常性财政收支出现的赤字，而是聚集资金用于经济建设的手段。特别是对国外发行政府债券，一方面可以弥补国内建设资金的不足，另一方面也可以引进国外先进技术，扩大对外贸易，调节国际收支。

国家信用影响了金融市场发展的全过程。在资本的原始积累时期，国家信用是强有力的杠杆之一。在资本主义制度下，政府债券主要是通过资本主义大银行或在公开金融市场上发行的，银行不仅可以从中取得大量回扣，而且政府发行的各种债券还为银行的股份公司提供了大量虚拟资本和投机的重要对象。并且随着资本主义经济危机和财政危机的加深，通过国家信用取得的收入，已成为国家财政收入的重要来源，是弥补亏空的主要手段。在现代西方发达国家，国家信用已不单纯是取得财政收入的手段，而且已成为调节经济运行的重要经济杠杆。

国与国打交道要讲信用

大家常会提到“君子协定”一词，但是大家可能不知道，“君子协定”最早其实是金融学上的一个概念，也称为“绅士协定”。它专门用于国际事务之间，意思是说这是一种相对购买方式，双方如果有一方无法履行购买义务，对方便不能对它进行有效制裁。

《君子协定》出台的具体背景是，经济合作与发展组织为了协调各成员国之间的出口信贷政策，开始处理出口信贷事务。《君子协定》虽然是一个正式协定，却没有强制力。不过，由于经济合作与发展组织的22个成员国几乎囊括了全球最发达的国家和地区，所以该协定在全球经济事务中具有极大的发言权。不仅如此，就连一些没有参加《君子协定》的国家和地区，在办理出口信贷时也往往自觉参照该规定行事，其效力可见一斑。

众所周知，商品进出口贸易需要得到金融支持，出口信贷能够在一定程度上提高本国产品的国际竞争力，促进商品出口。可是，随着市场竞争的加剧，每个国家尤其是发达国家都竞相给本国企业提供越来越优惠的出口信贷条件，这便大大激化了国际贸易争端，同时也大大增加了各国出口信贷的补贴支出。

正是在这种情况下，各国政府慢慢醒悟过来，渐渐意识到如果一味这样在出口信贷优惠条件方面攀比，大家都没好处，于是开始在这方面寻求协调和合作的可能性。国际信用是指一个国家的政府、银行及其他自然人或法人对别国的政府、银行及其他自然人或法人所提供的信用。随着国际经济联系的不断加强，国际信用在国际商务中的地位日益显赫。

国际信用具有经济性。国际商业信用不仅是一种信誉和荣誉，也是一种国际范围内不受限制的社会资源，是企业全球化发展的一种柔性资本，具有经济性。高认可的商业信用可以促使企业提供更好的产品和服务、获取经济规模、树立积极形象，从而可以提高客户合作意愿，强化客户忠诚度。

国际信用是一种竞争力。随着企业出口产品、服务、项目的增多，面对国外市场的竞争对手越来越多。国际信用作为柔性竞争力在争取国外生产订单、维系客户、获取市场资源、开拓市场等方面表现出高度的匹配性。所以，注重维护并不断提高国际信用，是进入国际市场的每一个企业必须重视的战略营销问题。

一般来说，国际信用分为以下种类：

1. 贸易信用

贸易信用是指以各种形式与对外贸易业务联系在一起的信用。贸易信用有商业信用和银行信用两种形式。

（1）商业信用发生于下列情况：

①预付款信用。进口商向外国出口商预付的货款，将来由出口商供货偿还。

②公司信用。进口商从外国出口商方面以商品形态获得的信用，然后定期清偿债务。

（2）银行信用可分为以下三种：

①银行对出口商提供的短期信用，如商品抵押贷款或商品凭证抵押贷款。

②由卖方（出口方）银行提供给出口商的中长期信贷，称为卖方信贷。这与大型成套设备及技术的出口密切相关。出口商（卖方）以分期付款和赊销的方式将主要机器或成套设备卖给进口商，然后根据协议由进口商分期偿付货款。由于出口商要在全部交货若干年后才能陆续收回全部货款，因此为保持企业正常经营，往往需向当地银行获取这种信贷。

③银行对进口商提供的信用。这主要包括以下三种：一是承兑信用。即当出口商提供商业信用给进口商时，出口商往往要求由银行承兑票据。二是票据贴现。如果出口商在汇票到期前需要现款，可以将已经进口商或其银行承兑的汇票拿到银行中去贴现。三是买方信贷。即卖方（出口方）银行提供给买方企业（进口方）或买方银行的中长期信贷。

2. 金融信用

金融信用没有预先规定的具体运用方向。金融信用包括偿还债务，进行证券投资等。金融信用有银行信用和债券形式的信用之分。

我国由于企业信用缺失每年造成的经济损失，不得不引起人们对企业信用的重视。企业的国际信用不足集中体现在以下几方面：

一是国际信用总体水平偏低。出口主体增多、出口机动性明显，市场无序竞争加强。

二是对知识产权重视不够。这也成为影响企业国际信用的重要因素。

三是信用工具的限制。随着现代通讯技术的发展，金融工具的增多，越来越多的机构和市场融资者发行大量的债券、股票、商业票据和其他证券，各种信用工具广泛应用。一些经营者自身的水平限制信用工具的使用，影响企业的经营效益和效率。

四是品牌缺失抑制信用提升。在当今市场竞争中，品牌已经成了企业综合竞争力在信用上的最聚焦的体现。我国企业长期以来过分依赖于成本竞争理念，忽视塑造知名品牌，品牌信用尚未较好地建立。良好的国际信用是企业无形的竞争资本，信用建设理应成为企业发展战略之一。

国与国之间打交道和人与人之间交往一样，都需要讲信用，而《君子协定》就是国家交往的信用，从金融学上来说就是国际信用。所谓国际信用，是国与国之间发生的借贷行为。这种借贷行为既可以是通过赊销商品提供的国际商业信用，也可以是通过银行贷款提供的国际银行信用，还可以是政府之间相互提供的信用。因此，《君子协定》在各国提供出口信贷时虽然不具备法律效力，但由于各国信守诺言，实际上它比法律更管用。

银行信用具备的特点

生活中，不管是老人还是年轻人，当手中有了一部分闲置资金以后，首先想到的一定会是在银行存一笔钱。在回答为什么要把钱存进银行这个问题时，我想读者朋友们的答案一定是："银行安全啊！"可是银行究竟为什么安全呢？这就涉及我们今天的话题——银行信用。

1976年，一位曾经在美国读过书的经济学家尤努斯，将27美元借给42名农村妇女用于生产，使他们摆脱了贫穷。随后，他逐步建立起了孟加拉国乡村银行——格莱沢银行。任何妇女，只要能够找到4个朋友，在必要的时候同意归还贷款，那么格莱沢银行就向其发放贷款。如果借款人违约，其他人在贷款还清之前就不能借款。这一做法非常成功，今天，格莱沢银行拥有超过2500个分支机构，超过98%的还款率超过世界上任何一家成功运作的银行。这家成功的银行已经向超过750万人提供贷款，其中97%是女性，65%的借款人以此摆脱了贫穷线。目前，在亚洲、非洲、拉丁美洲，已经有90多家模仿该做法的银行。传统的经济理论无法支撑这种想法，尤努斯却为此打开了一扇新的大门。

我们从故事里的借贷中看到的就是银行信用。银行信用有什么特点呢？银行信用是由商业银行或其他金融机构授给企业或消费者个人的信用。在产品赊销过程中，银行等金融机构为买方提供融资支持，并帮助卖方扩大销售。商业银行等金融机构以货币方式授予企业信用，贷款和还贷方式的确定以企业信用水平为依据。商业银行对不符合其信用标准的企业会要求提供抵押、质押作为保证，或者由担保公司为这些企业作出担保。后一种情况实质上是担保公司向申请贷款的企业提供了信用，是信用的特殊形式。银行信用的概念说起来有点烦琐，其实，生活中我们每个人都曾经感受过银行信用，比如向银行贷款、申领信用卡等。

在社会信用体系中，银行信用是支柱和主体信用，是连接国家信用和企业信用、个人信用的桥梁，在整个社会信用体系的建设中具有先导和推动的作用。可以说，银行信用的正常化，是整个社会信用健全完善的重要标志，也是构筑强健金融体系的基石。银行信用是以存款等方式筹集货币资金，以贷款方式对国民经济各部门、各企业提供资金的一种信用中介形式，它对个人贷款的审批是非常严格的。

刘女士在北京东四环看中一套价值400万的房子，按照首付四成的比例，她需要拿出160万的首付款。虽说刘女士夫妇年收入不算低，但她表示最近股市比较好，不太想动用股市里的钱支付首付款，而是想通过抵押自己现有住房去支付首付款，然后再办理住房按揭贷款。也就是说，400万元的房款全部通过银行贷款方式支付。

刘女士这一算盘打得不错。但她向建行、招行、北京银行等银行工作人员咨询了一圈下来，发现银行根本无法满足她的要求。所有银行均表示抵押贷款不能作为购买房子的首付款，也有银行直接告知，房屋抵押率最多只能做到七成左右，有的银行还表示利率上浮10%。

招商银行的一位工作人员说，只要是用于购房、买车、装修、旅游等消费，均可以申请办理个人抵押贷款，但是必须出具贷款用途证明。例如，抵押贷款用于购房，客户需要提供购房合同、首付款收据等。为了降低经营风险和控制放贷规模，一些银行已经开始停办个人贷款业务，虽然有些银行仍然可以办理个人贷款，但对贷款的用途审查得更加严格。

银行对贷款部门或个人进行严格的审批，降低了银行收回贷款的风险，这样在一定程度上就能够保证储户存款的安全。试想，如果银行放松了对贷款的审批，人们不管是买房还是买车，只要向银行申请就能贷到款，但贷款人却没有能力去偿还银行的贷款，长期下去，银行所面临的将不仅是储户的存款不保，甚至还有可能倒闭，美国次贷危机不就是个很好的证明吗?

一般来说，银行信用具有以下特点：

第一，银行信用是以货币形态提供的。银行贷放出去的已不是在产业资本循环过程中的商品资本，而是从产业资本循环过程中分离出来的暂时闲置的货币资本，它克服了商业信用在数量规模上的局限性。

第二，银行信用的借贷双方是货币资本家和职能资本家。由于提供信用的形式是货币，这就克服了商业信用在使用方向上的局限性。

第三，在产业周期的各个阶段上，银行信用的动态与产业资本的动态往往不一致。

此外，商业银行都会进行信用评级，这是对银行内在的安全性、可靠性的判断，反映了对银行陷入困境而需要第三方（如银行所有者、企业集团、官方机构等）扶持的可能性的意见。商业银行财力级别定义为：

AAA 级银行拥有极强的财务实力。通常情况下，它们都是一些主要的大机构，营运价值很高且十分稳定，具有非常好的财务状况以及非常稳定的经营环境。

AA 级银行拥有很强的财务实力。通常情况下，它们是一些重要的大机构，营运价值较高且比较稳定，具有良好的财务状况以及较稳定的经营环境。

A 级银行拥有较强的财务实力。通常情况下，它们具有一定的营运价值且相对稳定。这些银行或者在稳定的经营环境中表现出较好的财务状况，或者在不稳定的经营环境中显示出可以接受的财务状况。

BBB 级银行的财务实力一般，它们常常受到以下一个或多个因素的限制：不稳固或正处于发展中的营运价值，较差的财务状况，或不稳定的经营环境。

BB 级银行财务实力很弱，周期性地需要或最终需要外界的帮助与支持。这类机构的营运价值不可靠，财务状况在一个或多个方面严重不足，经营环境极不稳定。

B 级银行是银行财务实力最弱的一个级别。这类银行缺乏必要的营运价值，财务状况很差，经营环境极不稳定，经常需要外界的扶持。

当然，为了维护银行信用，避免坏账，银行在发放贷款时通常都要求提供抵押物，就是根据借款客户的全部或者部分资产作为抵押品的放款。放款银行有权接管、占有抵押品，并且在进一步的延期、催收均无效时，有权拍卖抵押品，以此收益弥补银行的呆、坏账损失。

无处不在的商业信用

1596 年到 1598 年，一个有名的人叫巴伦支，他是荷兰的一个船长。他试图找到从北面到达亚洲的路线。他经过了三文雅，到达俄罗斯的一个岛屿，但是他们被冰封的海面困住了。

三文雅地处北极圈之内，巴伦支船长和 17 名荷兰水手在这里度过了 8 个月的漫长冬季。他们拆掉了船上的甲板做燃料，以便在零下 40 度的严寒中保持体温；他们靠打猎来取得勉强维持生存的衣服和食物。

在这样恶劣的险境中，84 人死去了。但荷兰商人却做了一件令人难以想象的事情，他们丝毫未动别人委托给他们的货物。而这些货物中就有可以挽救他们生命的衣物和药品。

冬去春来，幸存的商人终于把货物几乎完好无损地带回荷兰，送到委托人手中。他们用生命作代价，守望信念，创造了传之后世的经商法则。在当时，这样的做法也给荷兰商人带来显而易见的好处，那就是赢得了海运贸易的世界市场。

这是一则著名的商业信用的故事。那么请思考一下，商业信用的意义是什么呢？

商业信用是社会信用体系中最重要的一个组成部分，从本质上而言，商业信用是基于主观上的诚实和客观上对承诺的兑现而产生的商业信赖和好评。所谓主观上的诚实，是指在商业活动中，交易双方在主观心理上诚实善意，除了公平交易之理念外，没有其他欺诈意图和目的；所谓客观上对承诺的兑现，是指商业主体应当对自己在交易中向对方作出的有效的承诺表示负责，应当使之实际兑现。

商业信用是指工商企业之间相互提供的，与商品交易直接相联系的信用形式：包括企业之间以赊销分期付款等形式提供的信用以及在商品交易的基础上以预付定金等形式提供的信用。我们通过一则小例子来看看商业信用在企业与企业之间的作用。

王老板的家具生意做得有声有色，同时他也是一个对自己要求非常严格的人，这种严格始终贯穿在他的生意中，主要体现在他对家具质量的要求上。很多商家选择王老板生产的家具的主要原因就是看中了其家具的质量。同时，王老板也是一个非常讲信用的人，他从不拖欠生产家具所用的原材料货款，总是先付款后提货。也正是王老板的这种严格和守信为他在业界树立了不错的口碑。

有一年，经济不景气，家具生意很不好做，很多家具生产厂家都倒闭了。但精明的王老板认为，只要现在能够继续生产，一段时间以后，家具市场肯定会好转，并且会比之前经济景气的时候还好。可是，问题出来了，想要继续生产，就必须有原料，但王老板手中目前没有那么多的流动资金。于是，王老板便找到材料供应商，要求先赊购一部分原料，等家具盈利后立即归还欠款。材料供应商听完后，立即答应了他的请求，原因是王老板是一个守信用的人，自己信得过他。

正是凭借着自己的信用，王老板的公司得以生存下去，这就是商业信用的力量。可以说，商业信用关系到我们日常商业生活的方方面面。商业信用是企业在正常的经营活动和商品交易中由于延期付款或预收账款所形成的企业常见的信贷关系。商业信用是在商品销售过程中，一个企业授予另一个企业的信用。如原材料生产厂商授予产品生产企业或产品生产企业授予产品批发商，产品批发商授予零售企业的信用。

从本质上而言，商业信用是主客观的统一，是商事主体在商业活动中主观意思和客观行为一致性的体现。商业信用在加强企业之间的经济联系、加速资金的循环与周转、促进社会再生产的顺利进行等方面都起着非常重要的作用。

1. 融通资金，促进生产发展

工商企业间所提供的商业信用，实质是生产经营企业向生产消费企业提供的一种便利而又快捷的融资服务，以低成本的方式缓解了生产消费企业对流动资金的需求，维持了企业连续不断的生产过程，从而促进了生产的发展。

2. 减少存货，增加销售收入

企业间提供的商业信用，既满足了一方生产经营的需要，也有利于对自身资产的充分利用，同时还减少了库存压力，降低了存货风险和仓储费用，加快了存货的流通速度和资金周转，提前确认了企业的销售收入，增加了企业的效益。

3. 促进销售，扩大市场份额

现代经济是以满足市场和用户需求而进行的生产与交换。市场除了有对商品（或劳务）数量、质量和价格方面的需求，还有对服务的需求，而提供商业信用正是满足市场需求的一项重要内容。工商企业通过提供商业信用，有利于缓解资金困难状况，维持生产循环，保持业务联系，从而使自身的产品拥有较高的市场占有比率。在经济活动中，保持商业信用一直被认为是企业间互利互惠的双赢之举。

4. 操作灵活，信用规模适度

商业信用的操作更为简单灵活，信用双方一般依购销合同约定条件，如延期付款、分期付款等，合同生效的同时信用随之产生。即使是商业承兑汇票，其手续也比银行承兑汇票或银行贷款简便。一般情况下，企业一方提供的信用规模和另一方的采购资金需求量是一致的，不会造成过度采购而引起的存货积压和浪费。

商业信用是企业之间的润滑剂，能够促进生产和产品的流通，是其他信用形式无法替代的。在银行信用迅速发展的当今社会，商业信用作为信用体系的基础仍然发挥着极其重要的作用。

古人说："人无信不立。"做人如此，做企业更要如此。商业信用是企业的灵魂，一个没有信用的企业连生存都很困难，更别提发展壮大了。商业信用对于卖方提供者来说，其作用表现在能够扩大商品经营规模、开拓商品市场、提高竞争力；对于买方提供者来说，其作用主要表现在能够稳定货源、稳定供需关系；对于卖方与买方接受者来说，其主要作用均表现为缓解资金短缺的困难。

民间信用并不等于高利贷

民间信用也称民间金融，泛指非金融机构的自然人、企业及其他经济主体之间以货币资金为标的价值让渡及本息还付。它是适应民间各经济主体之间为解决生产、经营、投资、生活等各方面的资金需求而应运而生的一种信用形式。

民间信用的主要存在形式有：直接货币借贷；通过中介人进行的货币借贷；以实物做抵押取得借款的"典当"等。民间信用的主要特点：信用的目的既为生产又为生活；期限较短，规模有限；自发性和分散性较强，风险性较大；利率较高。它是商业信用与银行信用的补充。其存在的基础是商品经济的发展和社会贫富不均，以及金融市场与其他信用形式不发达。

民间信用是一种古老的信用形式，主要是适应个人之间为解决生活或生产的临时需要而产生的。高利贷这种民间信用形式从古至今都一直存在，屡禁不绝。那么，高利贷产生的原因是什么呢？

所谓高利贷信用，就是以取得高额利息为特征的借贷活动。无论东方还是西方，高利贷在人类最古老的社会即已存在。在资本主义社会前经济生活中，高利贷甚至是占经济统治地位的信用形式。比如说在旧中国，借贷习惯按月计息，月息3分，即3%，这在现在看来，有点高得不可思议，但在当时已经是最"公道"的水平了。月息3%，即使不计复利，年息也达36%。比现在的银行利率水平高十余倍。但是，那时实际的月息通常大大高于3%。至于高到何种程度，很难说出上限。

那么高利贷是怎样界定的呢？经济史学者通常会按照如下方式定义高利贷：

选定一个“我们觉得合适”的数字，比如20%的年利率，然后把利率超过了20%的任何借贷定义为高利贷。这样的定义从字面意思上看并没有错，因为超过20%的利率的确比较“高”。

高利贷产生于原始社会末期，在奴隶社会和封建社会，它是信用的基本形式。换句话说，在资本主义社会出现之前，在现代银行制度建立之前，民间放贷都是利息很高的。在当时，由于私有制出现，贫富分化，人们开始采用还本付息的方式借贷。因当时剩余产品有限，可贷资财极少，借款者只有付出高额利息才能得到急需的商品和货币。这是高利贷产生的历史根源。

在我国，早在西周时期（公元前1066年~前771年），高利贷信用就已出现；到了春秋、战国、秦、汉时期，放款收息的事已较普遍；唐、宋以来又有发展；明代至清代，高利贷信用更加活跃；国民党政府时期的高利贷十分猖獗。高利贷信用就是在小生产者不断破产的基础上生存、发展的。我国历史上高利贷的利息率很高，年利率在30%~40%是比较低的，自汉代以来就有“倍称之息”的说法，有的时期高达200%~300%。另外高利贷的形式也是多种多样的：

驴打滚：多在放高利贷者和农民之间进行。借贷期限一般为1个月，月息一般为3分~5分，到期不还，利息翻番，并将利息计入下月本金。依此类推，本金逐月增加，利息逐月成倍增长，像驴打滚一样。

羊羔息：即借一还二。如年初借100元，年末还200元。

坐地抽一：借款期限1个月，利息1分，但借时须将本金扣除1/10。到期按原本金计息。如借10元，实得9元，到期按10元还本付息。

由于高利贷有主体分散、个人价值取向、风险控制无力等特点，高利贷活动不可避免地会引发一定的经济和社会问题。一些利率畸高的非法高利贷，经常出现借款人的收入增长不足以支付贷款利息的情况。但在一些时候，由于合法金融在程序上的烦琐和复杂也给急需用钱的借贷人带来很多问题，而民间借贷却在这方面起到了无法替代的重大作用。因而，对于高利贷恐怕不仅要严堵，更要合理引导。

新中国成立以后的30年中，由于个人收入水平很低，无多余资金可供借贷，借入信贷也无力偿还。另外，个人无需进行生产经营投资，无大量借贷的必要。因此，民间信用规模范围很小，呈萎缩状态。

1978年改革开放以来，随着经济的发展，个人收入逐渐增多，除日常生活开支外，节余和积累逐渐增加，同时借贷偿还能力也有所增强，这就为民间信用的发展创造了基础条件。

随着个人和家庭生活水平的不断提高，个人和家庭生产经营的开展，生活开支和投资需要增加，个人之间的融资融物也有客观需要，于是民间信贷逐渐发展起来。在我国农村乡镇地区，民间信用相对繁荣，主要原因是：

第一，农民个人资金闲置和资金需求随着商品经济的发展迅速增长，这在客观上要求在农户之间或农村重点户、专业户和其他人员之间互相调剂资金余缺。

第二，国家银行信用和信用合作社信用不能完全满足个人对资金的需求。其一方面是由于国家银行和信用社的资金有限，以及经营方式、经营作风和经营能力等与农民对资金的需要不相适应；另一方面国家银行和信用合作社贷款有比较严格的限制，个人的资金需求许多与国家政策和贷款原则的要求不符。

我国民间信用规模究竟有多大，目前尚无确切的统计资料，事实上也无法进行确切的统计。有人估算民间信用中的资金借贷余额在 2011 中期应当有 3.8 万亿元，看来民间信用的总体是很庞大的。

民间信用是为解决经济主体的生产、经营、投资、生活等各方面的资金需求而产生的一种信用形式。但是，由于现阶段各种相关制度和法律法规不完善，客观上加大了民间融资行为的金融风险和金融欺诈的可能，因此民间信用的风险很大，在发生民间信用行为时一定要慎重。

个人信用是你的身份“识别卡”

俗话说，好借好还，再借不难。眼看着房价飙升，一天上一个台阶，可手里资金不足，怎么办？贷款。周末，同事都开着私家车去郊游了，你也想买辆车享受一下美满人生，可现金不够，怎么办？还是贷款。

对很多中国人来说，个人信用还是一个新鲜的词汇。那么个人信用指什么呢？它会对我们的金融生活产生什么样的影响呢？

所谓个人消费信用是指个人以赊账方式向商业企业购买商品，包括金融机构向个人提供的消费信贷。个人消费信用的对象主要是耐用消费品，如房屋、汽车、家具、电器等，甚至包括教育、医疗及各种劳务。个人经营信用是企业信用的人格化和具体化，是企业信用关系在经营者个人身上的集中反映。

6月初，胡小姐好不容易看中一套满意的二手房，自己的存款外加亲友能够提供的借款刚好够首付，但她去银行申请贷款时，意外出现了，胡小姐因个人信用不良被银行拒贷。原因很简单：她读大学期间申请了一笔助学贷款，毕业后一直是父母亲帮着偿还贷款。但是因为疏忽大意有时没有及时还贷，致使她的个人信用报告出现了负面记录。胡小姐大呼郁闷，但也无计可施，好不容易看好的房子就这样失之交臂，而且她还不知道这个信用污点会不会给以后的生活带来负面影响。

个人信用可以算得上是你的另一种“身份证”，千万不要小看了个人信用。良好的信用记录是你的宝贵财富，可以在你申请信贷业务、求职、出国时带来便利。不过，如果由于种种原因，在你的信用报告中出现了一些负面的信息，例如，信用卡没有及时足额还款、贷款逾期偿还等，这些信息都会如实展示在个人信用报告上，当这些记录数量较多或金额较大时，可能在你申请信用卡或贷款时，金融机构会认为你的信用意识不强或还款习惯不好而拒绝给你贷款或降低贷款的额度。这就会给你带来很大的麻烦。

当你去银行申请贷款时，银行的工作人员就会在您的授权下查询你的信用记录。如果记录显示有借款未及时归还、有费用没有按时缴清，你申请新的贷款可能就会批不下来，毕竟赖账的人是不受欢迎的。如果信用记录良好，你就能够更顺利地获得贷款，甚至还能获得一些优惠。

当然，对于银行来说，信用记录只是进行贷款审查与管理的重要参考，而不是唯一的依据，银行还会通过其他渠道对个人的信用状况进行全面调查和核实。个人征信系统里，就客观地记录着一个人过去的信用活动，它主要包括二类信息：第一类是基本信息，包括个人的姓名、证件号码、家庭住址、参加社会保险和公积金等信息；第二类是个人的信用活动信息，包括贷款、信用卡、担保、电信缴费、公共事业缴费等信息；第三类则是个人的公共信息，包括欠税、法院判决等信息。

发达国家个人信用有着精确的判断标准，并实行动态管理。以国外某些汽车金融公司汽车消费贷款为例，在贷款后管理上，以天约定，不是按月约定，还款日不还贷，就是违约，就形成不良信用记录；过几天不还，信用等级又要下调；在超过规定天数不还，银行就要采取法律手段并准备核销。

目前，我国银行对个人信用的判断标准还比较粗放，尚未达到精细化要求，如个人按揭贷款3个月内不还款仍视为正常贷款，实际上已严重影响了银行资金周转。很多本是不守信用的贷款，却没有反映出来。银行在维护自身不良贷款比率名声的同时，纵容了客户的失信行为，而自己也背上了经营管理不善的沉重包袱。

在我们国家，个人信用还处在刚刚起步的阶段，但在信用体系发达的国家，个人信用记录应用非常广泛，在贷款、租房、买保险甚至求职时都会用到。一份良好的信用记录会给个人带来许多实惠，他可以享受到更低的贷款利率——一笔切切实实的财富。

我国的个人信用体系发展情况如何呢？

目前，中国人民银行建设了两大征信系统，一是企业征信系统，为470多万户借款企业建立了信用档案，收录人民币信贷余额17万多亿元；还有一个是个人征信系统，当前，这个系统为5亿多人建立了信用档案，保存了5000多万人的信贷记录。这两个系统在为银行了解企业和个人的信用记录、贷款审查、防范信贷风险以及帮助企业和个人积累信用财富、获得更优惠的金融服务、获得更多的发展机会等方面将发挥越来越重要的作用。

而作为个人来说，我们就应努力建立和保持良好的信用记录。这里有三个要点：

首先，要尽早建立您的信用记录。可能有的人会说，为了免除信用污点，我干脆就不借款好了，这样不就一清二白了吗？这里要说明的是，不从银行借钱不等于就有好的信用，没有信用的历史记录，银行就难以判断个人信用状况。所以，建立信用记录的一个简单方法就是与银行发生借贷关系。

其次，要努力保持良好的信用记录。这就是说要重视信用，树立诚实守信观念，及时归还贷款及信用卡透支款项，按时缴纳各种费用，否则就会对个人信用造成影响。

最后，要多关心自己的信用记录。生活繁忙，金融交往也很频繁，由于一些无法避免的原因，你的信用报告中的信息可能会出现错误，因此我们一定要早发现。一旦发现自己的个人信用记录内容有错误，应尽快联系提供信用报告的机构，及时纠正错误信息，以免使自己受到不利的影响。

个人信用，已经成为我们的“第二身份证”——今后个人想申请贷款买房或是办理信用卡时，各家银行都会先查询申请人有没有“不良记录”，再决定是否办理。而在银行有信用污点的人，在全国各地都会遭到“封杀”，就算是办理一般金融业务也会“非常费力”。

良好的信用记录，将为你带来更优惠的信贷条件或额度，而逾期还贷、恶意透支等不良的信用记录，则有可能在全国范围内使个人的各种有关金融、消费的行为受到制约。

大胆进行信贷消费

信贷消费是个人和家庭用于满足个人需求（房产抵押贷款例外）的信贷，与企业信贷相反。信贷消费是商业企业、银行或其他金融机构对消费者个人提供的信贷，主要用于消费者购买耐用消费品（如家具、家电、汽车等）、房屋和各种劳务。消费信用是指工商企业、银行和其他金融机构提供给消费者用于消费支出的信用，即消费者利用自己的信用进行超前消费。

随着生产力的发展，人民生活水平逐渐提高，市场消费总供给结构不断发生变化，对价格昂贵耐用的消费品及住房的需求迅速增加。但对收入水平不够高的居民来说，购买耐用消费品如住房的价款，在短时间内难以备齐。于是，消费信用便成了解决这一问题的办法之一。

26 岁的小张在北京一家投资管理公司工作。刚工作两年的她虽然只有 5 万元的存款，但她却毫不犹豫地买下了北京某房产公司开发的一套价值 100 万元的公寓。小张乐观地说：“这套房子的首付款要 20 万元，我自己的存款虽然不够，但父母会给我提供一些‘财政援助’。剩下的，我会申请房屋按揭贷款。如果按照 25 年还本付息计算，每月还款大约在 5000 元。我现在每个月可以挣 1 万元，以后还会越来越好，所以还款不会出现问题。”

小张只是我国众多大胆“超前消费”年轻人中的一个。随着我国经济以接近十个百分点的持续快速增长，我国青年消费预期普遍提前，越来越多的年轻人敢于“花明天的钱享受今天的生活”。

那么，信贷消费的形式有哪些呢？

一是赊销。零售商向消费者提供的短期信贷，即用延期付款的方式销售商品。西方国家对此多采用信用卡的方式，定期结算清偿。

二是分期付款。消费者在购买高档消费品时，只支付一部分货款，然后按合同分期支付其余货款。如果消费者不能按时偿还所欠款项，其所购商品将被收回，并不再退回已付款项。

三是消费贷款。银行通过信用放款或抵押放款以及信用卡、支票保证卡等方式向消费者提供的贷款。

现阶段，贷款买房已成为我国一个重要的经济现象，房地产业已成为我国国民经济的一个新增长点，房地产业的发展有力地刺激了我国经济的发展，增强了经济发展的后劲，带动新的消费热点，扩大市场需求，使消费结构更加合理，反过来又促进生产的增长，使生产与消费处于良性循环之中。对于个人来讲，超前消费不仅可以帮助我们购买超出目前购买能力的消费品，改善生活状况，还可将挣钱还贷的压力转换成自已的动力。但同时超前消费也带来了一些弊端，如加大个人生活压力，引发社会问题等。

美国人的超前消费行为是出了名的，买房子贷款、上大学贷款、买汽车贷款、买台电脑贷款，甚至还有贷款结婚、贷款旅游、贷款办生日派对等。美国人到银行贷款就像是家常便饭。同时，由于销售商提供的分期付款服务，有人甚至买套餐具、被褥也分期付款。

超前消费的一种形式就是信用卡消费，相信对于信用卡年轻人并不陌生。在美国，有些人就是利用银行信用卡 30 天免息透支消费，然后用新贷还旧贷，结果背上一身卡债。这就是所谓的信用卡“灾”。在美国，贷款消费无处不在，没有使用过贷款消费的美国人几乎不存在。

现在，在很多银行申请信用卡的时候一般会免掉用户的第一年年费，开卡送礼也已经不是新鲜事了，从迪斯尼玩具到 SWATCH 手表，银行显得异常慷慨而且宽容。但是，银行在提供给你礼物的同时，也具备了收取以后每年信用卡年费及其他各项费用的权利。

第一年免年费并不意味着年年免费，一般情况下，一旦申请成功并拿了礼物，半年内是不能销卡的，稍加忽略就很容易跨越两个收费年度。而且需要提醒的是，信用卡一旦激活即使从来没用过，也要收取年费。如果持卡人到期没有缴纳年费，银行将会在持卡人账户内自动扣款，如果卡内没有余额，就算作透支消费。免息期一过，这笔钱就会按年利率“利滚利”计息。

因此，信贷消费应该遵循超前消费与量入为出，相当于攻与守、进与退的对立统一。鼓吹超前消费或者抵制超前消费都是有失偏颇的，物极必反，二者必先调和，否则后果不堪设想。

在具体消费时，应注意以下几点：

首先，避免盲目性消费。缺乏计划，随大流抢购市场热销而自己并不急需的商品，这种消费方式是不可取的。

其次，杜绝浪费性消费。浪费性消费通常表现在生活的细枝末节上，如食品多了变质，水龙头漏水，不随手关灯等。

再次，减少积压性消费。造成积压性消费的原因往往是抢购和赶时髦，购进大量家庭一时用不完或暂时用不了的东西，造成积压，使商品的使用价值逐渐减少甚至失去，也可能使自己丧失购买更急需或更合心意的商品的支付能力。

最后，抑制冲动性消费。冲动性消费往往源于享乐意识，看见某件喜爱的东西，明知价格偏高，亦毫不犹豫地买下，等日后在其他地方发现同样的东西价格要便宜得多，便后悔不迭。或者一时兴起，上饭店大吃一顿，去娱乐场所痛玩一场等，一个月的生活费在几小时内挥霍一空。这种冲动性消费对工薪阶层危害不小，应理智地予以控制。

这是一个消费时代，各种消费方式五花八门，每个人、每个家庭的消费观和消费目标千差万别，年轻的夫妻在走上家庭生活道路时，选择一种正确的消费方式非常重要，因为合理的消费可以为未来的发展打下良好的基础。

第十三章　最大效能地吸引闲置资本

——关于融资的财经常识

中国现代一个重大难题就是中小企业贷款难，融资难。这与体制陈旧和金融体系落后是密切相关的。一方面是千万企业需要资本，一方面是很多资本转化为游资和高利贷，二者没有形成有效的链接，社会财富增速受阻。转为高利贷的资本会破坏企业，转为游资的资本则是炒楼和炒股。因此，只有彻底扭转银行体系向国企和央企倾斜的做法，为千千万万的中小企业提供信贷资金，才能扭转这一危局。

——朱大鸣

（北京大学 MBA 校友，著名财经评论人）

制定融资策略前的必修课

金融市场就是一片广阔的大海，它不可能始终风平浪静，它总是变化莫测，暗潮汹涌。但是它最大的优势就在于，可以实现资金需求者与资金供给者的直接交流、沟通、交易，也就是金融学上所说的直接融资；而如果资金需求者与资金供给者是通过银行类金融机构来间接发生联系的话，那就又叫作间接融资。

在进行融资之前，我们必须要了解融资，根据企业自身的特点，制定自己的融资策略，帮助企业早日融资成功，促进企业发展。

1. 无形资产资本化策略

企业进行资本运营，不仅要重视有形资产，而且要善于对企业的无形资产进行价值化、资本化运作。一般来说，名牌优势企业利用无形资产进行资本化运作的主要方式是，以名牌为龙头发展企业集团，依靠一批名牌产品和企业集团的规模联动，达到对市场覆盖之目标。

2. 特许经营中小企业融资策略

现代特许经营的意义已超越这一特殊投资方式本身，并对人们经济和文化生活产生重大的影响。特许经营实际上是在常见的资本纽带之外又加上一条契约纽带。特许人和受许人保持各自的独立性，经过特许合作共同获利。特许人可以以较少的投资获得较大的市场，受许人则可以低成本地参与分享他人的投资，尤其是无形资产带来的利益。

3. 交钥匙工程策略

交钥匙工程是指，跨国公司为东道国建造工厂或其他工程项目，当设计与建造完成并初步运转后，将该工厂或工程项目的所有权和管理权的“钥匙”，依照合同完整地“交”给对方，由对方开始经营。

交钥匙工程是在发达国家的跨国公司向发展中国家投资受阻后发展起来的一种非股权投资方式。另外，当它们拥有某种市场所需的尖端技术，希望能快速地大面积覆盖市场，所能使用的资本等要素又不足时，也会考虑采用交钥匙工程方式。

4. 回购式契约策略

国际间回购式契约经营，实质上是技术授权、国外投资、委托加工，以及目前仍颇为流行的补偿贸易的综合体，也被称为“补偿投资额”或“对等投资”。

这种经济合作方式，一般说来是发达国家的跨国公司向发展中国家的企业输出整厂设备或有专利权的制造技术，跨国公司得到该企业投产后所生产的适当比例的产品，作为付款方式。投资者也可以从生产中获得多种利益，如机器、设备、零部件以及其他产品的提供等。

5.BOT 中小企业融资策略

BOT（建设—运营—移交）是一种比较新的契约型直接投资方式。

BOT 中的移交，是 BOT 投资方式与其他投资方式相区别的关键所在。契约式或契约加股权式的合营，指投资方大都在经营期满以前，通过固定资产折旧及分利方式收回投资，契约中规定，合营期满，该企业全部财产无条件归东道国所有，不另行清算。而在股权合资经营的 BOT 方式中，经营期满后，原有企业有条件地移交给东道国，条件如何，由参与各方在合资前期谈判中商定。独资经营的移交也采用这种有条件的移交。

6. 项目中小企业融资策略

项目中小企业融资是为某一特定工程项目而发放的一种国际中长期贷款，项目贷款的主要担保是该工程项目预期的经济收益和其他参与人对工程修建不能营运、收益不足以及还债等风险所承担的义务，而不是主办单位的财力与信誉。

项目中小企业融资主要有两种类型：一是无追索权项目中小企业融资，贷款人的风险很大，一般较少采用；二是目前国际上普遍采用的有追索权的项目中小企业融资，即贷款人除依赖项目收益作为偿债来源，并可在项目单位的资产上设定担保物权外，还要求与项目完工有利害关系的第三方当事人提供各种担保。

7.DEG 中小企业融资策略

德国投资与开发有限公司（DEG）是一家直属于德国联邦政府的金融机构，其主要目标是为亚洲、非洲和拉丁美洲的发展中国家及中、东欧的体制转型国家的私营经济的发展提供帮助。

DEG 的投资项目必须是可盈利的，符合环保的要求，属于非政治敏感性行业，并能为该国的发展产生积极的影响。

8.IFC 是中小企业融资策略

世界银行国际金融公司（IFC），采用商业银行的国际惯例进行操作，投资于有稳定经济回报的具体项目。现在主要通过三种方式开展工作，即向企业提供项目中小企业融资、帮助发展中国家的企业在国际金融市场上筹集资金及向企业和政府提供咨询和技术援助。

IFC 通过有限追索权项目中小企业融资的方式，帮助项目融通资金。IFC 通过与外国投资者直接进行项目合作、协助进行项目设计及帮助筹资来促进外国在华投资。

9. 中小企业融资租赁策略

中小企业融资租赁是指：出租人根据承租人的请求及提供的规格，与第三方（供货商）订立一项供货合同，出租人按照承租人在与其利益有关的范围内所同意的条款，取得工厂、资本货物或其他设备（以下简称设备），并且出租人与承租人订立一项租赁合同，以承租人支付租金为条件授予承租人使用设备的权利。

10. 成立财务公司策略

根据我国的现行金融政策法规，有实力的企业可以组建财务公司、企业集团财务公司作为非银行金融机构的一种，可以发起成立商业银行和有关证券投资基金、产业投资基金。申请设立财务公司，申请人必须是具备一系列具体条件的企业集团。

财务公司可以经营：吸收成员单位的本、外币存款，经批准发行财务公司债券，对成员单位发放本、外币贷款，对成员单位产品的购买者提供买方信贷等中国人民银行根据财务公司具体条件决定和批准的业务。

11. 产业投资基金策略

投资基金是现在市场经济中一种重要的中小企业融资方式，最早产生于英国，发展于美国。目前，全球基金市场总值达 3 万亿美元，与全球商品贸易总额相当。进入 20 世纪 90 年代以来，利用境外投资基金已成为我国利用外资的一种新的有效手段。

投资基金的流通方式主要有两种：一种是由基金本身随时赎回（封闭型基金）；另一种是在二级市场上竞价转让（开放型基金）。

12. 重组改造不良资产商业银行策略

银行在我国可以算是特殊的政策性资源，企业完全可以抓住机会以银行资产重组的形式控股、兼并、收购地方性商业银行。银行资产重组，根据组织方式和重组模式的不同，可分为政府强制重组、银行自主重组；重组的措施可以是资产形态置换和现金购买。总之是力求控股银行，对控股银行进行股份制再改造，申请上市和开设国内外分行，筹措巨额资金以支持业内企业的发展，形成实质上的产业银行。

13. 行业资产重组策略

资产重组是通过收购、兼并、注资控股、合资、债权转移、联合经营等多种方式，对同行业及关联行业实现优势企业经营规模的低成本快速扩张，并迅速扩大生产能力和市场营销网络。

14. 资产证券化中小企业融资策略

资产证券化是传统中小企业融资方法以外的最新现代化中小企业融资工具，能在有效地保护国家对国有企业和基础设施所有权利益和保持企业稳定的基础上，解决国有大中型企业在管理体制改革中面临的资金需求和所有制形式之间的矛盾。

15. 员工持股策略

目前我国股份公司发行新股，为了反映职工以往的经营成果，可以向职工发行职工股。该公司职工股的数额不能超过发行社会公众股额度（A 股）的 10%，且人均不得超过 5000 股；这部分公司职工股从新股上市之日起，期满半年后可上市流通。在公司上报申请公开发行股票材料时，必须报送经当地劳动部门核准的职工人数和职工预约认购股份的清单，中国证券监督管理委员会将进行核查，以后企业公开发行股票时有可能不再安排公司职工股份额。

如何摆脱融资之“难”

近年来，融资难已经成为广受关注的问题。其实对“融资”最浅显地解释，就是找钱用。随着经济的发展，利用自己和社会已有的金融资源为自己办事，解决我们所面对的一时之需，已经成为社会规律。无论个人还是企业，在需要用钱或者资金周转时，就要进行融资了。无论是自己的企业面临资金周转问题，还是准备创业却缺少起步资金，都需要学会如何融资。

在商场中，无论哪类企业，在初始资本金注入以后，后期的资金投入都是相对巨大的。当企业创立以后，马上就会需要有足够的资金来应对支出和业务费用。除非公司股东实力雄厚，否则长时间的生产运营，肯定会需要不少的资金，特别是高新技术类项目，会非常耗费资金。其次，即使产品生产出来了，完成生产和销售也需要很多的现金投入。对于商业服务类企业，且不说服务平台和网络的建设需要一定的先期固定投资，吸引客户、提供服务、完成业务等等都需要后续现金投入。特别是在初创阶段，对市场营销的投入将会有非常大的现金消耗。而对于科技型企业来说，大多数企业创始人都不具备雄厚的资金资源，因此向外寻求资金的注入，特别是机构投资人大额资金的注入，是非常关键和必要的。

一次演讲，成就融资百万：从小在苏北农村长大的王丹玲从小家境困难，在亲戚的周济下，王丹玲勉勉强强读到高二，就再也无力读下去了。辍学后的王丹玲随表姐外出打工，他们先后在皮鞋厂当过工人，倒卖过大白菜，而正是这次本该赔本的卖白菜的经历启发了王丹玲，也成了她生意的开始。

由于贫穷，王丹玲对经济有着特殊的敏感，她一直在自学经济学方面的课程，读了许多财富方面的书籍。她的知识积累这次派上了用场。在暂时租借的一家学校的礼堂演讲那天，前来听讲的人爆满整个礼堂。王丹玲激动异常，她讲得声情并茂，台下不时爆发热烈的掌声。

演讲结束后，王丹玲向所有听讲者发了自己的名片，希望能够寻找到合作者。第二天，就有几位有投资意向的人给她打来电话，约她详谈。几经筛选，王丹玲最终选择了一位在市场上倒卖鸡蛋的暴发户。

几个月后，王丹玲有着自己独特创意的“亮脸”公司营业了。企业既然有融资的需求和必要，融资的时机就成了非常关键的问题。因为，如果融资早了，可能不会有非常显著的效果；而如果融资晚了，资金链随时有断裂的危险，对公司正常的经营会有严重的威胁。在公司不同发展阶段，企业的估值水平也是随时变化的，所以，企业应该选择在能体现最大价值的状态下进行融资。

在确定融资的必要和选定时机后，企业还需要选择融资的方式。目前，通常的融资渠道有股权融资、金融租赁、银行贷款以及风险投资等等。面对变化的经济形势和行业状态，企业在不同的发展阶段，对资金有着不同的诉求。因为企业融资不是简单的需要多少钱的问题，成功的企业都是懂得在何时用何种方式达到何种目的“聪明”企业。

妙计擦鞋收拢巨额投资：

“亮脸”公司开业后蒸蒸日上，王丹玲自是喜上眉梢，“倒蛋大王”更是心花怒放。但是，时隔不久，王丹玲就觉得市场需求如此巨大，而自己的“道场”又实在太小了。她敏锐地意识到必须乘大好时机，扩大规模，走规模经营的道路。

王丹玲把自己的想法告诉“倒蛋大王”，“倒蛋大王”却颇感为难，因为他又玩股票又炒房子，摊子铺得太大，实在无力再出资，他让王丹玲再等等，等手上资金充裕了再作打算，不急在一时。

王丹玲心想：等面包被别人拿光了，你就只能捡一些面包屑吃了。做生意有时候也必须与时间赛跑，与时间赛跑就是与财富赛跑，谁跑得快，谁掘得的金子就越多。

就在王丹玲一筹莫展的时候，韩国一家公司的中国市场部经理杨经理来南京考察市场，王丹玲闻风而动，决定前往游说。

杨经理是一位久经沙场的老生意人，即使王丹玲侃侃而谈，杨经理仍不为所动。王丹玲有些心灰意冷。临走的时候，王丹玲执意要为杨经理擦一次皮鞋，并笑着说："我在皮鞋厂打过工，跟一位老师傅学了一手擦鞋的手艺。我招进来的每一位员工，我都会为他们擦一次鞋。"

杨经理还是不解："可我不是你们公司的员工。"

王丹玲说："对待合作伙伴和可以成为合作伙伴的朋友，我都会为他擦一次鞋，只一次。生意归生意，朋友归朋友，要想真正在一起合伙捡金子，首先要成为真诚的朋友。为朋友擦一次鞋，就算是一片诚意和见面礼了，没什么丢颜面的？"

其实，王丹玲当时也只是死马当活马医，一时突发奇想，想出擦鞋这一令她自己也有些哭笑不得的一招。没想到这次临场发挥，拉近了她与杨经理的距离。

半个月以后，杨经理陪同公司总部的老总登门"拜访"，王丹玲喜出望外，向这位老总捧出了自己的计划书。

时隔不久，杨经理带来好消息，韩国总部认为王丹玲是一位有能力有潜力并且值得信赖的合作伙伴，决定投资 1500 万元。

现在，王丹玲的亮脸公司正在呈遍地开花之势奋力发展。昔日的农家女早已脱胎换骨，成了远近闻名的"金凤凰"。

融资除了能解决资金问题外，还有一个功能就是引进战略投资人，优化企业的股权结构和治理结构。对于大部分企业来说，机构投资人能够带给企业的不仅会是强大的资金资源，更会在公司治理、行业整合、业务拓展等方面有全方位的支持。

在正常情况下，一个人有个好主意，大家都可以来投资，结果就是大家都可以发一笔财。但是如果"各人自扫门前雪，不问他人瓦上霜"的思想太过于浓厚的话，富裕的很可能只是一小部分人。在融资过程中，企业要放开，要懂得融资，个人也要放开，要敢于投资。而这里面存在一个很大的问题，那就是信任。可以说，信任也是融资中的一个制胜技巧，因为如果大家对张三或李四这个人都信不过，那无论他开的是餐馆还是物流公司，他的想法多么新颖，也不会有人敢向他们的公司投资。

做好企业的资金管理

假如将一个正常经营的企业交给你接管，相信短期内你一定也会管理得有条不紊。可是，如果让你自己创业，管理一个新企业，这就要难很多了。因为创立一家新企业，远比管理一家现成的企业困难得多。那些成功的企业家不但是经营管理的能手，同时更是融资的能手。

资本管理是指将现有财富，即资金、资产等不具生命的物质，转换成生产所需的资本，也就是以人为本，使知识、才能、理想及策略融合而成的有机体，透过管理来因应社会环境的需要，以创造源源不绝的长期价值。因此，资本管理不但是返璞归真，更在格局及眼界上加以提升，为人类经济、社会、环境各方面，有形及无形财富的创造，奠定长久的基础。

中小企业银行贷款难的问题一直是社会普遍关心的经济问题之一。某服装公司是服装加工出口型企业，规模属小型（其品牌开发和竞争能力相对有限），主导产品为混纺针织服装，外销市场主要为欧洲地区。一直以来，纺织业是我国在国际市场竞争力强的产业之一，但也是与欧美国家发生贸易摩擦最大的行业。借款人从事商贸业务 18 年，开展服装生产经营 3 年，与国外客户建立较为良好稳定的合作关系，购销渠道畅通。

借款人新成立企业 3 年，便能在较短时间内、较大幅度地扩大产品的销售和实现企业的盈利，可见借款人的个人民银行业资源积累已成为企业发展的重要支撑和保证。同时，借款人购入生产设备和对自行研制纺织机械的投入，以及陆续对企业投入个人资金（列入其他应付款项），这在一定程度上反映了借款人立足该行业发展并积极发展该企业的信心和能力。

成功的融资案例揭示着融资双方共同努力以及良好沟通的结果，他们在具体的经济活动中进行有效融资申请和保证高效率的审批和风险评估。

在企业发展中，贯穿全过程的是资金，缺乏资金企业将丧失最基本的生存权利，更谈不上企业发展和获利。因此，推行以资金管理为核心的财务管理工作更有利于实现企业管理目标。资金是企业经济活动的第一推动力，也是一个持续推动力。对企业的经营和发展来说，能否获得稳定的资金、能否筹集到生产过程中所需要的足够的资金，都是至关重要的。而民营企业在发展中遇到的最大障碍就是融资困境，大约 80% 的被调查民营企业认为融资难是一般的或主要的制约因素。

聪明的人总是能够很好地解决问题，而愚昧的人总是被问题解决。智慧的作用就是解决现实中的矛盾，但是如果需要智慧真正地发挥作用，必须要具备一些基本的条件，也就是说，智慧的真正作用是如何正确地利用有限的条件、资源以及如何更好地利用有限的条件重新组合成某种竞争优势，这种组合就是再创造。这种再创造需要一系列有关的基本条件作基础，而并非如何无中生有或凭空设想。

在竞争日益激烈的今天，资金是企业生存发展的物质基础，也是企业生产经营的血液和命脉，更是企业管理的主题。很好的管理资金是取得胜利的根本，这不是个别言辞的吹嘘，也不是一两个聪明的脑袋就能够实现的，而是由市场规律的本质所决定的。不过，聪明的脑袋的确可以将资金或资源的利用率降到最低或者是最合理的程度，也可以想到很多融资的办法，但是并不意味在竞争中可以空手套白狼。即使有这种可能，那也是在某些特殊环境下、特殊的条件下的偶然事件。如果只是坐等这种机遇的降临，那么无异是在期望着“天上掉馅饼”的事情发生。

北京建工四建工程建设有限公司是国内一家大型的建筑企业，下设水电设备安装、装饰、市政、钢结构、房地产开发、物业管理等多个专业公司和15个土建施工项目经理部，组织机构庞杂，管理方式较为粗放，致使公司总部资金管理能力较弱，企业核算难度较大。

认识到这一问题后，企业采取了一系列措施来改善企业状况。公司通过NC系统客户化对会计科目、客商档案、项目档案等基础数据的管控以及系统参数配置，确保了公司制定的统一的会计核算制度、政策在下属单位的贯彻执行；财务数据集中管理，将全公司财务数据共享、方便查询与实时监控下属单位财务情况；通过NC系统的协同凭证功能，解决内部对账难以及及三角债问题；通过资金计划系统，加强了资金管理，公司及时掌握各单位及全公司未来一段时间的资金流入流出情况，统筹安排资金；并通过资金结算平台，统一办理对内及对外支付业务，实时掌控各项资金支付情况。通过内部信贷及资金计息，强化下属单位加强日常资金管理，提高资金使用效率；快速准确地编制公司报表及报表分析。

自2007年11月四建公司财务信息化项目启动以来，现已建立公司统一的财务管理系统平台，实现了对下属单位财务状况进行实时监控管理。建立统一的报表管理系统，满足了公司及下属单位各项报表的要求，进行及时、准确的汇总合并。建立资金管理系统，满足公司集中的资金管理要求，掌控下属单位资金的流入和流出情况。与用友的合作已经基本取得达到了预期的公司财务集中管理目标。公司的财务信息化进程已经进入了新的阶段。

资金管理是企业管控的重中之重，企业管理以财务管理为核心，而财务管理则以资金管理为核心。有了充足的资金，企业才有做事情的底气，才能够真正地做到干什么都可以得心应手，而资金不足就会让企业在机会面前畏首畏尾，不但束缚了管理者的思维方式，还会极大地破坏管理者的投资心态，想做的事情不敢做，可以想的事情却又不敢想。在竞争过程中，很多的成功都必须依靠充足的资金来实现，如果因资金不足，退而求其次，则很可能会变主动为被动，从而丧失了大好的获胜机会。

此外，资金不足还可能导致部分企业领导者偏激的投资心态，不是之前的畏首畏尾，便是倾向于孤注一掷，不能顾全大局，做不到全面地思考问题，以至于盲目乐观、自信，甚至一厢情愿地幻想着事情不会那么糟糕，最终走向惨败。

经济不断发展的今天，强化企业资金管理，对加强内部管理、提高经济效益、贯彻落实企业战略方针以及实现企业经营目标任务都具有重大的战略意义。抓住资金管理，一切问题就迎刃而解。

让企业获得银行信贷

商业银行通过各种渠道和手段取得资金后，除了一小部分用于存款准备金外，其余资金都要用于贷款和投资，以便能从中获取利润。放款业务和投资业务，是银行资金运用的两大主要内容。

银行以一定的利率将资金贷发给资金需要者，并约定期限归还的一种经济行为，就是银行贷款。银行贷款历史悠久，是企业融资渠道的重要形式之一。

1990 年秋，美国华盛顿银行副总裁迈·哈丁审阅了瑞德胡克阿尔啤酒酿造公司的一项新的贷款申请。银行于 1987 年第一次和瑞德胡克发展业务关系，那时银行为其融通了两笔资金，一笔为 750000 美元的定期贷款；另一笔为 100000 美元的信用额度。该公司一直和银行保持良好的信誉关系，能够达到或超过财务计划目标，而且能及时归还贷款。

瑞德胡克有给人以深刻印象的经营记录。创建于 1981 年的该公司自从 1984 年以来销售以年平均 53% 的比率增长，在 1989 年达到了 2700000 美元。在太平洋西北部不断增长与竞争越来越激烈的微酿酒市场中，它的阿尔淡色啤酒和彼特黑色啤酒占有 50% 的市场份额。

为了满足预计增长的产品需求，瑞德胡克计划在加利福尼亚北部的海湾地区建一新酿酒厂。另外其还想引入拉哥淡啤酒品牌，这需要再在华盛顿西部波各圣德地区建立一较大的啤酒厂。为了给经营扩展融通资金，瑞德胡克正在寻求5000000美元股权投资，股东为有兴趣进入北美市场且资金雄厚的一欧洲酿酒厂。同时，美国华盛顿银行已答应为其提供6500000美元的新贷款。

企业的发展不能完全依赖于自身，合理地使用银行信贷，可以让银行成为企业的坚实支柱。但是银行信贷的发放不是随随便便就能通过的，关于银行贷款，可以主要关注以下几方面：

1. 银行贷款的特点

（1）向银行贷款只需要取得银行同意就可以，不必经过国家金融管理机关、证券管理机关等部门批准，手续比较简单，资金到位快。

（2）如果微观环境发生变化，还可以和银行协商变更有关条款。由于它面对的对象只有一个而不像债券那样分散，所以协商比较灵活。

（3）只需要和银行进行协商就行，不需要制作大量的文件，也不需要进行广告推广，所以融资成本低，贷款利率也要低于债券融资利率。

（4）贷款利息可以进入成本核算，企业能够从中取得节税效应。

（5）任何企业都可能把银行贷款作为长期资金来源，而不像发行股票、债券那样必须是股份制企业才行。

2. 银行贷款的种类

（1）按贷款期限不同可以分为短期贷款、中期贷款、长期贷款。

短期贷款的期限在1年以内，包括1年；中期贷款的期限在1年以上、5年以下，不含1年但包括5年；长期贷款的期限在5年以上，但不包括5年。

按贷款期限划分银行贷款，目的主要是监控贷款的流动性和资金周转情况，使得长、中、短期贷款保持一个适当比例；同时，也有利于按照贷款期限长短安排贷款顺序。

从发展趋势看，目前商业银行发放的中长期贷款比重在增加。这固然有助于银行获得较多、稳定的利息收入，但也增加了贷款风险。

（2）按担保条件不同分为信用贷款、担保贷款、票据贴现。

信用贷款是完全凭客户的信用，不需要任何担保和抵押就可以取得贷款；担保贷款需要有一定的财产和信用做担保；票据贴现是指客户把自己还没有到期的商业票据来换取银行的现金或活期存款。

银行发放信用贷款的风险较大，所以这样的贷款利率一般较高。担保贷款包括抵押贷款、质押贷款、保证贷款，要按照《担保法》规定的方式办理。票据贴现需要预先扣除利息，票据到期后再和银行结算。

（3）按贷款用途不同分为工业贷款、商业贷款、农业贷款、科技贷款、消费贷款或者流动资金贷款、固定资金贷款。

按照贷款用途划分，目的主要是帮助银行安排贷款结构，降低贷款风险。

（4）按贷款风险大小不同分为正常贷款、关注贷款、次级贷款、可疑贷款、损失贷款。如果没有足够理由怀疑不能按时还贷，那就是正常贷款；如果有因素可能对按时还贷造成影响，那就是关注贷款；如果还款能力出现明显问题，有可能造成一定损失，那就是次级贷款；如果明确无法足额偿还贷款本息，即使担保也会造成较大损失，那就是可疑贷款；如果在采取所有措施包括法律程序后，仍然无法收回本息，至多只能收回少量本息，那就是损失贷款。

3. 办理银行贷款的一般程序

（1）建立信贷关系。无论企业还是个人，要想办理银行贷款，首先必须和该银行建立信贷关系。只有具有信贷关系，你才能向银行申请贷款。

企业对银行申请建立信贷关系，需要提交“建立信贷关系申请书”一式两份，等待银行信贷员的调查。调查内容包括：企业经营的合法性、独立性、是否属于国家产业政策发展序列、经营效益如何、资金使用是否合理合法。如果是新扩建企业还要看是否具备足够的自筹资金。

信贷员调查后会写出书面报告，逐级审查批准。如果审查通过，双方接下来就会继续签订“建立信贷关系契约”了。

（2）提出贷款申请。企业向银行提出贷款申请，必须从生产经营中流动资金的合理需要量出发，向银行申请流动资金贷款额度，填写“借款申请书”。银行会根据国家产业政策、信贷政策等规定，结合上级银行批准的信贷规模计划和贷款资金来源，对贷款申请进行审查。

（3）贷款审查。贷款审查的内容主要有：直接用途，看是否是“合理进货需要支付货款、承付应付票据、经银行批准的预付货款、按规定用途使用的专项贷款”中的某一项；企业近期经营状况，主要看物资购进、耗费、库存，产品的生产、供应、销售，流动资金占用水平、结构，企业信誉，企业经济效益；企业有没有挖潜计划、流动资金周转加速计划、流动资金补充计划，以及其执行情况；企业发展前景如何，主要考察整个行业的发展前景以及企业发展方向、产品结构、寿命周期、新产品开发能力，主要领导工作能力、经营决策水平、开拓创新能力等；企业负债能力，主要看可用自有流动资金占全部流动资金的比例、企业流动资产负债率两项指标。

（4）签订贷款合同。贷款合同中要载明资金用途、到期还本付息数额。贷款利息由国家规定，双方一般不能随意商定。主要内容包括：贷款种类、用途、金额、利率、期限、还款资金来源及还款方式、保证条款、违约责任等。

（5）发放贷款。贷款申请经审查批准后，下一步就是银行发放贷款了。主要过程是银行经办人员填制放款放出通知单，由信贷员、科（股）长、行长（主任）签发，然后送银行会计部门，将贷款划入贷款企业账户。

我国从 2002 年 1 月 1 日开始实行这种分类，目的是帮助银行及时意识到贷款风险，把损失降低到最小限度。在此以前，长期实行的是“一逾两呆”（正常、预期、呆滞、呆账）的分类方法和监督评估制度。

资金是企业发展的源泉，而银行信贷又是资金的一个重要来源。认识到企业信贷对于企业的重要性，懂得如何利用银行信贷，也就是为企业的发展找到了富裕的后台。有了它，企业在发展的道路上，每一步都走得坚定而且姿态骄傲！

融资诊断与评估确定合理性

所谓融资诊断与评估，就是指企业在充分调查研究企业的优劣势、所面临的机会和风险的基础上，进行系统地分析和诊断，判断出企业对资金的需求情况，并评估出企业融资的必要性和可行性，然后企业就可以根据自身所面临的内外部状况和财务状况测算出合理的需要筹集的资金量以及必需的融资成本。

为什么要进行融资需求诊断与评估呢？不进行诊断与评估，企业融资的合理性无法确定，就有可能犯方向性错误，就可能会带来融资风险，所谓“头疼医头，脚疼医脚”。不进行诊断与评估，不了解企业内部的资源来源和资金占用的内部结构，就无法确定合理的资金需要量和合理的资金需求时间。不进行诊断与评估，不掌握企业拥有的内部和外部资源，就不可能选择和设计合适的融资工具，无法在融资的成本、风险两者之间做到平衡。不进行诊断与评估，就不可能选择合适的融资渠道，就有可能浪费企业的资源。不进行诊断与评估，就不能了解企业是否具备融资的基础，就不利于做好融资的各项准备性工作。不进行诊断与评估，就无法确定融资需求，量化融资工作的目标，以便有针对性地选择融资工具和资金渠道。

融资诊断和评估需要对下列内容进行判断和评估：可能影响企业融资的发展战略；融资的必要性；融资实现的可行性；融资需求的评估与量化，科学合理的融资诊断与评估对企业融资的成败有着极其重要的意义。

其一，合理的融资诊断与评估可以很好地印证企业融资的合理性，为企业融资指明方向，避免所谓的“头疼医头，脚疼医脚”的融资风险。

其二，有助于企业经营者透彻地了解企业的资金来源和资金使用的内部结构，从而确定出科学合理的资金需求量和有利于企业发展的资金需求时间。

其三，有助于使企业对自身所拥有的内外部资源有一个清醒的认识，为“知己知彼，百战不殆”打好基础，从而设计出符合企业的实际要求的融资工具和渠道，尽可能地在融资成本和融资风险之间找到一个平衡点。

其四，有助于企业打好融资基础，为融资做好各项准备性工作。

其五，有助于企业在已经掌握的资料的基础上，运用一系列科学的方法对融资目标进行量化，为融资的具体工作提供直接的参考和指引作用。

企业要做好融资诊断与评估，就要注意以下几个步骤：

第一，收集好相关的书面资料，做好与有关部门和负责人的访谈工作，必要的时候还要进行现场考察。

第二，对已经收集到的资料和数据进行归纳、分析，提取出有利的数据，并形成报告。

第三，组建由企业内外部专家组成的专家组，对上述数据和报告进行修正和补充，并形成最终的融资诊断和评估报告。

融资之前要计算融资成本

对于企业而言，融资最重要的两件事：第一，是要认清自己，明确自己的定位；第二，就是结合自己的定位，找到合适的金融工具或者金融工具的组合。而在融资之前，企业不得不考虑一个重要的因素，那就是融资成本。

2011 年，多家银行公布了赴香港发行人民币债券的计划，累计赴港发债的规模达到 800 亿左右。赴港发行人民币债券是指境内金融机构依法在香港特别行政区内发行的、以人民币计价的、期限在 1 年以上按约定还本付息的有价证券。

从近几年赴港发债的几家银行来看，数量并不大，频率也不高；截至目前，境内银行累计在香港发行人民币债券，总融资额为 460 亿元人民币。

业内人士认为，“低成本发行的环境是多家银行选择赴港发债的重要原因”。根据北京银行发布的公告称，根据以往发行情况，在港发行人民币债券的利率较同期境内金融债券的利率低平均约 65bps。其中 2008 年 8 月进出口银行发行的香港人民币债券和境内金融债券的发行利差更是达到了 130bps，融资成本优势明显。

融资成本是资金所有权与资金使用权分离的产物，其实质是资金使用者支付给资金所有者的报酬。由于企业融资是一种市场交易行为，有交易就会有交易费用，资金使用者为了能够获得资金使用权，就必须支付相关的费用。如委托金融机构代理发行股票、债券而支付的注册费和代理费，向银行借款支付的手续费等等。企业融资成本实际上包括两部分：即融资费用和资金使用费。融资费用是企业在资金筹资过程中发生的各种费用；资金使用费是指企业因使用资金而向其提供者支付的报酬，如股票融资向股东支付股息、红利，发行债券和借款支付的利息，借用资产支付的租金等等。

2011 年上半年，上海中小企业利润增长趋缓，部分企业利润持平或下滑，甚至面临亏损停产。国家统计局上海调查总队发布对部分区县中小企业当前经营状况的调查报告。调查显示，奉贤区半数以上的受访企业利润总额同比下降或亏损；青浦区受访的 29 家企业中，有 18 家企业表示盈利空间受一定程度挤压。

大部分企业反映，今年央行三次加息，银行资金管制力度加大，进一步推高了中小企业融资成本和贷款难度。青浦区有部分企业表示今年融资成本明显上升。闵行区也有一些企业表示从银行贷款比较困难。浦东新区张江高科技园区的企业反映，目前银行贷款利率上升，企业贷款成本已达贷款额的 11% 以上，即使部分企业有贴息项目（贴息 2%），贷款成本也在 9% 以上。

在融资成本的构成中，除了财务成本外，企业融资还存在着机会成本或称隐性成本。此外，另一个重要的因素是企业外在环境的变化和内在业务发展的状况都会影响企业融资的成本。

融资成本不仅对中小企业至关重要，它也是上市公司进行再融资方式选择时考虑的重要方面，公司的融资偏好在很大程度上取决于债券融资和银行贷款、股权融资成本的对比。下面我们就来看一看不同融资成本是如何计算的。

在公司资本成本的计量方面，从20世纪90年代以来，西方公司财务研究基本上认可了资本资产定价模型（CAPM）在确定经过风险调整之后的所有者权益成本中的主流地位。在借鉴相关研究的基础上，顾银宽等（2OO4）建立了中国上市公司的债务融资成本、股权融资成本和融资总成本的计量模型或公式。

1. 融资资本的计算

融资资本包括债务融资资本和股权融资资本，DK代表债务融资资本，EK代表股权融资资本，则分别有：

DK=SD1+SD2+LD

其中：

SD1代表短期借款，SD2代表一年内到期的长期借款，LD代表长期负债合计。

EK=EK1+EK2+EK3+EK4+EK5+ER1+ER2

其中：

EK1代表股东权益合计，EK2代表少数股东权益，EK3代表坏账准备，EK4代表存货跌价准备，EK5代表累计税后营业外支出，ER1代表累计税后营业外收入，ER2代表累计税后补贴收入。

2. 债务融资成本的计算

对上市公司来说，债务融资应该是一种通过银行或其他金融机构进行的长期债券融资，而股权融资则更应属长期融资。根据大多数上市公司募集资金所投资项目的承诺完成期限为3年左右，因此可以将债务融资和股权融资的评估期限定为3年。以DC代表债务融资成本，则DC可直接按照3～5年中长期银行贷款基准利率计算。

3. 股权融资成本的计算

股权融资成本Ec必须根据资本资产定价模型（CAPM）来计算。CAPM模型就是：

ri=rf+βi（rm·rf）

其中：ri为股票i的收益率，rf为无风险资产的收益率，rm为市场组合的收益率，βi代表股票i收益率相对于股市大盘的收益率。

4. 融资总成本的计算

上市公司的融资总成本是债务融资与股权融资成本的加权平均，即有：

C=DC ·（DK/V）·（1–T）+EC ·（EK/V）

其中：

C 代表融资总成本，T 代表所得税率，V 代表上市公司总价值，并且有：

V=E+Ds+DL

其中，E 代表上市公司股票总市值，Ds 代表上市公司短期债务账面价值，DL 代表上市公司长期债务账面价值。

通常情况下，企业所处行业的景气程度提高，同行业领头企业的成功融资，或者同行业上市企业的优异表现等等，都会对提升企业的价值有着或多或少的作用。而企业内部业务的发展、技术的突破、产品的试制成功等等也都可以实质性提升企业的价值。融资对企业来讲是生存的基础，也是持续发展的基础，但融资确实也给企业带来风险。企业能否获得稳定的资金来源、及时足额筹集到生产要素组合所需要的资金，对经营和发展都是至关重要的。因此企业方应该审时度势，未雨绸缪，更好地帮助企业发展。

提前做好融资计划书

融资是指为支付超过现金的购货款而采取的货币交易手段，或为取得资产而集资所采取的货币手段。通常是指货币资金的持有者和需求者之间，直接或间接地进行资金融通的活动。

而要成功融资，商务计划书是企业经营者必须做好的一步。一般情况下，投资方在了解融资方时，往往都是通过商务计划书开始对企业进行一步步深入了解的。

颜先生的公司需要获得一大笔投资，企业的规模扩张才能完成。为此，他让公司相关的人做出了一份商务计划书。为了保证让投资者看得明白，他还特意叮嘱做计划书的人一定要做得精练一点。这份简练的计划书做出来之后只有三五页，颜先生看了很高兴，一些主要的内容都有了，细节省去了，看上去一目了然。颜先生想，这下子一定有戏。计划书递给投资方两天之后，对方打来电话，对颜先生说：“你的项目很好，但是我还有些事情不明白，麻烦你给我写个说明补充一下吧。”颜先生赶紧写了个补充性质的说明书递过去。三天之后，对方又打来电话说，计划书里有一个地方的账目没算清楚，要颜先生再给算一下，颜先生就专程派人跑过去给算了一下。过了半个月之后，对方又打电话给颜先生说实在弄不明白他们公司的财务净现值到底是怎么算出来的，需要颜先生处理一下。就这样，来来回回四五次之后，对方终于没有耐性了，就干脆拒绝了颜先生的融资请求。

从颜先生的经历中可以看出，一份好的融资计划书非常重要，而一份好的融资计划书的要求是什么呢?

融资时，写融资计划书的主要目的就是吸引投资人。融资计划书的详略要根据企业的具体情况而定，既不能过于烦琐，也不能过于简单。如果企业面临非常激烈的市场竞争和复杂的商业环境，那么融资计划书就要详细一点；如果企业的业务单一，但管理队伍很精干，那么融资计划书就可以简洁一点。不论详尽与否，融资计划书都一定要做到重点突出，根据企业的长期发展目标来合理安排，千万不能主次不分。

做完一份融资计划书后，我们也要懂得如何来对它进行修改。我们都知道，融资计划书是围绕企业面临的商机，对影响企业发展的条件作出的合理、充分的分析和说明，而商机不是固定不变的，只有符合一定的条件才能成立，所以企业在制订融资计划书时要随时调整融资计划书的内容和实施情况，以便更好地顺应变动的市场条件，而不是不切实际地幻想让市场条件适合自己的计划。

后来，公司又找到一家投资公司。颜先生吸取了上次的教训之后，就让人认真地另做了一份详细的计划书。在这份计划书里，涉及本企业融资的所有信息都事无巨细地写进去了。看着这份融资计划书，颜先生以为这次应该不会有上次的那种麻烦了，没想到这次过了很久，他也没有得到对方的回应。最后颜先生实在耐不住了，就打电话过去问，才知道原来他的计划书实在是太厚了，被对方给放到一大堆计划书的最后面去了。

这就说明颜先生并不懂得如何修改。之前的一份融资计划书，过于简练，以至于连必要的数据分析等都没有，给投资者带来了太多的不方便，最后放弃了融资的计划。而经过修改以后，却洋洋洒洒地写出厚厚一本来，从一开始就被投资者放在所有融资计划书的最后。

融资计划书，其实是一份说服投资者的证明书，对它的撰写，一般分为以下五个步骤：

第一，融资项目的论证。主要是指项目的可行性和项目的收益率。

第二，融资途径的选择。作为融资人，应该选择成本低，融资快的融资方式。比如说发行股票、证券、向银行贷款、接受入伙者的投资。如果你的项目和现行的产业政策相符，可以请求政府财政支持。

第三，融资的分配。所融资金应该专款专用，以保证项目实施的连续性。

第四，融资的归还。项目的实施总有个期限的限制，一旦项目的实施开始回收本金，就应该开始把所融的资金进行合理的偿还。

第五，融资利润的分配。

在这几个步骤的操作中，还有一些注意事项需要我们留意：

一是适当地阐述产品的功能。很多投资者每天要看许多份融资计划书，太过具体冗长的“产品介绍”很难调动起他们的兴趣。我们要知道，写融资计划书的目的是阐述一个切实可行的良好商机而不是无谓地闲聊，其阅读者往往是投资方，因此一定要避免与主题无关的一些内容，开门见山地切入主题，用真实、简洁的语言描述所要表述内容的中心思想和投资者所可能关心的一些问题。然而有些企业经营者并不能抓住投资者的这种心理，常常担心因为投资方不了解自己的产品而影响到融资的成功，就在融资计划书中把产品写得非常具体。事实上，投资者更关心的是企业的产品能够帮助用户解决什么问题，所以，在融资计划书里，可以适当地说明产品，详细介绍产品能为用户解决什么问题。

二是做好财务预测。它是融资计划书的重要内容。财务预测是企业经营者对企业的未来发展情况的预期，也是对企业进行合理估值以吸引投资者的基础。

三是透彻描述竞争对手的情况。一个成长中的企业往往会面临不同的竞争对手，透彻地了解竞争对手的情况有助于企业及时采取应对措施，并坚持正确的发展路线，而这也是决定融资成败的一个重要因素。但总有一些企业在融资的时候会回避对竞争对手的情况的分析，更不愿意承认竞争对手的竞争优势。其实，如果让投资者看到企业对行业内竞争对手的透彻分析，他们会非常相信企业对同行业的理解力和对企业前景的正确把握。

四是要有明确而正确的融资目标。有些企业在融资的时候不是按照企业的发展需求来进行融资的，而是来者不拒，上不封顶；有些企业则是看到其他企业的融资情况就进行“攀比”。其实，企业融资额只有既能满足企业对资金的需求，又能将企业因为融资面临的风险降到最低，企业融资才是合理的，融资成本也会更低，也更能促进企业的发展。所以在写计划书的时候一定要对此有一个明确的认识。

债券融资解决资金短缺问题

债券融资，又叫债务融资，是指企业通过借钱的方式进行融资，债券融资所获得的资金，企业首先要承担资金的利息，另外在借款到期后要向债权人偿还资金的本金。债券融资的特点决定了其用途主要是解决企业营运资金短缺的问题，而不是用于资本项下的开支。

债券是企业直接向社会筹措资金时，向投资者发行、承诺按既定利率支付利息并按约定条件偿还本金的具有法律效力的债权债务凭证。

债券发行人就是债务人，投资者为债权人，二者之间是一种债务债权关系。企业通过发行公司债券达到融资目的，这是直接融资的一种有效形式。发行债券所融得的资金期限较长，资金使用自由，购买债券的投资者无权干涉企业的经营决策，现有股东对公司的所有权不变，债券的利息还可以在税前支付，并计入成本，具有“税盾”的优势。因此，发行债券是许多企业愿意选择的融资方式。

某房地产开发企业，项目总投资 1 亿元，自有资金 3000 万元，银行未偿还贷款 5000 万元，以企业名下物业（评估值 1 亿元）作抵押。尚需要借款 1 亿元，用于偿还银行到期贷款并完成项目建设工程（因为银行借款未还，且已经展期，因此，不能从银行再贷款，只能寻求其他融资渠道）。最后，这家房地产开发企业从一个金融公司融资，金融公司先偿还了 5000 万元银行借款，同时物业重新作抵押登记，再借出 5000 万元为其完成项目后期施工。

目前，我国债券市场规模偏小，品种单一，有待于进一步完善。债券融资具有一定的风险性，企业要规避风险，就必须寻求一个有利于债券发行的时机。

企业确定债券发行的时机需要考虑企业负债水平、融资预期收益以及国家的宏观经济环境等因素。

国际对企业资产负债率的考察标准为最高不超过 50%，因为企业负债一旦超过了这一界线，就容易发生财务危机。因此，企业应选择在负债率较低的时机发行债券，并进行融资收益预期，如果预测收益前景乐观，发行债券融资就是企业的最优方案；反之，企业就没有必要发行债券了。债权融资，相对股权融资面对的风险较简单，主要有担保风险和财务风险。作为债权融资主要渠道的银行贷款一般有三种方式：信用贷款、抵押贷款和担保贷款，为了减少风险，担保贷款是银行最常采用的形式。

企业应根据自己的经营状况、资金状况及所具备的条件，决定本企业的举债结构，并根据企业经营状况的变化随时调整这一举债结构。

大冶有色金属集团控股有限公司（下称公司）于2010年经国家发改委批准发行7亿元、8年期的公司债，简称“10大冶有色债”。在2009年国家有色金属行业振兴规划出台的背景下，公司作为中国五大铜原料基地之一，通过发行公司债券募集资金，将资金主要投入国家产业政策鼓励的铜冶炼节能减排改造和矿山深部开采等关系公司发展后劲的项目上，有利于公司贯彻执行国家产业政策，及时筹措资金满足公司重点项目建设需求。

要了解债券融资方式，我们先来看看债券融资的特点：

其一，发行债券的期限长短不限，由债务人自行确定。

其二，购买企业债券的投资者不得过问企业生产经营决策。这意味着企业所有权不受任何影响，不像股票那样分散股东对公司的控制权，它有利于保持企业的控制权。

其三，债券利息也是固定的，企业可从税前利润支付。当企业举债经营所获得的投资报酬率高于债券利率时，举债越多，对企业越有利。

由于公司企业信誉一般要比商业银行信誉低，因此，与银行贷款相比，发行债券融资成本较高，发行债券融资的风险性较大，到期还本付息会对企业构成较重的财务负担。一旦违约，企业就有遭遇倒闭破产的可能。但是企业发行债券融资也能够在一定程度上弥补股票融资和向银行借贷的不足。

然而，公司债券不是能够随随便便发行的，企业必须符合一定的条件才能够发行。企业要发行债券融资，必须有良好的生产经营状况，有连续3年的盈利记录，而不能因为生产经营发生亏损才想起发行债券融资。

债券的发行并非多多益善，受资金的限制，债券的发行是有数量限制的，企业需计算成本，融集资金如果不用就意味着浪费。

企业发行债券必须有担保，这是发行的重要条件之一。企业用自己的固定资产作抵押，或者让一家有一定资金实力的公司作为第三方保证担保。对于投资者而言，担保可以增加投资安全性，减少投资风险，使债券更具吸引力。当然，并不是说具有担保的债券就一定安全，只是相较于无担保债券风险要小一些。

企业如何选择发行价格，这不是由企业管理层单方面决定的，而是要根据市场情况来决定。债券发行价格主要有平价发行、溢价发行、折价发行三种。一般而言，公司根据自身的情况来选择贷款的种类，对于资金量需求大的、市场利率趋高、债市发达的企业来说，适合发行中、长期债券；反之，则应以短期债券为主。在偿还时，偿还期限越长，公司需支付的利息就越多。因此，公司应从资金需要的各个阶段、未来市场利率的趋势、证券市场流通程度等各方面因素进行综合分析，确定债券偿还期限。

债券融资因为自身的特点，使得企业在使用这笔通过发行债券融到的资金时，仍有一些限制，例如，不得用于弥补生产经营亏损和非生产性支出，不得用于炒作股票、房地产以及进行高风险的期货交易等与企业生产经营无关的风险性投资。

目前，中小企业普遍反映融资难，债券融资作为融资的一种金融工具和渠道，现行发行债券的法律法规和政策的夹击下仍面临着不利的局面，中小企业只有深入研究掌握债券发行的知识，才能充分利用这一自主便捷的融资工具为自身服务。

上市公司出让股权融资

股权融资一直是企业融资的主要方式之一，也是证券公司投资银行业务最重要的收入来源之一。

股权融资是指企业的股东愿意让出部分企业所有权，通过企业增资的方式引进新的股东的融资方式。股权融资所获得的资金，企业无须还本付息，但新股东将与老股东同样分享企业的赢利与增长。

投资银行的股权融资业务主要是帮助融资方公开或非公开发行股票筹集资金，并为其提供发行前的股份制改造以及证券产品设计、定价、寻找投资者、路演及承销等方面的服务。

股权融资按融资的渠道来划分，主要有两大类，公开市场发售和私募发售。所谓公开市场发售就是通过股票市场向公众投资者发行企业的股票来募集资金，包括我们常说的企业的上市、上市企业的增发和配股，都是利用公开市场进行股权融资的具体形式。所谓私募发售，是指企业自行寻找特定的投资人，吸引其通过投资人入股企业的融资方式。因为绝大多数股票市场对于申请发行股票的企业都有一定的条件要求，例如，我国对公司上市除了要求连续 3 年赢利之外，还要企业有 5000 万的资产规模。因此，对大多数中小企业来说，较难达到上市发行股票的门槛。私募成为民营中小企业进行股权融资的主要方式。

某民营企业是由国企改制而成的，改制后有超过两年完整的经营记录，发展也比较顺利。2004 年该企业的净利润超过人民币 2000 万元，2005 年净利润超过 3000 万元。2005 年净资产约 7500 万元人民币。企业产品销售市场稳定，其中 60% 的产品出口国外。后来该企业为了提升生产能力，降低生产成本，从而增强盈利能力，计划购入约 5000 万元生产设备，并确定引进策略投资者以股权投资方式解决购买设备所需资金。

这家企业联系了一个大型金融公司，经过一轮接洽，最终确定操作性最可行的香港某投资机构，投资者先后对企业进行了多次实地考察，并进行市场等多方面的分析后，最终签订了投资意向书。随后投资者对该公司进行投资前的尽职调查，包括财务方面及法律方面的尽职调查，这方面的工作，投资者聘请了境外的会计师及律师来完成。由于该公司前期进行了充分的准备，尽职调查工作进展顺利，结果满意。在专业机构调查报告结果正确的基础上，投资者很快决定了对该公司的股权投资，以 5000 万元港币投资占该公司约 30%的股权。在投资完成后，该公司正在为下一步申请直接上市做准备。

这是一次完整的股权融资过程，这样的案例并不少见，股权融资已经成为很多企业的融资选择。如果没有股权融资，四川长虹集团不可能发展成为中国的彩电大王；如果没有股权融资，青岛海尔也不可能成为海内外享有盛誉的特大型、多元化、国际化企业集团。这就是股权融资的神奇之处，从全国投资者手中汇集大量资金，扶植企业更好更快地发展。

然而，在股权融资的过程中，也有很多企业管理者，因为忙于融入资本，就没有过多地考虑企业的控股权，结果最后被人扫地出门。例如，点击科技的王志东在创办点击科技前，曾创办新浪网，由于在中小企业融资过程中，股权释放过快，导致由创始人变成小股东，最后在与投资方意见不合时，又被投资方一脚踢出了新浪网，给王志东的心灵造成了很大的伤害。

之后中国企业网创始人张冀光又是另一个例子。1998 年，张冀光创办中国企业网，1999年9月被当时中国数码收购80%的股份。中小企业融资后，张冀光担任总经理，对方另派一人担任董事长。结果，张冀光后来还是不得不离开了自己一手创办的中国企业网。但是，在争夺创业控制权方面，也有一个非常成功的例子，那就是当当网的李国庆及其团队，利用奇妙的战术，达成了自己绝对控股当当网51%的心愿。

当当网成立于1999年年底，在国内互联网公司大多还处于泡沫破灭，赔了很多钱，投资者看不到胜利希望的时候，李国庆及其团队异常团结，大家同进同退，取得了最后胜利。

2003年6月，当公司全面赢利已经成为现实的时候，李国庆向当当网的三大原始股东IDG（美国数据集团）、卢森堡剑桥、日本软银提出要股东奖励创业股份的要求，希望将增值部分的50%分给管理团队作为奖励，但是这一计划遭到了三大原始股东的强烈反对，认为李国庆要价太高。李国庆当即采取了一个措施，马上宣布将另起炉灶，做一个与当当网竞争的公司，并随即将这一消息广泛传播，让对方觉得“此事已定，没有商量”。

2003年10月28日，所有当当网的员工、IDG投资及中国国内一些企业高层都收到了一封题为《我的感谢以及任期》的电子邮件。由于当当网系由李国庆与其创业团队一手做起来的，三大原始股东一直并未插手经营，对网上书店不熟悉，李国庆突然宣布辞职，三大原始股东来不及安排人接班，也没有时间来学习。首先在意志上打击和动摇了对手。其次，当时正有美国的老虎基金也看好当当网的前景，准备加入。老虎基金也不希望李国庆带领团队离开当当另起炉灶，与当当展开竞争。李国庆就是利用了这一有利形势，推动老虎基金出面与当当网的三大原始股东谈判，最后达成协议，由老虎科技基金出面，向三大原始股东购买一部分当当网的股份，转而赠给李国庆及其管理团队。

2003年12月31日，协议正式签署，三方各自获利，李国庆以当当网的核心竞争力（团队）为筹码，并通过巧妙地运作，终于赢得了这场与资本方的博弈，实现了其“视王志东为榜样却坚决不愿成为王志东第二”的誓言。

1602年，第一个股票交易所在阿姆斯特丹建立。之后，无数的公司经过投资银行这个“接生婆”登陆证交所，成为公众持股的上市公司。截止2009年，纽约证交所上市公司达到4000余家，纳斯达克交易所上市公司约5000家，伦敦证交所上市公司约3200家，我国上海交易所和深圳交易所上市公司近1900家。这些公司在各个行业内都处于领军地位，它们都是以权力换资金，而投资银行在这些公司的上市过程中起到了关键性的作用。合理运用股权融资，可以帮助企业取得良好的发展，但是如果忽略了企业的控股权，后果也将不可估量。

通过金融租赁节省成本

金融租赁是指由出租人根据承租人的请求，按双方的事先合同约定，向承租人指定的出卖人购买承租人指定的固定资产。在出租人拥有该固定资产所有权的前提下，以承租人支付所有租金为条件，将一个时期的该固定资产的占有、使用和收益权让渡给承租人。

150 年前的伦敦东部地区，煤矿已经采用租赁的方式从制造商处获得烧煤的机车，当时人们普遍采用的方式是签订以星期为单位的租赁，并将其展期至数年。实际上，这已经初步具备了现代融资租赁的雏形。

但是，真正现代意义上的融资租赁产生于美国。在大西洋彼岸的美国，租赁业务从 19 世纪中后期开始也有很大的进步，1877 年美国贝尔电话公司向企业和个人出租电话机。电话租赁业务得到普及；19 世纪末，美国联合制鞋公司向制鞋商出租制鞋机等。

第二次世界大战以后，世界经济开始复苏，由于国际竞争加剧，制造商降低成本的要求非常迫切。而当时的美国经济也面临着从战时的军工生产向民用工业转变。但是美国政府的金融紧缩政策，使大多数企业很难筹措到资金。在这种情况下，出现一种不依靠自有资金和借款即可引进设备的机制也就变得顺理成章了。

1952 年，美国加利福尼亚州一家小型食品加工厂的经理亨利・斯克费尔德，因没有资金更新陈旧的带小型升降机的卡车，便考虑以每月 125 美元的代价租用卡车，并和经纪人成了协议。

据此，亨利・斯克费尔德产生了建立租赁公司的设想，并向一家商会的负责人提出了建议。正好该商会当时正准备引进价值 50 万美元的新设备，但又不想为此一次性支付全部购买款项。于是，双方动员了一些支持者，共同努力提出了租赁方案，并成功地从美国银行获得了约 50 万美元的贷款，作为出租给该商会设备的购入资金。

由于此次交易非常成功，1952 年，亨利·斯克费尔德创建了美国租赁公司，其主营业务是根据顾客的需要从其他制造商处购进设备，再租赁给顾客。这样，既解决了顾客尽早利用机器设备的问题，也解决了顾客资金不足，难以一次性付款的难题。亨利的公司被公认为是世界上第一家现代意义的融资租赁公司。

金融租赁实质是依附于传统租赁上的金融交易，是一种特殊的金融工具。一般分为三类，分别是直接融资租赁、经营租赁和出售回租。在金融租赁过程中，由于租赁物件的所有权只是出租人为了控制承租人偿还租金的风险而采取的一种形式所有权，在合同结束时仍需要转移给承租人，因此租赁物件的购买由承租人选择，维修保养也由承租人负责，出租人只提供金融服务。

租金计算原则是：出租人以租赁物件的购买价格为基础，按承租人占用出租人资金的时间为计算依据，根据双方商定的利率计算租金。

在整个过程中，金融租赁的完成需要几个关键要素，它们分别为：承租方主体、出租方主体、期限、租赁标的。而随着市场的发展和需求的多样性，金融租赁的表现形式已经丰富多样，出现了许多新式的租赁服务，比如回租、委托租赁、转租赁、合成租赁、风险租赁等，但总起来讲不外乎两种基本的模式，一种是出租方将标的物购买后移交承租方使用；另一种则是将购买标的物的资金以类似于委托贷款的方式交给承租方，由租赁方购买既定的标的物。而通过金融租赁实现融资的基本特征在于承租方的最终的目的是取得标的物的所有权。

因此，金融租赁的期限一般也是有限制的，通常会接近标的物的使用寿命。在相对成熟的金融租赁市场中，这个期限一般界定为设备使用寿命的 75%，而从租金的总额度上来看，也会接近标的物的购买价格，通常界定为购买价格的 90%，或者双方约定在期满后承租人以某种方式获取标的物的所有权。

2004 年 4 月初，在沪上金融租赁公司新世纪金融租赁有限责任公司的成功运作下，全国首个房地产“售后回租 + 保理”融资项目正式签约——沪上一家大型房地产公司将其拥有的海南一家著名大酒店出售给金融租赁公司，并签订了 5 年的“售后回租”合同；金融租赁公司又与一家股份制商业银行签订“国内保理业务”合同，将房地产售后回租形成的租金应收款卖给银行，房地产公司一次性完成融资金额高达 6 亿元。

金融租赁在融资过程中的重要作用，正体现了这样几个特征：第一，可以获得全额融资；第二，可以节省资本性投入；第三，无须额外的抵押和担保品；第四，可以降低企业的现金流量的压力：第五，可以起到一定的避税作用；第六，从某种意义上来说，可以用作长期的贷款的一个替代品。

融资租赁将金融与产业更有效地结合起来，在金融日益产业化和产业日益金融化的今天，融资租赁不应该仅仅是一种可有可无的修饰和点缀，而应该承担更大的责任。金融租赁适用的范围也非常广，对于企业来说，从厂房、设备、运输工具，甚至软件、信息系统都可以适用，无论是大型的国有企业、医院，还是中小型的企业，都可以采用金融租赁的方式。

目前全球近 1/3 的投资是通过金融租赁的方式完成的。在美国，固定资产投资额度的 31.1% 由租赁的方式实现，加拿大的比例是 20.2%，英国为 15.3%。下面就让我们来看一看金融租赁对于企业发展到底具有哪些好处：

其一，经营租赁融资，可以实现表外融资，保持合理负债。收入支出匹配，均衡企业利税。租赁融资不是“高利贷”，是企业均衡税负，持续发展的新型融资机制。

其二，多种渠道融资，改善财务结构。减少支付压力，改善现金流量。

其三，设备租赁管理，集中扣税资源，减少机会成本，追求服务便利。

其四，资产变现筹资，企业滚动发展实现税前还贷，避免资产损失。

积极发展员工持股制

ESOP（Employee Stock Ownership Plans，简称 ESOP），又称公司职工持股计划，是指由企业内部员工出资认购本企业部分股权，委托一个专门机构（如职工持股会、信托基金会等）以社团法人身份托管运作，集中管理，并参与董事会管理，按股份分享红利的一种新型股权安排方式。

ESOP 是一种由企业员工拥有本企业产权的股份制形式，包括两种方式：非杠杆型 ESOP 和杠杆型 ESOP。非杠杆型 ESOP 指实行员工持股计划的过程中，不依赖于外部资金的支持，主要采取股票奖金或者是股票奖金与购买基金相结合的方法予以解决。杠杆型 ESOP（LESOP），通常由公司出面以 LESOP 所要购买的股票作为抵押，向商业银行或其他金融机构融资，所得款项用于购买股票，只有在 LESOP 定期利用公司的捐赠偿还本金和利息时才能逐步、按比例将这部分股票划入员工的私人账户。

改革开放以后，随着我国经济体制的改革，我国也有一部分企业开始学习欧美地区关于成熟员工持股（ESOP）的经验，将部分股权转让给内部企业员工。员工持股不仅仅是将企业财富分配给企业员工，也是将员工的命运与企业的市场竞争力捆绑在一起。我们都知道，工资和奖金是激励员工的一项最基本手段。通过员工持股的形式来增加企业的凝聚力，让员工做企业的主人，以达到企业发展的最佳效果。

上海浦东大众出租汽车股份有限公司是全国出租汽车行业的第一家股份制企业，是由上海大众出租汽车公司（后改制为股份有限公司）、上海煤气销售有限公司、交通银行上海浦东分行等单位共同发起，公开募集股本组建的，公司于 1991 年 12 月 24 日成立，于 1993 年 3 月 4 日正式挂牌在上海证券交易所上市。

上海浦东大众出租汽车股份有限公司的总股本为 25896.78 万股，其中有流通股 11509 万股，占总股本的 44.44%。总资产 7.1 亿元，没有对外负债。年营业收入 1.9 亿元，年总润为 1.09 亿元（1997 年的财务数据）。公司目前拥有出租汽车 1000 多辆，是浦东新区客运行业的骨干企业之一。公司主营业务有汽车客运、汽车配件销售、房地产开发、商务咨询等。下属企业有上海浦东大众出租汽车配件公司、上海浦东房地产发展有限公司、上海浦东大众公共交通有限责任公司、上海久企贸易交通有限责任公司、上海久企贸易实业公司、上海发发出租汽车公司、上海浦东大众长途客运公司、上海浦东大众快餐公司。

1997 年 9 月 18 日，上海浦东大众出租汽车股份有限公司职工持股会暨首次会员大会召开，标志着浦东大众职工持股的正式运作。

职工持股会会员 2800 余人，持有上海大众企业管理有限公司 90%的股份，股份总额为 6800 万股，每股 1 元。而上海大众企业管理有限公司通过股权转让方式受让浦东大众法人股 2600 万股，每股受让价格为 4.3 元，持有浦东大众总股本 20.08%股权，成为浦东大众的最大股东，拥有了浦东大众的管理权。因此，浦东大众职工持股会直接持有上海大众企业管理有限公司 90%的股权，间接持有浦东大众 20.08%的股权。持股会通过上海大众企业管理有限公司对浦东大众具有间接影响。

在浦东大众，股东大会是最高权力机构。但由于上海大众企业管理有限公司掌握了企业的控制权，而职工持股会又是上海大众企业管理有限公司的最高权力机构，因此职工持股会相当于浦东大众的第二个法人治理机构。职工持股会的代表要进入董事会、监事会，参与决策、决算和监督，以从根本上改变决策者不负经济责任的状况。

上海浦东大众出租汽车股份有限公司之所以建立职工持股会，也是有自己的考虑的。让劳动者成为有产者，确立职工的主人翁地位，使企业与员工真正成为利益的共同体，减少企业与员工之间的利益矛盾，强化了企业内部的监督机制，改变企业的治理结构。

在我国竞争激烈的严峻形势下，中小企业面临着生存困难的问题。大型企业的低价排挤，使得中小企业往往坚持不了多久就面临倒闭的绝境。但是如果通过内部融资，以入股的形式进行融资，这样，公司流动资金自然就会增加，无形中增加了公司设备的投入，厂房也扩大了。

唐村实业有限责任公司的前身是唐村煤矿，始建于 1958 年，是兖州矿业（集团）有限责任公司建矿最早和第一家进入衰老期的矿井，1991 年经政府批准注销了生产能力。同所有的资源型企业一样，在结束了鼎盛期后，矿区陷入了困境，企业连续 6 年严重亏损，人心思走，以煤矿生产维系的小社会难以为继。为摆脱困境，寻找衰老矿区重新振兴的新路子，1993 年，集团公司把唐村矿列为“内部特区”试点，并于 1997 年按照建立现代企业制度的要求，进行资产重组，通过吸收社会法人股、职工持股，建立唐村实业有限责任公司。经过五年多的转机改制和产业调整，使矿区初步摆脱困境，基本解决了企业生存自立问题，形成以非煤产业为主导的经济实体，生产经营呈现出良好的发展势头。唐村实业公司以唐村矿改制时的经营性资产，经评估后作为注册资本，集团公司控股 56%，其余的 44% 产权出售变现，其中社会法人股以现金购买 14% 股本，唐村矿内部职工通过职工持股会购买 30% 股本。公司设立股东会、执行董事、经理层和监事会。股东会由出资人按出资比例推举股东代表组成，公司不设董事会。

在职工持股的运作方面，一般情况下，职工股是由职工直接出资获得的。职工持股会章程规定，职工所持有的股份，没有特殊情况，一不能转让，二不能抛售，一直到退休。会员出资认购的股票，可以在公司职工间转让。职工和会员离开企业，如调离、被公司辞退、除名、或死亡，其所持股票必须全部由持股会收购。员工持股制在中国企业中的实践证明，效果的确是卓有成效的。

贸易融资是中小企业的解困之道

广州市一家经营家具的A公司，2002年开始接美国B公司的皮具业务。2008年，A公司又接到B公司一批价值125万多美元的订单，约定结算方式为信用证。但受金融危机影响，A公司赊账进行原料采购的模式受到严重冲击，原料迟迟无法到货，公司急需贷款，却又苦于缺少有效抵押物，陷入了手握订单却为资金周转发愁的窘境。

经审核，银行同意给A公司发放信用证金额80%的打包贷款授信额度。收到美方开立的125万美元即期付款信用证后，A公司凭正本信用证向银行提出打包贷款申请。

生产结束后，A公司向银行交单，单证相符，银行向开证行寄单索汇。银行收到该笔信用证项下的出口货款125万美元，在归还银行打包贷款本息100.7468万美元人民币后，余额入A公司结算账户。

这是一个典型的贸易融资的案例。过去，因为银行对于传统流动资金贷款的具体交易环节关注不足，并且缺乏监督手段，加上企业配合意愿不强，致使银行贷款业务风险过高。我国银行业在生产流通领域的惨重损失，让银行投入巨额资金进行改革，而在改革过程中，另一个基于具体债项交易的融资产品兴起，它就是贸易融资。

所谓贸易融资，是指银行对进口商或出口商提供的与进出口贸易结算相关的短期融资或信用便利。在交易过程中，贸易融资改变了传统流动资金贷款的风险管理方式，而是将过度倚重企业自身资信水平转变为对资金、物流、信息流的控制从而来为企业融资。贸易融资业务产品功能丰富、准入标准较低、授信方式灵活多样、对传统担保依赖度弱，适合不同企业的多种融资需求和附加金融服务，具有广阔的市场发展前景。

目前，随着我国经济增长方式的转变和“制造大国”地位的确立，必将带动贸易市场的快速增长。这必然会导致面临资金流动性相对过剩的压力，而金融同业竞争加剧，迫使国内银行需要寻找新的信贷市场。在金融这片广袤的市场中，贸易融资已成为我国银行业一项方兴未艾的战略性业务，受到极大的追捧。

在商品交易中，贸易融资具有一些自身的特点。银行运用结构性短期融资工具，基于商品交易（如原油、金属、谷物等）中的存货、预付款、应收账款等资产的融资。贸易融资中的借款人，除了商品销售收入可作为还款来源外，没有其他生产经营活动，在资产负债表上没有实质的资产，没有独立的还款能力。贸易融资保理商提供无追索权的贸易融资，手续方便，简单易行，基本上解决了出口商信用销售和在途占用的短期资金问题。

上海某纺织品进出口企业A公司年营业额超过5亿元，常年向欧美出口毛纺织产品。金融危机后，纺织业受到冲击，从前通常采用的赊销交易方式风险加大，且进口商的资金亦不宽松，其国内融资成本过高。经商议，双方达成以开立远期信用证的方式进行付款。该做法虽在某种程度上避免了A公司收不到货款的风险，但从组织货物出口到拿到货款仍需较长一段时间，这让A公司的流动资金出现了短缺。另外，A公司担心较长的付款时间会承担一定的汇率风险。

银行分析认为，A公司出口一向较为频繁，且该公司履约记录良好。结合具体情况，设计融资方案如下：在押汇总额度内，为A公司提供50%的出口押汇和50%的银行承兑汇票，借以降低客户的融资成本。A公司按美国某银行开立的金额为200万美元，期限为提单后90天付款的远期信用证出运货物后，公司将全套单据提交给某商业银行浦东B分行，申请办理出口押汇业务。而后，B银行将单据寄往美国开证行，对方向我国银行开来承兑电，承诺到期付汇。于是B银行答应放款，并与A公司协商以人民币押汇，以免除客户的汇率风险。融资金额扣除自贴现日至预计收汇日间利息及有关银行费用后，总计1400万元人民币，提供700万元人民币贷款，700万元银行承兑汇票额度支付给出口商。待进口信用证到期，B银行将汇票提交开证行托收，按期收到信用证项下款项，除归还银行押汇融资外，余款均划入A公司账户。

资金链的稳定对于企业进行贸易融资而言至关重要。从上面两个案例中，我们可以发现，在实行贸易融资的过程中，各种金融机构推出的贸易融资产品是多种多样的。因此，企业需要根据自己的实际需要，选择适合资金的金融产品。下面简单给大家介绍一下几种不同的贸易融资工具：

1. 信用证融资

信用证融资是出口商可以考虑的融资方式之一。通过信用证向银行申请专项贷款，从而实现融资。通常情况下，当出口商资金紧缺、短期内又无法争取到预付货款时，信用证融资则可以帮助出口商顺利开展业务、把握贸易机会，缓解企业流动资金压力。但这种方式必须倚靠信用证结算方式进行，未采用信用证结算方式的订单则无法申请。

2. 订单融资

订单融资是指企业凭借技术成熟、生产能力有保障的良好的买方产品订单，提供有效的担保后，由银行提供专项贷款，供企业购买材料组织生产，企业在收到货款后应立即偿还贷款的业务。在订单融资中，只要企业手里有订单即可向金融机构申请贷款，方便快捷，但是前提是要能够提供担保。

3. 供应链融资

供应链融资是银行基于供应链中的核心企业，针对其供应商的采购行为和经销商的销售行为开展的融资服务。核心企业的优质信誉能够使银行在一定程度上降低信贷风险系数。核心企业通过银行的帮助，能够做到信息流、物流、资金流的充分整合；供应商和经销商则可以解决融资难的问题。供应链融资比较适合中小企业。但是金融机构对整个供应链的考察是非常严格的，需要一定的时间。

4. 买方信贷

买方信贷是指金融机构向境外借款人发放的中长期信贷，用于进口商（业主）即期支付中国出口商（承包商）商务合同款，促进中国产品、技术和服务的出口。此类信贷贷款期限较长，利率也较为优惠。但不足之处就在于无论是借款人还是出口商，都需要具备中国政府授权机构认定的资格，这是比较难的。

5. 信用保险融资

信用保险贸易融资是指销售商在投保信用保险并将赔款权益转让给银行后，银行向其提供贸易融资，在发生保险责任范围内的损失时，信用保险机构根据《赔款转让协议》的规定，将按照保险单规定理赔后应付给销售商的赔款直接全额支付给融资银行的业务。这是一种信用授信方式，出口商一般无需提供担保，并能够灵活选择融资币种，利于企业避免汇率风险。这项融资方式的前提则是企业必须先投保出口信用保险。

贸易融资是贸易和融资行为的结合体，它将担保与贸易联系在一起，并得到政府有关部门的支持，对促进贸易行为的有效开展起到了一定的作用。而且，贸易融资的融资渠道较为稳定，能有效地解决以贸易为中心的经营资金需求。各大中小企业应该多多了解贸易融资，并能够做到充分利用贸易融资，以促进企业朝更好的方面发展。

第十四章 奔向国际资本市场

——关于企业上市的财经常识

很多企业都要上市，好的企业反而不愿意上市。这样的一个情况下，大家坐在一起，只要有共同利益，就能找到一些分配机制，就是怎么样照顾各个方面的利益，在蛋糕做大的时候，在分配上找到一些合理的机制。上市公司的治理，怎么样保证股市市场上的发展，我觉得跟这个是一个互相辅助的关系。

——宋国青

（北京大学国家发展研究院教授，中国人民银行货币政策委员会委员）

了解上市的前期准备

企业上市，对公司来说是一件非常重要的事情，而且，企业上市对决策者与操作者的信念也是一种考验。因此，在正式上市之前，企业领导应谨慎考虑是否愿意与股东分享公司的制度、权利和资料文件。因为公司除了有权免费使用股东的资金作为公司运营需要外，还要对股东承担一定的义务，如向股东交代公司管理情况、资金运用情况、公司的发展策略、短期投资等等。

在上市的准备工作中，一项重要的步骤就是审计。往往审计的结果对企业是否能够成功上市发行融资起到了至关重要的作用。

一般情况下，要求中国公司在中国境内按照中国的会计准则进行财务数据记账处理；而企业在境外上市，则需要审计公司在对中国公司的财务数据按照中国会计准则进行核准并按照国际会计准则（IFRS）或目的上市所在地证券交易所（证券委、金融管理局）允许的会计准则进行转换。当前中国的会计准则已经非常接近于国际会计准则，但其中仍存在差距。

因此，企业可以根据自身的特点选择适合自己的审计机构，而并非全球“四大”（即：普华永道、毕马威、安永、德勤）不可。可是，企业需要注意的是，有些发行商需要审计师事务所提供不低于融资额 50% 的保险，而一些审计师事务所会要求客户支付该所所能承担的最大保险额以外的保险保费。

在全球资本市场范围内，几乎都需要准上市企业提供 3 年财务合并报表的审计报告以及上市前最近一个季度的财务审阅报告。例如：如企业准备在 6 月上市，则需要进行当年第一个季度的财务审阅；如企业在 11 月上市，则需要提供当年前 3 个季度的财务审阅。最终的具体情况则需要根据上市目的地核准机构的要求。

企业在审计的时候最好能够提供电子账套，也就是说企业最好是使用财务软件，以便节约审计时间。毕竟，手工账套审计起来工作量会非常的大，这体现在审计时间长，审计队伍和企业配合审计人员庞大；这也间接提高了企业的审计费用。

审计报告完成的时间直接影响到招股说明书的完成时间、递交审批机构的时间以及发行商提早准备发行工作的时间。许多项目的延迟也是因为审计报告无法按时完成导致的，这将无形增加企业上市发行费用，企业应该密切注意，听从并配合审计师按计划完成工作。

董事会秘书作为企业高管，其定位具有角色的特殊性，用企业上市的先行官来形容董事会秘书一点也不过分。董事会秘书的职业操守包括专业素质直接影响着企业上市工作的成功与否。因为董事会秘书是企业融资、企业上市的主要策划人之一，也是具体的执行人。在选择中介机构、企业改制设立、申请及报批、发行上市等上市前的各环节中，始终起着关键作用。所以工作中，常常把董事会秘书定义为企业上市的先行官。《公司法》第 124 条规定：“上市公司设董事会秘书，负责公司股东大会和董事会会议的筹备、文件保管以及公司股东资料的管理，办理信息披露事务等事宜。”董事会秘书由董事长提名，经董事会聘任或解聘，董事会秘书应对董事会负责。

拟上市企业的董事会秘书在上市运作的整个过程中都应以上市公司董事会秘书的工作标准来要求自己，接受董事会秘书的专业培训，熟悉相关法规政策，理清思路，找准方向，审时度势，为企业拟订上市规划并报企业决策层审议通过后操作实施，同时配合中介机构进场协同作战。

一切准备就绪，就需要企业进入紧锣密鼓的上市筹备阶段。企业上市一般分为以下三个阶段，即：上市筹备阶段、聘请中介机构、企业股份制改组阶段。

上市筹备阶段，由企业一把手挂帅，正式成立上市领导小组，全面负责上市工作，由拟选董事会秘书代理执行具体工作。

设立上市筹备组，主要成员单位有：办公室、财务部、法律部、生产部、市场销售部、科研开发部、后勤部等部门负责人及企业候选的董事会秘书等，各成员之间互相配合协同作战，其主要工作有：企业财务部配合会计师及评估师进行公司财务审计、资产评估及盈利预测编制工作；企业分管领导及董事会秘书负责协调企业与省、市各有关政府部门、行业主管部门、中国证监会派出机构以及各中介机构之间的关系，并把握整体工作进程；法律部与律师合作，处理上市有关法律事务，包括编写发起人协议、公司章程、承销协议、各种关联交易协议等；生产部、市场销售部、科研开发部负责投资项目的立项报批工作和提供项目可行性研究报告；董事会秘书完成各类董事会决议、申报主管机关批文、上市文件等，并负责对外媒体报道及投资者关系管理。

聘请中介机构。企业股份制改组及上市所涉及的主要中介机构有：会计师事务所、证券公司及保荐人、资产评估机构、土地评估机构、律师事务所等。这些机构主要由董事会秘书及企业高管负责沟通与协调。与中介机构签署合作协议后，企业便在中介机构指导下开始股份制改组及上市准备工作。

企业股份制改组阶段，其工作重心就是确定发行人主体资格及公司法理、规范运作。做好企业上市前的准备工作，帮助企业更好地迎来上市的重大时机，这是企业踏上上市之旅的良好起点，也是企业更好发展的光明路标。

成功上市需要遵循的程序

我们常常说，没有什么成功是随随便便就能实现的。对上市企业来说，企业上市也只是迈出了全新的一步，并不能代表所谓的成功。在做好上市的充分准备之后，我们也要按照一定的程序来实现上市的目的，取得实质性的突破。

1. 股票发行的条件

（1）公司的生产经营符合国家产业政策。

（2）限发行一种普通股，以实现“同股同权”的原则。

（3）发行人近 3 年内无重大违法行为。

（4）发起人认购的股本数应占公司拟发行的股本总额的 35% 以上，且认购的部分不低于 3000 元。

（5）面向社会公众发行的股本数不得低于公司拟发行的股本总额的 25%。

（6）公司职工认购的股本数不得超过向社会公众发行的股本总额的 10%。

（7）需符合证券规定的其他条件。

2. 企业上市的程序

根据《证券法》与《公司法》的有关规定，满足发行条件的企业上市的程序如下：

（1）向证券监督管理机构提出股票上市申请。

股份有限公司申请股票上市，必须报经国务院证券监督管理机构核准。证券监督管理部门可以授权证券交易所根据法定条件和法定程序核准公司股票上市申请。股份有限公司提出公司股票上市交易申请时应当向国务院证券监督管理部门提交下列文件：

①上市报告书；

②申请上市的股东大会决定；

③公司章程；

④公司营业执照；

⑤经法定验证机构验证的公司最近 3 年的或公司成立以来的财务会计报告；

⑥法律意见书和证券公司的推荐书；

⑦最近一次的招股说明书。

（2）接受证券监督管理部门的核准。

对于股份有限公司报送的申请股票上市的材料，证券监督管理部门应当予以审查，符合条件的，对申请予以批准；不符合条件的，予以驳回；缺少所要求的文件的，可以限期要求补交；预期不补交的，驳回申请。

（3）向证券交易所上市委员会提出上市申请。

股票上市申请经过证券监督管理机构核准后，应当向证券交易所提交核准文件以及下列文件：

①上市报告书；

②申请上市的股东大会决定；

③公司章程；

④公司营业执照；

⑤经法定验证机构验证的公司最近 3 年的或公司成立以来的财务会计报告；

⑥法律意见书和证券公司的推荐书；

⑦最近一次的招股说明书；

⑧证券交易所要求的其他文件。

证券交易所应当自接到的该股票发行人提交的上述文件之日起 6 个月内安排该股票上市交易。《股票发行和交易管理暂行条例》还规定，被批准股票上市的企业在上市前应当与证券交易所签订上市契约，确定具体的上市日期并向证券交易所交纳有关费用。《证券法》对此未作规定。

3. 证券交易所统一股票上市交易后的上市公告

我国《证券法》第 47 条规定："股票上市交易申请经证券交易所同意后，上市公司应当在上市交易的 5 日前公告经核准的股票上市的有关文件，并将该文件置备于指定场所供公众查阅。"

我国《证券法》第 48 条规定："上市公司除公告前条规定的上市申请文件外，还应当公告下列事项：（一）股票获准在证券交易所交易的日期；（二）持有公司股份最多的前 10 名股东的名单和持有数额；（三）董事、监事、经理及有关高级管理人员的姓名及持有本公司股票和债券的情况。"

此外，对于不同的版块来说，企业上市的条件也有所不同，下面来给大家简单地介绍一下：

第一，生产经营方面。中小板要求发行人生产经营符合国家产业政策；而创业板要求发行人应当主要经营一种业务，其生产经营活动符合国家产业政策及环境保护政策；对于像钢铁、水泥、平板玻璃、煤化工、多晶硅、风电设备（2.5 兆瓦以上的除外）、电解铝、造船、大豆压榨等产能过剩行业和高能耗、高污染企业和资源型的"两高一资"企业被主板、中小板和创业板同时列为限制类企业。

证监会鼓励以下 9 个行业上创业板：新能源、新材料、信息、生物与新医药、节能环保、航空航天、海洋、先进制造、高技术服务。证监会要求保荐机构"审慎推荐"以下 8 个行业上创业板：（一）纺织、服装；（二）电力、煤气及水的生产供应等公用事业；（三）房地产开发与经营，土木工程建筑；（四）交通运输；（五）酒类、食品、饮料；（六）金融；（七）一般性服务业；（八）国家产业政策明确抑制的产能过剩和重复建设的行业。

第二，稳定性方面。中小板要求发行人最近3年内主营业务和董事、高级管理人员没有发生重大变化，实际控制人没有发生变更。同样的，创业板要求发行人最近两年内主营业务和董事、高级管理人员均没有发生重大变化，实际控制人没有发生变更。

第三，业绩方面。中小板要求最近3个会计年度净利润均为正数且累计超过人民币3000万元，净利润以扣除非经常性损益前后较低者为计算依据。在目前的实际操作中，一般要达到“报告期3年累计税后利润不低于一个亿，最近一年税后利润不低于5000万”的条件。创业板要求最近两年连续盈利，最近两年净利润累计不少于1000万元，且持续增长；或最近一年盈利，且净利润不少于500万元，最近一年营业收入不少于5000万元，最近两年营业收入增长率均不低于30%。净利润以扣除非经常性损益前后孰低者为计算依据。在目前的实际操作中，一般要满足“报告期3年税后利润增长率平均不低于30%，最近一年营业收入不低于1个亿，税后利润不低于3000万”这一条件。

第四，股本方面。中小板要求发行前股本总额不少于人民币3000万元。创业板要求发行后股本总额不少于3000万元。

第五，其他方面。中小板要求最近一期末无形资产（扣除土地使用权、水面养殖权和采矿权等后）占净资产的比例不高于20%；最近3个会计年度经营活动产生的现金流量净额累计超过人民币5000万元；或者最近3个会计年度营业收入累计超过人民币3亿元。创业板要求最近一期末净资产不少于2000万元。满足以上几个条件，完成以上几个程序，企业也就能够上市并进行交易了。在上市的过程中，如果上市公司丧失《公司法》规定的上市条件的，其股票依法暂停上市或终止上市。

上市公司有下列情形之一的，由证监会决定暂停其股票上市：

第一，公司股本总额、股份结构等发生变化，不再具备上市条件。

第二，公司不按规定公开其财务状况或者对财务会计报告做虚伪记载。

第三，公司有重大违法行为。

第四，公司最近3年连续亏损。

上市公司有前述的第二、三项情形之一，经查证属实且后果严重的；或有前述第一、四项的情形之一，在限期内未能消除，不再具备上市条件的，由证监会决定暂停其股票上市。

选择适合的融资方式

融资方式可以分为债务性融资和权益性融资两类。前者包括银行贷款、发行债券和应付票据、应付账款等，后者主要指股票融资。债务性融资构成负债，企业要按期偿还约定的本息，债权人一般不参与企业的经营决策，对资金的运用也没有决策权。权益性融资构成企业的自有资金，投资者有权参与企业的经营决策，有权获得企业的红利，但无权撤退资金。

对于任何一个企业的发展，资金都起着至关重要的作用，它是企业经营活动正常运转的血液，也是进行收益分配的基础。而选择何种融资方式也是每个企业都会面临的问题。合理地选择融资方式，可以降低融资风险，减少资本成本。企业量体裁衣，选择合适自己的融资方式，才能做到既满足融资的需要，也能够不断积累，有利于企业的长远发展。

债务性融资我们在上一章做了一定的介绍，这一节我们主要来看一看权益性融资。权益性融资主要分为两种：普通股融资和优先股融资。

普通股是股份有限公司发行的不具特别权利的股份，是企业资本的最基本构成，它是股票的一种基本形式，在股票市场中，它的发行量最大，也最为重要。它代表满足所有债权偿付要求及优先股东的收益权与求偿权要求后对企业盈利和剩余财产的索取权。通常情况下，股份有限公司只发行普通股。

普通股的基本特点是其投资收益（股息和分红）不是在购买时约定，而是事后根据股票发行公司的经营业绩来确定。公司的经营业绩好，普通股的收益就高；反之，若经营业绩差，普通股的收益就低。

与其他筹资方式相比，普通股筹措资本具有如下优点：首先，发行普通股筹措资本具有永久性，无到期日，不需归还。这对保证公司对资本的最低需要、维持公司长期稳定发展极为有益。其次，发行普通股筹资没有固定的股利负担，股利的支付与否和支付多少，视公司有无盈利和经营需要而定，经营波动给公司带来的财务负担相对较小。由于普通股筹资没有固定的到期还本付息的压力，所以筹资风险较小。再次，发行普通股筹集的资本是公司最基本的资金来源，它反映了公司的实力，可作为其他方式筹资的基础，尤其可为债权人提供保障，增强公司的举债能力。最后，由于普通股的预期收益较高并可一定程度地抵消通货膨胀的影响（通常在通货膨胀期间，不动产升值时普通股也随之升值），因此普通股筹资容易吸收资金。

但是，从投资者的角度来说，由于普通股的资本成本较高，因此投资普通股相对来说风险也较高。而对于筹资公司来说，与债券利息不同，普通股股利从税后利润中支付，因而不具抵税作用。此外，普通股的发行费用一般也高于其他证券。

优先股是公司的另一种股份权益形式。所谓优先股，是指由股份有限公司发行的，在分配公司收益和剩余财产方面比普通股股票具有优先权的股票。优先股常被看成是一种混合证券，介于股票与债券之间的一种有价证券。持有这种股份的股东先于普通股股东享受分配，通常为固定股利。优先股收益不受公司经营业绩的影响。

发行优先股对于公司资本结构、股本结构的优化，提高公司的效益水平，增强公司财务弹性无疑具有十分重要的意义。利用优先股股票筹集的资本称为优先股股本。

优先股与普通股相比，在分配公司收益方面具有优先权，一般只有先按约定的股息率向优先股股东分派了股息，普通股股东才能进行分派红利。因此，优先股股东承担的风险较小，但收益稳定可靠。不过，由于股息率固定，即使公司的经营状况优良，优先股股东一般也不能分享公司利润增长的利益。如果公司破产清算，优先股对剩余财产有优先的请求权。优先股股东的优先权只能优先于普通股股东，但次于公司债券持有者。从控制权角度看，优先股股东一般没有表决权（除非涉及优先股股东的权益保障时），无权过问公司的经营管理。我国的有关法规规定：优先股股东无表决权，但公司连续三年不支付优先股股息，优先股股东就享有普通股股东的权利。所以发行优先股一般不会稀释公司普通股股东的控制权。除此之外，发行人为了吸引投资者或保护普通股东的权益，对优先股附加了很多定义，如可转换概念、优先概念、累计红利概念等。

公司发行优先股，在操作方面与发行普通股无较大差别，但由于公司与优先股股东的约定不同，从而有多种类型的优先股。按照不同的标准，先后分为累积优先股与非累积优先股；全部参与优先股、部分参与优先股和不参与优先股；可转换优先股与不可转换优先股、可赎回优先股与不可赎回优先股、有投票权优先股与无投票权优先股。

从普通股股东的立场来看，优先股是一种可以利用的财务杠杆，可视为一种永久性负债。公司有时也可以赎回发行在外的优先股，当然要付出一定的代价，如溢价赎回的贴水。从债权人的立场来看，优先股又是构成公司主权资本的一部分，可以用作偿债的铺垫。

综合来看，不论是债务性融资还是权益性融资，随着企业的成长发展，经营风险的逐渐减少，吸引越来越多的投资人，因此，可供选择的融资方式也会越来越丰富。

由于融资是双方风险和收益的分配，依次寻找投资人也就意味着是在找人分担风险，同时也是向其“销售”未来的收益。因此企业只要把握风险和收益这两个方面的问题，就能够准确地选择融资方式。

随着我国经济的发展，当企业发展稳定后，经营风险较之过往也已经大为降低，拥有不可限量的发展前景。因此，此时来自国内外的投资者会不请自来，使企业陷入“钱眼”的局面。此时，企业要保持清醒的头脑，量体裁衣，根据企业自身的特点来选择合适的融资方式，以免自己的创业成果遭人轻取。

如何运作资本才是关键

对于企业发展来说，资本固然重要，它如同企业的血液，是企业生存的根源，但是融资不是目的，如果一个企业拥有大量的资金，却无法运作，也就如同一个植物人，它活着，但是不能有任何作为。通过融资，企业得到足够的资金，那么下一步关键就在于，企业应该懂得如何运作资本，真正地实现融资成功。

那到底什么是资本运作呢？资本运作又叫作资本经营，是指利用市场法则，通过资本本身的技巧性运作或资本的科学运动，实现价值增值、效益增长的一种经营方式。简而言之，就是利用资本市场，通过买卖企业和资产而赚钱的经营活动和以小变大、以无生有的诀窍和手段。发行股票、发行债券（包括可转换公司债券）、配股、增发新股、转让股权、派送红股、转增股本、股权回购（减少注册资本），企业的合并、托管、收购、兼并、分立以及风险投资等，资产重组，对企业的资产进行剥离、置换、出售、转让或对企业进行合并、托管、收购、兼并、分立的行为，以实现资本结构或债务结构的改善，为实现资本运营的根本目标奠定基础。

如何转移社会中的闲散资本，并给予集中利用？如何将集中起来的资本运行重组后再投放到国家或地方的建设项目中去，以达到援款资本的增值（就是产生利润）目的？这些问题都是对资本运作的肯定，正是在这个无限循环的过程中，才使得原始资本得以不断地增值、裂变，直到再生成巨大的资本（实现区域经济的跨越或发展）。

从资本的运动状态来划分，我们可以将其划分为存量资本经营和增量资本经营。存量资本经营指的是投入企业的资本形成资产后，以增值为目标而进行的企业的经济活动。资产经营是资本得以增值的必要环节。企业还通过对兼并、联合、股份制、租赁、破产等产权转让方式，促进资本存量的合理流动和优化配置。增量资本经营实质上是企业的投资行为。因此，增量资本经营是对企业的投资活动进行筹划和管理，包括投资方向的选择、投资结构的优化、筹资与投资决策、投资管理等。

德国的戴姆勒—奔驰公司和美国的克莱斯勒公司均为世界著名的汽车制造公司，戴姆勒—奔驰的拳头产品为优质高价的豪华车，主要市场在欧洲和北美；美国克莱斯勒公司的产品几乎全部集中于大众车，与戴姆勒—奔驰在产品和市场范围上正好互补，两家公司的合并是着眼于长远竞争优势的战略性合并。两家公司各自的规模以及在地理位置上分属欧洲大陆和美洲大陆，使合并的复杂程度和评估难度大大提高。

1998 年 5 月 7 日，德国的戴姆勒—奔驰汽车公司购买美国第三大汽车公司克莱斯勒价值约为 393 亿美元的股票，收购这家公司，组成“戴姆勒—克莱斯勒”股份公司，奔驰和克莱斯勒将分别持有其中 57%、43%的股份。

这一并购行为涉及的市场交易金额高达 920 亿美元。合并后的新公司成为拥有全球雇员 42 万，年销售额达 1330 亿美元的汽车帝国，占据世界汽车工业第三把交椅。

通过奔驰公司，我们脑中对资本运作有了一个相对简单的概念，现在我们看一看进行合理的资本运作的意义所在。

其一，资本运作是整合资源的法宝。资本运作是整合资源的非常重要的渠道，就像联想收购IBM的PC业务，就是通过不断地收购来达到整合资源的目的，所以企业才能够在长时间里一直占据领先地位。

其二，资本运作是企业发展壮大的捷径。这一点是不言而喻的，企业希望能实现跨越式的发展，并购是一个捷径。

其三，资本运作也是企业快速实现自身价值的利器。在转型变革的现行社会，机会就在我们身边，每一个创业者都是怀着一定的理想来创立一个企业的，而资本运作就是这样一个实现自身价值的强大武器。

资本作为现代化大生产的一种要素，其重要性不言而喻，企业通过合理地进行资本运作则是企业实现低成本扩张、跨越式发展的关键之举。企业通过提高资源配置效率，实现经济增长方式的转变；通过提高经济发展速度，促进企业经营机制的转变；建立现代企业制度，实现真正的融资成功。但是我们也必须认识到，资本运作也是一把双刃剑，它做得好就可以让企业发展壮大，但如果做得不好，也将会前功尽弃，损失惨重。

并购让公司不断做大做强

2011年3月28日，吉利终于在对沃尔沃的收购协议上双方达成协议，这桩汽车界的“跨国恋”终于让有情人成为眷属。用吉利董事长李书福的话说就是，“穷小子娶了大明星”。对这类传奇佳话所关注的永恒不变的主题就是，“穷小子”为什么能“娶了大明星”？

简单说，就是这个“穷小子”不差钱，至少在聘礼上让“大明星”满意。我们都可以看到的这个数字是18亿美元，当然还不包括需要投入的后续运营资金9亿美金。

一般来说，企业并购包括兼并和收购两个方面。兼并又称吸收合并，指两家或者更多的独立企业合并组成一家企业，通常由一家占优势的公司吸收一家或者多家公司。狭义的兼并相当于公司法和会计学中的吸收合并，而广义的兼并除了包括吸收合并以外，还包括新设合并和控股等形式。

收购是指一家企业用现金或者有价证券购买另一家企业的股票或者资产，以获得对该企业的全部资产或者某项资产的所有权，或对该企业的控制权。收购的内容较广，其结果可能是拥有目标企业几乎全部的股份或资产，从而将其吞并，也可能是获得企业较大一部分股份或资产，从而控制该企业，还有可能是仅仅拥有较少一部分股份或资产，而作为企业股东中的一个。吉利收购沃尔沃就是一种典型的企业并购行为。

与并购意义相关的另一个概念是合并，是指两个或两个以上的企业合并成为一个新的企业，合并完成后，多个法人变成一个法人。

并购的实质是在企业控制权运动过程中，权利主体依据企业产权作出的制度安排而进行的一种权利让渡行为。并购活动是在一定的财产权利制度和企业制度条件下进行的，在并购过程中，某一或某一部分权利主体通过出让所拥有的对企业的控制权而获得相应的收益，另一个部分权利主体则通过付出一定代价而获取这部分控制权。企业并购的过程实质上是企业权利主体不断变换的过程。

产生并购行为最基本的动机就是寻求企业的发展。寻求扩张的企业面临着内部扩张和通过并购发展两种选择。内部扩张可能是一个缓慢而不确定的过程，通过并购发展则要迅速得多，尽管它会带来自身的不确定性。

根据并购的不同功能或根据并购涉及的产业组织特征，可以将并购分为三种基本类型。

其一，横向并购。横向并购的基本特征就是企业在国际范围内的横向一体化。近年来，由于全球性的行业重组浪潮，结合我国各行业实际发展需要，加上我国国家政策及法律对横向重组的一定支持，行业横向并购的发展十分迅速。

其二，纵向并购。纵向并购是发生在同一产业的上下游之间的并购。纵向并购的企业之间不是直接的竞争关系，而是供应商和需求商之间的关系。因此，纵向并购的基本特征是企业在市场整体范围内的纵向一体化。

其三，混合并购。混合并购是发生在不同行业企业之间的并购。从理论上看，混合并购的基本目的在于分散风险，寻求范围经济。在面临激烈竞争的情况下，我国各行各业的企业都不同程度地想到多元化，混合并购就是多元化的一个重要方法，为企业进入其他行业提供了有力、便捷、低风险的途径。

从资本主义经济的发展历程来看，特别是从资本主义由原始资本积累到自由竞争阶段，再由自由竞争阶段进入垄断竞争阶段来看，并购是一种正常的市场行为。

金融在任何一宗并购中都是关键因素。金融危机使得海外的很多企业经营困难，给了我们国内的企业“走出去”的机会。但这个机会也不是专门为我们准备的，也许有一天你就是别人“走进来”的机会，你也会被别人吃掉。这当是另一说。并购方几乎都是“不差钱”的主，而被并购的一方出此下策的原因一般都是“差钱”。从以上吉利并购的案例大家都可以看出来，这“不差钱”的主的钱不一定非要自己出，正是所谓“羊毛出在牛身上”。而这些“牛”也不是无私奉献，它是为了换取更多的回报——更多的毛，甚至是肉，牛也有吃肉的。

所以对任何一家有打算“走出去”的企业来说，金融策略都是重中之重。但金融不是唯一条件或者最重要的条件，更不是目的——除非是有着圈钱、洗钱等非法打算的企业。并购的目的概括来说无非是使自己的企业得到更好的发展，最好和并购企业最终实现双赢。“不差钱”的中国企业在之前系列的“跨国恋”中，都很好地发挥了金融的作用，TCL 收购汤姆逊和阿尔卡特，上汽收购双龙，但我们还没看到过我们最热衷于说的所谓“双赢”，倒是不断有“双输”的消息传来。

在并购过程中，我们一定要切忌过分发挥金融的作用，用得不好它就是“洪水猛兽”。如果认为“不差钱”了企业就可以大胆的“走出去”的话，那很可能是走向了万丈悬崖。清晰的、不受外界无端变化所利诱的企业经营战略，才是企业的发展核心。并购不是目的，发展才是目的。做企业应该和做人一样，不管是在钱、机遇还是所谓“危机”面前，你都要经得起诱惑，才不会迷失自我。

做好企业的后市维护

当今社会，企业上市已经成为一种风尚，一家公司最终成为上市公司，但这并不意味着整个工作的结束，反而是全新工作的开始。那么当公司面临一个新的起点时，公司将如何进行后市维护呢？

企业上市，只是赢得了更大舞台的入场券，企业要想取得巨大的成本，获得巨大的利润，归根到底，还是要用实力说话，对于在 OTCBB 上市的公司来说，就更是如此。如果企业没有良好的后市维护作支撑，最终也只是昙花一现。

企业的后市维护主要从三个方面来进行，分别是信息披露、投资者关系管理、企业危机管理。

1. 上市公司的信息披露

信息披露主要是指公众公司以招股说明书、上市公告书以及定期报告和临时报告等形式，把公司及与公司相关的信息，向投资者和社会公众公开披露的行为。

上市公司信息披露是公众公司向投资者和社会公众全面沟通信息的桥梁。目前，投资者和社会公众对上市公司信息的获取，主要是通过大众媒体阅读各类临时公告和定期报告。投资者和社会公众在获取这些信息后，可以作为投资抉择的主要依据。真实、全面、及时、充分地进行信息披露至关重要，只有这样，才能对那些持价值投资理念的投资者真正有帮助。

博迪森农化公司是我国内地首家在美国、英国和德国三地上市的中小企业。2006 年 1 月，公司登上福布斯“中国最具发展实力的 100 强”榜单，排名第 16 位；2006 年 6 月，博迪森被纳入美国代表中小企业股票的罗素 2000 指数。然而，在 2007 年 3 月 22 日，由于信息披露、财务数据等一系列问题，博迪森被 AMEX 摘牌，股价也从最高时超过 20 美元，骤然滑落到 2 美元附近。

不同类型的投资者对信息的敏感程度也是不同的，因此，最公平的办法就是确保所有的公司信息都能作为一个整体在同一时间向市场公布。交易所通常要求上市公司在各种情形下进行公告，包括公司的重大发展、分红决定、半年及全年的财务数据以及董事会的任何变动。价格敏感性信息披露制度为交易所一线监管者提供了较为明确的标准。如果信息披露仅仅被看成是上市公司应遵守的业务，信息披露管理工作将变得非常困难。应该让市场充分认识到，准确、及时的信息披露将提高市场效率，降低资本成本，对于投资者与上市公司是一个双赢的市场策略。

同样的，作为上市公司的董事来说，可能并不容易精确地定义何种行为及信息应当是上市义务中需要披露的信息，特别是在处理所谓价格敏感信息的时候。因此，保持警醒并从经纪人或者律师处获得建议非常重要。

作为一家新上市的公司，您已经同意为您公司在上市过程中提交给市场的信息负责。您和您的董事同事们也将个人以及集体地为您公司持续遵守上市规则及满足上市及披露条件承担责任。除了这些责任，董事还将需要满足一些进一步的要求，如个人民银行为方面的更大披露以及股票交易的限制。

董事在公司上市后的主要义务包括：

（1）董事非经法定程序不得同公司进行交易的义务。

（2）董事不得要求公司做与金钱有关或提供担保的义务。

（3）董事不得利用公司机会的义务。

（4）董事竞业禁止义务。

（5）董事不得违法分派股息或红利的义务。

（6）董事不得在公司最低法定注册资本缴付前以公司名义从事商事活动的义务。

（7）董事在公司招股说明书中不得有虚假或误导性陈述的义务。

（8）董事在公司清算时有作出法定声明、使公司及时进行清算的义务，董事不得从事欺诈性交易的义务。

2. 投资者关系管理

投资者关系管理，又叫作 IRM，是指运用财经传播和营销的原理，通过管理公司同财经界和其他各界进行信息沟通的内容和渠道，以实现相关利益者价值最大化并如期获得投资者的广泛认同，规范资本市场运作、实现外部对公司经营约束的激励机制、实现股东价值最大化和保护投资者利益，以及缓解监管机构压力等。

IRM 还经常被通俗理解为公共关系管理。美国的微软公司是最早设立 IRM 网站的公司之一，堪称与个人投资者沟通的典范。在微软每季业绩披露时，当时的公司 CEO 比尔·盖茨都会出来同投资者见面，并会带一个 IRM 团队参与。这些 IRM 人员会处理一些细节上的问题。

IRM 在西方资本市场上已有 30 多年的历史。然而，对于在美国上市的中国企业而言，大多还不能充分理解 IRM 对公司长远发展的重要意义。

3. 企业危机管理

企业危机管理是指企业为避免、减轻或消除危机所带来的威胁和损害，而制订和实施规避危机、控制危机、解决危机等措施的一系列动态管理过程。这一定义强调两点：一是企业危机管理要求我们把握企业危机发生和发展的规律性，在动态的危机变化中挖掘有利因素；二是利用危机管理的系列方法与措施，努力避免危机所造成的危机和损失，并尽可能变害为利，转危为机，推动企业的持续发展。

近些年来，在商场中，一些声名赫赫的知名企业经常会遭遇一连串纠缠不清的危机包围，接二连三地掉进不能自拔的泥潭。例如，2004 年底，三九医药的“大股东占用资金已达 37 亿元”的信息披露，此非诚信行为导致企业信誉度直线下降，不仅为三九医药昔日辉煌画上句号，中小股东权益也因此受到严重损害。

这是个司空见惯的现象，只有重视危机，才可能及时地规避风险，只有加深对危机管理的认识，提高危机管理的能力，才能相应地减少更多的不利影响。加强危机管理，促进自身的健康发展，其实也就是促进证券市场的和谐发展，保护中小股东的权益。

对于企业危机管理，除此之外，还应该包括公司内部的公关危机等方面。而树立员工的信心，整合企业文化，做到稳定员工队伍和情绪，统一员工的思想认识，这也是媒体管理的延伸，并有着举足轻重的作用。

了解纳斯达克证券交易所

1975年，美国证券交易商协会（NASD）首次提出了纳斯达克的上市标准，规定只有在纳斯达克上市的股票才能在该系统报价，从而形成一个完全独立的证券交易场所。1992年，NASD又把纳斯达克证券市场中的高市值股票同其他小型股票分离开来，组成纳斯达克全国市场和纳斯达克小型资本市场，从而形成了两个层次的上市场所。

纳斯达克全国市场，是纳斯达克证券市场中交易量和活跃度都非常高的股票市场，有超过4000家公司的股票在此挂牌交易。这些公司基本上都是世界上最大和最知名的高科技公司，如微软、英特尔、戴尔和思科，等等。而且，要想在纳斯达克全国市场挂牌，这家公司就必须满足严格的财务、资本额和共同管理等指标。

信息和服务业的兴起催生了纳斯达克。纳斯达克始建于1971年，是一个完全采用电子交易、为新兴产业提供竞争舞台、自我监管、面向全球的股票市场。纳斯达克是全美也是世界最大的股票电子交易市场。纳斯达克（NASDAQ）股票市场是世界上主要的股票市场中成长速度最快的市场，而且它是首家电子化的股票市场。每天在美国市场上换手的股票中有超过半数的交易在纳斯达克上进行，将近有5400家公司的证券在这个市场上挂牌。纳斯达克在传统的交易方式上通过应用当今先进的技术和信息——计算机和电讯技术使它与其他股票市场相比独树一帜，代表着世界上最大的几家证券公司的519位券商被称作做市商，它们在纳斯达克上提供了6万个竞买和竞卖价格。这些大范围的活动由一个庞大的计算机网络进行处理，向遍布52个国家的投资者显示其中的最优报价。

纳斯达克共有两个板块：全国市场（Nasdaq National Market，简称NNM）和1992年建立的小型资本市场（Nasdaq Small Cap Market，简称NSCM）。纳斯达克在成立之初的目标定位在中小企业，但只是因为企业的规模随着时代的变化而越来越大，所以到了今天，纳斯达克反而将自己分成了一块“主板市场”和一块

"中小企业市场"。

纳斯达克拥有自己的做市商制度，它们是一些独立的股票交易商，为投资者承担某一只股票的买进和卖出。这一制度安排对于那些市值较低、交易次数较少的股票尤为重要。

这些做市商由NASD的会员担任，这与TSE的保荐人构成方式是一致的。每一只在纳斯达克上市的股票，至少要有两个以上的做市商为其股票报价，一些规模较大、交易较为活跃的股票的做市商往往能达到40～45家。这些做市商包括美林、高盛、所罗门兄弟等世界顶尖级的投资银行。

NASDAQ现在越来越试图通过这种做市商制度使上市公司的股票能够在最优的价位成交，同时又保障投资者的利益。

纳斯达克在市场技术方面也有很强的实力，它采用高效的"电子交易系统"（ECNs），在全世界共装置了50万台计算机终端，向世界各个角落的交易商、基金经理和经纪人传送5000多种证券的全面报价和最新交易信息。由于采用电脑化交易系统，纳斯达克的管理与运作成本低、效率高，增加了市场的公开性、流动性与有效性。相比之下，在纳斯达克上市的要求是最严格而且复杂的，同时由于它的流动性很大，在该市场上市所需进行的准备工作也最为繁重。

纳斯达克市场作为全球第一家也是最大的电子证券交易系统，在55个国家和地区设有26万多个计算机销售终端。它不同于传统的有形的股票交易所，如纽约证交所、美国证交所和其他地方性证券交易所，纳斯达克没有固定的交易场所，完全通过电脑报价和下单（也可通过电话下单）。

虽然纳斯达克是一个电子化的股票交易市场，但它仍然有个代表性的"交易中心"存在，该"交易中心"坐落于纽约时代广场旁边的时报广场4号"康泰纳士大楼"，这里并没有一般证券交易所常有的各种硬件设施，取而代之的是一个大型的摄影棚和投影屏幕，经常有欧美各国主要财经新闻电视台的记者在此进行即时股市行情报道。

纳斯达克作为全球最大的电子化交易市场，1994年年初以美元计价的成交额已超过伦敦和东京，名列世界第二，上市公司数量已名列世界第一。

2000年初，纳斯达克的成交额和总市值一度超过纽约证券交易所，达到世界第一。互联网泡沫破灭后，纳斯达克市场的成交额和总市值大幅下滑，但仍然居世界前列。由于纳斯达克使投资者可以在任何时间和任何地点通过电脑系统进行证券交易，因而被许多人看作是未来全球交易市场的一个发展方向。

目前，中国有很多互联网和高科技企业在纳斯达克上市，如中华网、新浪网、搜狐网、网易、TOM网、盛大网络、侨兴电话、空中网、前程无忧、金融界、携程网、亚信科技、掌上灵通、UT斯达康、九城关贸、第九城市、e龙、华友世纪、汽车系统、太平洋商业、分众传媒、百度，等等。

2007年12月3日，纳斯达克正式宣布在北京设立代表处。纳斯达克总裁兼首席执行官罗伯特·格雷费尔德表示："北京代表处的设立标志着我们对中国市场的承诺进入了一个新时期。"

作为最大而且交易最活跃的股票市场，纳斯达克全国市场有近4400只股票挂牌。在纳斯达克全国市场中有一些世界上最大和最知名的公司。

世界上最著名的证券交易所

证券交易所是依据国家有关法律，经政府证券主管机关批准设立的集中进行证券交易的有形场所。对世界上最著名的证券交易所，我们有必要了解一下。

1. 纽约证券交易所

1792年5月17日，24位证券交易商在华尔街68号门口的一棵梧桐树下签订了一个协定，史称"梧桐树协议"。他们商定，以后每周用几个上午在这棵树下聚会，规则有三条：只在会员间进行交易，不准外人参加，交易按规定收取佣金。一般都将这个根本不起眼的事件，作为纽约股票交易所诞生之日。而这三条规则也成为后来交易所的基本规则。当天按照这个规则进行交易的，是美利坚银行的股票。这家银行就算纽约证券交易所的第一家上市公司。

直到1817年，在这里交易的证券经纪人成立了第一个正式的交易组织——纽约证券交易委员会，也租了一座房子，到屋子里面交易。纽约交易所开始登堂入室。1865年，纽约交易所建起了自己的大楼。而坐落在纽约市华尔街11号的大楼是纽约证券交易所从1903启用的。交易所内设有主厅、蓝厅、"车房"等3个股票交易厅和1个债券交易厅，是证券经纪人聚集和互相交易的场所，共设有16个交易厅，每个交易厅有16～20个交易柜台，均装备有现代化办公设备和通讯设施。交易所经营对象主要为股票，其次为各种国内外债券。除节假日外，交易时间每周5天，每天5小时。自20世纪20年代起，它一直是国际金融中心，这里股票行市的暴涨与暴跌，都会在其他资本主义国家的股票市场产生连锁反应，引起波动。现在它还是纽约市最受欢迎的旅游名胜之一。

截至1999年2月，在交易所上市的公司已超过3000家，其中包括来自48个国家的385家外国公司，在全球资本市场上筹措资金超过10万亿。另外，美国政府、公司和外国政府、公司及国际银行的数千种债券也在交易所上市交易。纽约证券交易所因为历史较为悠久，因此市场较成熟，上市条件也较为严格，像那些还没有赚钱就想上市筹资的公司是无法进入纽约证交所的，而历史悠久的财星五百大企业大多在纽约证交所挂牌，像卖洗发精的娇生，卖壮阳药威而钢的辉瑞制药，做快迅服务的优比速和联邦快迅等大公司都是纽约证券交易所的成员。

纽约证券交易所（New York Stock Exchange，NYSE），是上市公司总市值第一（2009年数据），IPO数量及市值第一（2009年数据），交易量第二（2008年数据）的交易所。

20世纪20年代，纽约股票交易所战胜了所有挑战者，成为美国首屈一指的交易所，成交量占美国上市证券交易的75%。20世纪90年代，纽约证券交易所经历了又一次辉煌，上市公司股份达到20亿股，而1886年时仅为100万股。纽约证交所目前有上千会员，美国著名的投资银行都在证交所场内拥有自己的经纪人。目前有来自全球的2800家公司在纽约证券交易所挂牌交易，总市值达13.5万亿美元，其中来自国外的企业有470家。

证券交易所共有1366个交易席位，这样的席位行市可是非常高，因为它使你可以直接买卖股票，无须通过中间人。据说交易席位市价最高时达到62.5万美元，这一纪录是1929年创下的。

交易所工作人员的人事体系相当复杂。简单地说，工作人员可分为两类：一类为经纪人，他们是交易所的“战斗主力”。经纪人又分为内部经纪人、佣金经纪人和自营经纪人。另一类是交易专员，他们既是拍卖人和经纪人交易指令的承办人，也扮演着确保市场正常运转的“交警”角色，同时，他们还承担着确保市场流动性的做市商的职能。在纽约证交所，可以看到经纪人在场内以走动叫喊的方式找寻最佳买主或卖主，他们本身不左右价格，买方与卖方是一种直接交易的模式，投资人可经由电视画面看到经纪人精彩的手语战。而在纳斯达克，则看不到这样的场面，取而代之的是冷冰冰的电脑屏幕，投资人买卖股票只能通过电话交谈或是利用电脑下单，交易员可随意开价，买卖双方无从得知他的成本。纽交所曾在电视上播映过一个广告，口号为：我们不仅是一个交易所，更重要的是，我们代表了一种做生意的方式。

纽约证券交易所是世界上最大的证券交易所，在这里挂牌上市通常意味着企业规模达到国际水准。当然，企业要想进入可不容易。需要满足许多非常苛刻的要求，而且要交不少钱。初始费用为36800美元，再加上每100万股还要交一定的费用。

作为世界性的证券交易场所，纽约证交所也接受外国公司挂牌上市，上市条件较美国国内公司更为严格，主要包括：

一是最低公众持股数量和业务记录公司最少要有2000名股东（每名股东拥有100股以上）；或2200名股东（最近6个月月平均交易量为10万股）；或500名股东（最近12个月月平均交易量为100万股）；至少有110万股的股数在市面上为投资者所拥有（公众股110万股）。二是最低市值公众股市场价值为4000万美金；有形资产净值为4000万美金。三是盈利要求上市前两年，每年税前收益为200万美金，最近一年税前收益为250万美金；或三年必须全部盈利，税前收益总计为650万美金，最近一年最低税前收益为450万美金；或最近一个会计年度市值总额不低于5亿美金且收入达到2亿美金的公司：3年调整后净收益合计2500万美金（每年报告中必须是正数）。四是上市企业类型主要面向成熟企业。五是采用会计准则为美国一般公认会计原则。六是公司注册和业务地点无具体规定。七是公司经营业务信息披露规定要遵守交易所的年报、季报和中期报告制度。八是其他因素对公司的管理和操作有多项要求；详细说明公司所属行业的相对稳定性，公司在该行业中的地位，公司产品的市场情况。

纽约证券交易所每半个小时公布一次指数的变动情况。虽然纽约证券交易所编制股票价格指数的时间不长，但它可以全面及时地反映其股票市场活动的综合状况，因而较为受投资者欢迎。在200多年的发展过程中，纽约证券交易所为美国经济的发展、社会化大生产的顺利进行、现代市场经济体制的构建起到了举足轻重的作用。

2. 东京证券交易所

东京证券交易所是日本的证券交易所之一，简称东证，总部位于东京都中央区日本桥兜町。其事业体分为“株式会社东京证券交易所”及“东京证券交易所自主规制法人”等两个法人。东京证券交易所与大阪证券交易所、名古屋证券交易所并列为日本三大证券交易所，其市场规模位居世界前三大，同时也是日本最重要的经济中枢。

东京证券交易所发展的历史虽然不长，但却是世界上最大的证券交易中心之一，日本最大的证券交易所。它的股票交易量最大，占日本全国交易量的80%以上。如果按上市的股票市场价格计算，它已超过伦敦证券交易所，成为仅次于纽约证券交易所的世界第二大证券市场。

东京证券交易所的股票有两种方式。一种是在股票交易大厅里对第一部的250种大宗股票和外国股票进行的交易。交易大厅中有六个“U”形交易台，其中五个为国内股票交易台，一个为外国股票交易台，站在台外边的是正式会员公司派驻的交易员。站在台里边的是中介人会员。交易时，正式会员公司的交易员根据场外公司传来的指令，向台里边的中介人会员征询，谈判买卖。中介人会员的任务是把各正式会员移交的买卖委托，按交易规则加以撮合，使买卖成交，成交结果由计算机储存处理。

第二种方式是通过电脑成交。除在第一部交易的股票外，所有的上市股票都是用这种方式成交。各会员公司通过电脑的指令输入装置向交易所内的中央处理机发出指令，通过电脑的交易室内的专用终端装置，由交易所经纪人按照显示的报价情况加以撮合成交。

东京证券交易所外国公司上市标准如下：东京证交所有4个市场：市场1部、市场2部、外国部和创业板，后两个市场对外国公司开放。外国部上市标准为：上市股票数2万交易单位以上、成立3年以上；日本国内股东数：海外已上市1000人以上，海外未上市2000人以上；利润额：申请前两年1亿日元以上，申请前一年4亿日元以上；上市时市价总值20亿日元以上；创业板上市标准：有高度成长性；在日本上市时公开发行量超1000交易单位；日本国内股东数，新股东超过300人；上市市价总值超10亿日元。

东京证券交易所虽然是全球第二大的证券交易所，却不是一个大的国际融资中心，在东京证交所上市的海外企业相当少，基本上以日本的企业为主。

3. 伦敦证券交易所

伦敦证券交易所是世界第三大交易中心，也是世界上历史最悠久的证券交易所之一。它的前身为17世纪末交易街的露天市场，是当时买卖政府债券的“皇家交易所”。

作为世界上最国际化的金融中心，伦敦不仅是欧洲债券及外汇交易领域的全球领先者，还受理超过三分之二的国际股票承销业务。伦敦的规模与位置，意味着它为世界各地的公司及投资者提供了一个通往欧洲的理想门户。在保持伦敦的领先地位方面，伦敦证券交易所扮演着中心角色。伦敦证交所运作世界上国际最强的股票市场，其外国股票的交易超过其他任何证交所。

伦敦证券交易所曾为当时英国经济的兴旺立下汗马功劳，但随着英国国内和世界经济形势的变化，其浓重的保守色彩，特别是沿袭的陈规陋习严重阻碍了英国证券市场的发展，影响了市场竞争力。在这一形势下，伦敦证券交易所于 1986 年 10 月进行了重大改革：允许批发商与经纪人兼营，证券交易全部实现电脑化，与纽约、东京交易所联机，实现 24 小时全球交易。这些改革措施使英国证券市场发生了根本性的变化，巩固了其在国际证券市场中的地位。

作为世界上最国际化的金融中心，伦敦证交所运作国际性最强的股票市场，其外国股票的交易超过其他任何证交所。

伦敦证券交易所的上市标准如下：

一是公司一般须有 3 年的经营记录，并须呈报最近 3 年的总审计账目。如没有 3 年经营记录，某些科技产业公司、投资实体、矿产公司以及承担重大基建项目的公司，只要能满足伦敦证券交易所《上市细则》中的有关标准，亦可上市。二是公司的经营管理层应能显示出为其公司经营记录所承担的责任。三是公司呈报的财务报告一般须按国际或英美现行的会计及审计标准编制，并按上述标准独立审计。四是公司在本国交易所的注册资本应超过 70 万英镑，至少有 25% 的股份为社会公众持有。实际上，如想通过伦敦证交所进行国际募股，其总股本一般要求不少于 2500 万英镑。五是公司须按伦敦证券交易所规范要求（包括欧共体法令和 1986 年版金融服务法）编制上市说明书，发起人需使用英语发布有关信息。发行债券一般指通过伦敦证券交易所发行欧洲债券，其要求明显低于股票发行要求。因为债券的市场行情变化一般不取决于发行人的经营表现，而更多的是受利率和通货变动的影响。

外国公司在伦敦证交所上市，一方面打通了全球资本和国际投资界的门户，另一方面也必须接受在伦敦上市所带来的责任和义务。这些责任和义务中有一些是伦敦证交所《批准交易规则》和英国上市管理署《上市细则》针对所有上市公司的监管要求。其他则是市场机制本身对上市公司提出的要求和期望，比如分析师、投资者和媒体会关注市场上的每一家公司，并对其表现作出判断。与这些群体的沟通过程，如今通常被称为投资者关系。

英国在伦敦上市交易的外国公司来自许多重大行业，从电信、高科技、宇航、到公用事业、消费品、零售、银行、制造业、以及资源开发，其中有不少上市公司是世界各国国有企业民营化的结果。

4. 香港证券交易所

香港交易及结算所有限公司是一家控股公司，全资拥有香港联合交易所有限公司、香港期货交易所有限公司和香港中央结算有限公司三家附属公司。主要业务是拥有及经营香港唯一的股票交易所与期货交易所，以及其有关的结算所。目前香港交易所是唯一经营香港股市的机构，在未得财政司司长同意下，任何个人或机构不得持有港交所超过 5% 的股份。

2006 年 9 月 11 日，港交所成为恒生指数成份股。以市值计算，眼下香港交易所在亚洲排名第 2 位；以融资金额计算，香港交易所在全球排名第 3 位，亚洲排名第 1 位。作为一个成熟的国际化市场，香港交易所衍生产品交易较为活跃，产品品种齐全，可满足投资者交易、对冲、套期保值等各项需求。

香港目前有期货及期权产品四类。一是股市指数产品系列，包括：恒生指数期货及期权、小型恒指期货、中国外资自由投资指数期货。二是股票类产品，包括: 29 只股票期货、31 只股票期权、20 只国际股票期货和 20 只期权。三是利率产品，包括: 1 个月港元利率期货、3 个月港元利率期货、3 年期外汇基金债券期货。四是外汇产品，包括：日元、英镑、欧元的日转期汇。

在交易所交易的期权包括 3 个股票指数的期权，即恒生指数期权、小型恒生指数期权、H 股指数期权，以及 37 个指定股票的期权（每个类别期权均包含最高至 7 个不同结算日期的产品，短期期权为现月、下 2 个月及之后的 3 个月，长期期权为之后 6 个月和 12 个月）。

香港交易所是中国企业筹集国际资金的最有效渠道，香港与其他证券市场的伙伴关系和相互合作对中国也更具意义。综观全球金融市场的发展趋势，香港交易所的发展潜力无可限量。重新整合后的香港交易所的市场架构拥有庞大的资源作后盾，能够确保香港维持其最重要的市场地位，为市场使用者提供主要对冲与风险管理设施，同时亦提供资金促进中国经济的发展。与此同时，香港在不断向前迈进的精神的推动下，将会发展成为资金高度流通、交易成本低廉的国际主要市场。

第十五章 促进中国与世界双向融合

——关于国际金融的财经常识

美国变成世界强国的一个重要原因，就是美国生产的东西成本更低，或者比其他国家生产的更值钱，这样他不断地占领国际市场。现在的情况可能类似中国，中国生产的同样的东西比美国更有竞争力，在这种情况下，自然贸易结构就发生非常大的变化。所以……很重要的一点还是贸易结构的问题，而不是简单地说中国少向美国出口的问题，也不简单是人民币的汇率问题。

——张维迎

（原北京大学光华管理学院院长，著名经济学家）

构成国际金融活动的总框架

国际金融体系是国际货币关系的集中反映，它构成了国际金融活动的总体框架。在市场经济体制下，各国之间的货币金融交往，都要受到国际金融体系的约束。金融体系包括金融市场、金融中介、金融服务企业以及其他用来执行居民户、企业和政府的金融决策的机构。有时候特定金融工具的市场拥有特定的地理位置，例如纽约证券交易所和大阪期权与期货交易所就是分别坐落于美国纽约和日本大阪的金融机构。然而，金融市场经常没有一个特定的场所，股票、债券及货币的柜台交易市场——或者场外交易市场的情形就是这样，它们本质上是连接证券经纪人及其客户的全球化计算机通信网络。

金融中介被定义为主要业务是提供金融服务和金融产品的企业。它们包括银行、投资公司和保险公司。其产品包括支票账户、商业贷款、抵押、共同基金以及一系列各种各样的保险合同。

就范围而言，当今的金融体系是全球化的。金融市场和金融中介通过一个巨型国际通信网络相连接，因此，支付转移和证券交易几乎可以 24 小时不间断地进行。举个例子：

如果一家基地位于德国的大型公司希望为一项重要的新项目融资，那么它将考虑一系列国际融资的可能性，包括发行股票并将其在纽约证券交易所或伦敦证券交易所出售，或是从一项日本退休基金那里借入资金。如果它选择从日本退休基金那里借入资金，这笔贷款可能会以欧元、日元甚至美元计价。

1. 国际金融体系的主要内容

（1）国际收支及其调节机制。即有效地帮助与促进国际收支出现严重失衡的国家通过各种措施进行调节，使其在国际范围能公平地承担国际收支调节的责任和义务。

（2）汇率制度的安排。由于汇率变动可直接地影响到各国之间经济利益的再分配，因此，形成一种较为稳定的、为各国共同遵守的国际间汇率安排，成为国际金融体系所要解决的核心问题。一国货币与其他货币之间的汇率如何决定与维持，一国货币能否成为自由兑换货币，是采取固定汇率制度，还是采取浮动汇率制度，或是采取其他汇率制度等等，都是国际金融体系的主要内容。

（3）国际储备资产的选择与确定。即采用什么货币作为国际间的支付货币；在一个特定时期中心储备货币如何确定，以维护整个储备体系的运行；世界各国的储备资产又如何选择，以满足各种经济交易的要求。

（4）国际间金融事务的协调与管理。各国实行的金融货币政策，会对相互交往的国家乃至整个世界经济产生影响。因此，如何协调各国与国际金融活动有关的金融货币政策，通过国际金融机构制定若干为各成员国所认同与遵守的规则、惯例和制度，也构成了国际金融体系的重要内容。国际金融体系自形成以来，经历了金本位制度、布雷顿森林体系和现行的浮动汇率制度。

2. 金融体系的重要作用

金融体系包括金融市场和金融机构。金融市场和人们常见的市场一样，在那里人们买卖各种产品，并讨价还价。金融市场可能是非正式的，例如社区的跳蚤市场；也可能是高度组织化和结构化的，比如伦敦或者苏黎世的黄金市场。金融市场和其他市场的唯一区别在于，在这个市场上，买卖的是股票、债券和期货合约等金融工具而不是锅碗瓢盆。最后，金融市场涉及的交易额可能很大，可能是风险巨大的投资交易。当然，一笔投资的回报可能让你赢得盆满钵满，也可能让你输得一贫如洗。由于金融市场具有较高的价格挥发性，比如股票市场，因此金融市场的消息很值钱。

金融机构也是金融体系的一部分，和金融市场一样，金融机构也能起到将资金从储蓄者转移到借款者的作用。然而，金融机构是通过销售金融债权获取资金并用这些资金购买公司、个人和政府的金融债权来为他们融资的。金融机构包括：商业银行、信用社、人寿保险公司以及信贷公司，它们有一个特殊的名字：金融中介机构。金融机构控制着整个世界的金融事务，为消费者和小企业提供各种服务。尽管金融机构不像金融市场那样受到媒体关注，但它却是比证券市场更重要的融资来源地。这一现象不仅在美国如此，在世界其他工业化国家亦是如此。

全球性的国际金融机构

第二次世界大战后建立了布雷顿森林国际货币体系，并相应地建立了几个全球性国际金融机构，作为实施这一国际货币体系的组织机构，它们也是目前最重要的全球性国际金融机构，即国际货币基金组织、简称世界银行的国际复兴开发银行、国际开发协会和国际金融公司。

适应世界经济发展的需要，先后曾出现各种进行国际金融业务的政府间国际金融机构，国际金融机构的发端可以追溯到 1930 年 5 月在瑞士巴塞尔成立的国际清算银行。它是由英国、法国、意大利、德国、比利时、日本的中央银行和代表美国银行界的摩根保证信托投资公司、纽约花旗银行和芝加哥花旗银行共同组成，其目的就是处理第一次世界大战后德国赔款的支付和解决德国国际清算问题。此后，其宗旨改为促进各国中央银行间的合作，为国际金融往来提供额外便利，以及接受委托或作为代理人办理国际清算业务等。该行建立时只有 7 个成员国，现已发展到 45 个成员国和地区。

从 1957 年到 20 世纪 70 年代，欧洲、亚洲、非洲、拉丁美洲、中东等地区的国家为发展本地区经济的需要，同时也是为抵制美国对国际金融事务的控制，通过互助合作方式，先后建立起区域性的国际金融机构。如泛美开发银行、亚洲开发银行、非洲开发银行和阿拉伯货币基金组织，等等。

国际金融机构是指从事国际金融管理和国际金融活动的超国家性质的组织机构，能够在重大的国际经济金融事件中协调各国的行动；提供短期资金缓解国际收支逆差稳定汇率；提供长期资金促进各国经济发展。按范围可分为全球性国际金融机构和区域性的国际金融机构。

国际金融机构在发展世界经济和区域经济方面发挥了积极作用。不过，这些机构的领导权大都被西方发达国家控制，发展中国家的呼声和建议往往得不到应有的重视和反映。

1. 国际开发协会

国际开发协会是专门对较穷的发展中国家发放条件优惠的长期贷款的金融机构。成立协会的建议是 1957 年提出的，正式成立于 1960 年 9 月。国际开发协会的组织机构与世界银行相同。其资金来源主要有：（1）会员国认缴的股本；（2）工业发达国家会员国提供的补充资金；（3）世界银行从净收益中拨给协会的资金；（4）协会业务经营的净收益。

协会的贷款条件是：1972 年按人口平均国民生产总值不到 375 美元的发展中国家的政府或企业。贷款不收利息，只收 0.75% 的手续费，贷款期限 50 年。至 1988 年财政年度，协会提供信贷资金总额为 508.91 亿美元。

近年来我国与国际开发协会的业务往来日益增多，至 1995 年 6 月末，我国共利用协会贷款 100.61 亿美元。

2. 国际金融公司

国际金融公司建立于 1956 年 7 月。申请加入国际金融公司的国家必须是世界银行的会员国。国际金融公司的组织机构和管理方式与世界银行相同。

国际金融公司的主要任务是对属于发展中国家的会员国中私人企业的新建、改建和扩建等提供资金，促进外国私人资本在发展中国家的投资，促进发展中国家资本市场的发展。其资金来源主要是会员国认缴的股本、借入资金和营业收入。

国际金融公司提供贷款的期限为 7 ~ 15 年，贷款利率接近于市场利率，但比市场利率低，贷款无须政府担保。

3. 亚洲开发银行

1966 年在东京成立，同年 12 月开始营业，行址设在菲律宾的首都马尼拉。

成立初期有34个国家参加，1988年增加到47个，其中亚太地区32个，西欧和北美15个。其管理机构由理事会、执行董事会和行长组成。

亚洲开发银行的宗旨是通过发放贷款和进行投资、技术援助，促进本地区的经济发展与合作。其主要业务是向亚太地区加盟银行的成员国和地区的政府及其所属机构、境内公私企业以及与发展本地区有关的国际性或地区性组织提供贷款。贷款分为普通贷款和特别基金贷款两种。前者贷款期为12 ~25年，利率随金融市场的变化调整；后者贷款期为25 ~ 30年，利率为1% ~ 3%，属长期低利优惠贷款。

亚洲开发银行的资金来源主要是加入银行的国家和地区认缴的股本、借款和发行债券以及某些国家的捐赠款和由营业收入所积累的资本。

我国在亚洲开发银行的合法席位于1986年恢复。1988年末我国在亚行认缴股本16.17亿美元，为亚行第三大认股国。至1996年12月末，已获亚行贷款项目59个，总额达63.8亿美元；此外还接受亚行提供的无偿技术援助237项，金额1.036亿美元。

4. 非洲开发银行

非洲开发银行于1963年9月成立，1966年7月开始营业，行址设在科特迪瓦的首都阿比让。我国于1985年5月加入非洲开发银行，成为正式成员国。

非洲开发银行的宗旨是：为成员国经济和社会发展服务，提供资金支持；协助非洲大陆制定发展的总体规划，协调各国的发展计划，以期达到非洲经济一体化的目标。其主要业务是向成员国提供普通贷款和特别贷款。特别贷款条件优惠，期限长，最长可达50年，贷款不计利息。非洲开发银行的资金主要是成员国认缴的股本，为解决贷款资金的需要，它还先后设立了几个合办机构：非洲开发基金、尼日利亚信托基金、非洲投资开发国际金融公司和非洲再保险公司。

国际金融中心是冒险者的天堂

国际金融中心就是指能够提供最便捷的国际融资服务、最有效的国际支付清算系统、最活跃的国际金融交易场所的城市。

金融市场齐全、服务业高度密集、对周边地区甚至全球具有辐射影响力是国际金融中心的基本特征。目前，公认的全球性国际金融中心是伦敦、纽约。除此之外，世界上还存在着许多区域性的国际金融中心，如欧洲的法兰克福、苏黎世、巴黎，亚洲的中国香港、上海、新加坡、日本东京等。

1. 法兰克福金融中心

法兰克福作为世界著名金融中心，全世界 10 大银行中有 9 家、50 大银行中有 46 家在此地立足，有 50 多个国家的 200 家外国银行在这里设立分行或办事处，其中包括中国银行。德国的三大商业银行，即德意志银行、德雷斯顿银行和商业银行的总部全都设在此地。此外还有 340 多家银行，共 33000 多人在这里从事银行业。但最引人注目的还是法兰克福证券交易所，这是仅次于纽约和东京的交易所，有 6900 种各国证券和股票在这里上市和交易。交易所设在建于 1879 年的古典风格大楼，游客可在楼上观看交易活动。交易厅的一面墙壁上，是 90 平方米大小的显示荧幕，由电脑控制，上边各大企业的股票价格清晰可见，是德国经济的晴雨表。最特别的自然是证券交易所门前空地的牛雕像和熊雕像，分别代表股市的牛市和熊市。

2. 苏黎世金融市场

苏黎世金融市场是另一个重要的国际金融市场，瑞士的苏黎世金融市场和伦敦金融市场、纽约金融市场构成世界著名的三大国际金融市场。瑞士原本是一个传统的债权国，其中央银行（瑞士国家银行）设在苏黎世，其作为国际金融中心具备许多有利的条件：瑞士从 1815 年起成为永久中立国，没有受到历次战争的破坏，瑞士法郎又长期保持自由兑换。

因此，在国际局势紧张时期，瑞士成为别国游资的避难场所，黄金、外汇交易十分兴隆。它对资本输出没有什么限制；具备国际游资分配中心的作用；它保护私人财产，允许资本自由移动；瑞士的政治、经济稳定，有连续性；瑞士法郎是世界上比较稳定的货币之一；二战后欧洲经济的恢复和发展促进了苏黎世金融市场的发展。

3. 香港国际金融中心

香港国际金融中心，金融机构和市场紧密联系，政府的政策是维护和发展完善的法律架构、监管制度、基础设施及行政体制，为参与市场的人士提供公平的竞争环境，维持金融及货币体系稳定，使香港能有效地与其他主要金融中心竞争。香港地理环境优越，是连接北美洲与欧洲时差的桥梁，与亚洲和其他东南亚经济体系联系紧密，又与世界各地建立了良好的通讯网络，因此能够成为重要的国际金融中心。资金可以自由流入和流出本港，也是一项重要的因素。香港金融市场的特色是资金流动性高。市场根据有效、透明而又符合国际标准的规例运作。香港的工作人口有一定教育水平，海外专业人士来港工作，也十分容易，进一步推动了金融市场的发展。

4. 新加坡国际金融中心

新加坡是一个面积很小的岛国，1965 年才取得独立。新加坡自然资源缺乏，国内市场狭小，这对一个国家的经济发展是不利因素。但新加坡也存在许多优势。首先，新加坡的地理位置优越，而且基础设施比较发达，使得它成为东南亚的重要贸易中心和港口，也为金融业的发展奠定了基础；其次，英语在新加坡广泛使用，而英语是国际金融业中通用的语言，这就为新加坡金融业的发展提供了有利条件。到 20 世纪 70 年代初，新加坡已经发展成为亚太地区金融业最发达的国家，成为亚洲美元市场的中心。通过新加坡的金融市场，地区外的资金得以被吸收到东南亚地区，为本地区的经济发展筹集了急需的资金。对新加坡自身而言，金融业的发展促进了经济发展，而经济发展又为金融的进一步深化提供了动力。

作为国际金融市场的枢纽，国际金融中心为世界经济的发展做出了巨大贡献。同时国际金融中心的发展也给当地经济带来显著的收益。全球性金融中心、地区性金融中心和大批离岸金融市场构成了全球性的金融网络，使各国的经济和金融活动紧密地联系在一起。24 小时不间断运行的外汇市场提供了货币交易的国际机制，而这种货币交易是跨国经济活动的重要基础。日益证券化的国际资本市场使发达国家的资本供给和发展中国家的投资机会得以连接，形成了资本有效配置的国际机制。在国际金融活动中，制度、政策和货币的障碍越来越小，有力地推动了经济全球化进程。

国际金融组织发挥的作用

当代国际金融的一大特点是，国际金融组织相继出现，并且在全球化经济发展中起着越来越重要的作用。所以，我们简单了解一些全球性金融组织概况也是很有必要的。

关于全球性金融组织，可以主要关注以下几个：

1. 世界银行集团

之所以称之为集团，是指这不仅仅是一家银行，它实际上包括国际复兴开发银行、国际开发协会、国际金融公司、解决投资争端国际中心、多边投资担保机构等一系列组织。成立世界银行集团的目的，最早是为了给西欧国家战后复兴提供资金援助，1948 年后转变为帮助发展中国家提高生产力、促进社会进步和经济发展、改善和提高人民生活。世界银行集团的主要业务机构有以下三个：

（1）国际复兴开发银行。

国际复兴开发银行简称世界银行，是与国际货币基金组织同时成立的另一个国际金融机构，也是联合国的一个专门机构。

国际复兴开发银行成立于 1945 年 12 月，1946 年 6 月 25 日正式开始营业。当时以美国为代表的许多国家认为，为了在第二次世界大战结束后能够尽快恢复受战争破坏的各国经济、开发发展中国家经济，有必要成立这样一个国际性金融组织，利用其自有资金和组织私人资本，为生产性项目提供贷款或投资。

所以，《国际复兴开发银行协定》规定，它的宗旨是：对生产性投资提供便利，协助成员国的经济复兴以及生产和资源开发；促进私人对外贷款和投资；鼓励国际投资，开发成员国的生产资源，促进国际贸易长期均衡发展，维持国际收支平衡；配合国际信贷，提供信贷保证。

（2）国际开发协会。

国际开发协会成立于 20 世纪 50 年代。当时的背景是亚洲、非洲、拉丁美洲地区的发展中国家经济十分落后，外债负担沉重，自有资金严重不足，迫切需要获得大量外来资金摆脱困境，发展经济。可与此同时，国际货币基金组织、国际复兴开发银行的贷款门槛高，贷款数量又有限，无法满足上述国家免息低息、数量庞大的贷款需求。

在这种情况下，1958 年美国提议建立一个能为上述国家提供优惠贷款的开发性国际金融机构。1960 年，世界银行集团正式成立国际开发协会并开始营业，总部设在美国首都华盛顿。

国际开发协会的宗旨是：向符合条件的低收入国家提供长期优惠贷款，帮助这些国家加速经济发展，提高劳动生产率，改善人民生活。国际开发协会与国际复兴开发银行虽然在法律地位、财务上相互独立，可是在组织机构上却是中国人熟悉的“两块牌子、一套人马”。

（3）国际金融公司。

《国际复兴开发银行协定》规定，世界银行的贷款对象只能是成员国政府，如果对私营企业贷款必须由政府出面担保；而且，世界银行只能经营贷款业务，不能参与股份投资，也不能为成员国私营企业提供其他有风险的贷款业务。这样一来，就在很大程度上限制了世界银行的业务范围，不利于发展中国家发展民族经济。

为了弥补这一缺陷，1956年世界银行集团成立了国际金融公司，主要是为成员国的私营企业提供国际贷款。

国际金融公司的宗旨是：为发展中国家的私营企业提供没有政府机构担保的各种投资；促进外国私人资本在发展中国家的投资；促进发展中国家资本市场的发展。

2. 国际清算银行

国际清算银行是西方主要国家中央银行共同创办的国际金融机构，具体指美国的几家银行集团与英国、法国、德国、意大利、比利时、日本等国家的中央银行在1930年共同出资创办的，总部设在瑞士巴塞尔，享有国际法人资格以及外交特权和豁免权，并且不需要纳税。

成立国际清算银行，最早的目的是处理第一次世界大战后德国对协约国赔偿的支付以及处理同德国赔款的“杨格计划”的相关业务。后来则转变为促进各国中央银行之间的合作，为国际金融业务提供便利条件，作为国际清算的代理人或受托人。

说得更明确一点就是，最早美国是要利用这个机构来掌握德国的财政，并且把欧洲债务国偿还美国的债务问题置于美国监督之下。1944年布雷顿森林会议后，国际清算银行的使命实际上已经完成了，是应当解散的，但美国仍然把它保留了下来，并作为国际货币基金组织和世界银行的附属机构。国际清算银行不是政府之间的金融决策机构，它实际上相当于西方国家中央银行的银行。

中国于1984年与国际清算银行建立业务联系，办理外汇与黄金业务；派员参加国际清算银行股东大会，以观察员身份参加年会。国际清算银行从1985年起开始对中国提供贷款，并于1996年接纳中国、中国香港、巴西、印度、俄罗斯等加入该组织。

国际清算银行的服务对象是各国中央银行、国际组织（如国际海事组织、国际电信联盟、世界气象组织、世界卫生组织）等，不办理个人业务。目前，全球各国的外汇储备约有 1/10 存放在国际清算银行。这样做的好处是：外汇种类可以自由转换；免费储备黄金，并且可以用它作抵押取得 85%的现汇贷款；可以随时提取，不需要说明任何理由。

贷款条件苛刻的世界银行

世界银行集团是一家国际金融组织，总部设在美国首都华盛顿，但国际金融组织不仅仅是世界银行集团一家。除了世界银行集团外，还有国际货币基金组织、国际开发协会、国际金融公司、亚洲开发银行等。其中，国际开发协会、国际金融公司是世界银行集团的附属机构。平常所说的世界银行，一般是指世界银行集团下的国际复兴开发银行。

2009 年 12 月 6 日，巴勒斯坦与世界银行和其他援助方签署了 6400 万美元的援助协议，以推进巴勒斯坦建国步伐。受金融危机的影响，非洲食品和燃油价格上涨，同时引发了货币贬值和证券价格的下跌。世界银行 2009 年公布，将向受金融危机影响的非洲国家提供 770 亿美元的援助，以帮助这些国家减轻由金融危机带来的负面影响。

中国是世界银行的创始国之一，1980 年 5 月 15 日，中国在世界银行和所属国际开发协会及国际金融公司的合法席位得到恢复。1980 年 9 月 3 日，该行理事会通过投票，同意将中国在该行的股份从原 7500 股增加到 12000 股。我国在世界银行有投票权。在世界银行的执行董事会中，我国单独派有一名董事。我国从 1981 年起开始向该行借款，此后，我国与世界银行的合作逐步展开、扩大。世界银行通过提供期限较长的项目贷款，推动了我国交通运输、行业改造、能源、农业等国家重点建设以及金融、文卫、环保等事业的发展。同时，还通过本身的培训机构，为我国培训了大批了解世界银行业务、熟悉专业知识的管理人才。

世界银行集团目前由国际复兴开发银行（即世界银行）、国际开发协会、国际金融公司、多边投资担保机构和解决投资争端国际中心 5 个成员机构组成。这 5 个机构分别侧重于不同的发展领域，但都运用其各自的比较优势，协力实现其共同的最终目标，即减轻贫困。

通过向国际金融市场借款、发行债券和收取贷款利息以及各成员国缴纳的股金三种渠道，世界银行获得资金来源。

在通过对生产事业的投资，协助成员国经济的复兴与建设，鼓励不发达国家对资源的开发方面，世界银行仍然发挥着不可小觑的作用。另外，世界银行通过担保或参加私人贷款及其他私人投资的方式，促进私人对外投资。规定当成员国不能在合理条件下获得私人资本时，可运用该行自有资本或筹集的资金来补充私人投资的不足，并与其他方面的国际贷款配合，鼓励国际投资，协助成员国提高生产能力，促进成员国国际贸易的平衡发展和国际收支状况的改善，对经济的复兴和发展起到了重要的作用。

总结来看，世界银行提供的贷款具有以下几点特征：

第一，贷款期限较长。按借款国人均国民生产总值，将借款国分为 4 组，每组期限不一。第一组为 15 年，第二组为 17 年，第三、四组为最贫穷的成员国，期限为 20 年。贷款宽限期 3 ~ 5 年。

第二，贷款利率参照资本市场利率而定，一般低于市场利率，现采用浮动利率计息，每半年调整一次。

第三，借款国要承担汇率变动的风险。

第四，贷款必须如期归还，不得拖欠或改变还款日期。

第五，贷款手续严密，从提出项目、选定、评定，到取得贷款，一般要用 1 年半到 2 年时间。

第六，贷款主要向成员国政府发放，且与特定的工程和项目相联系。

世界银行的工作经常受到非政府组织和学者的严厉批评，有时世界银行自己内部的审查也对其某些决定质疑。往往世界银行被指责为美国或西方国家施行有利于它们自己的经济政策的执行者，此外往往过快、不正确的、按错误的顺序引入的或在不适合的环境下进行的市场经济改革对发展中国家的经济反而造成破坏。世界银行的真正掌控者是世界银行巨头，他们最终的目的是追逐利润，现在的状况可以说是一个妥协的结果。

今天世界银行的主要帮助对象是发展中国家，帮助它们建设教育、农业和工业设施。它向成员国提供优惠贷款，同时世界银行向受贷国提出一定的要求，比如减少贪污或建立民主等。世界银行与国际货币基金组织和世界贸易组织一道，成为国际经济体制中最重要的三大支柱。

世界银行贷款协定生效以后，在发生了符合世界银行规定的合格费用后，项目单位可以凭有关证明文件，按照世界银行和财政部门的有关规定，向世界银行提取贷款。

1. 世界银行贷款种类

（1）具体的投资贷款，即项目贷款。这是世界银行业务的主要组成部分，这类贷款占世界银行提供贷款的一半以上。通常用于发展中国家经济和社会发展的基础设施，以及大型生产性投资。世界银行在农业和农村发展、教育、能源、交通、城市发展和供水等方面的大部分贷款都属于这一类，并由世界银行工作人员负责评估和监督完成。

（2）部门贷款，又称行业贷款。包括部门投资贷款、金融中介贷款和部门调整贷款三种。

这三种贷款的使用重点各有侧重：①部门投资贷款的使用，重点是改善部门政策和投资重点，以及增强借款国制定和执行投资计划的能力，如交通运输部门贷款、教育部门贷款、农业部门贷款等。在项目安排、资金使用等方面比较灵活，贷款金额较大、支付速度较快，一般用款周期为 3 ~5 年。②金融中介贷款的使用，重点是面向开发金融公司和农业信贷机构的贷款，使用前提是双方必须就转贷对象的选择标准、转贷利率和加强组织机构的具体措施达成协议。世界银行十分强调金融机构在为客户服务质量、转贷利率、机构建设等方面的竞争。③部门调整贷款的使用，重点是专门为支持某一具体部门进行全面政策和体制改革的贷款，但比结构调整贷款涉及的范围要窄。前提是当借款国总体经济管理和改革状况或经济规模不允许进行结构调整时，可选用这类贷款。与前两种贷款不同，部门调整贷款的主要目的是支持某一部门的政策改革，通常为特定部门的进口提供所需外汇，并预先确定受益人或按双方商定的标准选择受益人，一般用款周期为 1 ~ 4 年。

（3）结构调整贷款。结构调整贷款的目的，主要是促进发展中国家的经济调整，但要想得到这项贷款，必须满足世界银行的一系列相关规定。

例如，由于印度尼西亚经济改革步伐缓慢，世界银行认为该国无法利用这笔贷款去进行体制改革，所以 2001 年 4 月毫不犹豫地取消了协助该国解决贫困问题的 3 亿美元贷款。与此同时，国际货币基金组织也在 2000 年 12 月中止了原本提供给印度尼西亚的 4 亿美元贷款。

（4）技术援助贷款。这种方式贷款旨在支持借贷国有关制定和执行政策、参与经济发展战略规划的机构成为大型投资项目准备实施和管理的机构用于咨询服务、研究课题和人员培训。这类贷款占世行贷款的3%左右，一般用款周期为2~5年。

（5）应急性贷款。应急性贷款主要是针对会员国发生龙卷风、干旱、地震、水灾等突发事件并遭受巨大经济损失时提供的资金援助。正因这是一项贷款，所以它的目的并不是要救济会员国，而是要帮助会员国不至于因此影响经济的正常运转。

（6）联合贷款。联合贷款是指世界银行与借款国家以外的其他贷款机构，联合起来为世界银行的项目筹集资金或者提供贷款。这种贷款方式，既可以是世界银行与其他贷款机构分别承担同一个项目的一部分，也可以是世界银行介绍或动员其他贷款机构对该项目提供资金。

2. 世界银行的贷款条件

主要有贷款条件较严格的硬贷款和贷款条件优惠的软贷款。硬贷款的条件为：还款期限对我国是20年，含宽限期5年，承诺费为年率0.75%，从贷款协定签订后第60天算起，按已承诺未拨付的贷款余额计收。利息按已支付未偿还的贷款余额计收，利率较国际资本市场低，贷款中约有70%是靠发行债券筹措的。软贷款的条件为：还款期限为35年，含宽限期10年，承诺费为年率0.5%，征收办法与硬贷款相同；无息，但需征收0.75%的手续费，按已拨付未偿还的贷款余额计收。

3. 中国利用世界银行贷款的特点

（1）起步晚，发展速度快。

1981年中国还只有1个世界银行贷款项目，贷款规模为2亿美元。发展到现在，世界银行在中国的贷款项目已经高达230多个，贷款总额340多亿美元；正在实施的项目有110多个，在所有借款国中名列第一。

（2）贷款结构趋于硬化。

中国在世界银行的贷款支持下，建设了几十个教育、卫生、扶贫项目，为国民经济发展做出了重要贡献。可是由于中国的人均国民生产总值已经超过785美元，已经不再属于“低收入国家”，而已经进入“下中等收入国家”行列，所以世界银行已经不能再为中国提供软贷款；而国际复兴开发银行硬贷款的利率又较高，这对中国继续从世界银行借贷形成了一定制约。

例如，世界银行规定，当一国人均国民收入达到1676美元~3465美元时，硬贷款期限要从 20 年缩短为 17 年。为此，世界银行 2006 年要求中国政府答复人均国民收入究竟达到了多少美元。当年 8 月，中国官方确认人均国内收入达到 1740 美元。于是，世界银行从 2007 年财政年度（2006 年 7 月 1 日起）把给中国的贷款年限调整为 17 年。

（3）基础设施项目的贷款比重不断上升。

中国利用世界银行贷款从部门结构看，基础设施项目的贷款比重在不断上升，农业及社会发展项目所占比重有所下降，能源、交通和工业类项目正在成为贷款项目主体。

（4）项目准备和管理难度不断增加。

中国在世界银行贷款项目、贷款额度不断增加的同时，项目准备和项目管理难度也在不断增加。究其原因在于，一方面，项目内容和建设方案的设计越来越复杂，涉及的地区和部门越来越多，部门利益协调难度不断加大；另一方面，世界银行在政策变化和经济改革上的条件越来越苛刻，也在一定程度上增加了项目准备和管理难度。

世界贸易的协调者

世界贸易组织（WTO）是一个独立于联合国的永久性国际组织。1995 年 1 月 1 日正式开始运作，负责管理世界经济和贸易秩序，总部设在瑞士日内瓦。世贸组织是具有法人地位的国际组织，在调解成员争端方面具有很高的权威性。它的前身是 1947 年订立的关税及贸易总协定。与关贸总协定相比，世贸组织涵盖货物贸易、服务贸易以及知识产权贸易，而关贸总协定只适用于商品货物贸易。世界贸易组织是多边贸易体制的法律基础和组织基础，是众多贸易协定的管理者，是各成员贸易立法的监督者，是就贸易进行谈判和解决争端的场所。是当代最重要的国际经济组织之一，其成员间的贸易额占世界贸易额的绝大多数，被称为“经济联合国”。

世贸组织成员分四类：发达成员、发展中成员、转轨经济体成员和最不发达成员。到 2011 年为止，世贸组织正式成员已经达到 156 个。

世界贸易组织主要有以下几方面的基本职能：管理和执行共同构成世贸组织的多边及诸边贸易协定；作为多边贸易谈判的讲坛；寻求解决贸易争端；世界贸

易组织总部监督各成员国贸易政策，并与其他同制定全球经济政策有关的国际机构进行合作。世贸组织的目标是建立一个完整的、更具有活力的和永久性的多边贸易体制。与关贸总协定相比，世贸组织管辖的范围除传统的和乌拉圭回合确定的货物贸易外，还包括长期游离于关贸总协定外的知识产权、投资措施和非货物贸易（服务贸易）等领域。世贸组织具有法人地位，它在调解成员争端方面具有更高的权威性和有效性。

世界贸易组织的一个重要原则就是互惠原则。尽管在关贸总协定及世贸组织的协定、协议中没有十分明确地规定“互惠贸易原则”，但在实践中，只有平等互惠互利的减让安排才可能在成员间达成协议。世贸组织的互惠原则主要通过以下几种形式体现：

一是通过举行多边贸易谈判进行关税或非关税措施的削减，对等地向其他成员开放本国市场，以获得本国产品或服务进入其他成员市场的机会，即所谓“投之以桃”“报之以李”。

二是当一国或地区申请加入世贸组织时，由于新成员可以享有所有老成员过去已达成的开放市场的优惠待遇，老成员就会一致地要求新成员必须按照世贸组织现行协定、协议的规定缴纳“入门费”——开放申请方商品或服务市场。

三是互惠贸易是多边贸易谈判及一成员贸易自由化过程中与其他成员实现经贸合作的主要工具。关贸总协定及世贸组织的历史充分说明，多边贸易自由化给某一成员带来的利益要远大于一个国家自身单方面实行贸易自由化的利益。因为一国单方面自主决定进行关税、非关税的货物贸易自由化及服务市场开放时，所获得的利益主要取决于其他贸易伙伴对这种自由化改革的反应，如果反应是良好的，即对等地也给予减让，则获得的利益就大；反之，则较小。相反，在世贸组织体制下，由于一成员的贸易自由化是在获得现有成员开放市场承诺范围内进行的，自然这种贸易自由化改革带来的实际利益有世贸组织机制作保障，而不像单边或双边贸易自由化利益那么不确定。因此，多边贸易自由化要优于单边贸易自由化，尤其像中国这样的发展中的大国。

因为世界贸易组织促进世界范围的贸易自由化和经济全球化，通过关税与贸易协定使全世界的关税水平大幅度下降，极大地促进了世界范围的贸易自由化。此外，世界贸易组织还在农业、纺织品贸易、安全保障措施、反倾销与反补贴、投资、服务贸易、知识产权以及运作机制等方面都作出有利于贸易发展的规定。

这些协定和协议都将改善世贸自由化和全球经济一体化，使世界性的分工向广化与深化发展，为国际贸易的发展奠定稳定的基础，使对外贸易在各国经济发展中的作用更为重要。

世界贸易组织追求自由贸易，但不是纯粹的自由贸易组织，它倡导的是“开放、公平和无扭曲竞争”的贸易政策。世界贸易组织是“经济联合国”，它所制定的规则已成为当今重要的国际经贸惯例，如果一个国家被排斥在世界贸易组织之外，就难以在平等的条件下进行国际间产品和服务交流，而且还要受到歧视待遇。中国自 2001 年底加入世界贸易组织后，经济与贸易发展极为迅速。

世界贸易组织的所有成员方都可以取得稳定的最惠国待遇和自由贸易带来的优惠，自加入世贸组织以来，我国的出口连年上新台阶。当然，出口扩大了，可增加先进技术的进口，使我国在科技上更快跟上世界产业发展的潮流。

加入世界贸易组织后，带动了国民经济的快速发展，一定程度上解决了就业难的问题。同时，有利于提高人民生活水平，“入世”后关税降低了，中国老百姓可以同等的货币，购买优质产品。

此外，促进了我国对外服务贸易的发展。我国的服务贸易严重落后，只占世界服务贸易总量的 1%。我国的人口众多，资源有限，所以一定要发展服务贸易，包括银行、保险、运输、旅游等方面的引进和出口。

加入世界贸易组织，意味着中国可以参与制定国际经济贸易规则，这样可以提高中国在国际社会的地位，增加发言权。目前西方国家对中国产品反倾销调查现象很严重，中国可以利用世界贸易组织的争端解决机制，使这一问题公平合理地得到解决，提高中国产品在国际市场上的声望。

当然，加入世贸组织对我国的弱势产业也是一个严峻的挑战。随着市场的进一步扩大，关税的大幅度减让，外国产品、服务和投资有可能更多地进入中国市场，国内一些产品、企业和产业免不了面临更加激烈的竞争。

实践已经证明，世界贸易组织为中国提供了宽广的舞台。

IMF：国际货币基金组织

国际货币基金组织是联合国的一个专门机构，是为了协调国际之间的货币政策、加强货币合作建立起来的国际金融机构，于 1945 年 12 月成立，自 1947 年 3

月开始办理业务，总部设在美国首都华盛顿。

根据《国际货币基金协定》规定，这是一个永久性国际货币机构，该组织宗旨是通过一个常设机构来促进国际货币合作，为国际货币问题的磋商和协作提供方法；通过国际贸易的扩大和平衡发展，把促进和保持成员国的就业、生产资源的发展、实际收入的高水平作为经济政策的首要目标；稳定国际汇率，在成员国之间保持有秩序的汇价安排，避免竞争性的汇价贬值；协助成员国建立经常性交易的多边支付制度，消除妨碍世界贸易的外汇管制；在有适当保证的条件下，基金组织向成员国临时提供普通资金，使其有信心利用此机会纠正国际收支的失调，而不采取危害本国或国际繁荣的措施；按照以上目的，缩短成员国国际收支不平衡的时间，减轻不平衡的程度等。

IMF 设有 16 个职能部门，负责经营业务活动。此外，IMF 还有 2 个永久性的海外业务机构，即欧洲办事处（设在巴黎）和日内瓦办事处。

中国是国际货币基金组织创始国之一。1980 年 4 月 17 日，该组织正式恢复中国大陆的代表权。中国在该组织中的份额为 80.901 亿特别提款权，占总份额的 3.72%。中国共拥有 81151 张选票，占总投票权的 3.66%。中国自 1980 年恢复在国际货币基金组织的席位后单独组成一个选区并派一名执行董事。1991 年，该组织在北京设立常驻代表处。2010 年中国的份额将由目前的 3.65% 升至 6.19%，超越德、法、英，位列美国和日本之后。不过，改革后拥有 17.67% 份额的美国依旧拥有“否决权”。

提到国际货币基金组织，就不能不提到特别提款权。特别提款权是国际货币基金组织创设的一种储备资产和记账单位，亦称“纸黄金”。它是基金组织分配给会员国的一种使用资金的权利。会员国在发生国际收支逆差时，可用它向基金组织指定的其他会员国换取外汇，以偿付国际收支逆差或偿还基金组织的贷款，还可与黄金、自由兑换货币一样充当国际储备。但由于其只是一种记账单位，不是真正货币，使用时必须先换成其他货币，不能直接用于贸易或非贸易的支付。因为它是国际货币基金组织原有的普通提款权以外的一种补充，所以称为特别提款权。

世界银行和国际货币基金组织长期以来一直致力于敦促发达国家采取切实有效的措施，消除金融危机，加强市场监管，防范信用风险，实施负责任的货币和汇率政策。美国次贷危机爆发以来，美元持续贬值，国际金融市场动荡，世界经济增长明显放缓，表现为主要经济体面临经济增长下滑与通货膨胀加剧双重风险、大宗商品价格上涨、国际资本市场波动加剧以及贸易保护主义抬头。

世界银行和国际货币基金组织认真评估当前世界经济形势对发展问题造成的战略影响，对此世行行长佐利克提出“具有包容性和可持续的全球化”理念。包容性和可持续的理念不仅仅适用于发展中国家，更应适用于包括发达国家在内的当前国际经济体系。

国际货币基金组织敦促发达国家采取措施消除金融危机，同时支持发展中国家转变增长方式，保持经济稳定增长，防范金融风险。此外，世行和国际货币基金组织也在积极注意发达国家为应对危机所采取的措施对发展中国家的影响，帮助发展中国家妥善应对通货膨胀压力，加强对国际资本流动的监控，维护市场稳定。

世界银行和国际货币基金组织联合发展委员会发表公报，粮价大幅攀升使许多发展中国家受到冲击，发达国家应向受冲击严重的国家提供紧急援助，世界银行则应提高对农业领域的关注。该委员会曾发表一项公报说，大宗商品价格攀升对各国影响不一，但在广大发展中国家，许多穷人因粮食和能源价格高涨“受创严重”。公报表示欢迎世行行长佐利克提出的“全球粮食政策新建议”，即近期提供紧急粮食援助，在中长期则促进发展中国家提高粮食生产能力。

粮食价格大幅上升给一些贫困国家、贫困人口带来了很大损害，甚至威胁到一些国家的粮食安全。对于那些受到粮食和能源价格暴涨负面影响的最不发达国家和脆弱国家，国际社会尤其是多边开发银行加大专项援助力度，努力维护贫困人口的基本粮食安全和能源安全。

公报同时指出，世行和国际货币基金组织应做好准备，以便对受粮食和能源价格冲击的有关国家及时提供政策指导和经济援助。

国际资本流向哪里

美国已经多年是经常账户赤字了。经常账户赤字意味着外国居民持有的美元和其他美国资产债权的上升。如果外国投资者把美元卖掉换取本国货币，那么美元就会贬值。因此很多人认为，当美国经常项目赤字的时候，美元相对其他货币就会贬值。

经济学家分析显示，美国出现经常项目赤字的时候，美元并没有贬值。至2001年经济萧条为止，美国经常项目的赤字一直在增加，但美元也一直在升值。原因在于外国投资者不仅购买美国的制造业产品和服务，而且还购买美国的资本品。美国的利率很高而且通货膨胀率很低的话，国外投资者就能预计到如果投资美国资本品就会有较高的回报率。因此，即使美国经常账户赤字，国外对长短期投资的需求却支持了美元的价值。

事实上，如果国外对美国投资需求足够大的话，那么当国外投资者购买美元为投资融资的时候，他们就抬高了美元的价值，从而导致美国的经常项目逆差变得更大。巨大的贸易赤字将大量的美元转移到了国外投资者手中，支持了他们在美国进行投资。在20世纪90年代末和21世纪初，外国投资者购买的美国股票和债券以及其他投资超过了美国投资者在海外进行的投资。因此简单来看，贸易赤字的确降低了美元价值。但是，在判断美元价值的时候我们也必须考虑到国家间投资（资本）的流动。

国际资本流动是当今世界经济联系的一个重要特征，也是影响国际贸易、金融发展的重要因素，其形成和发展是基于生产力的进一步提高和国际分工的深化。

国际资本流动，是指资本在国际间转移，或者说资本在不同国家或地区之间做单向、双向或多向流动。具体包括：贷款、援助、输出、输入、投资、增加债务、取得债权、利息收支、外汇买卖、证券发行与流通等。

国际资本流动，按其流动方向，可分为国际资本流入和国际资本流出。资本流入，表现为本国对外国负债增加和本国在外国的资产减少，或者说外国在本国资产的增加和外国对本国负债的减少。资本流出，表现为本国对外国负债减少和本国在外国的资产增加，或者说外国在本国的资产减少和外国对本国的负债增加。

对一个国家或地区来讲，总会存在资本流动，只不过流动的比例不同而已。一般来说，发达国家是主要资本流出国，发展中国家是主要资本流入国。在当今世界，国际资本又倾向于在发达国家之间对流。

国际资本的输出和输入，是国际资本流动的最主要的形式。因此，有时两者被看成是通用的。但严格来讲，它们仍然有所区别。

首先，国际资本输出和输入所涵盖的内容比国际资本流动狭小，它仅是国际资本流动的一个重要组成部分；而国际资本流动还包括诸如动用黄金、外汇等资产来弥补国际收支逆差等行为。其次，国际资本输出和输入的途径和目的比较单一，它一般是指与投资、借贷等活动密切相关的、以谋取利润为目的的一种资本转移；而国际资本流动则还包括一些非赢利性的资本转移。

国际资本流动与国际资金流动也有区别。一般来说，资金流动是一种不可逆转性的流动，即一次性的资金款项转移，其特点是资金流动呈单向性；资本流动则是一种可逆转性的流动，其特点是资本流动呈双向性。

引起国际资本流动的原因很多，有根本性的、一般性的、政治的、经济的，归结起来主要有以下几个方面：

1. 过剩资本的形成或国际收支大量顺差

过剩资本是指相对的过剩资本。随着资本主义生产方式的建立和资本主义劳动生产率和资本积累率的提高，资本积累迅速增长。在资本的特性和资本家唯利是图的本性的支配下，大量的过剩资本就被输往国外，早期的国际资本流动就由此而产生了。近 20 年来，国际经济关系发生了巨大变化，国际资本、金融、经济等一体化趋势有增无减，加之现代通信技术的发明与运用，资本流动方式的创新与多样化，使当今世界的国际资本流动频繁而快捷。总之，过剩资本的形成与国际收支大量顺差是早期也是现代国际资本流动的一个重要原因。

2. 利用外资策略的实施

无论是发达国家还是发展中国家，都会不同程度地通过不同的政策和方式来吸引外资，以达到一定的经济目的。尤其是发展中国家，往往通过开放市场、提供优惠税收、改善投资软硬环境等措施吸引外资的进入，从而增加或扩大国际资本的需求，引起或加剧国际资本流动。

3. 利润的驱动

利润的驱动是各种资本输出的共有动机。当投资者预期一国的资本收益率高于他国时，资本就会从他国流向该国；反之，资本就会从该国流向他国。

4. 汇率的变化

随着浮动汇率制度的普遍建立，一些国家的货币汇率经常波动。如果一个国家货币汇率持续上升，资本持有者则会产生兑换需求，从而导致国际资本流入；如果一个国家货币汇率不稳定或下降，资本持有者可能预期所持的资本实际价值将会降低，则会把手中的资本或货币资产转换成他国资产，从而导致资本向汇率稳定或升高的国家或地区流动。

5. 国际炒家的恶性投机

所谓恶性投机，主要有两种方式：第一，以经济利益为目的的恶性投机；第二，投机者不是以追求盈利为目的，而是基于某种政治理念或对某种社会制度的偏见，动用大量资金对某国货币进行刻意打压，由此阻碍、破坏该国经济的正常发展。无论哪种投机，都会导致资本的大规模外逃，并会导致该国经济的衰退。

随着科学技术的飞跃进步，生产力得到不断发展，一些工业发达的富裕的资本主义国家面临资本相对过剩和国内市场相对饱和的问题。这些国家的政府和企业遂把眼光转向海外，把资本输出到那些资本相对短缺、劳动力相对过剩的国家，使资本与当地便宜的劳动力结合，以获取较高的利润。同时，将资本输入有潜力的销售市场，既可以利用当地的资源和劳动力优势就地生产，节省各种运输费用、保险费用等，又可以逃避所在国对输入商品的各种限制，扩大销售。而对于资本输入国来说，国际资本流动为本国提供了新的资金来源，提高了投资能力，有利于资源的开发和使用，促进本国生产能力的提高，增加本国的就业机会。而且大量资本的流入常常伴随着先进技术和设备的流入，这对于缺乏资金和技术较落后的发展中国家尤为重要。

贸易顺差与逆差的烦恼

自改革开放以来，我国保持了20余年的贸易顺差，也就是说，我们通过把商品卖给外国人，赚到了很多外汇。然则，贸易顺差越多越好吗？这个问题的答案在普通人看来当然是肯定的。但为什么每当央行的官员们提及“双顺差”这个词语时，总会和“国际收支失衡”联系在一起呢？以下我们将做具体分析。

在国际交往中一般要进行货币收付，因此，过去常将一国在一定时期内同其他国家和地区进行经济、政治、文化等往来所发生的货币收支总和，称之为国际收支。在国际收支中通常是使用外汇，所以，国际收支实际上是指一定时期内外汇收支的总和。这是一种狭义的概念，它只反映一定时期内具有外汇收支的交易，而不包括那些没有外汇收支的交易，如易货贸易和无偿援助等。随着国际交往在规模和范围上的扩展，上述国际收支的含义已不能完全反映国际间交易的全貌，也不能满足分析的需要，因而许多国家转而采用拓宽了内涵的广义国际收支概念。

广义国际收支是指一国在一定时期内与其他国家和地区之间各种经济交易和往来的全部记录，而不问其是否具有外汇收支。目前国际货币基金组织即采用这一广义概念，它的定义是："国际收支是特定时期内的一种统计报表，它反映：（1）一国与他国之间的商品、服务和收益等交易行为；（2）该国所持有的货币黄金、特别提款权的变化，以及与他国债权、债务关系的变化；（3）凡不需偿还的单方转移项目和相应的科目，由于会计上必须用来平衡的尚未抵消的交易。"现在一般都采用这一概念。国际货币基金组织对国际收支的定义为：国际收支是一种统计报表，系统地记载了在一定时期内经济主体与世界其他地方的交易。这种经济交易包括：商品和劳务的买卖、物物交换、金融资产之间的交换、无偿的单向商品和劳务的转移，无偿的单向金融资产的转移。大部分交易在居民与非居民之间进行。

如果我们把国际收支平衡表比作一个家庭的话，可能会帮助我们理解其中的内容。如果一个家庭在商品和服务上的开销比它所得还要多的话，那么这个家庭的经常收支就是赤字。为解决这一问题，这个家庭有两种选择：一是借钱为赤字融资；二是出售家庭的一些金融资产，比如股票或债券。当美国经济在赤字上运行的时候就面临着同样的问题。美国经常项目赤字意味着美国居民购买的外国商品和服务比外国投资者购买的美国产品和服务要多，结果进口超过了出口。在这种情形下，美国有两种选择：一是向国外借钱；二是将国内的权益等金融资产或房地产卖给国外实体。这样，美国就会有大量的资本流入为经常账户融资。

20世纪90年代和21世纪初，美国经济都处在经常项目赤字之中，美国政府通过向海外借钱和出售国库券、股票以及房地产等为贸易赤字融资。

国际收支失衡是一国经常账户、金融与资本账户的余额出现问题，即对外经济出现了需要调整的情况。判断国际收支是否平衡，通常的做法是将国际收支平衡表记录的国际经济交易，按照交易主体和交易目的的不同划分为自主性交易和调节性交易。按交易主体和交易动机来识别国际收支是否平衡，为我们提供了一种思维方式和基本框架，它在理论上是正确的，但在实践中却存在着一定的技术性困难。实践中，对于国际收支是否平衡的观察，通常是在自主性交易和调节性交易对比的基本框架下，具体对国际收支的几个主要差额进行比较分析。

我国从1994年以来，除1998年受亚洲金融危机的影响，资本项目有逆差外，我国的国际收支一直保持国际收支顺差。国际收支的顺差促进了中国经济增长，增加了外汇储备，增强了综合国力，有利于维护国际信誉，提高了对外融资能力和引进外资能力；加强了我国抗击经济全球化风险的能力，有助于国家经济安全，有利于人民币汇率稳定和实施较为宽松的宏观调控政策。但同时，长期保持国际收支顺差造成的国际收支失衡弊端也显现了出来。

国际收支记录一国国际投资和贸易（进口—出口）往来，尽管看上去很复杂，但实际上它和一个家庭记录支出和收入的方式差不多，例如，一个家庭的赤字意味着家庭成员的消费多于所得。美国国际收支中的贸易赤字意味着他们花了太多的钱购买进口品，而从外国购买他们产品中得到的收入却很少。

当然对于美国的国际收支来说，所有的交易都是在两国居民之间展开的，记录交易的账户叫作国际收支平衡表。这些账户按照复式记账法来记账，因此借贷双方必须彼此抵消。这就是说，总的来看，借贷双方相等，账户处在平衡之中。如果不是的话，我们就需要误差和遗漏项来平衡国际流动。

美国的商品贸易赤字很大，这是外国货物进口超过本国货物出口所致。美国消费者喜欢外国产品的原因很多，比如说因为德国汽车的外观漂亮或质量较高，中国纺织品或东南亚电器比较便宜等。美国最近些年以来的经常账户赤字越来越大，而且还在增加。2005 年经常账户赤字为 7920 亿美元。和一个家庭类似，美国贸易收支赤字说明美国购买国外产品超过了国外购买美国的产品。

国际收支失衡的主要原因有：周期性失衡、结构性失衡、收入性失衡及货币性失衡。持续的国际收支逆差造成的危害有目共睹，持续的巨额国际收支逆差，会耗费大量的国际储备，导致国内通货紧缩和生产下降；会削弱该国货币和国家信用的国际地位；如果逆差主要是由资本流出引起的，则会造成本国的资金短缺，利率上升，从而使该国消费和生产下降；如果逆差主要是由进口大于出口引起的，则会导致本国开工不足，失业增加，国民收入下降。

一国国际收支失衡，若不及时调整，会直接影响对外扩大交往的能力和信誉，也不利于国内经济的发展。如果出现国际收支大量逆差，由于外汇供应短缺，外币汇率上涨，本国货币汇率下跌，短期资本就要大量外流，从而进一步恶化国际收支状况，妨碍本国经济的发展。如果出现国际收支大量顺差，由于外汇供过于求，外币汇率下跌，本币汇率上升，其结果可能会抑制出口，并增加国内货币供应和通货膨胀的压力。因此，一个国家出现国际收支失衡，通常都要采取措施进行调整。

第十六章　谁才是真正的赢家

——关于货币战争的财经常识

因为军事攻击最多摧毁建筑设施、消灭人体，以中国的疆域之广，常规战争几乎不可能造成中国经济命脉的彻底损伤。而金融战争的隐蔽性和无战例借鉴、无实战演练的残酷性，对中国的国家防务是一个巨大挑战。

——宋鸿兵

（著名财经作家，多次受邀在北京大学做讲座）

世界货币的变迁

随着时代的发展和世界各国经济实力的变动，从古时的金银到近代的英镑再到现在的美元，世界货币也在发生着变迁。

货币是主权国家的象征，在当今时代，一个主权国家一般都发行了自己的货币，并通过法律赋予该货币在本国范围内流通使用的法定地位。在一国之内，货币主要履行价值尺度、支付手段和储藏手段的职能。当一国货币跨出国家的界线，在其他国家或地区履行货币职能时，该国货币就演变成世界货币，“成为全球统一的支付手段、购买手段和一般财富的绝对社会化身”。

世界货币是实现国际经济贸易联系的工具，它促进了国际经济联系的扩大与发展，从而也促进了资本主义的发展。随着资本主义世界市场的发展，世界各地区在经济上逐渐联结起来。

世界货币应具有一定的基本职能，这些基本职能可以概括为：其一，在国际经济交易中充当贸易货币（结算货币）和计价货币；其二，如果某种货币已经成为国际交易中的重要和主要贸易的计价货币，则它很可能成为其他国家或地区货币当局官方储备的重要资产（储备货币）；其三，当一种货币同时具有了上述职能之后，它就有可能成为选择非自由浮动汇率制度的外国货币当局干预外汇市场时的名义锚（锚货币）。

从英镑到美元的转换，由伦敦到纽约的变迁，金融作为当今世界上最热的词汇之一，诉说着两百年来的世界经济中心的轮回。当今世界的金融格局怎么样？哪些因素促成了世界金融格局的变化呢？

19 世纪，金、银都曾是世界货币。以后，随着金本位制的普遍建立，黄金遂取得了主导地位。在金本位制下，黄金既在国民经济中发挥国内货币的作用，也在国际关系中发挥世界货币的作用。国际收支的差额用黄金来抵补，构成国际储备货币的也只有黄金。黄金可以自由输出输入，而且一个国家的货币可以按固定比价自由与黄金兑换。

由于黄金充当了世界货币，就产生了货币的兑换与汇率以及黄金的国际流通问题。货币兑换成了国际贸易中的必要因素。为了在对外贸易中进行支付，就要将本币与外币相兑换，或用各种货币共同充当世界货币的黄金相交换。由于货币作为世界货币时失去其地方性，都归结为一定的黄金量，因而一国的货币可以用另一国的货币来表现。

当金本位制崩溃，黄金非货币化后，人类进入了信用货币时代。19 世纪 70 年代，英国一直拥有世界最大的工业生产能力，是全球最大的贸易国和金融资产的供给者。英国国内银行及海外银行十分发达，形成了巨大的国际贸易结算网络，伦敦成了当时世界上最大的国际金融中心。

在近一个世纪的时期内，英镑充当了最重要的国际货币角色：全球贸易中最大的一部分由英镑进行结算，外国资产中绝大部分以英镑计值，最大部分的官方储备是以英镑持有的。英镑在国际货币体系中占据着统治地位，实际上等同于黄金。

英国作为一个贸易国家和资本来源地的地位持续下降，英镑开始衰落。1914 年一战爆发，英国废除了金本位制，1925 年又得以恢复，但高估的英镑损害了英国的出口。随后由于受到世界性经济大萧条的严重打击，英国于 1931 被迫放弃金本位制，英镑演化成不能兑现的纸币。随着美国经济实力的壮大，美元逐渐取代了英镑的世界货币地位。

美国自 1776 年独立到建立统一的国内货币体系，花了大约一个世纪。美国货币体系逐渐统一的背景是美国国内市场的统一。大约在 1870 年以后，美国国民收入和生产率就已经超过西欧，到 1913 年美国已经形成统一的国内市场，并相当于英国、法国和德国的总和。

但是，尽管美国经济已经赶上并超过了英国，但在二战之前，美元却始终没有取代英镑的地位。第一次世界大战对美元作为国际货币的崛起发挥了关键作用。战争爆发之后，外国官方机构持有的流动性美元资产大幅度增加，美国国际贷款者地位的形成，各国的外汇管制和欧洲脱离了战前的黄金平价，都促成了美元“作为国际货币的崛起”。从 1914 年到 1973 年，美元是唯一以固定价格兑换黄金的货币。20 世纪 20 年代，它在国际贸易和金融中的使用日益扩大。第二次世界大战使美元上升到了支配地位。

二战以后，美国凭借其经济和军事优势，通过建立以美元为中心的布雷顿森林体系，确立了美元在国际货币金融领域里的霸权地位。《国际货币基金协定》规定美元与黄金挂钩，其他货币与美元挂钩。尽管黄金是布雷顿森林体系建立的官方储备资产，但美元是战后货币体制真正的储备资产，从而使美元取得了“世界货币”的特殊地位。国际货币基金组织的其他成员国将美元等同为黄金，在它们的外汇储备中，大量地保存美元。战后的一段时期，由于各国都需要美国的商品而缺乏美元来支付，美元成为当时世界上独一无二的“硬货币”，致使一段时间内在世界上出现了所谓的“美元荒”。

20 世纪 70 年代初，美元停止兑换黄金，实行浮动汇率，各主要西方货币相继脱离美元，不再同美元保持固定比价，随之美元的国际地位也有所下降。从 1995 年美元连续大幅贬值，其国际主要货币的作用已极大削弱，美元及美元圈的波动，加速了国际金融市场区域化的进程，促使各国货币汇价重组。

2005 年美元结算占全球贸易结算的比重为 65% 左右，美元交易量占全球外汇交易总量的 50% 左右；美元仍然是重要的价值储藏手段，2005 年美元在全球外汇储备中的份额达 76%~78%；美元被作为部分国家货币的“名义锚”。

世界货币的变迁先是黄金，后是英镑，现在则是美元，这些变化的背后则暗喻着各国实力变化。进入 20 世纪 80 年代以后，随着欧洲货币一体化进程的加快，日元的国际影响力的提高，美元的国际地位的绝对优势正在受到挑战。目前，世界货币正朝着多极化的方向迈进。

英镑的辉煌与谢幕

在欧亚大陆的西部终端，从这里划过一道海峡，有一个岛国，国名是大不列颠及北爱尔兰联合王国，我们通常叫它英国。这个面积只有24万平方公里的国家，在近代历史上占有非常特殊的地位。在18世纪和19世纪，它曾经是世界经济发展的领头羊，是第一个迈入现代社会的国家。同时，在世界的货币战争史上，英国也曾占据至关重要的地位。由英格兰银行独家发行的代表英国国家权利的英镑，替代黄金在全球通用。从此，人类史上第一只主权性质的国际储备货币诞生。

在特定的历史条件下，为什么英镑会异军突起？是什么原因撑起当时英镑的霸权地位，又有哪些因素让英镑逐渐退出霸权货币的历史舞台？国内一些知名专家，回顾了首个称霸世界的货币——英镑的兴衰。

黄金作为国内市场上流通的货币，最先采用的是英国，但是最先废除的也是英国。19世纪中期，英国率先完成了工业革命，国内经济得到了突飞猛进的发展，控制了世界上大部分的商品生产和贸易往来。直到19世纪70年代，英国一直拥有世界最大的工业生产能力，是全球最大的贸易国和金融资产的供给者。由于英国国内剩余资本过剩，一些投资者纷纷将手中的剩余资本投资于伦敦金融市场，再加上英国国内银行业十分发达，因此这些导致了伦敦取代荷兰的阿姆斯特丹，成为当时世界上最大的金融中心。

伦敦成为金融中心之后，原来金融市场赖以存在的基础——金本位制度不再适应日益变化的市场发展形势，于是英国政府采取了一种新的流通于全国的货币——英镑。英镑从确立之时起，便注定会承担着世界货币的功能，因为此时英国已经成为资本主义世界的头号强国，控制了世界上绝大部分的国际贸易。这样，全球贸易中绝大部分都由英镑来进行结算，外国资产中的绝大部分也以英镑来计值。实际上，此时的英镑，就相当于金本位制度取消之前的黄金，在国际货币体系中占据着统治地位。

随着强大的竞争者——美国的出现，德国在19世纪后期统一后也获得了令人瞩目的经济发展，英国可谓是腹背受敌。尤其是随着德国追逐欧洲霸权以来，英国在牵制过程中矛盾升级，最终导致世界大战的爆发。第一次世界大战的爆发使英国背负了巨大的经济负担。

第一次世界大战一结束，英国便为了恢复金本位制于1918年1月成立了“康利夫委员会，这个委员会全体一致确定将立足于战前平价回归金本位制。1920年英国的金融产业比较健全，开始实施紧缩政策，结果导致经济下滑，这是为回归金本位而付出的不可避免的费用。信赖金本位制回归的效果，即英镑恢复作为基础货币的地位时体现的经济效果，就要欣然接受这种牺牲。

1920年末不过3.4美元的1英镑到1923年春升至4.7美元。英镑的价值上升对出口打击沉重。英国政府为了实现金本位制的回归，大力实施了紧缩政策，直接导致英国国内景气的迅速下降，人均收入从1921年1月到1922年12月间下降了38%，生活费降低了50%，失业率上升了15%。1924年2月劳动党政府接受了康利夫委员会关于英镑货币升值的提案，如此一来，资本的国外流出中断，英镑价值也恢复了稳定。此时，世界景气正在恢复，英国的国内景气也在上升，失业率开始减少。最终，金本位制的回归条件似乎已经形成。

可是，他们根本没有预想到物价下跌会引发多么具有破坏性的恶性循环。物价下跌问题比预想的更为严重。价格下跌的压力使经济萎缩。价格下跌和景气萎缩引发了恶性循环。英国经济就步入了这种恶性循环的过程中。

这一年，强烈主张金本位制回归的温斯顿·丘吉尔担任财政部长官。随之，各国对英镑的货币升值产生了期待，英镑价值自然地开始上升。因投机之风猖獗，英镑猛增至4.795美元。英镑恢复到战前平价的金本位制表明英国要重寻世界金融中心的地位。

英国为了重拾世界金融中心的声望，当务之急就是恢复对英镑的国际性信赖。为此，要让人相信英镑价值的稳定性。英国政府坚信，只有这样，其他国家的资本才会涌入进来，英国才会恢复世界金融中心的地位。可结果却是极其否定的。正如前面提及的那样，为了恢复战前的评价，要降低物价和工资，为此，需大力实行高利率政策等紧缩政策，结果会带来通货紧缩的巨大痛苦。

与其他任何国家相比，英国所受的经济打击都是十分严重的，更何况英国产业与欧洲其他任何国家相比，其出口比重都要高。制造业的45%依存于国外销售，所以英国经济才在其他国家的经济变化面前表现得敏感而脆弱。

战争结束后，各国为了保护国内产业纷纷课以重税。不仅如此，英国与日本和美国为首的其他国家的竞争也日渐激烈。因为种种因素，英国经济不断恶化。20世纪20年代中期世界经济大致开始恢复，20世纪20年代后期景气良好。可是英国并没有一同分享到经济的好景况，在20世纪20年代始终没有摆脱经济停滞状态。

为了维持金本位制，到1931年8月为止，英国还从法国和美国借入准备金。随着黄金等外汇储备日渐减少，英国政府也认识到了无法再继续维持金本位制的事实。这时，英国已经到了黄金储备即将枯竭之际，最终只能放弃金本位制。

不过，阴差阳错，一放弃金本位制，英镑的价值随之大跌，出口产业的竞争力复活，为了维持金本位制而实行的紧缩政策的脚镣也因之解除了。从1932年开始，货币政策向膨胀转化。但金本位制的放弃和随之而来的货币贬值产生的影响更大。维持金本位制就要保持高利率政策；放弃了金本位制，利率随之下降，就会对景气扩大产生积极的影响。

从这些事实我们可以很容易地看出，英国试图夺回世界金融产业的霸权，以及为此以汇率下降（货币升值）为前提、执着于金本位制的所作所为，产生了多么严重的后遗症和副作用。

总之，第一次世界大战之后，英国实施的汇率政策遭到惨败。这令英国经济在20世纪20年代始终处于举步维艰的境地，只能以放弃金本位制而告终。

英镑作为世界性流通货币在持续了近一个半世纪之后便发生了动摇。充盈的国库和黄金储备、稳定的金融市场再也得不到满足，英国的霸主地位摇摇欲坠，以英镑为中心的世界货币体系也最终崩溃。

20世纪50年代，随着美国经济的进一步发展和英国经济的进一步衰落，以美元为中心的世界货币体系正式确立起来。美元在世界货币体系中霸主地位的确立，正式宣告英镑持续将近一个半世纪的霸主地位退出历史舞台。从此，美元的时代正式来临。

金本位制的崩溃

在历史上，自从英国于1816年率先实行金本位制以后，到1914年第一次世界大战以前，主要资本主义国家都实行了金本位制，而且是典型的金本位制——

金币本位制。1914 年第一次世界大战爆发后，各国为了筹集庞大的军费，纷纷发行不兑现的纸币，禁止黄金自由输出，金本位制随之告终。

第一次世界大战以后，在 1924 ~ 1928 年，资本主义世界曾出现了一个相对稳定的时期，主要资本主义国家的生产都先后恢复到大战前的水平，并有所发展，各国企图恢复金本位制。但是，由于金铸币流通的基础已经遭到削弱，不可能恢复典型的金本位制。当时除美国以外，其他大多数国家只能实行没有金币流通的金本位制，这就是金块本位制和金汇兑本位制。

1929 ~ 1933 年，资本主义国家发生了有史以来最严重的经济危机，并引起了深刻的货币信用危机。货币信用危机从美国的证券市场价格猛跌开始，并迅速扩展到欧洲各国。奥地利、德国和英国都发生了银行挤兑风潮，大批银行因之破产倒闭。

1931 年 7 月，德国政府宣布停止偿付外债，实行严格的外汇管制，禁止黄金交易和黄金输出，这标志着德国的金汇兑本位制从此结束。欧洲大陆国家的银行大批倒闭，使各国在短短两个月内就从伦敦提走了将近半数的存款，英国的黄金大量外流，在这种情况下，1931 年 9 月，英国不得不宣布英镑贬值，并被迫最终放弃了金本位制。一些以英镑为基础实行金汇兑本位制的国家，如印度、埃及、马来亚等，也随之放弃了金汇兑本位制。其后，爱尔兰、挪威、瑞典、丹麦、芬兰、加拿大等国实行的各种金本位制都被放弃。

1933 年春，严重的货币信用危机刮回美国，挤兑使银行大批破产。联邦储备银行的黄金储备一个月内减少了 20%。美国政府被迫于 3 月 6 日宣布停止银行券兑现，4 月 19 日又完全禁止银行和私人贮存黄金和输出黄金，5 月政府将美元贬值 41%，并授权联邦储备银行可以用国家债券担保发行通货。这样，美国实行金本位制的历史也到此结束。最后放弃金本位制的是法国、瑞士、意大利、荷兰、比利时等一些欧洲国家。它们直到 1936 年 8 ~ 9 月才先后宣布放弃金本位制。至此，金本位制终于成为资本主义货币制度的历史陈迹。

第二次世界大战后，建立了以美元为中心的国际货币体系，这实际上是一种金汇兑本位制，美国国内不流通金币，但允许其他国家政府以美元向其兑换黄金，美元是其他国家的主要储备资产。但其后受美元危机的影响，该制度也逐渐开始动摇，至 1971 年 8 月美国政府停止美元兑换黄金，并先后两次将美元贬值后，这个残缺不全的金汇兑本位制也崩溃了。

金本位制通行了约100年，其崩溃的主要原因有：第一，黄金生产量的增长幅度远远低于商品生产增长的幅度，黄金不能满足日益扩大的商品流通需要，这就极大地削弱了金铸币流通的基础。第二，黄金存量在各国的分配不平衡。1913年末，美、英、德、法、俄五国占有世界黄金存量的三分之二。黄金存量大部分为少数强国所掌握，必然导致金币的自由铸造和自由流通受到破坏，削弱其他国家金币流通的基础。第三，第一次世界大战爆发，黄金被参战国集中用于购买军火，并停止自由输出和银行券兑现，从而最终导致金本位制的崩溃。

金本位制崩溃后，资本主义国家普遍实行了纸币流通的货币制度，各国货币虽然仍规定有含金量，但纸币并不能要求兑现。纸币流通制度的实施，为各国政府过度发行纸币、实行通货膨胀政策打开了方便之门。从此，资本主义国家的货币制度已不再具有相对稳定性。通货膨胀，汇率剧烈波动，使货币金融领域日益陷于动荡和混乱之中。

金本位制度的崩溃，对国际金融乃至世界经济产生了巨大的影响：一方面，为各国普遍货币贬值、推行通货膨胀政策打开了方便之门。这是因为废除金本位制后，各国为了弥补财政赤字或扩军备战，会滥发不兑换的纸币，加速经常性的通货膨胀，不仅使各国货币流通和信用制度遭到破坏，而且加剧了各国出口贸易的萎缩及国际收支的恶化。另一方面，导致汇价的剧烈波动，冲击着世界汇率制度。在金本位制度下，各国货币的对内价值和对外价值大体上是一致的，货币之间的比价比较稳定，汇率制度也有较为坚实的基础。但各国流通纸币后，汇率的决定过程变得复杂了，国际收支状况和通货膨胀引起的供求变化，对汇率起着决定性的作用，从而影响了汇率制度，影响了国际货币金融关系。

布雷顿森林体系的建立

国际关系学专家罗伯特·吉尔平将其与核武器的作用并列起来：“美国霸权的基础，是美元在国际货币体系中的作用和它的核威慑力量扩大到包括了各个盟国……美国基本上是利用美元的国际地位，解决全球霸权的经济负担。”

英镑作为曾经的世界货币随着英帝国的没落而走下神坛，美元则在美国国力大增的背景下开始崛起。二战后，布雷顿森林体系为美元霸权地位的确立提供了制度保障。

从美国于1900年正式通过金本位法案起，美元开始登上国际舞台，同英镑争夺世界金融霸权，至20世纪50年代后期最终取代英镑霸主地位而独霸天下，时跨近60年。从1900年至1914年即至第一次世界大战开始，美元在国际货币舞台上开始崛起。尽管在这一时期，美国的国民生产总值已超过英国，是世界第一经济大国，但美元未能撼动英镑的世界货币霸主地位。

从1914年至1945年即至第二次世界大战结束，美元逐渐超过英镑的信誉和影响，以《布雷顿森林协定》为标志，美元压倒英镑，初步取得世界货币金融霸主地位。从20世纪40年代中期即第二次世界大战结束至50年代后期。这是美元进一步挤压英镑，最终确立世界货币金融霸主地位的时期。

两次世界大战重创了英国经济，也动摇和摧毁了英镑的霸权地位。美国本土远离战场，经济未遭破坏，而且发了战争横财。到第二次世界大战结束时，美国工业制成品占世界的一半，对外贸易占世界的1/3以上，黄金储备约占资本主义国家的3/4，并成为世界最大的债权国，从而为美元霸权的建立奠定了坚实的基础。美国以强大的经济实力作后盾，不断打击英镑，抬升美元的国际货币作用，终于在二战结束前夕，建立了以美元为中心的布雷顿森林体系。

布雷顿森林体系以黄金为基础，以美元作为最主要的国际储备货币。美元直接与黄金挂钩，各国货币则与美元挂钩，并可按35美元一盎司的官价向美国兑换黄金。在布雷顿森林体系下，美元可以兑换黄金和各国实行可调节的钉住汇率制，是构成这一货币体系的两大支柱，国际货币基金组织则是维持这一体系正常运转的中心机构，它有监督国际汇率、提供国际信贷、协调国际货币关系三大职能。

同时根据《布雷顿森林协定》的有关规定，以黄金—美元为基础的固定汇率制度最终确立。这种固定汇率制度就是实行所谓的“双挂钩”制度，即美元与黄金挂钩、各国货币与美元挂钩的汇率机制。第一，在美元与黄金挂钩的基础上，各成员国的货币则与美元挂钩，以美元的含金量作为各国规定货币平价的标准；各国货币对美元的汇率，按照各国货币的含金量确定，或者不规定含金量而只规定对美元的比价，从而间接与黄金挂钩；第二，各国政府有责任维护本国货币汇率的稳定，其对美元汇率波动的范围不得超过货币平价的 ±1%，并且有义务在必要的时候对汇率的波动进行干预；第三，只有当国际收支发生“根本性不平衡”的情况下，才允许货币升值或者贬值；货币平价的任何变动都需要经过基金组织的批准。但是在实际的操作中，在平价 10%以内的变动可以自行决定；如果在 10% ~ 20%之间则需要基金组织的同意，并在 72 小时内作出决定；如果变动的幅度更大，则没有时间的限制。

通过上述规定，我们可以看出：布雷顿森林体系确立了美元在国际货币体系中的领导地位，从而行使世界货币的职能，成为世界最主要的清算货币和储备货币，而各个成员国的货币则都依附于美元。各国中央银行均持有美元储备，彼此以美元划账结算。各国货币虽然不能兑换黄金，但可以通过兑换美元间接地与黄金挂钩。这样，就形成了一种以美元为核心，美元等同于黄金，各国货币钉住美元的新型国际货币体系。

布雷顿森林体系的形成，暂时结束了战前货币金融领域里的混乱局面，维持了战后世界货币体系的正常运转。固定汇率制是布雷顿森林体系的支柱之一，但它不同于金本位下汇率的相对稳定。

1929 ~ 1933 年的资本主义世界经济危机，引起了货币制度危机，导致金本位制崩溃，国际货币金融关系呈现出一片混乱局面。而以美元为中心的布雷顿森林体系的建立，使国际货币金融关系又有了统一的标准和基础，混乱局面暂时得以稳定。

布雷顿森林体系的形成，在相对稳定的情况下扩大了世界贸易。美国通过赠与、信贷、购买外国商品和劳务等形式，向世界散发了大量美元，客观上起到扩大世界购买力的作用。同时，固定汇率制在很大程度上消除了由于汇率波动而引起的动荡，在一定程度上稳定了主要国家的货币汇率，有利于国际贸易的发展。同时也为国际间融资创造了良好环境，有助于金融业和国际金融市场发展，也为跨国公司的生产国际化创造了良好的条件。

布雷顿森林体系形成后，基金组织和世界银行的活动对世界经济的恢复和发展起了一定的积极作用。一方面，基金组织提供的短期贷款暂时缓和了战后许多国家的收支危机，也促进了支付办法上的稳步自由化，基金组织的贷款业务迅速增加，重点也由欧洲转至亚、非、拉第三世界。另一方面，世界银行提供和组织的长期贷款和投资不同程度地解决了会员国战后恢复和发展经济的资金需要。此外，基金组织和世界银行为世界经济的恢复与发展提供了技术援助，为建立国际经济货币的研究资料及交换资料情报等方面的进步作出了重要贡献。

布雷顿森林体系的倒塌

布雷顿森林体系的建立，在战后相当一段时间给国际贸易带来空前发展和全球经济越来越相互依存的时代。布雷顿森林体系虽然推动了世界贸易的增长，却存在着严重的缺陷，并最终导致了布雷顿森林体系的倒塌。

1944 年，第二次世界大战的第二战场刚刚开辟，欧洲战场一片硝烟弥漫。当全世界关注的目光都集聚在这里的时候，来自 44 个盟约国国家的 730 多位代表却齐聚在冷清的美国新罕纳尔布什州风景优美的布雷顿森林郡的华盛顿山度假宾馆，在此吵得不可开交。50 年后，当时的一个工作人员回忆说："从 7 月 1 日到 19 日，从会议室里不时传来各种语言的陈词、质问和争辩。这伙人每天两眼一睁，吵到熄灯，到激烈处通宵不寐。"

这里究竟发生了什么事，他们在讨论什么？这些整天争吵不休的人看似聒噪，其实却都大有来头。他们很多都是当时《纽约时报》《泰晤士报》《金融时报》上经常采访的对象，其中著名的有美国财政部长摩根索、美联储的主席艾考斯、参议员托比、经济学家怀特等人。

说这一座小小的华盛顿度假宾馆此时大腕云集一点也不为过。但是，这些人里最大的腕，却是一位英国人。当时，人们绝不会想到，此人的肖像不仅将出现在那些最著名的杂志封面上，他的名字还将出现在此后的 60 年中的任何一版的宏观经济学和货币金融学教科书上。他就是对现代政府经济政策影响最大的经济学家，可能也是有史以来对现实经济影响力最重要的经济学家约翰·梅纳德·凯恩斯。此时，凯恩斯已经身患重病，但他依然"冷酷无情地驱使自己和别人工作"，而他当时的主要对手——美国财政部经济学家哈里·怀特也紧张戒备，每天只睡 5 个小时。

这一次聚集了世界大腕，足足开了 20 天的会议，终于争吵出一个结果，那就是著名的布雷顿森林体系——世界上第一个全球性的金融货币体制协议，就是在此时诞生的。

1914 ~ 1918 年的第一次世界大战在相当程度上摧毁了世界贸易。1929 年的世界经济大萧条使得金本位制度彻底破产。两次世界大战之间的 20 年中，国际货币体系分裂成几个相互竞争的货币集团，各国货币竞相贬值，动荡不定，因为每一经济集团都想以牺牲他人利益为代价，解决自身的国际收支和就业问题，呈现出一种无政府无组织的状态。

20 世纪 30 年代世界经济危机和二战后，各国的经济政治实力发生了重大变化，美国登上了资本主义世界盟主地位，美元的国际地位因其国际黄金储备的巨大实力而空前稳固。这就使建立一个以美元为支柱的有利于美国对外经济扩张的国际货币体系成为可能。

1944 年，盟国取得第二次世界大战的胜利已成定局，它们在美国新罕布什尔州的布雷顿森林召开会议，商讨战后的世界贸易格局，建立一个新的国际货币体系，以促进战后的世界贸易和经济繁荣。

布雷顿森林体系的一个重要特征是，美国被确立为储备货币国。这与美国经济实力的雄厚是分不开的，但也正因如此，给布雷顿森林体系的瓦解埋下了倒塌的基础。随着历史的发展，布雷顿森林体系的弊端逐渐暴露。

1971 年 7 月第七次美元危机爆发，尼克松政府于 8 月 15 日宣布实行“新经济政策”，停止履行外国政府或中央银行可用美元向美国兑换黄金的义务。这意味着美元与黄金脱钩，支撑国际货币制度的两大支柱有一根已倒塌。

1973 年 3 月，西欧又出现抛售美元，抢购黄金和马克的风潮。3 月 16 日，欧洲共同市场 9 国在巴黎举行会议并达成协议，联邦德国、法国等国家对美元实行“联合浮动”，彼此之间实行固定汇率。至此，战后支撑国际货币制度的另一支柱，即固定汇率制度也完全垮台。这宣告了布雷顿森林制度的最终解体。

以美元为中心的国际货币制度崩溃的根本原因，是这个制度本身存在着不可解脱的矛盾。在这种制度下，美元作为国际支付手段与国际储备手段，发挥着世界货币的职能。

一方面，美元作为国际支付手段与国际储备手段，要求美元币值稳定，才会在国际支付中被其他国家所普遍接受。而美元币值稳定，不仅要求美国有足够的黄金储备，而且要求美国的国际收支必须保持顺差，从而使黄金不断流入美国而增加其黄金储备。否则，人们在国际支付中就不愿接受美元。

另一方面，全世界要获得充足的外汇储备，又要求美国的国际收支保持大量逆差，否则全世界就会面临外汇储备短缺、国际流通渠道出现国际支付手段短缺。但随着美国逆差的增大，美元的黄金保证又会不断减少，美元又将不断贬值。

第二次世界大战后从美元短缺到美元泛滥，是这种矛盾发展的必然结果。随着全球经济一体化的进程，过去美元一统天下的局面不复存在。世界正在向多极化发展，国际货币体系将向各国汇率自由浮动、国际储备多元化、金融自由化、国际化的趋势发展。单一的货币制度越来越难以满足经济飞速发展的需要，这就是布雷顿森林体系倒塌的根本原因。

伤不起的“日元”

20 世纪 70 年代后期，日本经济异军突起，成为国际货币基金组织的第八条款国，从而开始了日元的国际化进程之路。日元的国际化，离不开日本经济实力的支撑。进入 20 世纪 80 年代，日本的经济地位不断上升，成为当时仅次于美国的第二大经济体。日元国际化也开始进入了快速发展阶段，从日元的可自由兑换，到开放资本项目。1980 年 12 月，日本大藏省颁布了新的《外汇法》，实现了日元的可自由兑换。紧接其后，日本加速了金融自由化改革。1984 年，日元—美元委员会和日本大藏省对外汇交易的两个规则作了修订，其中包括外币期货交易中的“实际需求原则”。也就是说，任何人都可以进行外汇期货交易，而不受任何实体贸易的限制。第二个是“外币换为日元原则”。企业可以自由将外币换成日元，也可以将在欧洲日元市场上筹集的资本全部带回日本。日本政府又在东京创设离岸金融市场，开放境外金融市场，为日元在国际市场上的自由流通创造了条件，此后，日元的地位不断上升。

素有“弹丸之地”之称的日本现如今让人不敢小觑。在以科技为主打的发达经济下，日元这一不起眼的货币偶尔也会混入国际货币市场上溜溜了。

不过，日本经济的崛起，日元走上国际舞台，都要感谢美国。二战后，日本经济奄奄一息，多亏了美国的支持才得以迅猛发展。从 1955 年到 1973 年，日本每年的经济增长都保持在 10% 以上。

在日本逐渐崛起时，美国为了与苏联抗衡，曾不断增发货币，造成美元大幅度贬值，拥有巨额美元外汇储备的日本也因此遭殃，外汇储备的缩水对日本企业造成了不小的打击。而且，美元的贬值也让日元贬值了。货币贬值势必会对日本造成影响，但我们需要辩证地看待。日元的贬值降低了日本的进口量，却刺激了日本的出口，使其对外贸易处于顺差状态。

正是在这时，日本生产的钢铁，以及汽车和电视机等家电走向了全世界，而且势不可挡。

1985 年，日本对美国的贸易顺差高达 312 亿美元，其外汇储备也达到 279 亿美元。而此时美国的情况很糟糕，财政赤字剧增，对外贸易逆差也大幅度增长。日本又燃起了雄心，不想一直跟在美国身后，想让日元做大，其实就是想让日元升值。

那时日本银行的贷款结构不合理，接近 40% 的银行贷款投向国民经济中的生产领域，25% 的贷款投向非生产领域，如金融业、保险业、房地产和服务业。当时美国的贸易逆差创下 1000 亿美元的记录，于是，美国拉拢法国、西德和英国，同意让日元升值。在美国等国家通过《广场协议》施加的压力下，日元不断升值。这其实正合了日本的意，认为自己可以和美元一较高下了，但日本不知道日元的不断升值会给自己带来沉重的负担。

《广场协议》签订后，日元走上了快速升值的道路。在不到两年的时间内，日元兑换美元的汇率竟然从 240 ：1 升至 120 ：1。也就是说两年内日元升值了一倍。这使日本的出口业大受冲击，日本企业的国际竞争力被严重削弱，而且日本手中持有的美元价值也严重降低了。美国没有就此罢休，它还限制日本对第三世界国家的投资，日本政府只能将促进经济增长的政策调整为以促进内需为主。

面对此种局面，日本的应对策略还是比较聪明的。在美国对日本汇率的逼迫下，为了压低日元汇率以提高出口竞争力，日本开放了国内的资本账户，当国际资本源源不断从外面流入国内，日本银行一手买入美元、一手卖出日元，以冲抵日元升值的压力。

其实，日元升值就表示日本人能用日币兑换到更多的美元了。日本人很聪明，当手中有了更多的美元后，就开始用这些钱收购美国的资产、购买美国先进的科学技术。

在日元大幅度升值的过程中，日本的索尼公司以 34 亿美元的价格购买了对美国文化具有象征意义的哥伦比亚影片公司，接下来，日本三菱公司又以 14 亿美元的价格购买了对美国具有象征意义的洛克菲勒中心。此外，看到楼市的前景，日本大批的企业和个人纷纷跑去美国投资房地产。最后日本皇室拥有的美国土地的价值已经超过了整个加利福尼亚州土地的价值。四五年间，美国 10% 的不动产竟然成为了日本人的财产。

看看形势，真的有点像日本人所说的“买下整个美国”，但是，恰巧此时，美国的房产泡沫破灭了，这就使得那些投资者几乎血本无归，从此，日本的经济严重受挫，一蹶不振。

1997 年东南亚金融危机后，欧元的诞生给日元带来了巨大的压力，同时日本经济泡沫的破灭大大影响了日本的经济实力，日本转而追寻以区域金融合作为基础的日元国际化新战略。

2010 年 8 月底，日本央行用增加利率和出台新政策的方法抵制日元升值，但这一措施起到了相反的作用，让日元进一步升值了。

2011 年上半年，日本遭遇地震、海啸、核泄漏重重危机，让日元再度升值。这无疑是给日本的经济雪上加霜。

尽管日元的国际化已经推行了几十年，但是在全球范围内，日元并没有能够实现其结算货币、储备货币、交易货币的国际化功能。我们也可以看到，美元在国际市场上依旧占据着主导地位，而日元不仅与美元，即使与欧元也有着相当大的差距。

金融自由化下的“华盛顿共识”

从 20 世纪 90 年代起，“金融自由化”即放松资本管制，成为欧、美、日等发达国家的主潮流。开始是大的跨国公司用转移定价等方法规避资本流动管制，后来，大的银行机构也开始仿效跨国公司的结构形式，提供跨国银行服务。随着跨国投资以及国际贸易的增长，国际银行业务促进了国际资本市场的一体化。随着金融产品的发展创新、新市场的出现，欧洲货币市场、欧洲债券市场、二级资产市场、掉期市场、期货市场、期权市场源源不断提供出新的金融产品，同时金融交易工具也迅速发展，现金管理账户、可变利率贷款、杠杆收购等金融操作层出不穷。

金融自由化最早是一种美国现象，在美国自由化浪潮的推动下，欧洲、日本、加拿大、澳大利亚等西方发达国家也纷纷放松了资本管制，在信息通信技术的支持下，这些西方国家在 20 世纪 90 年代之后已经逐渐形成了一个统一的国际资本市场，金融全球化把这些发达国家紧紧地捆绑在了一起。

金融自由化成为西方国家经济学界和政界的一种共识，认为放松资本管制可以促进经济增长。发达国家自已放松资本管制后，很快也要求发展中国家放松资本管制。尤其是在美国的督促下，国际货币基金组织、世界银行等国际经济组织开始把金融自由化当作一剂良药开给发展中国家。

金融自由化和全球化给新兴工业化国家带来了高速经济增长，但同时带来了金融风险。大规模资本涌入这些国家，使这些国家内部许多产业部门逐步膨胀起来，有的产业甚至出现了金融泡沫，外资涌入也使这些国家的货币面临升值压力，这些国家又没有足够力度的冲销政策对冲国内新多出来的货币供给，从而导致国内许多产业部门流动性愈加过剩。本币升值使这些国家经常账户赤字状况更加恶化，再加上这些国家内部银行制度较差，许多企业过度借贷，做的许多投资也不太理想，同时这些国家又坚持固定钉住汇率制度，因此国际资本市场上的投机资本就开始兴风作浪。

在金融自由化冲击下，新兴工业化国家本身的弱点得到放大，国际投机力量使这些金融弱点迅速膨胀，引发了一系列金融危机。1994 年爆发墨西哥金融危机，1997 年爆发亚洲金融危机，亚洲金融危机很快向世界其他地区传播，经过俄罗斯传到巴西和其他拉美国家。这些危机和 20 世纪 80 年代的主权债务危机有很大不同，它们起源于国际资本市场，完全是金融自由化和全球化的产物。

在这一背景下，1990 年由美国国际经济研究所出面，在华盛顿召开了一个讨论 80 年代中后期以来拉美经济调整和改革的研讨会。会上，美国国际经济研究所原所长约翰·威廉姆逊说，与会者在拉美国家已经采用和将要采用的 10 个政策工具方面，在一定程度上达成了共识。由于国际机构的总部和美国财政部都在华盛顿，加之会议在华盛顿召开，因此这一共识被称作“华盛顿共识”。

“华盛顿共识”提出的主要目的是帮助解决 20 世纪 80 年代拉美地区国家的债务危机。“华盛顿共识”的 10 项宏观经济政策内容包括：

一是加强政府财政纪律，削减政府预算赤字。

二是政府从那些国有企业退出来，把公共开支转向提供那些产生经济效益又可改善收入分配的公共产品，比如基础医疗、基础教育、基础设施建设，等等。

三是实行利率市场化和自由化。

四是采用竞争性的浮动汇率制度。

五是实行贸易自由化。

六是放松对外国直接投资的管制，让外国资本进入本国。

七是改革政府税收制度，激发企业活力，降低名义税率，扩大税收基础。

八是实行企业、行业私有化，提高企业效率。

九是放松资本管制，取消资本进出口限制。

十是保护私有产权，建立国内产权安全环境。

从本质上说，“华盛顿共识”是一种以自由贸易、财经纪律和国有企业私有化为基础的自由主义经济发展模式。其实质是主张政府的角色最小化，快速地私有化和自由化。

“华盛顿共识”虽然成为全球主流的发展理念，但仍不免遭遇其他思想的挑战。近年来，更加有力地对于“华盛顿共识”的挑战是以美国经济学家斯蒂格利茨为代表的一批西方学者提出的“后华盛顿共识”。

“后华盛顿共识”认为发展不仅是经济增长，而且是社会的全面改造。因此，“后华盛顿共识”不仅关注增长，还关注贫困、收入分配、环境可持续性等问题，它还从信息不对称出发，指出市场力量不能自动实现资源的最优配置，承认政府在促进发展中的积极作用，批评国际货币基金组织在亚洲金融危机前后倡导的私有化、资本账户开放和经济紧缩政策。然而，这些对于“华盛顿共识”的挑战还都远远不够。

欧元的强势崛起

欧元的诞生标志着欧洲自罗马帝国灭亡以后又一次实现货币统一，其间经历了漫长的 19 个世纪。但两者的本质区别在于罗马帝国是用武力征服异邦，强行实施单一货币。而今天的欧洲联盟则以和平的渐进手段逐步迈向统一，各成员国主动、自愿地让渡自己的部分主权，包括货币主权，欧元的问世便是这一进程的必然结果。

第二次世界大战后，遭受重创的欧洲各国开始怀念古罗马时代的辉煌，人们普遍认为，只有统一而强大的欧洲才能有持久的幸福和安宁，而分裂的欧洲始终存在着不安全的隐患和危机，于是他们设想了一个沿着经济、法律、政治、军事的途径，循序渐进的欧洲统一全过程。这一切都要从经济统一开始，事实上，欧洲人早就开始着手了。

1957 年，法国、联邦德国、意大利、荷兰、比利时、卢森堡 6 国在签署《罗马条约》的时候，提出了“建立经济和货币同盟”的设想，希望建立一个统一的欧洲货币，以提高各成员国之间经济合作的水平和效率。

1967 年，欧共体成立后，建立单一欧洲货币的设想被提上了议事日程。

1978 年，欧共体 9 国同意建立旨在稳定汇率的“欧洲货币体系”。

1979 年 3 月，欧洲货币体系开始生效。欧洲货币单位“埃居”成为欧洲记账单位。

1991 年 12 月，欧共体首脑会议通过了《马斯特里赫特条约》（简称《马约》）。条约计划从 1999 年起实行统一货币，从此，欧共体变成了欧盟，欧元取代了埃居。

1993 年 1 月 1 日，欧洲统一大市场正式全面实施，12 个成员国之间取消内部边界，实现商品、资本、人员和劳务的全部或部分自由流通。

1994 年 1 月 1 日，经货联盟进入第二阶段。欧洲货币局正式成立并运作。

1995 年 12 月 15 日，欧洲理事会马德里会议确定单一货币名称为“欧元”。

1996 年 4 月 2 日，欧洲货币局公布欧元的设计方案。

1998 年 5 月 1 日，欧盟布鲁塞尔首脑特别会议确认比利时、法国、德国、意大利、西班牙、荷兰、卢森堡、葡萄牙、奥地利、芬兰和爱尔兰共 11 国为欧元创始国。

2002 年 1 月，欧元纸币和硬币正式进入欧元区 12 国流通市场。

经过了十余年的准备，12 个欧洲国家走到了一起，他们将放弃本国的原有货币，使用欧盟的统一货币——欧元。在 2002 年年初的几天里，近 3 亿人民将他们手中的原有货币替换成欧元。这次替换将涉及 140 亿欧元纸币和 500 亿欧元硬币，其运作规模空前绝后。欧元的大规模更替，标志着欧洲经济一体化进程向纵深发展，欧元的正式流通将影响着美元在各地外汇市场里的走势。

欧元由欧洲中央银行和各欧元区国家的中央银行组成的欧洲中央银行系统负责管理。总部坐落于德国法兰克福的欧洲中央银行有独立制定货币政策的权力，欧元区国家的中央银行参与欧元纸币和欧元硬币的印刷、铸造与发行，并负责欧元区支付系统的运作。

欧元的诞生，为区域合作提供了新的思路，使得现有的区域经济整合方式向前又迈进了一大步。随着货币联盟的推进，经济的整合必然要求政治的联合，这种超越国界和民族的新型组合方式，对于各国、各集团无疑具有很大的吸引力，从而鼓励更多的国家和集团选择“货币联盟”道路。

从长远来看，欧元的诞生为国际经济一体化绘出了新的蓝图。欧元的诞生对于国际经济和政治，特别是对国际货币体系，有着长远而深刻的影响。它使国际货币体系开始向多元方向发展。虽然二战后建立起来的“黄金—美元本位制”早已不复存在，但美元在国际货币体系中的主导地位及其影响力却一直存在，国际贸易计价、世界外汇储备以及国际金融交易中，美元分别占48%、61%和83.6%。但是在近几年来的国际交往中，由于稳定的汇率，欧元开始冲击美元国际结算货币的地位。有学者评论说，“尽管美元仍然起着世界货币的作用，但欧元作为上升的货币目前及今后将发挥越来越重要的作用，开始对美元在国际金融中的地位形成挑战”。

首先，在国际贸易结算方面，欧元现在已经成为主要的国际计价货币之一，开始动摇美元在国际贸易中的霸主地位。很自然地，欧盟区内部国家肯定使用欧元进行统一的结算，这样做的好处主要就是：降低进出口商的交易成本；消除了与外汇风险管理有关的费用；提高了他们的国际竞争力。向外扩展，就是中东欧国家了，这些国家可以说与欧盟有着千丝万缕的联系，欧元启用之前这些国家的货币大多同德国马克建立了联系汇率。欧元取代德国马克后，改用欧元也是情理之中的事情。

随着中东欧国家不断地加入欧盟，欧元成为欧洲统一的结算货币单位也不是遥远的梦想。随着欧元的投入使用，这一部分的贸易将由原先的以美元、法郎或马克结算逐步转换成用欧元计价。

其次，随着欧元国际结算货币地位的加强，世界各国对其的需求量也开始增加，并且由于其良好的信誉，也成为各国的储备货币以应对日渐贬值的美元。如此一来，欧元又开始在国际外汇储备方面向美国发起了进攻，欧元成为美元的强有力对手。这在很大程度上限制了美元肆意掠夺别国财富的行为，因为以往全世界都需要美元计价、储备和支付，美国可以直接用美元在国际金融市场上任意借贷而不必担心任何汇率风险。一旦发现外债太多，美国可以毫无顾虑地自行将美元贬值，将负债转嫁给别国。欧元问世后，美国的这种霸道做法将不再灵验，长期的巨额外债和国际收支严重失衡会使市场和消费者对美元失去信心，转而吸纳保险系数更高的欧元。

第三，欧洲人可以在欧元区的任何国家直接使用欧元购物消费，使用欧元，不仅简化了手续、节省了时间、加快了商品与资金流通的速度，而且减少了与美元的兑换和佣金损失，使欧盟企业降低了成本，提高了竞争实力。

经济竞争日益全球化、地区化、集团化的大趋势中，统一货币是最有力的武器之一。事实证明，欧元作为单一货币正式使用对解决欧盟浮动汇率机制下各自为政的多国货币币值“软硬”不一、汇率的变动等状况都起到了有效的作用，防止了欧盟内部金融秩序的混乱。欧元的产生可以减少内部矛盾，降低金融风险和降低流通成本。

根据欧洲学者预测，在全球未来的外汇储备结构中，欧元和美元将会平分秋色，各占 40%，其余为日元、瑞士法郎等。

欧元能摆脱弃儿命运吗?

从蹒跚学步到渐渐成熟，欧元承载着欧洲统一的梦想，走过了风雨十年。欧元的诞生，让一些欧元区成员国尝到了经济一体化带来的巨大实惠。

其中，德国是欧元的最大受益国，统一市场的建立、贸易壁垒的消除，成就了德国外向型经济的腾飞。美国麦肯锡管理研究基金会认为，德国过去 10 年经济增长的 2/3 得益于欧元。法新社则认为，欧元的使用减少了汇率波动的风险和成本，促进了欧洲市场的一体化进程，加强了欧元区成员国之间的贸易。在遏制通货膨胀方面，欧元也功不可没。数据显示，自欧元流通以来，各成员国的平均通货膨胀率仅为 2%。

其实，在欧盟和欧元建立之初，欧洲人考虑到美国是个大阻碍，便利用美国金融资本和产业资本在欧洲的利益说服美国政府不要反对欧洲整合。正因为如此，欧洲的发展才如此迅速。

直到 2008 年金融危机以后，美国才发现美元原本占世界 80% 的国际储备货币地位和国际贸易结算地位，约 25% 左右被欧盟抢占。而欧盟内部贸易占到 70%~80%，形成了比较封闭的市场。原本跨大西洋轴心，现在美国被欧洲人推出去了……这些都是美国人没有预料到的。

欧元被推选为与美元比肩的货币，但当欧债危机袭来，不少人都在疑惑：欧元到底怎么了？

我国空军指挥学院战略研究室教授、空军少将乔良、北京航空航天大学战略研究中心主任王湘穗认为，欧债危机和美国有一定关系。虽然不能说欧债危机完全是由美国制造的，但是毫无疑问，美国做了自己想做的事情。因为欧元被世界看好，让美国胆战心惊。

希腊首先陷入严重的债务危机之中，为什么？想想希腊的债务是由美国高盛经手就明白了。美国高盛推倒了欧债危机多米诺骨牌的第一张骨牌后，紧接着欧洲五国的债务危机陆续上演。

事实上，奥巴马政府的策略核心就是走强势美元的道路，主要目标就是攻击欧元。欧洲的平均债务水平并不高，在80%左右，而美国的债务水平则达到了百分之百，这样比较起来，欧洲不应该爆发主权债务危机。执笔中国媒体第一个"中国与世界"经济年度白皮书的张庭宾认为，欧债危机爆发的根本原因在于，美国具有全球唯一的战略金融队伍，包括评级公司、对冲基金和媒体，可以控制全球的热钱；美国属于一体化国家，虽然是两级政府，但中央集权仍然很强势。欧洲虽然实现了欧元的一体化，但财政处于分裂状态。

现如今欧盟成员国不断改革财政纪律表明他们选择了向前走的道路，给欧元找一条活路。

有分析人士预测了欧元可能崩溃的两种方式：其一，希腊、爱尔兰、西班牙等几个弱国最终被踢出欧元区，重新使用新货币，并让新货币贬值；其二，德国退出欧元区，重新使用马克，再吸收荷兰、比利时、卢森堡、奥地利等组成"马克区"，让马克升值。不管欧元区采用哪种方式，都必须"断腕求生"。这是一个很残酷的问题。

总之，持续不断的债务危机让欧元走向全球化的梦想破碎了。问世10年，欧元成了债务危机和经济衰退的标志。从2010年年底到整个2011年，债务危机逐渐从欧元区边缘国家向核心国家蔓延，认为"欧元5年内崩溃"的理论在欧元区融资成本普遍升高时火了起来，尤其是号称"欧洲最安全的国家债券"德国60亿欧元10年期国债遭遇市场冷眼的时候，欧元前景出现了由好到坏的历史性转折。

大商所期货学院教委委员刘新涛在接受《国际金融报》记者采访时表示，如果欧元区分家，必将造成欧盟分崩离析，这也意味着欧洲作为世界一霸的地位一落千丈。如果欧元区不大刀阔斧地展开一致的财政改革，欧元会在5年内消失。

高盛全球经济、商品和策略研究高级分析师戴利曾表示，自2009年起，欧元区将经历"失去的10年"。投资大师罗杰斯表示，欧元无法以目前的形式度过下一个10年。

王湘穗认为："我不大相信纯属巧合。有很多人认为是不是又在谈阴谋论。其实我不是阴谋论者，我并不认为所有的事情都是被阴谋家们严丝合缝地设计。美国所做的，我们姑且不把它当作阴谋。但可以认为是有计划的。”

欧元和美元的博弈，经过10年时间。虽然现在不能说尘埃落定，但可以说欧债危机已使欧洲难以自拔。现在欧元区最大的问题不是能否暂时解决债务危机，而是欧元能不能继续存在下去，能不能逃过弃儿命运。

第十七章　非理性繁荣的幻象

——关于资产泡沫的财经常识

由投资滞胀引起的资产泡沫，从投资滞胀的情况下、投资冲动的情况之下，进一步发展就不在实体经济里了，就会转到虚拟经济里，所以就会形成了资产泡沫。资产泡沫可能有几个方面原因，随着投资扩张，信贷大量扩张，他没有全进入实体经济领域，其中有一部分就进入到虚拟性经济领域，主要是投资比较敏感，银行贷款给他了，他发现了有产能过剩的迹象，之后于是他先停留在虚拟经济里，这是一种可能。第二个可能，他对通货膨胀中资产价格的上升有他的预期。因为将来既然要通货膨胀的话，我就买楼或者买其他资产，等待将来再卖。所以他不是自己消费型住宅的购买，而是投机型或者投资型的资产购买，这样资产泡沫就增长。

——厉以宁

（北京大学光华管理学院名誉院长，著名经济学家，中国经济学界泰斗）

金融泡沫是如何产生的

我们在倒啤酒的时候有这种经验，明明是倒了满满一杯，但泡沫下去以后杯中酒却所剩无几。如果把这充满泡沫的酒当作幸福的寄托，那么这句话就最恰当不过：幸福就像泡沫，脆弱而易消逝。是的，泡沫是酒杯里虚胖的酒，只是酒杯的虚假繁荣。

泡沫意味着缺少实体的支撑，泡沫经济则因为虚拟资本过度增长，与虚拟资本相关的交易持续膨胀最终逐渐脱离实物资本的增长，造成经济的虚假繁荣，最终当泡沫破灭时会导致经济崩溃，甚至社会动荡。

1986 年 12 月到 1991 年 2 月之间，这是日本战后的第二次经济大发展时期。随着大量投机活动的全面展开，日本的经济在周边国家一片萧条的背景下开始飞速发展，似乎在瞬间，一个普通的发展中的国家就变成了遍地黄金的富裕之地。

1989 年日本迎来了投机经济的最高峰，资产价格仍然一路飙升，但是因为泡沫资产价格上升过快而无法得到实体经济的支撑，最终开始出现危机。1991 年日本泡沫经济开始正式破裂，日本的经济像一座建立在泡沫上的高楼大厦，在泡沫破裂的瞬间崩塌。

泡沫经济从形成到破裂有一个过程，从 1986 年 12 月到 1989 年高峰之前，都是形成和繁荣阶段，直到高峰之后则开始走下坡路，最终泡沫破裂。因此泡沫经济可分为三个阶段：形成阶段、膨胀阶段以及破灭阶段。

泡沫状态是由于一种或一系列资产在一个连续的过程中陡然涨价，在价格上升的过程中不断引发人们的上涨预期，于是更多的买主又被吸引，更多的买主加入之后更加助推了这种资产的上涨趋势，于是人们在这种疯狂的涨势下很容易丧失判断力，忽略了资产本身的盈利能力，而所有眼光都压在了通过这种资产谋利的方面。然而，没有足够实体支撑的经济是不可能一直持续上涨升值的，随着涨势的逆转，价格最终会下滑甚至暴跌，最后便是金融危机甚至发展成为经济危机。

说到底，泡沫经济的根源在于极度鼓吹虚拟经济，导致虚拟经济对实体经济偏离，虚拟资本的膨胀导致现实经济所能够产生的虚拟价值远低于虚拟资本，最终无法得到支撑而经济崩溃。

所谓现实资本，就是以生产要素形式和商品形式存在的实物形态的资本，比如钢铁厂生产出钢铁，织布厂生产出布匹，玩具厂生产出玩具，那些产品是我们能够实实在在看得见摸得着的东西。

与现实资本相对，虚拟资本则主要是以有价证券的形式存在的，如同股票、债券、不动产抵押单等。人们在进行股票债券交易的时候，交易者持相关账户进行交易，虽然是与众多数字打交道，但并未能接触实物产品。

在实物经济的世界里，是不会产生泡沫的。这很容易理解，因为双方是以实物形态为媒介，是等价交换，并未产生不合实物的价值符号。而虚拟资本的运作则不同，它们可以产生大量的超过实体经济的资本。所以一般认为，泡沫经济总是起源于金融领域。

然而，经济是一个整体，尤其是全球经济如此紧密相连的今天，不仅各行各业联系紧密，各个国家的经济联系也非常紧密。不同行业和不同经济体之间的渗透力是相当高的，任何一个环节出现问题都有可能引发全局性的问题。

随着雷曼兄弟破产、美财政部和美联储接管“两房”以及美林“委身”美银，AIG 告急等一系列事件的爆发，震惊美国乃至震惊全世界的美国金融危机爆发。这次危机起因于商业银行的次级贷款，在商业银行放出次级贷款之后，又将其转手卖给投资银行，投资银行又将其打包卖给全世界，于是引发了世界性的金融危机。

2008 年金融危机对我国造成的最严重的影响是沿海很多外贸企业破产，很多人失业，导致了一度的返乡潮。随着美国金融危机的影响，中国也迎来了股市的暴跌，2007 年股市的大好景象如今只能是刻在股市历史上的一道风景线，让人们记忆深刻的应该是从 6000 点到 3000 点的弧线。

由此看来，泡沫经济前期主要是经济的繁荣期，这段时间里大家的感觉都是美好的，因为人人都会从繁荣的经济中获利，大家都感觉自己的资产更多，幸福感更浓。股市的利好给投资者带来更多收益，房产市场的景气能让地产投资者更有信心，从事房产经营或者使房东们收入更加稳定，投资者也更乐意投资。金融衍生品会越来越多越来越丰富，交易也越来越频繁，与此相对应，信用的透支也会越来越严重。然后，这背后确实存在着巨大的陷阱和深层危机。

当股市泡沫破裂，股价大幅振动并下跌，痛失资金的仍是投资者；当房地产动荡，地产泡沫破裂，曾一度居高不下的房价突然下跌，房产投资者们将迎来残酷的寒冬。无论是股市还是地产，无论是其他金融衍生品交易还是任何一个借贷或者保险信用环节发生问题，最终整个大盘必定会受到牵连和影响。而且，以往的泡沫经济现象表明，泡沫经济持续的时间越长，发展的程度越高，牵连的资本体或者行业越广，则泡沫破灭以后对经济、对社会的危害越大、越持久、越深刻。

非理性必然导致泡沫

在人类对市场进行了或理论或抒情的狂轰滥炸式的描述后，理性和非理性的边界似乎已经模糊了。找到边界也许并不比格林斯潘在 20 世纪 90 年代的决策简单多少，他深邃地洞见了市场的非理性繁荣特质，却不愿用更强硬的货币政策来浇湿市场的热情，不管格林斯潘是不是预见到了这一幕，希勒所预言的泡沫破裂最终还是发生了。

我们一直以殚精竭虑的努力，来试图描绘和呼唤金融和市场的理性繁荣。当然，也包括记录非理性繁荣的征候。

在我们的梦中，和金融市场相关的理性繁荣大致有这样一些面容：相信市场的力量，也恰当适时地弥补市场失灵；坚定推进结构改革，也精心设计选择最可行的方案；有战略勇气、魄力和胸怀，也审时度势并不冒进；充满远见高瞻远瞩，也脚踏实地选择最优路径；着力于基础架构的建设，也动态敏锐捕捉瞬息万变的信息以修正决策和对策。

在经济学不断自我完善的旅途上，“完全理性”已经逐渐被“有限理性”所取代。不过，由于可获信息的有限性、人类情感和行为的缺陷，最为“市场化”的金融市场确实给有限理性的铺陈留下了很多的局限，尤其是当个人、机构的“有限理性”最终聚合为市场的整体理性时，完美的市场模型往往失灵，套利限制就是一个最典型的例子。不过，当人们说起“非理性繁荣”，更多的含义是说价格已远被高估，泡沫已被吹起。人类历史上无数次市场泡沫的堆积和破裂给理性和非理性的争论留下了这样的注解：只要是泡沫，就必然会破裂，这个总会回到均衡点的神奇功能可能才是市场的最大理性。

赚钱之心，人所皆有；赚钱之术，少数人有。在中国现今的股市中，庄家有庄家的能耐，散户有散户的招数，这早就不是什么秘密，但结局却总是有亏有盈。可是既然如此，为什么总是有人要甘愿冒赔掉本钱的风险，也要拿出他那一点菲薄的收入去股市里“跟庄”呢？无论是机构投资者还是个体投资者，都难以摆脱各种“非理性”因素的影响。即使投资者是在追求一种理性的目标，往往也是难以实现的。亏了想翻本，赚了的还想赚得更多，市场就这样被自我放大、自我增强起来。于是，“社会传染病”也就由此而生。

当人们无法利用掌握的信息进行理性判断时，他们就会依据这些行为模式行事。例如：在美国的南加利福尼亚，当时人们从全美国四面八方聚集到那儿参与住房的投机。整个美国的报纸长篇地赞美加利福尼亚宜人的气候、美丽的景色以及加利福尼亚人式的生活方式。早晨起来你开始观光，在你到达的第一个街区就会看到在建的大楼，并且随着你的旅程的延续，你看到的会更多。那首老歌总是在你的脑海里萦绕："我的眼睛看到了主的荣耀。"你十分自然地想用"我的眼睛看到了繁荣的奇妙"来替代。

"这是怎么回事啊？"你问。我们回答："繁荣。""那么，什么是繁荣呢？"你再问。我们将同样的询问抛向了生活在各个领域中的几十个人，但没有一个人能给我们一个答案。有人告诉我们这是这个国家前所未有的金融及经济现象。我们问这种现象是否可以持续，得到的回答是，正如它不请自来一样，也有可能不辞而别。

从这些发表在 19 世纪 80 年代繁荣时期的美国各地报纸上的文章来看，当时的繁荣感觉上是全国性的，因为全国各地几乎每个人都在谈论这件事，而且来自其他州的许多人都涌入南加利福尼亚并参与其中。但没有任何证据表明出现过全国性的事件，人们也不会认为这种繁荣会传递到他们的城市。与这次繁荣有关的文章总是强调这是加利福尼亚的繁荣，对该地区罕见美景和宜人气候的追捧也推动了这次繁荣。

疑惑仍然没有能够完全消除。加利福尼亚是一个广大的地区，宜人的气候遍布该地区的大部分地方，而且在 19 世纪 80 年代，还存在着相当数量的可以用来建造住房的农场和尚未开发的土地资源。但令很多人大惑不解的是，只有加利福尼亚的城市成为独一无二、令人神往的地方，因此也让那里的房子拥有了独特的价值，而且这种价值还一直保持到了现在。

那么我们将怎样证明在 19 世纪 80 年代，花如此高的价钱在那里买下一栋房子的合理性？因为就在距离他们房子不远的地方，花同样的钱，可以买到一处很大的农场。从某些方面看，他们的选择当然是正确的：南加利福尼亚城市区今天的地位仍然非常重要——这些地区扮演着社交、文化和经济活动中心区的角色。如果要说当时他们有什么没想到的话，那只是他们没想到 19 世纪 80 年代以后的住房价格竟然会如此之高，上涨如此之快。人们把价格突然上升的原因归于在美国范围内非常意外地发现了像加利福尼亚这样的城市的重要地位，而没有将此归结到繁荣的心理影响方面。正如我们所看到的，确实有一些人好像也知道繁荣的心理学反应。但更多人并不清楚这一点，而且他们本身也没有足够的智慧来对人性的本质作出判断，甚至没能意识到他们其实已经被卷入了一个非常特别的市场心理旋涡之中。这里所说的“他们”就是指那些购买了房产，推动了繁荣的人。

每一场繁荣都需要有一个故事——一个能让人深信不疑的故事，一个能说明价格的上涨是合理的而不是暂时失常的故事。当然，推高市场的整个过程时间那么长，也不是所有人都对这样的故事一直深信不疑。

这种对泡沫真实属性理解上出现的缺失，根本不可能让人们对所接收到的信息做出理性的反应，因为这些芸芸众生在当时的情形下正自我陶醉在观念传染的心情故事之中。这个用来证明泡沫合理性，而且对某些人来说听起来似懂非懂的故事被慢慢地扩散，通过观念传染向四处传播。在一个新泡沫形成的过程中，伴随着把住房描绘成每个人都可以投入的最好的投资项目这个说法，它的传染率很高就是再自然不过的事了。

所以不要轻信现实中的繁荣景象，它完全有可能是非理性且难以持久的。

经济泡沫近乎疯狂

经济泡沫问题古已有之，只是于今为烈。17世纪荷兰的“郁金香狂热”、18世纪法国的“密西西比泡沫”和英国的“南海泡沫”，只要是接触过世界经济史的人都是耳熟能详的。中国古代历史上很少有经济泡沫的记录，如果不是进行严格范畴的界定，那么“洛阳纸贵”也可能是一种经济泡沫。资本主义与市场经济视经济投机为正常理性的行为，因此将经济泡沫无论在广度、频度、烈度上都不断推向新的极致，以致于我们今日之生活近乎与泡沫为伍。经济泡沫形形色色，当下人们最为关注的是房市与股市的疯狂，这就是资产泡沫。

在世界经济史上，一国往往因为经济政策不当而导致资产泡沫，而资产泡沫最后引致金融危机的事情屡见不鲜。资产泡沫最容易在股票市场与房地产市场生成，最典型的是日本资产泡沫和金融危机。

1985年，日本土地资产总值是176万亿日元，到1989年达到521万亿日元，4年上升近两倍。东京地价上涨尤为严重，1990年其商业区地价是1985年的2.7倍，住宅区地价是1985年的2.3倍。在地价飚涨的同时，股市价格也急剧上升。日经225股价指数在1985年为13083点，到1989年已上升至38916点，4年上升同样近两倍。“日本奇迹”泡沫巨大，最终幻灭的后果也严重而持久。

20 年后，日经平均指数还在 1 万点徘徊，是当年高峰的 1/4，日本 6 个最大城市的平均住宅地价也只是 20 年前的 1/3。

当今世界，凡是以房地产推动经济增长、促进社会繁荣的国家，最后几乎都未能逃过资产泡沫膨胀与金融危机的命运，似乎必然要遭受“摩天楼魔咒”。通常在一国经济上扬过程中，该国政治家或企业家一般豪情万丈，大家都通过兴建摩天大厦来“宣扬国威”。远有 1908 年纽约胜家大厦、1931 年帝国大厦及 1974 年芝加哥的威利斯大厦；近有 1997 年落成的吉隆坡双子塔、2004 年启用的台北 101。这些摩天大厦建成之日，通常差不多也就是泡沫经济破灭、金融危机爆发之时。有经济学家做了苦心研究，发觉“摩天楼魔咒”的灵验程度还不低。舞会有曲终人散之时，色彩斑斓的泡沫也有最终爆破的一天，真所谓“眼见他起朱楼，眼见他宴宾客，眼见他楼塌了”，一个个试图要刺破青天的摩天楼由此往往成为见证轻狂岁月的标志。

1997 ~ 1998 年的东南亚金融危机，资产泡沫也扮演了重要角色。20 世纪 90 年代后，菲律宾和马来西亚房地产价格在最高和最低时的比率达到了 3 倍和 2 倍，泰国和印度尼西亚房地产最高和最低价格的比率分别为 1.25 和 1.32 倍，相对较小，但这两个国家房地产的空置率却远较马来西亚高，分别达到了 15% 和 10%，1997 年以后不动产供给过剩的现象更加严重。空置率居高不下是房地产泡沫形成的一个显著标志，因为投资者购买房产并非使用，而是套利。

就当前的情况来看，短期国际资本涌入新兴经济体将助长其已经初步形成的资产价格泡沫风险。美欧日等主要发达国家经大幅降息后，利率仍然保持接近于零的低位，而新兴经济体利率均高于发达国家，过多的流动性在全球涌动，特别是欧美发达国家重启第二轮量化宽松政策后，套利资金重新大规模涌入新兴经济体，一些新兴经济体成为短期国际资本（俗称国际游资或热钱）觊觎的对象，包括股市、楼市在内的资产泡沫再一次被急剧放大。

就世界经济史来看，资产泡沫越大，爆破时破坏力也就越大。对于资产泡沫的产生，结果不外乎流动性催生出来的，政治家或金融家吹出来的，还有投资者跟出来的。一个超级资产泡沫的诞生通常都是伴随着宽松的货币政策环境，正是宽松的货币政策，产生过多流动性（就是容易得的钱，包括投机资金、游资等），累起泡沫的土壤，播下泡沫的种子。金融资本总是不断争取自己的最大自由，最好不受任何约束与监管，而监管缺失的金融投机则成为资产泡沫酵母。如此，金融投机在低成本资金、高财务杠杆、高债务的基础上，迅速做大一个个资产泡沫。当然，在这个对知识崇拜的时代，经济泡沫的不断膨胀少不了经济学家的帮腔，他们不断撰文表示，资产泡沫有利于激发“财富效应”，如楼价与股价上涨有助于消费者增加开支，股价上升有助企业融资与再投资，更加有利于经济增长。

在资本向新兴经济体大量流动的过程中，有几个特点需要格外引起关注：

第一，当前资本流动中有大量短期投机资本（即俗称的“国际游资”或“国际热钱”)，这为宏观经济管理带来了政策挑战。由于新兴经济体处于复苏的先行者地位，经济增长的前景以及利率上行的可能性引致投机资本的流入，增加了政策管理的难度。

第二，银行资本在收缩中。与2007年相比，私人信贷从2008年开始下降，其中2009年借贷为净流出，这与国际银行的去杠杆化有关，2010年估计将下降73%。目前，这种收缩的状况还在保持，特别是小型与信用级别较低的公司的借贷难度加大。

第三，新兴经济体内部的资本流动在增加。新兴经济体在2007年的经常性账户盈余成为持有发达经济体大量债权的原因。由于美元汇率的不稳定以及国债收益率的波动，导致当前持有发达经济体资产的收益在下降。

狂热的投机助推金融泡沫

一位法国金融家说道：“法国人热爱金钱，并不是因为它给人们带来了行动的机会，而是因为它可以保证收入。”让我们看看虚构的法国人与英国人的不同观点，它们产生于1981年哈佛与耶鲁的一场争论：

威廉·伯蒂尼恩：英格兰是股票热衷者的圣诞树。贵族只要花几英镑就可以买到一个席位，进入任何一家公司的董事会。而公众不是疯子就是傻子，上帝啊，我从未听说过这种人，除非是比萨拉比亚的农民，或是喀麦隆的黑鬼，他们才真正相信他们的信仰。只要有任何一种听起来完全不可能的业务，他们都会为之尝试。

斯图尔特：英格兰是银行家的世界。还从来没有失败过，她遵守了她的诺言。这就是为什么这些投机你在美国股票市场上是找不到的。每一个汤姆、狄克和哈利都试图大赚一笔——就像在法国一样。

确实，这是不同的。不同国家的人，投机本性可能迥然相异。对某一个国家而言，投机本性在不同的时间里也会有所不同，即在该国情绪高昂时期与压抑时期，投机的程度均不相同。但是，各种形式的投机，都具备的共性就是，它们都会为泡沫危机的爆发带来巨大的隐患。

金融危机远因是投机行为和信用扩张，近因则是某些不起眼的偶然事件。如一次银行破产、某个人的自杀、一次无关主旨的争吵、一件意想不到的事情的暴露或是拒绝为某些人贷款以及仅仅是看法的改变。这些事情使市场参与者丧失了信心，认为危机即将来临，从而抛出一切可转换为现金的东西，诸如股票、债券、房地产、外汇和商业票据。当所有需要货币的人都找不到货币了，金融领域中的崩溃便会传导到经济中的各个方面，导致总体经济的下降，金融危机的来临。

投机要成为一种“热”，一般都要在货币和信贷扩张的助长下才能加速发展。有时候，正是货币和信贷的最初扩张，才促成了投机的狂潮。远的如举世皆知的郁金香投机，就是当时的银行通过发放私人信贷形成的；近的如 1930 年代大萧条之前，纽约短期拆借市场扩张所促成的股票市场繁荣。事实上，在所有的从繁荣到危机的过程中，都有货币或者是银行信贷的影子。而且，货币的扩张也不是随机的意外事件，而是一种系统的、内在的扩张。

19 世纪 50 年代，全球经济繁荣的出现源于以下多重因素的影响。第一，新金矿被发现；第二，英国、法国、德国和美国新设立了大量的银行；第三，多家银行在纽约和费城设立清算所，伦敦票据清算所也开始大规模扩张。清算所的出现使得票据清算更加便捷，也使得其成员银行更愿意在交易结算中选择票据作为结算方式。成员银行间的支付差额通过所签发的证明进行结算，又创造了一种新形式的货币。

1866 年，英国新成立了股份合作制的票据贴现所，通过票据贴现的方式发放了大量贷款，这也带来了英国当时的信贷扩张。而为了用黄金支付法兰西——普鲁士战争赔款，德国新设立大量掮客银行，这种掮客银行后来拓展至奥地利以及奥地利新设立的建设银行，奥地利的建设银行后来也发展至德国，共同导致了 19 世纪 70 年代中欧的信贷繁荣即信用膨胀。

那么，问题就出来了：一旦启动了信贷扩张，规定一个停止扩张的时点是否现实呢？通常当大的金融危机出现，一国的中央银行就会扮演危机中的最后贷款人，来挽救金融危机。

但是，金融危机中的最后贷款人的角色并不好把握。长期来看，货币供应量应该固定不变，但在危机期间它应当是富有弹性的，因为良好的货币政策可以缓解经济过热和市场恐慌，也应该可以消除某些危机。其依据主要是对1720年、1873年和1882年的法国危机，以及1890年、1921年和1929年的危机的研究。这几次危机中都没有最后贷款人出现，而危机后的萧条持续久远。

但是，将这种观点简单理解为设立一个最后贷款人也是肤浅的。如果市场知道它会得到最后贷款人的支持，就会在下一轮经济高涨时期，较少甚至不愿承担保障货币与资本市场有效运作的责任，最后贷款人的公共产品性会导致市场延迟采取基本的纠正措施、弱化激励作用、丧失自我依赖性。因此，应该由一个“中央银行”提供有弹性的货币。但是，责任究竟落在谁的肩上还不确定。这种不确定性如果不使市场迷失方向的话是有好处的，因为它向市场传递了一个不确定的信息，使市场在这个问题上不得不更多地依靠自救。适度的不确定性，但不能太多，有利于市场建立自我独立性。

众所周知，在经济过热与市场恐慌中，货币因素十分重要。芝加哥学派认为，当局总是愚蠢的，而市场总是聪明的，只有当货币供应量稳定在固定水平或以固定增长率增加时，才能避免经济过热和市场恐慌。然而，现实的悖论是，银行家只把钱借给不想借钱的人。当发生经济崩溃时，银行体系必然受到冲击，除了货币数量的变动外，将导致银行对信贷进行配额控制，这势必造成某些资本运行环节当中的信用骤停和流动性衰竭。

泡沫再绚丽也还是泡沫

正常情况下，资金的运动应当反映实体资本和实业部门的运动状况。只要金融存在，金融投机必然存在。但如果金融投机交易过度膨胀，同实体资本和实业部门的成长脱离得越来越远，便会造成社会经济的虚假繁荣，形成泡沫经济。

泡沫经济寓于金融投机，造成社会经济的虚假繁荣，最后必定泡沫破灭，导致社会震荡，甚至经济崩溃。历史上发生过许多次的泡沫经济事件，它们给经济的发展带来了巨大的损害。

17 世纪，荷兰发生郁金香泡沫经济。

18 世纪，英国的南海公司泡沫经济（南海泡沫事件）。这次事件成为泡沫经济的语源。

20 世纪 20 年代，受到第一次世界大战的影响，大量欧洲资金流入美国，导致美国股价飞涨。之后黑色星期二爆发，美国泡沫经济破裂，导致世界性恐慌。

1980 年代，日本泡沫经济。

1994 年，墨西哥为主的中南美洲泡沫经济。

1997 年，东南亚金融危机。

1999 ~ 2000 年，美国因特网泡沫经济。

2003 年，美国为主的全球房地产泡沫经济。

由于没有实体经济的支持，经过一段时间，泡沫经济都会犹如泡沫那样迅速膨胀又迅速破灭。那么泡沫经济又是如何形成的呢？主要有以下方面的重要原因：

第一，宏观环境宽松，有炒作的资金来源。泡沫经济都是发生在国家对银根放得比较松，经济发展速度比较快的阶段，社会经济表面上呈现一片繁荣，给泡沫经济提供了炒作的资金来源。一些手中握有资金的企业和个人首先想到的是把这些资金投到有保值增值潜力的资源上，这就是泡沫经济成长的社会基础。

第二，社会对泡沫经济的形成和发展缺乏约束机制。对泡沫经济的形成和发展进行约束，关键是对促进经济泡沫成长的各种投机活动进行监督和控制，但到目前为止，社会还缺乏这种监控的手段。这种投机活动是发生在投机当事人之间的两两交易活动，没有一个中介机构能去监控它。作为投机过程中最关键的一步——货款支付活动，更没有一个监控机制。

第三，金融系统对房地产领域的过度放纵。过度宽松的财政货币政策加剧资金过剩，助长泡沫膨胀；大批公共工程上马增加了对土地的需求，进一步刺激地价上涨，各种因素叠加共振，使地价房价飞涨。宽松的房贷条件和政府失察，最终成为压垮这些“诞生经济奇迹”国家的最后一根稻草。

一本反映日本泡沫经济的书中，讲了一件真实的事。唱红了《北国之春》的日本男歌星千昌夫，准备操办婚事时，银行职员上门了。当时，富裕的日本人都流行到夏威夷结婚，但那里还没有专门面向日本人的酒店。银行的人对千昌夫说："你应该去夏威夷投资建个酒店。"千昌夫问："你能借多少？"银行说："1000亿（日元）。"千昌夫傻了："我从来没想到过要借这么多钱。"银行就说："不，我们一定要借给你1000亿，不要任何担保。"1000亿就这样借给了千昌夫。这还没完，第二家银行又来了："听说您要在夏威夷建酒店？您应该再建个高尔夫球场。"结果，千昌夫名下的贷款总额达到了5000亿日元。

进入1990年，这场人类经济史上最大的泡沫经济终于破灭，股价房价暴跌，大量账面资产化为乌有，企业大量倒闭，失业率屡创新高，财政恶化，日本经济陷入长达10多年的低迷状态。

西方谚语说："上帝欲使人灭亡，必先使其疯狂。"20世纪80年代后期，日本的股票市场和土地市场热得发狂。从1985年年底到1989年年底的4年里，日本股票总市值涨了3倍。土地价格也是接连翻番，到1990年，日本土地总市值是美国土地总市值的5倍，而美国国土面积是日本的25倍！两个市场不断上演着一夜暴富的神话，眼红的人们不断涌进市场，许多企业也无心做实业，纷纷干起了炒股和炒地的行当——全社会都为之疯狂。但泡沫，在1990年3月开始破灭。

灾难与幸福是如此靠近。正当人们还在陶醉之时，从1990年开始，股票价格和土地价格像自由落体一般往下落，许多人的财富转眼间就成了过眼云烟，上万家企业迅速关门倒闭。两个市场的暴跌带来数千亿美元的坏账，仅1995年1月至11月就有36家银行和非银行金融机构倒闭，当年爆发剧烈的挤兑风潮。

日本当年经济崩溃的原因并非允许日元升值，而是其长期严重压低日元汇率。其次，日本在推行强势日元的同时，实行过度宽松货币政策，这才酿成了金融领域的严重泡沫问题。

日本泡沫经济崩溃至今已经过去了30年。对发展中国家而言，这是一段不能忘记和忽视的历史事件。就当时的经济环境来看，虽然跟今天相比已经发生了很大的变化，但是，在形成泡沫的激励和社会对待泡沫经济的反应上看，却表现出惊人的相似性。就像当前楼价的一路高歌状况一样，这究竟是"非理性疯狂"的表现，还是泡沫经济的昙花一现，值得我们理性地分析。

资产泡沫引发银行危机

2001年6月，英国中央银行公布了一份研究报告，开宗明义地概述了目前全

球银行业

发生的危机。在过去的 1/4 个世纪里，与在此之前的 25 年相比已迥然不同，许多银行危机在全世界陆续出现。

银行业是金融业的主体，在一国社会经济生活中具有非常重要的地位，也关系到广大的民众。银行业危机的影响之大也非一般行业危机可比，它可能会波及一国的社会、经济、政治等方方面面。引发银行危机的往往是商业银行的支付困难，即资产流动性缺乏，而不是资不抵债。只要银行能够保持资产充分的流动性，就可能在资不抵债、技术上处于破产而实际上并未破产的状态下维持其存续和运营。

20 世纪 90 年代以来，世界金融业呈现出起伏动荡的态势。银行危机具有多米诺骨牌效应。因为资产配置是商业银行等金融机构的主要经营业务，各金融机构之间因资产配置而形成复杂的债权债务联系，使得资产配置风险具有很强的传染性。当资产泡沫破灭的时候，银行也会破产。则单个或局部的金融困难就会演变成全局性的金融动荡。

1929 年到 1933 年期间，美国大约有三分之一的银行倒闭。不同于今日的是，当时并没有存款保险，所以当银行倒闭以后，储户的存款也随之遭受损失，而政府也没有钱来补偿在倒闭银行里损失的存款。另外值得一提的是，存在这些倒闭银行中的绝大多数存款是在繁荣时期赚来的，而这种繁荣也是在信贷宽松的情况下形成的。如果信用扩张的速度没那么快，那么经济的增长就会趋缓，存款获得的回报自然就变少了。换句话说，这些在银行破产中毁于一旦的存款，绝大多数是在破产前的经济泡沫中创造的。

一旦银行倒闭、存款消失，货币供给就会随着存款基础的崩溃而一蹶不振。这么多财富在银行体系中被毁灭，或者说货币供给急剧下降，正是让经济大萧条变得如此严重和持久的原因。

对此，政府必须审慎地对银行进行监管。美国通过了许多相关法案，成立联邦存款保险公司向大众提供存款保险。法律制定者都相信，存款保险可以增强公众对银行体系的信任，进而降低银行挤兑和倒闭的可能性。在银行倒闭的事件中，存款保险能够缓解其对货币供给以及经济造成的负面影响。

如果要让储户避免受到银行的拖累，政府付出的代价将非常高。对某些国家来说，这些财政成本甚至高达国内生产总值的 55%。从 1980 年起，若干国家还经历过两次或两次以上的银行危机，如阿根廷、印度尼西亚、马来西亚、菲律宾、泰国及土耳其等国。许多危机至今还在持续，如阿根廷所发生的银行危机到现在还十分严重。该国政府已经受到严重的债务拖累，无法筹措到足够的资金来偿还公众的存款。储户在辛苦赚得的积蓄受损后，通常都会以暴力回应，因此在2001年阿根廷政府就因流血冲突不断而垮台，政治陷入极不稳定的状态。

以史为鉴，美国的金融部门很可能会受到经济危机的严重打击。资产证券化或许会把商业银行的风险降至最低。可是，由于20世纪90年代过度扩张造成的弊病，很可能在未来对金融业造成严重损害。不管这些危机是出自于保险业、政府支持的企业还是银行业，政府出于政治的需要都会被迫支出庞大的资金来收拾残局。

美国政府采取的观点是必须对银行谨慎地加以规范和监控，这样才能避免银行破产。换句话说，在任何一家银行的倒闭事件中，政府的政策就是干预，把银行储户损失的钱重新归还给他们，以预防银行倒闭的风潮波及其他银行，引起储户的恐慌，避免货币供给紧缩对经济造成损害。

目前，在国际货币基金组织的影响下，近30年来经历过银行危机的绝大多数国家都以政府财力做后盾，贷款给储户以弥补储蓄损失。不论在银行倒闭前是否存在正式的存款保险制度，各国通常都会执行这一政策。一般来说，如果银行出现危机，而且过去没有正式的存款保险制度，政府就会宣布银行体系的所有存款都会受到政府的担保。多数国家都会这么做以预防银行体系陷入更大的危机，进而防止对银行部门、货币供给及整个经济造成进一步损害。另一方面，政府在对所有储户提供担保的同时，也承担起相应的义务，对储户在银行倒闭时遭受的损失提供补偿。

但是，我们也应该理性地认识到，目前仍然存在各种理由表明银行危机还会不断发生，而且程度也会越来越严重。因为最近几年，当美国经常账户赤字像气球一般膨胀到史无前例的程度时，国际收支的不稳定性还将恶化。只要从美国流出的美元继续在全球泛滥，那么新一轮的资产价格泡沫就一定会如期发生。

房地产泡沫的崩塌

Ruty毕业于英国剑桥大学，2003年开始涉足房地产业。在过去的几年中，由于房地产市场异常红火，房价扶摇直上，贷款政策也异常宽松。在此期间，Ruty在新泽西州先后对多处房地产进行投资，装修之后再高价转手。但是当房地产市场进入熊市，房屋价格大幅下滑，她已经不再赚钱。她现在持有4套房产，两处是在新泽西，一处在佛罗里达，另外一处在纽约布鲁克林。由于面临按月还贷的压力，这些房产随时都有可能被银行收走。在新泽西出租的房产建于2002年，当时的开发商在底层的车库后面又连了一层带厨房和卧室的一居室公寓。这样本来供两房家庭住的公寓可以出租给三户人家。但是最近市政府忽然禁止出租这所谓的第三套公寓，违规者罚款4000美元，而且租客必须搬出。由于这个原因，Ruty的租金收入下降为原来的2/3，只有2600美元，而这栋房产的月供是4000美元。纽约布鲁克林的豪宅是Ruty最喜欢的，两年前她以93.5万美元的价格买下这处房产，装修又花掉6万美元。在房地产最红火的时候，这栋房子的价格曾经达到120万美元，但也仅仅是曾经而已。Ruty表示即使卖掉这栋房子也不能还清债务。

当时，美国房价上涨不是普涨，各个州之间差异较大，暴涨狂升的主要是大城市的产权公寓以及部分地区的家庭别墅。特殊地区和特殊类型的房屋的暴涨是拉动美国整体房价上扬的重要因素。纽约、芝加哥、旧金山、波士顿等大城市的豪华公寓的价格上涨幅度都在100%以上，纽约曼哈顿地区豪华公寓平均价格上涨幅度达到153%，其中一些新开发区域的公寓价格更是暴涨318%，而数量是豪华公寓好几倍的合作公寓售价在4年里仅上涨了36%。夏威夷州、加利福尼亚州、佛罗里达州等风景旅游区集中的8个州2005年房价涨幅均超过20%，而位于南大西洋的北卡罗莱纳州、乔治亚州、南卡罗莱纳州以及西弗吉尼亚州涨幅不超过10%。

美国的次贷危机开始于房价下跌，然而房价下跌仅仅是次贷危机的导火索，或者说是压死骆驼的最后一根稻草，并不是次贷危机的根本原因，次贷危机从本质上讲是一种泡沫的破裂。

泡沫就像一个幽灵，在最近30年游荡在地球村，骚扰着不同的人家，几乎当今世界所有主要的经济体都曾吃过它的苦头。泡沫破裂的故事在当今世界经济中可谓愈演愈烈，正如前任美联储主席伯南克所言："从20世纪80年代起，主要工业国家均经历了股票和房地产价格'泡沫兴起—泡沫破灭'的多个显著周期，全球金融体系不稳定性明显地增加。"

在次贷危机之前，人类历史上有九大著名的泡沫，最早的当属17世纪的荷兰郁金香泡沫。“房地产泡沫”就是资产泡沫的一种，它是以房地产为载体的泡沫经济。一般是指由房地产投机引起的房地产价格脱离市场基础价格的持续上涨现象。通常表现为在经济繁荣期，地价飞涨形成泡沫景气，但到达顶峰状态后，市场需求量急剧下降，房价大跌，泡沫也随之破灭。因为建筑产品系劳动产品，其价格相对比较稳定、比较容易判别，所以房地产泡沫实质上是指地价泡沫。地价泡沫则是指土地价格超过其市场基础决定的合理价格而持续上涨。

根据经济学的解释，房地产泡沫是由于虚拟需求的过度膨胀导致价格水平相对于理论价格的非平稳上涨。泡沫过度膨胀的后果是预期的逆转、房屋的高空置率和房价的暴跌，即泡沫破裂，它的本质是不可持续性。

房地产泡沫的存在意味着投资于房地产有更高的投资回报率。在泡沫膨胀期间，大量的资金集聚于房地产行业，投机活动猖獗。而一旦这个泡沫破灭，经济和社会结构就会失衡，而且还极易带来金融危机、生产和消费危机以及政治和社会危机。

就像历史上所有的泡沫一样，是泡沫就有破灭的那一天，只是或早或迟的问题。从2004年开始，美联储开始不断调高基准利率，次级房贷的利率也不断水涨船高，低收入家庭承担的利息越来越重，还款的压力越来越大，终于开始不堪重负——很多低收入的家庭开始选择违约。从2004年开始，次级按揭贷款的违约率不断攀升，次级贷款“高风险”的一面开始显露出来，而且人们渐渐发现次级贷款的违约率比当初预想的要高得多！这个信号传导到次级债券市场便是“次级债券的基础资产出现了问题——流入资产池的现金流将大大低于预期”。一时间，次级债券的价格暴跌，接着是发行次级债券的贝尔斯登等公司的股票价格暴跌，然后是投资者对整个美国经济前景的担忧，继而是美国整个金融市场的大动荡，巨大的房地产泡沫一瞬间破灭并且消失在空气中。

日本泡沫经济的破灭与后果

日本泡沫经济的基本特征是资产价格泡沫，从1985年起脱离了经济基本面支持，形成泡沫。现在一般认为，1985～1986年为日本泡沫经济形成期，1987～1989年为膨胀期，1990年以来，日本股价、房地产价格相继急剧暴跌，泡沫经济破灭，日本步入长期萧条时期。

川濑从东京理工大毕业后就职于一家公司，不到40岁就成了公司的核心技术人员，一直在东京品川公司总部工作。对公司发展贡献很大，基本工资近百万日元。1985年，也就是泡沫经济形成初期，川濑辞职创办了一家住宅制作工厂。一起步就发展很顺利，到1988年，川濑不仅贷款扩大了生产规模，同时在东京的一等地还购买了一套近2亿日元的高档公寓。没想到，1990年后，形势急转直下，工厂的订单几乎为零。川濑以1亿2000万把东京的公寓抵押给了银行，希望渡过难关、保住工厂。可最终还是在1997年破产了。原公司的高层念及川濑的能力和多年的交情又让他又回到公司，但是工资却只有40万。

日本泡沫经济期间，资产泡沫不仅存在于股票、房地产两大主流资产市场，同时蔓延到了文物、收藏品、珠宝乃至高尔夫会员证等另类资产领域，某些另类资产价格涨幅比主流资产价格涨幅有过之而无不及，如东京附近几家高级高尔夫球俱乐部会员证价格超过100万美元，相当于一个普通公司职员两三年的收入。但论对经济社会影响之大，仍以股票、房地产为最。

各家银行由于在泡沫膨胀时期深深地卷入资产市场，发放了大量房地产贷款和不动产及证券抵押贷款，并进行了大量股票投资，券商则大量投资于证券、股指期货、发放证券抵押贷款和提供担保，保险公司也依靠股市和房地产投资收益弥补因日元升值等原因遭受的对外证券投资亏损，资产泡沫急剧破灭导致日本金融机构全线陷入巨额亏损和呆账的泥潭，并且金融业的不良资产规模与日俱增。

1990年新年伊始，日本的股票价格开始暴跌。1990年4月，日经平均股价跌至2.8万日元，下跌幅度为27.5%。8月2日，海湾战争爆发，石油价格上涨，股价继续下跌，股市呈现空前的恐慌。1992年4月，股价跌至1.7万日元。同年7月22日，又进一步跌至1.4万日元，下跌幅度达到60%，突破了二战后日本股市的最大下跌纪录。继股市暴跌之后，地价也开始狂泄。到1992年，股票和地价的合计资产价格比高峰期下跌了40万亿日元，相当于日本名义国民生产总值的88%。在1991年7月至1992年7月这1年里，京都住宅区地价下跌了15.1%，大阪府为27.8%，京都府为27.5%。受地价跌风之影响，大批以不动产投资为主的企业陷入了不能自拔的深渊。

日本泡沫经济的兴起并急剧破裂，人口老龄化和德国统一造成的国际资本流动逆转等“天灾”的作用固然不可忽视，但主要还是日本经济缺陷及其自身决策失误的“人祸”所致。

就其自身的经济缺陷而言，日本是一个资源严重依赖进口的国家。要获取资源，日本必须要用他国需要的商品来进行交换。如果投向不动产的资金越来越多，日本整个产业结构和就业结构就会向不动产业倾斜。出口创汇的制造业就会萎缩，能够从他国获取的资源也就越来越少。10年、20年后，随着发展中国家的崛起，本来无价格优势的日本产品连技术优势也将会失去，再没有了可以和别国交换的商品，日本人对不动产的争夺就如同贫穷的村民去争夺无电、无暖、无气、无油的土坯草房。

在政府的决策方面，由于长期的创新能力不足，经济结构调整不力，致使过剩资本无从投入实体经济部门推动经济可持续发展，只能涌向资产市场吹大泡沫。而就中短期而言，在宏观层次上，错误的货币政策、扩张性过强的财政政策等对造就泡沫经济难辞其咎；在微观层次上，银行、企业、居民个人等微观主体投融资行为的演变又极大地放大了货币供给膨胀推动资产泡沫膨胀的作用，日本金融监管部门却盲目片面推行金融自由化，致使微观主体的道德风险未能受到有效遏制而极度膨胀等等，所有这一切因素相互促进，将日本经济推向了深渊。

1990年日本泡沫经济崩溃，日本经济近20年萧条的严重性表现在已经明显堕入流动性陷阱。尽管随后日本央行实行了宽松的货币政策，大幅调低央行贴现率，1995年至今的官方贴现利率几乎为零，先是引入零利率政策，后又引入定量宽松政策，随后又延长了短期资金供给，承诺未来将继续实行定量宽松的货币政策，并采取信贷宽松政策（购买商业银行持有的资产支持证券、资产支持商业票据、股票），但效果却非常的不理想。猛烈而又漫长的货币供给收缩导致物价持续低迷，物价低迷和通货紧缩又造成企业效益不佳、投资动力不足、失业率居高不下。

由于陷入流动性陷阱，20世纪90年代以来，昔日高度重视健全财政的日本政府不得不一再依靠财政刺激景气，致使财政欠账越积越多。财政赤字及中央和地方债务数字惊人，在工业革命以来的发达国家中堪称史无前例，人们纷纷担心今后利率上升和增税的问题，消费处于非常低迷的状态。虽然有小泉内阁曾推行财政改革，但由于日本社会老龄化导致社保负担加重、累积债务利息负担加重、经济增长和财政收入增长乏力等问题，财政状况一直未好转。

是谁搞垮了华尔街

新世纪金融公司成立于1995年，它的创始人是三位多年从事抵押贷款业务的专家，20个世纪90年代初期，他们共同服务于一家位于加利福尼亚州的贷款发放公司。1995年的时候，他们获得了风险投资基金的青睐，共获得大约300万美元的风险投资，从而创办了自己的新世纪金融公司。新世纪金融公司于1997年在资本市场顺利实现上市，并在1998年的时候，成功避免了当时因为亚洲金融危机而引发的次贷风险。在21世纪的头几年里，美国的房地产市场迎来了难得的繁荣期，在这段顺风顺水的时间里，新世纪金融公司凭借高效率的管理和服务体系，一举成为次贷市场上冉冉升起的一颗新星，在《财富》杂志曾举行的一次100家增长最快的公司排名中，排在12位，并在2006年的时候，成长为仅次为美国国家金融服务公司的全美第二大次优贷公司。然而，就是这个拥有12年历史、美国第二大次级贷款公司2008年的时候因为过度借款给购房者而苦恼万分，公司被一连几个月已经不断出现的次级抵押贷款违约事件折磨得疲惫不堪，而各债权人对它的屡屡逼债行为也使它的前景越发的黯淡，无论新世纪金融公司怎么挣扎，怎么努力，怎么绞尽脑汁、想尽办法，可破产的厄运还是在不断向它招手。

那么，到底什么是次贷呢？在美国抵押贷款市场，“次级”及“优惠级”是以借款人的信用条件作为划分界限的。信用低的人申请不到优惠贷款，只能在次级市场寻求贷款。两个层次的市场服务对象均为贷款购房者，但次级市场的贷款利率通常比优惠级抵押贷款高2%～3%。次级抵押贷款是指银行或贷款机构提供给那些信用等级或收入较低、无法达到普通信贷标准的客户的一种贷款。这种贷款通常不需要首付，只是利息会不断提高。

随着美国住房市场的降温，尤其是短期利率的提高，次级抵押贷款的还款利率也大幅上升，购房者的还贷负担大为加重。同时，住房市场的持续降温也使购房者出售住房或者通过抵押住房再融资变得困难。这种局面直接导致大批次级抵押贷款的借款人不能按期偿还贷款，进而引发“次贷危机”。

次贷本不是大事，但是经过了三级放大，次贷变成了大事。经过打包评级、杠杆交易、担保，一个本来可以控制住的次贷规模，经过三级放大，变成了一个非常大的金融客体，因此产生了很大的问题。

随着房地产下滑、经济放缓等一系列原因，次贷本身的价值开始出现贬值。

在贬值过程中，经过会计减值、卖空、又一次评级降级的三级加速，使一个高速膨胀的次贷从一个有限的问题变成了巨大的问题。

金融危机的直接根源是过度投机。投机活动无处不在，但是最容易发生在哪里呢？“资本惧怕没有利润或利润过于微小的情况。一有适当的利润，资本就会非常胆壮起来。只要有10%的利润，它就会到处被人使用；有20%，就会活泼起来；有50%，就会引起积极的冒险；有100%，就会使人不顾一切法律；有300%，就会使人不怕犯罪，甚至不怕绞首的危险。如果动乱和纷争会带来利润，它就会鼓励它们，走私和奴隶贸易就是证据。”通过这段话不难看出，哪个行业利润高，哪个行业就容易产生投机行为，利润越高，投机产生的风险就越大。

经济中的某个行业如果处于利润过高的状态，根据西方经济学中“市场是一只看不见的手”的原理，必然会有很多资本包括投机资本流入该行业，其结果就是造成该行业的过剩和其他行业的短缺，这种局面如果维持时间过长的话，经济的不平衡状态会逐步加剧直到出现该行业因为产能严重过剩，企业大量破产的局面，最终造成银行大量坏账，进而波及其他行业，损害实体经济的发展。

高额的利润诱发过度投机行为。我们从一些数据来看一下金融业和地产业的高利润状况。根据美国官方公布的数据，美国房价2004年平均涨幅为11%，2005年平均涨幅为13%，美国2000年到2006年全国房价平均价格上涨了90%，其增长速度均超过同期利率回报水平；在国内金融界，2007年11位金融高管年薪过1000万；2007福布斯中国富豪榜前10名中，涉足地产的达到6位，前4名均涉足地产。从这些数据中不难看出，金融业和地产业的利润程度，如此高额的利润岂能不诱发资本的逐利行为？其行业投机程度由此可窥见一二。

金融危机的深刻根源是信用交易失控。为什么金融业和房地产业容易成为经济危机的重灾区，或者说，为什么在金融业和地产业更容易产生投机呢？投机需要大量的资本来支撑，在资本不足的情况下，杠杆交易成了投机者最好的工具。正是因为在金融和地产领域广泛存在着杠杆交易，才使得这两个行业成为投机活动的重灾区。

次贷危机的开端正在于打包和评级。打包就是把上千个人的次贷合同放在一个包里，全部把它放在一个特殊公司里，评级的时候，就把这些放进来的次贷发一个债券，然后对债券评一个级。评级就是指信用评级，是专业机构对债务人就特定债务能否准时还本付息及意愿加以评估，分为资本市场、商业市场及消费者三类评级，其中资本市场评级居中心地位。这个评级是关键。

光是打包和评级是不会有什么问题的，如果到这里就能停止，也不至那么严重。但我们又看到了次贷的第二级放大，叫杠杆放大。而杠杆交易是一种以小钱做大仓位的交易，例如，如果买100元证券，2倍的杠杆度只需要50元就可以交易。杠杆交易可能带来倍增的利润，也可能令投资者的亏损因杠杆的比率而放大，放大的程度与杠杆度有关。

信用违约危机最重要的特点是信用违约掉期（CDS）等金融衍生品市场的全面危机。这个阶段，我们会一直看到信用衍生品违约的问题，包括银行的烂账，金融衍生品市场会越来越糟糕。这次冲击和上一次次贷危机比起来是多大的规模呢？据测算，2008年一年的金融风暴对全球金融市场造成的冲击大概是2007年次贷危机的3倍。

目前，世界上许多投资银行为了赚取暴利，采用20～30倍杠杆操作，假设一个银行A自身资产为30亿，30倍杠杆就是900亿。也就是说，银行A以30亿资产为抵押去借900亿的资金用于投资，假如投资盈利5%，那么A就获得45亿的盈利。反过来，假如投资亏损5%，那么银行A赔光了自己的全部资产还欠15亿。相关资料表明：贝尔斯登、雷曼兄弟、美林、高盛、摩根斯坦利等著名美国投资银行及其交易对手出现的流动性危机，都是源于高财务杠杆率支配下的过度投机行为。美国投资银行平均表内杠杆率为30倍，表外杠杆率为20倍，总体高达50倍。

第三级放大，是最严重的放大，就是担保的放大。有时候评级公司评了3A，投资者不信，或者说评出来只有2A，甚至只有1A，投资者就觉得不够有把握，担心投资风险，这时候有些保险公司站出来了，说没有关系，我来担保这个东西吧，它卖了一个CDS。

CDS是信用违约掉期的缩写，是目前全球交易最为广泛的场外信用衍生品。CDS的出现使得信用风险可以像市场风险一样进行交易，解决了信用风险的流动性问题，从而转移担保方风险，同时也降低了企业发行债券的难度和程式。

无论是东南亚金融危机，还是此次起源于美国的金融危机，其起源都是金融和房地产泡沫的破裂，这恰好反映出一个问题：金融业和地产业在危机爆发前存在着利润过高和规模过度膨胀的情况。可以说，过度投机使这些高利润甚至是暴利行业过度膨胀，最终助长了经济危机的发生。

美国次贷泡沫的根源与影响

次贷危机从根本上说是由于虚拟经济发展过快，不能如实反映实体经济的发展，从而引发的市场经济的自我调整。其表现形式就是美国房地产十多年的繁荣和大量次级抵押贷款的产生。

20 世纪 80 年代末以来，美国政府通过低利率政策刺激房价上涨，再加上美国金融监管的松动，使得大量房贷机构贷款给信用等级差和收入较低的购房者，进一步激发了美国人买房的热情。大量的次级抵押贷款的产生，使得金融机构将其打包成一系列的次级抵押贷款证券，加强信用后再由信用评级机构评级，最终出售给投资者。经过一系列的金融衍生化，信用等级不断增强。“9・11”事件后，美国经济陷入衰退境地，为了刺激经济增长，政府采取了继续放松银根的货币政策。低利率政策刺激了房地产业的发展，美国人的买房热情不断升温。在房地产价格持续上扬的条件下，各金融机构为了招揽客户，进行信贷规模的扩张，降低住房消费者市场准入标准，让大量的无资格或偿还能力较低的借款者进入住房信贷市场。

之后，美联储为了抑制通货膨胀，又开始连续加息，美国房地产市场开始降温，房地产价格出现下滑，加上利率连续攀升，增加了次级按揭贷款人的负担，导致越来越多的次级抵押贷款者无力还贷，购房者难以将房屋出售或者通过抵押获得融资，产生了大量的房贷违约和银行坏账。

为什么这次美国次贷影响这么大，主要是次贷相关的衍生产品国际化。为什么会有这种情况出现？是因为 2001 ~ 2004 年，美联储降息，贷款利率在 4% 徘徊。买房房价是很重要的一个因素，除了房价，每个月按揭就要考虑利息，利率越高的话，每个月要还的按揭也越多，利息越低的话，买房相对来说越便宜。同时在美国可以买了房子做抵押，借钱再买房子，也可以借钱消费。

在 2001 年以后，因为利率非常低，房价涨得非常厉害，因为需求短时间内增加非常快。所以金融机构也认为，贷款条件没有什么关系，反正房子在涨价，如果发生金融危机的话房子可以再收回来，大家都不担心。美联储指出，次优抵押贷款在抵押贷款市场所占的比重从而迅速上升，而发给“三无”人员的次级抵押贷款就占到了整个贷款数额的四分之一，实际上就是把贷款贷给了无力偿还的那一部分人，并且还在不断上涨。

当美国网络泡沫以后，美联储为了刺激经济，实现经济软着陆，最后形成利率越来越低，实际上也就是说从网络泡沫变成了一个新的泡沫，最后从网络危机变成一个新的危机。这个危机就是我们今天讲的美国次贷危机。

自次贷危机爆发以来，越来越多的经济体已经卷入其中，逐渐发展成为全球性的金融危机，世界经济的总体形势趋于严峻。世界主要发达国家都深陷危机的泥淖，金融危机不仅全面侵袭了各国的金融市场和主要金融机构，而且开始快速向实体经济蔓延，首先是具有投资性质的商品价格急速下挫，进而耐用消费品与非耐用消费品的生产和消费都出现大幅度下降，在打击各国内部复苏力量的同时，将危机传递至贸易和投资伙伴国家和地区，导致世界主要新兴经济体和发展中国家都不同程度地受到危机的影响。与发达国家不同，危机对发展中国家的影响首先就作用于实体经济，在发达国家进口需求大幅度萎缩的情况下，发展中国家的出口产业出现危机，进而传导至非贸易产业和虚拟经济。

美国次贷危机所产生的影响与潜在的影响使得我们必须给予足够的重视，我们要做的不是危机爆发后才对银行进行救助，而应该事前做好准备以防止危机的产生。同时它也给我们带来了一些很重要的启示。

其一，增强银行的抗风险能力。银行的本质是风险经营，要减少危机对银行本身的冲击就必然要求银行有抵御风险的能力。而有效的金融创新已被证明不仅能为银行带来直接的收益，也能为银行化解风险提供更多、更有效的工具。目前我国商业银行资产证券化还不成熟，放贷风险基本集中于银行本身，银行应该积极开拓新的金融产品以达到转嫁风险的目的。

其二，完善监管体系。银行经营应保持其安全性、流动性，之后才是盈利性。由于银行本身资产结构的高负债比例，容易使股东或管理者从事高风险业务。为了保障广大债权所有者的利益，必须对银行进行有效的监管，使其从事业务体现利益相关者的利益。外部监管应该与银行内部监管部门同心协力，对商业银行进行有效监管。外部监管体系的完善，包括相关法律法规的健全和监管机构的建立，相关法律法规应该对银行的高风险业务经营进行有效的约束，而监管机构应该依照相关法律法规对银行的违法违规行为给予应有的惩罚。外部监管应该引导银行业的稳健运行，从而维护金融市场的稳定。内部监管部门应对本行的资产和业务进行客观的风险评估，从根本上对风险进行有效的控制。

其三，培养住房贷款居民的风险意识。不可避免的是有些居民对自己以后的还贷能力没有进行有效的估计，为以后的无力偿债埋下了隐患。在这方面就要求银行职员应该让消费者充分了解其中的风险，帮助其分析各种风险产生的可能性。

其四，完善我国证券市场。房地产上市公司市值占我国证券市场很大一部分比重。其股价波动很大程度影响着整个证券市场的稳定与否。房价的飞速增长，将间接拉大了二级市场与一级市场中获得房地产公司股票价格之间的差距，这就会大大增加了二级市场投资者的风险。

第十八章 谁也逃不掉的金融危机

——关于金融危机的财经常识

他们……说次级债钱不多，只有7000亿美元，相对整个金融市场的量来讲是非常小的。而且他们说，我们对30年代世界经济大萧条的原因非常熟，所以不会再犯同样的错误；我们对东亚金融危机的原因非常熟，不会犯同样的错误；我们对日本从1991年泡沫经济破灭以后，陷入经济长期停滞发展的原因非常熟，不会犯同样的错误；我们对墨西哥的危机、俄罗斯的危机……这些原因都非常熟，不会犯同样的错误。”

——林毅夫

（北京大学中国经济研究中心主任，曾任世界银行副行长）

影响深远的1929年美国股灾

1929年10月29日，美国股指从之前的363最高点骤然下跌了平均40个百分点，成千上万的美国人眼睁睁地看着他们一生的积蓄在几天内烟消云散。在这个被称作“黑色星期二”的日子里，纽约证券交易所里所有的人都陷入了抛售股票的旋涡之中，这是美国证券史上最黑暗的一天，是美国历史上影响最大、危害最深的经济事件，影响波及西方国家乃至整个世界。因此，1929年10月29日这一天被视为大萧条时期开启的标志性事件，由于正值星期二，所以那一天被称为“黑色星期二”。此后，美国和全球进入了长达10年的经济大萧条时期。

很难说清股市繁荣是从什么时候开始的。那个年代普通股价格上涨是有其合理原因的：公司收益良好，并且趋于增加；前景看好；20 世纪 20 年代初，股价偏低，收益增加。1928 年初，繁荣的性质发生了变化：人们为了逃避现实而变得想入非非，无节制的投机行为大量涌现。如同在所有的投机时期一样，人们不是努力去认清事实，而是寻找理由编织自己的梦幻世界。

危机已经悄悄降临，人们却没有注意到。1926 年秋，在投机狂潮中被炒得离谱的佛罗里达房地产泡沫首先被刺破了。然而，这丝毫没有给华尔街的疯狂带来多少警醒。从 1928 年开始，股市的上涨进入最后的疯狂。事实上，在 20 世纪 20 年代，美国的许多产业仍然没有从一战后的萧条中恢复过来，股市的过热已经与现实经济的状况完全脱节了。11 月 16 日，胡佛以绝对优势当选总统后的第一天，股市出现了暴涨行情，指数一直不断刷高，股市又进入了新一轮的狂热。《纽约时报》工业股平均价格指数在一个交易日里净涨了 4.5 点，这在当时被认为是不寻常的涨幅，正是总统大选的余热激发了这股热情。11 月 20 日是另一个不寻常的日子，当天股市成交 650.323 万股，略小于第 16 大日成交量，但一直被认为股市的表现其实要疯狂得多。那时大牛市有了一个新口号，那就是“再繁华 4 年”。

12 月的股市就没那么好了。12 月初，股市出现了再一次严重下挫，而且比 6 月的跌幅更大。12 月 7 日，这个可怕的日子，疲惫迟缓的行情显示器报出了无线电公司股票跌 72 点的消息。当全面萧条似乎就要开始的时候，股市又恢复了平稳。几周紊乱的价格之后，股价再一次上扬。

1928 年全年，《纽约时报》工业股 6 月股市却出现了第一次衰退，一股来自西部的“龙卷风”全力席卷了整个华尔街，前 3 个星期的跌幅几乎达到了 3 月份的全部涨幅。6 月 12 日这天损失尤为惨重，具有里程碑意义。纽约的一家最保守的报纸开始列数当天发生的事件，并且报道说“华尔街的牛市昨日崩溃，爆炸声响彻世界各国”。行情显示器报价已经比实际交易价格慢了近 2 个小时。在 5 月曾突破 200 点记录的美国无线电公司股价下跌了 23.5 点。

股市下跌的消息惊动了总统胡佛，他赶紧向新闻界发布讲话说：“美国商业基础良好，生产和分配并未失去以往的平衡。”有关的政府财政官员也出面力挺股市。但此时人们的神经已经异常脆弱，股市在经过昙花一现的上扬后，就开始了噩梦般的暴跌。

跳楼的不仅是股指，在这场股灾中，数以千计的人跳楼自杀。欧文·费雪这位大经济学家几天之中损失了几百万美元，顷刻间倾家荡产，从此负债累累，直到 1947 年在穷困潦倒中去世。

1929 年股崩发生之后，公众的财产如同被洗劫了一般，迷茫和悲哀最终转化成了怀疑与愤怒，他们将矛头指向了曾经鼓励他们把资金投向股市的银行家们。随后，美国参议院即对股市进行了调查，发现有严重的操纵、欺诈和内幕交易行为。

1932 年银行倒闭风潮，又暴露出金融界的诸多问题。多年来，西方经济学家对 1929 年大危机爆发的原因提出了许多不同的观点，但是，正如美国经济学家莱维·巴特拉所指出的那样：事实上，发生这场大危机的原因至今仍然困扰着专家们。

从危机开始的时候，人们对危机爆发的原因的猜测就没有停止过。人们在股市面前表现出的疯狂是一个重要原因，除了这个之外，还存在以下两个方面的原因：

第一个原因是内幕交易。按照现在的定义，内幕交易是指内幕人员和以不正当手段获取内幕信息的其他人员违反法律、法规的规定，泄露内幕信息，根据内幕信息买卖证券或者向他人提出买卖证券建议的行为。内幕交易行为人违反了证券市场“公开、公平、公正”的原则，侵犯了投资公众的平等知情权和财产权益。

在这次金融危机中，就存在着内幕交易的行为。其中有两个著名的内幕人士，一个是大通银行的总裁阿尔伯特·威金，另一个是花旗银行的总裁查理斯·米切尔。

第二个方面的原因是基本经济的问题。人们在分析股市行情的时候，经常会用到一个词：基本面。这个词就是基本经济的意思。股市作为经济的晴雨表，总体上受制于基本经济的表现。通常，基本经济形势好的时候，股市会上涨，基本经济形势不好的时候，股市会下跌。

美国股市的危机，进而引发的经济危机，除了人们本身的狂热之外，在股市的制度建设和基本经济层面存在的问题，同样起了推波助澜的作用。经济危机的爆发，摧毁了美国人的财富梦想，但是也让他们认识到经济存在的诸多问题，美国开始了变革的道路。

在痛定思痛、总结教训的基础上，从 1933 年开始，罗斯福政府对证券监管体制进行了根本性的改革。建立了一套行之有效的以法律为基础的监管构架，重树了广大投资者对股市的信心，保证了证券市场此后数十年的平稳发展，并为世界上许多国家所仿效。这样，以 1929 年大股灾为契机，一个现代化的、科学的和有效监管的金融体系在美国宣告诞生。经历了大混乱与大崩溃之后，美国股市终于开始迈向理性、公正和透明。此后，经过罗斯福新政和二次大战对经济的刺激，美国股市逐渐恢复元气，到 1954 年终于回到了股灾前的水平。

20 世纪 20 年代的美国，既是全民投资发热时代，也是资本市场内幕交易泛滥的时代；既是让人无奈的垄断时代，也是令人欣慰的经济大发展时代。由于这一时代烙刻在各种历史记载中，使我们得以详尽了解 20 年代疯狂繁荣之后的长期萧条，看到萧条时期罗斯福新政以及经济结构的急剧转变。

正所谓福兮祸之所依，祸兮福之所伏。1929 年的股崩粉碎了美国人的发财梦，却也让他们看到繁荣之下的美国社会隐藏的许多问题；经过灾后重建，美国社会发生了天翻地覆的变化，并最终取代了英国，成为国际经济中的霸主。

经济大萧条引发二战

经济大衰退是于 1929 年在美国发生的。当时，美国大部分的股票价格暴跌，股票市场崩溃，很多人在一夜间丧失全部资产，引起了全国的经济大恐慌。大量工厂、银行因此倒闭，全国陷入经济困境。

1929 年 10 月 29 日是美国历史上最黑暗的一天。“黑色星期二”是股票市场崩盘的日子，“经济大萧条”也正式开始。失业率攀升到最高点，1933 年，有四分之一的劳工失业。

1929 年的经济大危机引发了各国严重的政治危机，为摆脱经济危机打起了贸易壁垒战，严重依赖美国的德国与严重依赖外国市场的日本，都无法通过自身内部经济政策的调整来摆脱危机，只能借助原有的军国主义与专制主义传统，建立法西斯专政进行疯狂对外扩张，欧、亚战争策源地形成。

1931 年日本发动九一八事变、1935 ~ 1936 年意大利侵略埃塞俄比亚、1936 ~ 1939 年德、意武装干涉西班牙、德国吞并奥地利、《慕尼黑协定》的签订和德国占领捷克斯洛伐克、1939 年 9 月初德国突袭波兰，第二次世界大战全面爆发。

美国于 1941 年加入第二次世界大战后，经济大萧条也随之退出。美国与英国、法国和苏联等同盟国共同对抗德国、意大利与日本。这场战争死亡的人数不断增加。在德国于 1945 年 5 月投降之后，欧洲区的战火也随之熄灭。在美国于广岛与长崎投下原子弹，日本也随即在1945年8月投降。

经济大衰退导致极权主义在德国、日本兴起，而且带给美、英、法等西方国家严重的失业及社会不稳定等问题，致使它们没有能力联合起来阻止极权国家的侵略行动。而罗斯福新政在一定程度上减缓了经济危机对美国经济的严重破坏，促进了社会生产力的恢复。由于经济的恢复，使社会矛盾相对缓和，从而遏制了美国的法西斯势力。

在经济危机的大背景之下，贸易摩擦逐步转化成军事对抗，最终导致第二次世界大战爆发。1929~1933年的世界经济危机，是两次大战间由和平向战争过渡的重要历史时期。在长达4年的危机中，面对经济危机，各国不以世界经济的整体安全为首要目标，而是从狭隘的国家利益出发，采取了损人利己、以图自保的经济政策。

在经济危机中，国家间对市场的争夺，使各国分裂对立程度加深，出现了以某国为核心的集团化对抗。在金融领域，英、美、日等国纷纷宣布本国放弃“金本位”，在贸易战中通过降价用“廉价”商品对别国进行“倾销”。彼此金融联系密切的国家，也如法炮制地组成诸如英镑、美元集团、日元集团等相互对立、封闭的货币集团。类似做法，扩大了经济冲突，最终导致国家集团对抗局面的形成。

世界经济危机对德国打击沉重。危机高峰时的1932年一年中，德国工业产量比1929年下降将近一半。危机期间，德国失业者用废旧物品搭成住房，而统治阶级实行征收新税、削减工资、削减救济金和养老金等政策，力图把危机转嫁到劳动人民的肩上，致使社会矛盾激化。

在经济危机袭击下，法西斯党的影响迅速增长，最终使希特勒上台成为可能，并将德国带向一条战争不归路。1936年3月，希特勒政府废除《洛迦诺公约》。至此，二战的欧洲战争策源地在德国形成。

危机加快日本侵略步伐，在“大萧条”前的1927年，日本就爆发了金融危机。银行与企业的破产导致日本政局动荡，促使军国主义头目田中义一内阁上台。1929年美国空前的“大萧条”迅速波及日本，外出逃荒、倒毙路旁、全家自杀、卖儿卖女的事件层出不穷。面对经济危机与社会矛盾，日本财阀越来越感到有必要建立“强力政权”，致使以陆军为主力的法西斯势力乘机抬头，利用英美经济危机、中国内乱，加大了入侵中国的步伐。1936年8月，日本决定了“向南部海洋发展”的“国策大纲”；1936年11月，日本同纳粹德国缔结《日德防共协定》。至此，亚洲战争策源地形成。

历史已经证明，巨大经济危机可改变许多国家的面貌，当年的经济危机导致德日法西斯的上台，直接结果就是二战的巨大灾难。

在全球性经济危机推动下酿就的战争——二战成为人类发展史上的最惨痛经历。如今，金融危机在世界各国蔓延，世界大战有可能再次爆发吗？

针对美国兰德公司向美国国防部提出的“7000亿美元救市效果很可能不如拿7000亿美元发动一场战争”的评估报告以及网民热议“美国发动战争转嫁经济危机”的讨论，经济危机的确是爆发二战的重要根源之一，但经济危机的后果不必然就是战争。

从目前看，尽管全球面临经济危机的威胁，但全球一体化下强有力的国际组织、国家紧密协调与国际呼吁合作的“救市”基调，都使集团性对抗与战争思潮没有存在的土壤与根基。但同时，由于经济与政治密不可分，经济危机可能直接导致各国政局不稳，由经济危机引发的局部冲突不可忽视。

“经济危机引发战争”的确是过去的一种研究视角与看法，如帝国主义体系下不可调和的国家矛盾往往是通过侵略或战争最后解决。但是，经济萧条带来的巨大打击仍然不容忽视。我们应该以史为鉴，吸取上世纪的经验和教训，这样才能在经济萧条到来的时候，发挥出政府更强有力的作用！

拉美债务危机困扰拉美发展

20世纪90年代之前，金融危机通常表现为某种单一形式。比如，20世纪60年代的英镑危机为单纯的货币危机，20世纪80年代的美国储贷协会危机为典型的银行危机。但自20世纪90年代以来，货币危机、银行危机以及债务危机同时或相继爆发，成为经济危机的一个典型特征。

拉美债务危机的成因源于20世纪70年代油价暴涨带来的过剩流动性和流入发展中经济体的石油出口国储蓄。在低利率资金的诱惑下，阿根廷、巴西、墨西哥和秘鲁等拉美国家借入了大量以硬通货计价的债务。然而，随着利率上升、资本流向逆转、发展中国家货币面临贬值压力，拉美的负债率上升到不可持续的水平。

作为发展中经济体的代表，拉美地区虽有辉煌，但更多的是债务负担甚至危机。拉美的债务就像一座活火山，虽然在经济正常发展时显得很平静，但一旦世界或本国经济甚至非经济因素稍有动荡，就很可能引爆。不幸的是，由于整个世界经济不景气，而拉美地区又处于还债的高峰期，这座火山真的就从墨西哥开始爆发了，很快蔓延到整个拉美。这场危机史称为20世纪80年代拉美经济发展中“失去的10年”。

回顾拉美债务危机的过程，我们发现尽管各国谨遵国际货币基金组织的指导，可仍无法依靠自己的力量走出困境，最后只得通过减免债务解决。这是由于从19世纪初开始，美国就通过各种方式榨干了拉美各国的自然资源，并迫使其消费美国的产品，从而使各国患上“债务依赖症”。最终美国通过政策的转换，将吸血的针管成功地插入了拉美的心脏。偿付外债利息，这在国际金融界引起了巨大的震动。随后，巴西、阿根廷等国也相继发生类似的清偿危机，一些小国也程度不同地卷入这场危机中。

拉美债务危机的发展，大致可分为三个阶段：以还债为重点和紧缩调整阶段；以恢复经济增长为重点的“贝克计划”阶段；以减免债务为重点的“布雷迪计划”阶段。拉美债务危机，持续时间特别长，涉及范围特别广，它严重地削弱了发展中国家的经济，破坏了这些国家政局的稳定，并进一步冲击着国际金融秩序的基础，因而这场危机决不像西方国家所说的那样只是少数债务国经济结构不合理、经济管理不善、资金流通不畅的问题，也就是说这场危机不仅仅是一个经济问题，而更大程度上是一个政治问题。

一种处理拉丁美洲债务问题的方法是拒绝债务重组。这种方法认为，解决债务问题的关键就在于为严厉财政调整提供所需的时间，而美国支持下的IMF将提供所需资金。1985年，贝克计划阐述了这一做法，推行私营部门参与自愿性银行贷款重组，延长财政调整时期。其结果是大量债务负担影响了投资，导致了日益增多的资本外逃和增长疲软，债务比例不断上升。这就是众所周知的拉丁美洲“停滞的10年”。

以美国为首的西方发达资本主义国家把债务危机仅仅看成是经济问题，认为只要通过适当的经济手段就可以解决问题。而实际上，“贝克计划”与“布雷迪计划”的不同只是形式和侧重点的不司，本质上并没有区别。因此债务危机的解失绝对不是一朝一夕的事情，必须由南北国家一起坐下来通过政治手段予以解决。

直到20世纪90年代，债务重组的参与方才认识到，失去偿债能力的国家需要真正的债务减免，即减少债务名义价值。这就是布雷迪计划，不可转换且无力偿还的银行贷款通过一定折扣变为可转换布雷迪债券，直到2003年拉美才走出债务危机的阴影。

对现代化建设的急于求成，使拉美国家政府在20世纪一直采取赤字财政政策，加之20世纪70年代以来宽松的国际货币环境和拉美国家过度的超前消费，使其患上了“债务依赖症”。在经济发展向好时，大量的私人资本涌入，助长了经济繁荣，但同时又埋下了更多的债务危机的“火种”。一旦经济形势稍有逆转，外资就会迅速撤离，从而导致股市暴跌，货币贬值，而这更加重了经济的困难。在这时，拉美就需要满足国际货币基金组织那些不切实际的痛苦的改革过程，以得到大量的救济资金，从而使自己暂时摆脱危机的困扰。这样，在背上了更沉重的债务负担后，下一个“恶性循环”又开始了。

因此，要彻底解决拉美国家的危机，必须摆脱严重依赖外部资金的局面，以戒掉可怕的债务“吸毒”之瘾。而其中的关键就是要建立一条适合自己国家特点的发展道路，形成自我发展、自我循环的国内经济体制。

只有认清这一经济问题的国际政治背景，才能采取切实有效的措施来解决债务危机。换句话说，只有改变旧的国际政治经济秩序，才能从根本上消除债务危机产生的根源，才能维持国际政治秩序和经济秩序的和平与稳定。

东亚经济奇迹之后的金融危机

在亚洲一些发展中国家和地区，它们在经济上并没有采取赶超的措施，却取得了快速的经济增长，成为世界经济发展中的明星。第一个成功的事例发生在日本，紧随其后的是地处东亚的韩国、新加坡、中国的台湾和香港。在过去数十年，这些国家和地区，它们的经济起点大致相同，但是却各自实现了完全不同的发展绩效，成为世界经济中高速、持续经济增长的典型，被誉为“东亚奇迹”。

与大多数的发展中国家和地区一样，日本和亚洲“四小龙”也是自第二次世界大战后从较低的经济发展水平上起步的。特别是亚洲“四小龙”国家和地区，其工业化水平在20世纪50年代初期仍然很低，资本和外汇十分稀缺。但是，这些国家的经济在二三十年的时间里持续、快速增长，并且随着资本、技术的积累，它们又逐步发展资本、技术密集型的产业，成为新兴工业化经济，进入或接近发达经济的行列。值得指出的是，在这些国家的经济中，高速增长还伴随着收入分配的相对均等、经济结构的优化以及一系列社会福利指标的提高。

关于日本、东亚"四小龙"何以能够成功地实现经济快速增长从而达到赶超发达经济的目标，学术界存在着种种不同的解释。有不少研究者的解释已经超出了经济范畴，以为这些国家的成功与经济因素无关。其中一种是从文化的角度进行解释。例如：

有人观察到日本和亚洲"四小龙"都深受儒家思想的影响，认为勤恳耐劳和奉行节俭的儒家文化是这些国家的经济实现成功赶超的原因。如果事实真正如此，其他国家实现经济成功发展的机会就相当有限了，因为文化是不同的，而且难以在短期内发生变化。然而问题在于，这些国家和地区长期以来就一直在儒家文化的濡染之下，但为什么它们并没有在16世纪、17世纪率先实现现代化和经济发展？此外，同样受到儒家文化影响的许多其他国家并没有实现同样的经济成功，而许许多多与儒家文化无缘的国家却更早地实现了经济现代化？可见，用儒家文化解释不了"李约瑟之谜"，也无法回答东亚奇迹产生之谜，正如这种解释本身就否定了用所谓"新教伦理与资本主义精神"对著名的"韦伯之疑"所作解释的有效性一样。

还有一种解释是由一些从政治地理的角度观察问题的学者作出的。他们认为，由于长期的东西方冷战，美国和西方国家向日本和亚洲"四小龙"提供了大量的投资和援助，以期减弱社会主义阵营对这些国家和地区的影响，同时美国也更加乐于向这些国家和地区转移知识、技术和开放市场。然而，当年卷入冷战的国家远不止这些实现成功赶超的国家，为什么成功者寥寥无几？按照这个逻辑，亚洲的菲律宾和大量拉丁美洲国家都应该在这个成功者的名单上；而恰恰是这些国家成为经济发展不成功的典型事例。可见，由于冷战的需要而形成的政治因素对经济发展的影响，充其量可以视为促进成功的经济发展的辅助性因素，而远非决定性因素。

从理论上看，一个国家怎样才能发挥其比较优势呢？根据赫克歇尔—俄林模型，如果一个国家劳动资源相对充足，该国的比较优势就在于劳动密集型产业。如果这个国家遵循比较优势，发展轻工业即劳动密集型产业为主的产业，由于生产过程使用较多的廉价的劳动力，减少使用昂贵的资本，其产品相对来说成本就比较低，因而具有竞争力，利润中可以作为资本积累的量也就较大。

日本和亚洲“四小龙”实行的是市场经济，政府又较早地放弃了赶超战略，因此，各种产品和要素的价格基本上由市场的供给和需求竞争决定，能够较好地反映各种要素的相对稀缺性，企业在做产品和技术选择时就能利用各个发展阶段显现出来的比较优势。此外，政府不对价格的形成进行干预，还可以减少社会中的寻租行为。这样，企业和个人要增加收益就只能通过提高技术水平和管理水平，私人的生产活动也就会是社会的生产活动。

亚洲金融危机（又称亚洲金融风暴）发生于 1997 年 7 月至 10 月，由泰国开始，之后进一步影响了邻近亚洲国家和地区的货币、股票市场和其他的资产价值。印尼、韩国和泰国是受此金融危机波及最严重的国家，中国香港、老挝、马来西亚和菲律宾也受到影响。而中国、中国台湾、新加坡受影响程度相对较轻（中国在此次金融危机前实行宏观调控，并因市场尚未完全开放，使损失得到减少）。

危机迫使除了港币之外的所有东南亚主要货币在短期内急剧贬值，东南亚各国货币体系和股市的崩溃，以及由此引发的大批外资撤逃和国内通货膨胀的巨大压力，给这个地区的经济发展蒙上了一层阴影。但是日本处在泡沫经济崩溃后自身的长期经济困境中，受到此金融危机的影响并不大。

亚洲金融危机导致东南亚国家和地区的外汇市场和股票市场剧烈动荡，大批的企业、金融机构纷纷破产和倒闭。例如：泰国和印尼分别关闭了 56 家和 17 家金融机构，韩国排名居前的 20 家企业集团中已有 4 家破产，日本则有包括山一证券在内的多家全国性金融机构出现大量亏损和破产倒闭，信用等级普遍下降。泰国发生危机一年后，破产停业公司、企业超过万家，失业人数达 270 万，印尼失业人数达 2000 万。

东南亚金融危机演变成经济衰退并向世界各地区蔓延。在金融危机冲击下，泰国、印尼、马来西亚、菲律宾四国经济增长速度极速下降，危机爆发的第二年，上述四国和中国香港、韩国甚至日本经济都呈负增长。东亚金融危机和经济衰退引发了俄罗斯的金融危机并波及其他国家。巴西资金大量外逃，哥伦比亚货币大幅地贬值，进而导致全球金融市场的剧烈震荡，西欧美国股市大幅波动，全球经济增长速度放慢。

经济大萧条再次降临

2008年9月14日，正逢中国中秋节，这是中秋节第一次作为中国的法定假日，加上周末，连续3天的假期，使得中国人在赏月过佳节的同时，还享受着中华民族举办“百年奥运”所带来的欢乐和荣耀。

此时，大洋彼岸的美利坚却阴云密布，整个国家都笼罩在失落和懊丧中，因为他们不得不接受这样一个事实：美国发生金融危机了，这是自1929年以来“百年不遇”的一次。

这天距离美国人纪念纽约世贸大楼被炸7周年不到3天，一场灾难——金融危机在纽约上演了：一年前贝尔斯登倒下的时候，许多人认为那不过是一场流动性不足的短暂危机，而现在没有人再怀疑，华尔街已经崩溃，建立在华尔街之上的美国金融帝国正摇摇欲坠。

著名经济学家克鲁格曼认为，2008年年底经济危机爆发时，其严重程度几乎堪比上个世纪30年代“大萧条”时期的银行业危机：世界贸易、世界工业产值、全球股市等一系列指标下降速度赶上甚至超过了当时。

格林斯潘认为，这场危机将持续成为一股“腐蚀性”力量，直至美国房地产价格稳定下来，危机还将诱发全球一系列经济动荡。他还预测，将有更多大型金融机构在这场危机中倒下。于是，各个国家的政客都行动起来了，为了避免被美国拖下水，各自寻求自保之法。位于太平洋对岸的亚洲，特别是作为美国最大的债权国的中国和日本，也行动起来了。日本积极购买或者兼并美国濒临危机的证券或者金融公司，而中国则采取相对更为谨慎的态度。

与“大萧条”时代所不同的是，在金融危机中，美国经济并未如当时一般直线下滑，而是在经历了糟糕的一年后逐渐开始触底。他认为，美国之所以免于重蹈“大萧条”覆辙，是因为政府在两次危机中所扮演的角色截然不同。

首先，在金融危机中，最关键的并非政府有所为，而是政府有所不为：与私人部门不同，联邦政府没有大幅缩减开支。尽管财政收入在经济收缩的时期大幅下降，社会保险、医疗保险、公职人员收入等都得到了应有的保障。而这些方面的支出都对下滑的经济起到了一定的支撑作用，成为政府的“自动稳定器”。而在“大萧条”时代，政府支出占GDP总量的比例则相对小得多。尽管危机时期的大笔财政支出会导致政府的财政赤字，但是从避免危机深化的角度来说，赤字反而能成为一件好事。

其次，政府除了持续发挥其自身的稳定效用之外，还进一步采取措施稳定金融部门，为银行提供救助资金。尽管也许现行的银行救助计划的规模及形式等方面存在缺憾，但是如果没有采取此类措施，情况势必会更加糟糕。在应对本轮危机时，政府没有采取20世纪30年代的放任不管、任由银行系统崩溃的态度，而这正是“大萧条”没有重现的另外一个重要原因。

最后，美国政府在经济刺激计划方面进行了深刻思考，并付出了努力。据预测，如果没有实施经济刺激计划，将有比现在多100万的美国人失去就业机会。正是经济刺激计划将美国经济从自由落体式下降的旋涡中拖了出来。

美国次贷危机引起金融飓风

2007年初，大西洋彼岸刮起了一场“金融飓风”，以美国著名的住房抵押贷款公司为代表的贷款机构、以美林为代表的投资银行，以及以花旗为代表的金融超市等成为这场“金融飓风”的直接风眼，同时，大大小小的对冲基金、海外投资者等都遭受了飓风的波及。

众多金融机构暴露出的巨额亏损消息，一时成为美国社会的热点新闻。美国大多数人认为这只是美国金融的一次小感冒，直到2007年下半年，有关金融危机的报道和评论逐渐平息下来，人们似乎又恢复了平静的生活，人们已经暂时忘记了次贷事件。

美国次贷危机发端于2006年，在2007年夏季全面爆发，进入2008年之后愈演愈烈。美国次级抵押贷款市场违约率的进一步上升，造成基于次级抵押贷款资产的证券化产品的市场价值严重缩水。而由于上述证券化产品在全球金融市场上流通，从而造成持有该产品的全球机构投资者出现了巨额账面亏损。次贷危机目前已经成为国际上的一个热点问题。

美国到底发生了什么？危机怎么来得如此急促？接下来还会发生什么？伴随着经济下滑、工作岗位减少、收入降低等一系列的连环事件，人们切实感受到一场新的危机已经来到身边。要了解这场危机的来龙去脉，必须首先了解什么是“次贷危机”。

次贷即“次级按揭贷款”。“次”的意思是：与“高”“优”相对应的，形容较差的一方，在“次贷危机”一词中指的是信用低，还债能力低。次级抵押贷款是一个高风险、高收益的行业，指一些贷款机构向信用程度较差和收入不高的借款人提供的贷款。与传统意义上的标准抵押贷款的区别在于，次级抵押贷款对贷款者信用记录和还款能力要求不高，贷款利率相应地比一般抵押贷款高很多。那些因信用记录不好或偿还能力较弱而被银行拒绝提供优质抵押贷款的人，会申请次级抵押贷款购买住房。在房价不断走高时，次级抵押贷款生意兴隆。即使贷款人现金流并不足以偿还贷款，他们也可以通过房产增值获得再贷款来填补缺口。但当房价持平或下跌时，就会出现资金缺口而形成坏账。次级按揭贷款是国外住房按揭的一种类型，贷给没多少收入或个人信用记录较低的人。

在美国，大多数人崇尚提前消费，在住房方面更是如此，“贷款买房”的制度就是一种非常好的金融制度。一般它要求贷款者支付至少 20% 的首付款，表示贷款者的责任心；其次，贷款的总数不能超过贷款者年收入的 4 倍，也就是说年收入 10 万元的家庭，银行顶多借给你 40 万元买房子。这是最基本的金融产品，这个产品使很多原来买不起房子的年轻夫妻可以拥有一处自己的房子，实现了他们的“美国梦”，同时激活了相关的经济。在无限制的“贷款买房”制度下，银行与贷款者的责任与风险都非常清楚：贷款者知道如果付不出每个月的贷款就有可能失去房产和 20% 的首付款；银行知道如果呆账达到一定程度就会被政府关闭，取消营业资格。在责任与风险的平衡下，社会活动平稳运转。

但是问题是，并不是每个美国人都能有资格申请贷款买房。这时候，美国人利用自己的聪明智慧创新出了“次级债”。美国抵押贷款市场的“次级”及“优惠级”是以借款人的信用条件作为划分界限的。根据信用的高低，放贷机构对借款人区别对待，从而形成了两个层次的市场。信用低的人申请不到优惠级货款，只能在次级市场寻求贷款。两个层次市场的服务对象均为贷款购房者，但次级市场的贷款利率通常比优惠级贷款高 2% ~ 3%。次级抵押贷款由于给那些受到歧视或者不符合抵押贷款市场标准的借款者提供贷款，所以在少数族裔高度集中和经济不发达的地区很受欢迎。从这一点来看，应该说美国次级抵押贷款的出发点是好的，在最初的 10 年里，这种金融产品的适度发放也取得了显著的效果。

1994 ~ 2006 年，美国的房屋拥有率从 64% 上升到 69%，超过 900 万的家庭在这期间拥有了自己的房屋，这很大部分应归功于次级房贷。

1980 年，美国国会为鼓励房贷机构向低收入家庭发放抵押贷款，通过了《存款机构放松管制和货币控制法》。该法取消了抵押贷款利率的传统上限，允许房贷机构以高利率、高费率向低收入者放贷，以补偿房贷机构的放贷风险。在利用次级房贷获得房屋的人群里，有一半以上是少数族裔，其中大部分是低收入者，信用纪录也较差。因此，次级抵押贷款具有高风险性。相比普通抵押贷款6%～8%的利率，次级房贷的利率有可能高达10%～12%，这样一来，钱少、信用差的贷款者承担高利率，高利率的放贷者承担高风险，前者有房住，后者赚大钱。

那么，“次贷危机”是如何引发的呢？通俗点来说，“次贷”就是为那些本来没有资格申请住房贷款的人创造一个市场，使这些信用不足的人或者贷款记录不良的人也可以来贷款。这些次级贷款需要通过中介机构来申请，中介机构本来应该把住第一关。但是，中介机构为争取更多的业务，他们开始违规、造假，提供假的数据和假的收入证明。银行看到过去的信用记录很好，于是就向这些申请人贷款。

就这样，连收入证明都拿不出来的人也可以贷款，通过中介机构的包装欺骗银行，银行再把债券卖给房地美和房利美，房地美和房利美在不知情的情况下将其分割成面值更小的债券卖给全世界，包括AIG等公司。终于有一天，这些次级债的借款人开始还不起利息了，银行拿不到利息，就不能向房地美和房利美兑现，房地美和房利美拿不到钱就无法给社会大众，于是引发了一连串的经济崩溃。正是如此，一场原本只涉及单一地区、单一金融产品的危机演变成了一场波及全球的金融风暴。

美国从来都是金融衍生产品的缔造者，对金融创新的执着源于对金钱的热爱，环环相扣的资产证券化使财富值呈几何增长。然而随着红极一时的美国次级抵押贷款市场爆出空前的危机，美国的金融机构最终难逃厄运，被自己一手养大的这条毒蛇所反噬。这场由金融创新引发的危机使得购房者、金融机构、布什政府都受到了重创，美国得了流感，全世界都跟着打喷嚏。

美国金融危机影响全球

仿佛就在一夜之间，拥有85年历史的华尔街第五大投行贝尔斯登贱价出售给摩根大通；拥有94年历史的美林被综合银行美国银行收购；历史最悠久的投行——有158年历史的雷曼宣布破产；有139年历史的高盛和有73年历史的摩根士丹利同时改旗易帜转为银行控股公司。拥有悠久历史的华尔街五大投行就这样轰然倒下，从此便成了历史。华尔街对金融衍生产品的滥用就是导致此次“百年一遇”的金融灾难的罪魁祸首。

金融衍生品是由原生资产派生出来的金融工具，金融衍生品一般独立于现实资本运动之外，却能给持有者带来收益，它本身没有价值，具有虚拟性。最初进入这个市场的商业银行与投资银行获得暴利，因此吸引越来越多的参与者介入衍生产品市场。

参与者越来越多，金融产品种类的开发越来越多，包括次贷、商业性抵押债券、信用违约掉期等等，业务规模也就越来越庞大，直到商业银行与投资银行之间的业务深入渗透。业务的相互渗透意味着高风险的相互渗透，造成了“我中有你，你中有我”的局面，这是金融危机影响深远的主要原因之一。

当1999年时，美国允许商业银行进行混业经营，之后美国政府对银行业的监管逐渐放松。金融行业开始迅速扩张，金融业利润占全部上市公司利润的份额从20年前的5%上升到当前的40%，扩张明显大于其所服务的实体经济，并成为整个经济的支柱。

2000年以后，随着房地产行业的逐渐繁荣，与之相关的金融衍生产品开始迅速发展，商业银行也越来越多地介入到衍生品的开发与推广中，并为今天的金融危机埋下隐患。

我们可以简单地演示一下金融危机是如何爆发的。

1. 杠杆

许多投资银行为赚取暴利，采用杠杆操作。杠杆是一柄双刃剑，在牛市中，利用杠杆借款可以获得暴利；相反，熊市来临，地产行业出现危机并导致市场转折的时候，杠杆就变成自杀工具。

2.CDS

把杠杆投资拿去做“保险”，这种保险就叫CDS。比如，银行A为了逃避杠杆风险就找到了机构B。A对B约定，B帮A的贷款作违约保险，A每年付B保险费5000万，连续10年，总共5亿，假如A银行的投资没有违约，那么这笔保险费就直接归B。假如违约，B要为A赔偿，为A承担风险。对于A来说，如果不违约，就可以赚45亿，这里面拿出5亿用来做保险，还能净赚40亿。如果有违约，反正有B来赔付。所以对A而言既规避了风险，还能赚到钱。

B 经过认真的统计分析，发现违约的情况不到 1%。如果做 100 家的生意，总计可以拿到 500 亿的保险金，如果其中一家违约，赔偿额最多不过 50 亿，即使两家违约，还能赚 400 亿。A、B 双方都认为这笔买卖对自己有利，因此双方成交并皆大欢喜。

3.CDS 市场

B 做了这笔保险生意并且赚到钱后，C 也想分一杯羹，就跑到 B 处说，只要 B 将 100 个 CDS 卖给他，C 可以将每个合同 2 亿成交，总共 200 亿。对于 B 来说，400 亿要 10 年才能拿到，现在一转手就有 200 亿，而且没有风险。因此 B 和 C 马上就成交了，这样一来，CDS 就像股票一样流到了金融市场之上，可以交易和买卖。当 C 拿到这批 CDS 之后，并不想等上 10 年再收取 200 亿，而是把它挂牌出售，每个 CDS 标价 2.20 亿；D 看到这个产品，算了一下，认为自己还是有赚头，立即买了下来。一转手，C 赚了 20 亿。从此以后，这些 CDS 就在市场上反复地炒，以至于 CDS 的市场总值炒到了何种程度已经没人知道。

4. 次贷

A、B、C、D、E、F……所有的人都在赚大钱，那么这些钱到底是从哪里冒出来的呢？从根本上说，这些钱来自 A 以及同 A 相仿的投资人的盈利。而他们的盈利大半来自美国的次级贷款。享受次级贷款的这些人经济实力本来不够买自己的一套住房，但次贷为他们解决了这个问题。越来越多的人参与到房地产市场中，房价持续上涨，尽管次级贷款的利息一般比较高，但是享受次级贷款的人们在此时并不担心贷款利息的问题，只要房子处于升值的过程中，穷人还是赚钱的。此时 A 很高兴，他的投资在为他赚钱；B 也很高兴，市场违约率很低，保险生意可以继续做；后面的 C、D、E、F 等等都跟着赚钱。

5. 次贷危机

有涨必定有跌，房价涨到一定的程度就涨不上去了。当房价往下跌的时候，原先享受次贷的高额利息要不停地付，终于到了走投无路的一天，把房子甩给了银行。此时违约就发生了。此时 A 并不感到担心，反正有 B 做保险。B 也不担心，反正保险已经卖给了 C。那么现在这份 CDS 保险在哪里呢，在 G 手里。

G 刚从 F 手里花了 300 亿买下了 100 个 CDS，还没来得及转手，突然接到消息，这批 CDS 被降级，其中有 20 个违约，大大超出原先估计的不到 1% 的违约率。每个违约要支付 50 亿的保险金，总共支出达 1000 亿。加上 300 亿 CDS 收购费，G的亏损总计达1300亿。虽然G是一个大的金融机构，也经不起如此巨大的亏损，因此G濒临倒闭。

6. 金融危机

如果G倒闭，那么A花费5亿美元买的保险就泡了汤，更糟糕的是，由于A采用了杠杆原理投资，根据前面的分析，A赔光全部资产也不够还债。这样，从A到G的所有人都会从这连锁危机中损失惨重。

现实中的金融危机远比上述模型要复杂得多，不过，我们也能从模型当中看出美国金融危机的产生及发展历程。

可以说这次金融危机，是五个因素共同发生作用的结果，如果缺一个都不会发生金融危机，或者金融危机不会这么严重。这五个因素，第一个，次贷衍生产品，包括CDU、CTS等等产品。第二个，美国过去十几年都是低利率，特别是9·11以后这个政策得以加强。第三个，金融机构特别是投资银行杠杆率的监管。第四个，金融机构的风险控制，对资本监管的放松，包括让所有的投资银行业务在过去的五六年之中通过特别是2001年、2002年都陆续进入次贷，追求高风险业务。我们知道次贷的对象是没有信誉保障的人，他们的贷款利率高于优质贷款，所以投资银行做这个业务收益大、风险就大。第五个，信贷机制的监管。

真正的金融危机是五个因素共同作用的结果，危机从发生以后，美国、英国包括行业组织都在进行检讨，都在完善监管。衍生产品纳入监管以后，规避风险、价格信号的功能还会正常发挥。这次危机是多方面的，不仅仅与衍生产品有关。但是，应该说不是衍生产品惹的祸，而是对衍生产品使用不当，是衍生产品基础产品产生了问题。如果金融衍生产品没有受到投资者疯狂的追捧，恐怕也不会有金融危机的局面。

华尔街打着金融创新的旗号，推出各种高风险的金融产品，不断扩张市场，造成泡沫越来越大。当泡沫破灭的那一刻，危机便爆发了。曾经令人瞩目的“华尔街模式”一夜坍塌，令无数财富荡然无存。普通百姓也已经切身感受到金融危机的冲击。因此，对我们来说，要了解金融危机在美国的演变历程，并牢记历史的教训。

金融危机引发经济收缩

一场金融危机看似呼啸而来，实际上在其形成时期，就已经通过了很多迹象表明了讯息，只是人们往往不是没有发现，便是发现时已无力逆转。在经济出现倒退预警后，利率以及资本市场和金融部门的诸多反应另一方面还加快了金融危机到来的速度。这些因素使得金融危机爆发呈现出一股令人谈虎色变的生猛姿态。

2008 年金融海啸席卷全球时，采取经济刺激政策，成为各国应对金融危机的一致主张。一年后，随着危机逐渐缓解，实施退出战略，政策趋向紧缩，成为不少国家的选择。但在 2011 年，复杂的国际经济环境正迫使世界主要经济体政策开始新的转向。转向的大背景，就是世界经济的主要挑战正在发生易位，即从债务危机和通货膨胀易位给经济“二次衰退”。尽管在易位过程中，可能一种甚至多种挑战交叉并存，给经济带来更严峻的考验。

可以说，现在的世界经济，左边是冰山，右边是火焰。在何去何从之间，一些国家经济政策开始掉头，或在为是否掉头做准备。比如土耳其、巴西央行上月已先后降息；在发达经济体方面，美联储第三轮量化宽松政策呼之欲出，欧洲央行也暗示会根据经济局势的变化适时调整政策。

在美国和欧洲一些国家，债务危机使得扩张性财政政策难以为继，为避免陷入更严重的信心危机，这些国家不得不削减赤字。而在新兴经济体，应对通货膨胀成了政府的头号任务，央行不得不采取各种措施收紧流动性。

但偏紧的财政和货币政策，让本已低迷的经济更加不振，债务危机更严重打击民众信心。按照一些西方经济学家的看法，这种趋势如果继续，尽管世界经济不大可能陷入“大萧条”，但却可能陷入新一轮的大收缩。

让我们来看一看，金融危机是从哪几个几方面导致经济收缩的。

1. 利率的上升

有一点可以理解的是，参与风险最高的投资项目的个人和企业恰恰是那些愿意支付最高利率的人们。如果信贷资金需求的增加和或是货币供给的减少导致利率攀升到足够高的水平，信用风险较低的项目就不愿意借款，而仍然愿意借款的只能是风险较高的那些项目。由此引起逆向选择问题的增加，使得贷款人不愿意发放贷款。贷款的大规模减少导致投资和总体经济活动的大幅萎缩。

2. 不确定的增加

由于主要金融或非金融企业破产、经济衰退或股票市场震荡，导致金融市场的不确定性突然增加，使得贷款人很难甄别信贷资产的质量。贷款人解决逆向选择问题能力的消弱使得他们不愿意发放贷款，从而导致贷款、投资和总体经济活动的下降。

3. 资产市场的资产负债表效应

由于股票价格是衡量企业净值的重要指标，因此，股票市场下跌意味着企业的净值减少，这会消弱贷款人的放款意愿，由于对面临逆向选择的贷款人的保持减少，贷款人收缩放款，从而引起投资和总产出的下降。此外，股票市场下跌引起的企业净值减少，增加了借款公司参与高风险投资的动力，因此即使投资失败，它们遭受的损失也不多，这进一步消弱了贷款意愿，引起经济活动的收缩。

4. 银行部门

众所周知，银行在金融市场中扮演着十分重要的角色。银行资产负债表的状况对银行贷款有很重要的影响。如果银行的资产负债表恶化引起资本大幅收缩，用于贷款的资源就会减少，银行贷款下降。贷款的减少引起投资支出的下降，从而放慢经济活动。那么，假如争先地出现破产，恐慌会从一个银行传递到另一个银行，引起银行危机。

5. 政府财政失衡

政府财政的失衡也会引起公众对政府债券违约的担忧。如果政府财政出现问题，政府会发现很难向公众出售政府债券，因此政府会强制银行购买，从而恶化银行的资产负债状况，导致贷款和经济活动的收缩。

要避免陷入经济的大收缩，作为西方经济领头羊的美国和德国，在处理因西方问题导致的危机方面要承担特殊责任。对德国这样的债务风险较小的国家，可能确实需要采取扩张的政策，帮助欧洲国家渡过债务难关，并促使整个欧洲经济向好发展。德国需要让渡自身利益，但也需要把握好度，防范救人不成反殃及自身。

美国的情况可能较为特殊。考虑到美元作为全球主要储备货币的特殊地位，尽管美国赤字已经高悬，但美国仍有刺激经济的余力。这就要求美国朝野两党抛弃政治斗争，采取一些针对性的刺激经济增进就业的有效措施。当然，美国在扶持自身经济的同时，也须考虑其政策对其他国家的负面影响，否则，其他国家经济因此不振，美国又焉能独好？

对新兴经济体和欧洲国家来说，当前的首要任务，则是迅速解决金融危机带来的挑战，并为可能政策调整预备空间。对前者而言，应采取各种措施尽快控制通货膨胀上扬，实施经济软着陆；对后者而言，应迅速削减主权债务，恢复市场信心。一旦外部经济环境突然恶化，这些国家即可腾出手来采取新的刺激政策。

在经济全球化的今天，没有任何一个国家能够在全球性金融危机中独善其身，要重构全球金融体系，制定一些基本、关键的原则，以避免金融危机再次上演。在改革全球金融体系时，应保证实现“透明的市场治理”以及对金融机构的“有效监管”，来有效预防和应对金融危机再次横扫全球。

金融危机的多米诺骨牌效应

从第一棵树的砍伐，到整片森林的消失；从一日的荒废，到一生的荒废；从第一场强权战争的出现，到整个世界文明化为灰烬，这一切都是一个从小到大的传导过程。这就是多米诺骨牌效应：在一个相互联系的系统中，一个很小的初始能量就可能产生一连串的连锁反应。

2008 年发轫于美国次贷危机的金融危机，将世界各国拖入到全面衰退的境地。

2008 年年初，花旗、美林、摩根士丹利、美国银行等美国主要金融机构集中披露了惨不忍睹的 2007 年四季报。花旗银行冲减总数为 181 亿美元次贷相关资产，净亏损 98.3 亿美元，创集团成立以来的首个季度亏损和花旗银行建立 196 年以来的最高单季亏损纪录；美林冲减总数为 141 亿美元次贷相关资产，净亏损 98.13 亿美元，一举刷新三季报纪录；摩根士丹利减记次贷损失 94 亿美元，净亏损 35.19 亿美元；美国银行减记次贷损失 52.18 亿美元，净利润下降 95% 至 2.168 亿美元。为填补巨额亏损的大窟窿，各大金融机构纷纷采取削减股息、裁员等应对措施。

这场血雨腥风并没有局限在华尔街，而是在欧洲、日本等地陆续登陆。据美国标准·普尔公司公布的数据，2008 年 10 月份全球股市集体下挫，共蒸发市值 5.79 万亿美元。其中，美国股市共蒸发市值 2.27 万亿美元。数据同时显示，2008 年前 10 个月，全球股市共蒸发市值 16.22 万亿美元。

随着美国金融危机向世界其他地区蔓延，北欧小国冰岛陷入困境。冰岛最大的 3 家银行相继宣布破产，政府无奈将其收归国有。三大银行目前的债务总额高达 610 亿美元，是冰岛 GDP 总额的近 12 倍。与此同时，冰岛股市 2008 年 9 月持续暴跌，本币克朗也大幅贬值，冰岛已经陷入“国家破产”的绝境。由于无力独自应对金融危机，冰岛政府不得不积极寻求外国援助。

冰岛一度是全球最富有的国家之一。在 2007 年的一项世界排名中，冰岛人均 GDP 名列全球第五。而在本次金融危机中轰然倒塌的冰岛三大银行，一度是冰岛人最引以为豪的国家形象代言人。业界人士认为，作为在近年的全球金融化浪潮中迅速崛起的新贵，冰岛严重受创于本次金融危机凸显了过度金融化、实体经济空洞化对一国带来的风险。

冰岛是在这场危机中第一个被贴上面临国家破产标签的国家。银行 3/4 收归国有、股市暴跌 97%、货币急剧贬值……冰岛经济吃尽了苦头，冰岛政府甚至建议国民自行捕鱼来节省粮食开支。

因为全球经济减速导致出口大幅下滑，依赖外需拉动的日本经济自 2008 年第三季度陷入衰退。根据日本内阁府公布的数据，日本在 2008 年第四季度经济按年率计算下降 12.7%。这是日本经济连续第三个季度出现下降，也是自 1974 年第二季度以来的最大季度降幅。

欧元区的经济形势也是每况愈下。由于投资、消费和出口全面疲软，欧元区经济 2008 年已经连续三个季度出现经济负增长，从而陷入首次衰退。尽管欧元区成员国随后纷纷采取大规模经济刺激措施，却难以逆转经济下滑势头。

这场风暴席卷了全球。通过对金融危机的分析，可以清晰看见一个链式传导的过程。美国政府实施的长期利润飙升，使得美国的房贷市场迅速恶化，引发了次贷危机。然后，次贷危机便向美国商业银行发起全面攻势。美国金融的基石——美国次级债和与它相关联的金融衍生产品几乎完全陷入混乱之中，各种期限的美国国债、地方政府债券、企业债券等也被牵扯进来。建立在这些债券的预期收益基础上的、高达数百万亿美元的金融衍生财富突然间蒸发掉了，金融危机愈演愈烈。

从美国次贷危机到次债危机的发展和变化，会明显感觉到这些年来美国的金融就像在不牢固的地基上搭积木，一旦地基稍有变动，整个积木都有可能塌陷。美国金融界的影响力是全球性的，一旦出现问题，便会在全球范围内迅速扩张，整个世界经济都会受到冲击。

希腊被埋下了“特洛伊木马”

希腊债务危机一直在持续，而在此之前，欧盟及国际货币基金组织曾预计，希腊银行业的资本重组总额可能高达500亿欧元。欧盟救协计划要求，希腊银行业2012年第三季度末完成资本提振。中国社科院欧洲所研究员田德文表示：希腊的债务危机在帕帕季莫斯的治理下并没有根本的好转，可是从机制上看，这个政府更多执行了欧盟的一些对策，但现在问题的实质是大家必须要在短时间内见到效果，要证明这个机制的转变已经取得了阶段性的成果，而这个确实有点强人所难。

2009年下半年以来，全球经济复苏态势基本确定，欧元区小国希腊的主权债务问题却逐渐浮现，并愈演愈烈。至2009年12月，希腊政府宣布其2009年财政赤字将达到GDP的12.7%，而公共债务将占到GDP的113%，均远远超过欧盟《稳定与增长公约》所规定的3%和60%的上限。接着，全球三大评级机构惠誉、标准普尔和穆迪一个月内相继调低该国的主权信用评级。希腊债务问题开始成为媒体关注的焦点。金融市场迅速做出反应，投机活跃。希腊政府债券投资风险上升，融资成本显著增加，发债融资愈发困难。

希腊陷入债务危机以来，欧元对美元汇率已跌至1∶1.31（2012年4月）的水平，创2009年5月以来新低。至此，希腊债务危机已经远远超越一国之界，引发了对欧元区前途、欧盟经济甚至全球经济复苏的质疑。

“希腊已经快到极限了。”这是路透社评论员的一声叹息。

在古都雅典，无家可归的流浪人员，已比去年翻了一番。和店铺纷纷关门、缺乏生机相对应的，是对着垃圾桶两眼放光的人日渐增多。

在欧债危机爆发前，希腊的中产阶级占总人口的三成以上，但现在，所有人的资产都大大缩水。在雅典，一些报社已经4个月发不出工资，但记者却没有辞职，“因为走了更没工作”。

已被内阁换掉的前财长帕帕康斯坦季努，在去年7月就预见到，将会出现大规模出国移民潮——“希腊现在养不起1100万公民了，这一定会催生大量移民。”

为什么偏偏是希腊？因为，希腊是整个欧元国最脆弱的一环，同时也反映出欧盟国家一体化进程中普遍存在的一系列长期性、结构性和制度性经济社会问题。

自2009年12月希腊债务危机拉开序幕以来，希腊一直没有放弃努力。希腊政府分3次成功发行了195.6亿欧元的国债，单次筹资额度从最初的80亿欧元下降到了2010年4月13日的15.6亿欧元，中标利率也逐步攀升，但最终还是没有逃脱债务危机越陷越深的命运。

其实，早在2001年，美国高盛集团就在希腊埋下了一个“特洛伊木马”。高盛集团是一家国际领先的投资银行和证券公司，向全球提供广泛的投资、咨询和金融服务，拥有大量的多行业客户，包括私营公司、金融企业、政府机构以及个人。高盛集团在23个国家拥有41个办事处。其所有运作都建立于全球基础上，由优秀的专家为客户提供服务。同时拥有丰富的地区市场知识和国际运作能力。美国高盛集团实质上就是美国对外洗劫财富的工具。当时希腊刚刚进入欧元区，根据欧洲共同体部分国家于1992年签署的《马斯特里赫特条约》规定，欧洲经济货币同盟成员国必须符合两个关键标准，即预算赤字不能超过国内生产总值的3%、负债率低于国内生产总值的60%。然而刚刚入盟的希腊看到自己距这两项标准甚远。这对希腊和欧盟都不是一件好事，特别是在欧元刚一问世便开始贬值的时候。这时希腊便求助于美国投资银行“高盛”。高盛为希腊设计出一套“货币掉期交易”方案，为希腊政府掩饰了一笔高达10亿欧元的公共债务，从而使希腊在账面上符合了欧元区成员国的标准。

这一被称为“金融创新”方案的具体做法是，希腊发行一笔100亿美元（或日元和瑞士法郎）的10 ~ 15年期国债，分批上市。由高盛投资银行负责将希腊提供的美元兑换成欧元。到这笔债务到期时，将仍然由高盛将其换回美元。如果兑换时按市场汇率计算的话，就没有文章可做了。事实上，高盛的“创意”在于人为拟定了一个汇率，使高盛得以向希腊贷出一大笔现金，而不会在希腊的公共负债率中表现出来。假如1欧元以市场汇率计算等于1.35美元的话，希腊发行100亿美元国债可获74亿欧元。然而高盛则用了一个更为优惠的汇率，使希腊获得84亿欧元。也就是说，高盛实际上借贷给希腊10亿欧元。但这笔钱不会出现在希腊当时的公共负债率的统计数据里，因为它要10 ~ 15年以后才归还。希腊有了这笔现金收入，使国家预算赤字从账面上看仅为GDP的1.5%。而实际上2004年欧盟统计局重新计算后发现，希腊财政赤字高达3.7%，超出了欧元区成员国的标准。

目前希腊的财政赤字占GDP的比重已高达12%，远远超过欧元区设定的3%上限；希腊公共债务余额占GDP的比重则高达110%。就像之前迪拜出事一样，这次希腊的危机又让一些人惊呼：希腊可能成为下一个雷曼。尽管现在还很难对这样的预言作出评判，有一点却日益成为各界共识，即希腊等个案背后折射出的主权债务风险，特别是在这轮危机中大举借债的发达经济体。

希腊通过这种手段进入欧元区，其经济必然会有远虑，最终出现支付能力不足。高盛深知这一点，为防止自己的投资打水漂，便向德国一家银行购买了20年期的10亿欧元信用违约互换（CDS）保险，以便在债务出现支付问题时由承保方补足亏空。

到了这笔货币掉期交易到期的日子，希腊的债务问题便暴露出来。然而2009年1月底2月初出现对希腊和欧元的金融攻击，远非市场的自发行为，而是有预谋的。这次攻击利用希腊多笔债务到期在即、炒作希腊出现支付能力问题，从而使市场出现大幅动荡。其结果是欧元下跌，希腊融资能力下降、成本剧增（借贷利率高出一般新兴国家两倍以上）。

高盛在希腊未被怀疑有支付能力问题时大量购进希腊债务的CDS，然后再对希腊支付能力发动攻击，在CDS涨到最高点时抛出。为了打击希腊的金融信誉，高盛与两大对冲基金一方面大肆“唱衰”希腊支付能力，另一方面则轮番抛售欧元，从而导致国际市场恐慌而跟进。欧元在10天内跌了10%。

2009年年底，希腊债务危机爆发之后，希腊政府的融资难度开始逐步上升，但是希腊政府当时仍然认为自己能够从金融市场上获得足够的资金。事实并非如此，欧洲国家债务融资的压力十分巨大，2010年希腊需要融资的总规模超过500亿欧元，意大利需要为其总债务的20%在2010年提供展期。由于担心越来越多的欧盟国家陷入债务问题，投资者开始回避欧元资产，甚至开始大肆做空欧元和欧元资产，使得陷入债务问题的欧盟国家几乎陷入绝境。

希腊被埋下了“特洛伊木马”，深陷于危机之中。而这场危机不仅仅局限于希腊，自希腊开始，欧债危机迅速蔓延，西班牙、葡萄牙等国家的债务问题“不是一个国家的问题，而是整个欧洲的问题”，甚至是全球性问题。

第十九章 金融主导大国的兴衰

——关于金融史的财经常识

有学者提出，建立国际金融中心也有令人担心的方面。在出现金融危机的时候，金融中心受到的打击会比较大。这次全球金融危机中，华尔街、伦敦金融城等就受到了重创。

但从历史的、全面的观点来看，金融中心使得经济发展、资源配置、金融创新、经济全球化以及科技金融的迅速发展受益极大。我们应该坚定不移地推进国际金融中心的建设。

——周小川

（中国人民银行行长，曾多次受邀到北京大学做学术报告）

经济重心从东方转向西方

中国历来处在强大的专制主义中央集权的统治之下，官僚体系相当完善，社会具有一种强大内聚力。而且这种状况在中国两千多年的发展中保证了中国社会的稳定。经济学家肯尼迪估计，乾隆十五年（1750 年）时中国的工业产值是法国的 8.2 倍，是英国的 17.3 倍。一直到第二次鸦片战争，英国的工业产值才刚刚赶上中国，而法国才是中国的 40%。1820 年时，中国的 GDP 占世界 GDP 的 32.4%，欧洲占 26.6%，中国经济在当时世界经济中所占的地位，远远超过今日美国在世界经济中的地位。可见，19 世纪鸦片战争之前，中国是世界上最富裕的国家，中国的经济实力在当时的全球化经济体系中，占据着绝对的领导地位。有学者指出，当时中国拥有全世界白银总量的一半以上。

但当封建制度走向衰落时，中国并没有抓住自发萌芽的资本主义新的生产关系的机遇。面对衰落的事实，中国并没有甘于堕落，它也像有着同样境况的日本一样，走上了改革之路。但是日本通过明治维新，钢铁、煤炭、水泥、金属、机械、造船和纺织等重要产业开始逐渐兴起，政治经济都取得了较大的发展。然而，大清政府在与日本类似的复兴之路上，虽然付出了努力，却并未寻得自强之道。

大量数据显示，中国在世界经济中地位的下降，是从鸦片战争后开始的。鸦片战争后半个世纪里，中国 GDP 占世界 GDP 的份额，从绝对领先的 1/3，急速下降到 1/50。

我们在审视鸦片战争这个中国衰落的转折点时，必须要学会辩证地看问题。根本在于当时的中国经济缺乏独立性，尤其是金融主权的独立性。中国在旧的世界经济体系中占据绝对优势后的保守，不愿轻易改变。在工业技术上，中国政府秉持着“造不如买，买不如租”的懒汉思想，使得大量学成回国的留学生得不到重用。鸦片战争之后，英、法、德、美各国金融资本大举进入中国，尤其以汇丰银行为代表的英资银行将中国传统而古老的钱庄、票号打得溃不成军。从镇压太平天国以来，为筹措军费，清廷就开始向西方金融家大举借款。其中最为典型的便是 19 世纪 70 年代左宗棠在西北的平叛筹款。清军先后借款 6 次，借款总额高达 1595 万两白银，占军费总额的 15%。其中 4 次是向外国金融家借钱，总额为 1075 万两白银。外国金融家从这次借款中赚取了 100%的暴利。此外，创办企业、修建铁路，哪一项都需要举借外债。仅就汇丰银行来说，从 1881 年到 1895 年，就借给清廷 2022 万两白银。通过国债，欧美列强特别是英国逐步渗透入中国金融主权。

正如伏尔泰所言:“商人发现东方，只晓得追求财富，而哲学家则发现精神的世界。”当时西方的学者大部分都是汉学家，都有中国专著，最起码也对中国非常了解，即使是当时标新立异的学者，也要从对中国的批判中树立自己的学术合法性及社会影响力。当中国正沉浸在“天朝大国”的喜悦与骄傲时，欧洲正在经历着一场巨大的变革。以 1453 年土耳其攻陷君士坦丁堡作为标志，欧洲告别中世纪。经历了文艺复兴、宗教改革、启蒙运动为期 300 多年的思想冲刷。这 300 多年的变化，恩格斯称之为一次“人类从来没有经历过的最伟大的、进步的变革”，是一个“需要巨人而且产生了巨人”的时代。

文艺复兴之所以具有开辟新时代的意义，是因为它体现了一种富于创造力的“时代精神”。它具有一种把中古时期远远甩在后面的前进冲击力。“在它的光辉形象面前，中世纪的幽灵消逝了，意大利出现了前所未有的艺术繁荣，这种艺术繁荣好像是古典的再现，以后就再也不曾达到了。”这对近代欧洲的贡献无疑是伟大的，它为近代欧洲的前途发展指明了新方向。从 17 世纪晚期开始，到 18 世纪达到高潮，一直延续到 19 世纪，启蒙运动极大地促进了欧洲精神面貌的变化，它是近代欧洲全面崛起的推动力，为欧洲的崛起提供了强大的智力支持。

除了思想上的支持，欧洲各国经济、军事实力的发展也在为其崛起之路保驾护航。欧洲武器的不断发展确保了欧洲政治的多元化，武装远航商船使西方的海军大国最终取得了控制海洋商路和所有易受海军攻击的社会的有利地位，这意味着欧洲的世界地位大大提高了一步。

经济发展的必然结果就是贸易的扩大，两次工业革命，使得欧洲生产技术逐渐领先于世界其他地区，原来范围内的贸易已不能满足经济发展的需要，因此自然而然地扩大起来。造船技术和武器技术的提高也促使欧洲各国逐渐走上了海外殖民的道路。曾经欧洲人民向往和憧憬的富庶之邦——中国自然就成为了欧洲各国贸易扩张的首选之地。欧洲称雄于世界的时代也随之到来。

总的来说，近代中国的衰落是历史的必然，面对历史的变革，当时的清政府不能及时地改变思想，调整政策，以最好的状态来迎接来自国际上的挑战。而欧洲的崛起也不是偶然，它是政治、经济、科技综合作用的结果，这就预示着欧洲在一段时期内主宰全球是历史的必然。历史就像是大国和地区兴衰更替的链条，一环扣一环，有始无终，兴亡无常。因此，研究近代中国衰落和欧洲崛起的历史原因及经验教训，对于今天正在向现代化转型的中国发展是有益的。

黄金成就的金融霸权

15 世纪，欧洲最早的两个民族国家葡萄牙和西班牙，在国家力量支持下进行航海冒险：在恩里克王子的指挥下，葡萄牙一代代航海家们开辟了从大西洋往南绕过好望角到达印度的航线；在伊莎贝尔女王的资助下，1492 年哥伦布代表西班牙抵达了美洲。

当麦哲伦完成人类第一次环球航行后，原先割裂的世界终于由地理大发现连接成一个完整的世界，世界性大国也就此诞生。葡萄牙和西班牙在相互竞争中瓜分世界，依靠新航线和殖民掠夺建立起势力遍布全球的殖民帝国，并在16世纪上半叶达到鼎盛时期，成为第一代世界大国。

对黄金的追求是新航线发现的动因之一。因此，在发现了美洲后，葡萄牙和西班牙的殖民者首要的任务就是掠夺黄金。当时的黄金白银，犹如一个出落得亭亭玉立的少女，吸引着众人的眼球。为了掠夺黄金白银，葡萄牙和西班牙加强了对殖民地的控制，进一步鼓励国内的冒险家发现新大陆，以便不断扩大自己国内黄金的供给。特别是西班牙，对新大陆的掠夺可谓是登峰造极，掠夺了大量的金银回国，西班牙也因此成为当时的欧洲霸主。

葡萄牙将掠夺回国的大量黄金白银用于国内一些大地主、大贵族的奢侈生活，这也是它拥有大量黄金之后而不能称霸欧洲的重要原因之一。从史料上来看，葡萄牙和西班牙从它们各自所属的殖民地掠夺的黄金白银数量是极其惊人的。

1422年葡萄牙首次从境外输入黄金，即用小麦、金属、布匹、床单、珊瑚串珠和白银在非洲换取黄金。此后，葡萄牙从非洲进口的黄金便具有掠夺性质。1500~1520年，非洲平均每年流失黄金700公斤，其中大部分落入葡萄牙人手中。整个16世纪，葡萄牙从非洲掠夺黄金达到270吨以上。经过多年的扩张，葡萄牙国王统治了三个海外帝国：西非的黑人奴隶和黄金帝国；印度洋的香料帝国；南大西洋的巴西黑人奴隶和蔗糖帝国。在当时世界各国之中，没有一个国家，在海外殖民扩张中获得如此巨大的收益，葡萄牙殖民大帝国达到了黄金时代。

西班牙是继葡萄牙之后的又一殖民帝国，西班牙本身就是新航线开拓者，因此在海外扩张上有着得天独厚的优势，加上王室政府的支持，西班牙很快就建立了一个繁荣昌盛的殖民大帝国。

哥伦布航海之后，西班牙很早就扎根于加勒比海的西印度群岛。1520年，西班牙征服了墨西哥，1530年，征服了秘鲁。其间，他们掠夺了大量的金银运回了西班牙。对因货币不足而束手束脚的欧洲经济来说，从美洲掠夺来的金银如同生命之水般重要。西班牙的经济地位自然上升，经济霸权的确立也成为可能。

西班牙也是继葡萄牙之后少数几个从殖民地掠夺大量黄金的国家之一，西班牙人掠夺黄金的手法与葡萄牙人有所不同，葡萄牙人当初掠夺黄金还需通过表面上合法的贸易来进行，而西班牙则抛弃了这层“合法的外衣”，采取了公然掠夺的方法：西班牙人占领殖民地之后，起先是公然抢劫印第安人的金银饰品和寺庙中的金银饰物，然后再将这些贵重金属融化制成一小块一小块的黄金，以便利于运送；随着殖民统治的不断深入，西班牙人又开始以开发矿藏的形式从殖民地掠夺黄金。哥伦布是当时殖民者当中的一个典型。

1495 年，他所率领的船队刚到达海地，就开始了公然的掠夺：命令当地 14 岁以上的成年男女每人每月必须缴纳一定量的金砂，酋长所应缴纳金砂的数量当然远高于普通民众。表面上看起来，哥伦布是为了满足自己的私欲而公然掠夺黄金，但其实早在他起航之前，便受到西班牙国王的“特别照顾”，国王命令他务必重视搜集黄金、白银、珠宝和香料等贵重物品，有了国王做靠山，哥伦布当然敢这样公然抢夺。为了进一步加强西班牙人对殖民地黄金的掠夺，一方面，大量的西班牙人在黄金的刺激之下，申请移民殖民地；另一方面，西班牙国王鼓励国内民众在殖民地开采金矿，但是必须将所取得黄金的 2/3 上缴国库。在这种政策的刺激之下，大量的西班牙国民涌入非洲、美洲等殖民地，之后便世代繁殖，在殖民地定居下来。今天很多非洲、美洲人的祖先之所以是西班牙人，就是这个原因。

黄金的大量涌入，刺激了西班牙国内经济的发展，使得它从当时一个名不见经传的小国，一跃而成为欧洲的霸主。为了从美洲顺利将掠取的黄金运送入国内，西班牙配备了专门的运送黄金的船队。到了 16 世纪末期，西班牙凭借超强的国力，控制了当时世界黄金开采量的 85%，在 1521 ~ 1544 年这短短的二十几年间，西班牙人每年从美洲运回国内的黄金和白银总量多达近 4 万公斤。在占领拉丁美洲的近 3 个世纪中，西班牙通过掠夺的方法从拉美掠夺了近百万公斤的黄金和上亿公斤的白银，这对当时一般的国家来说简直就是一个天文数字，难怪当时有人说西班牙人几乎每一个国民都富可敌国。

因此说，西班牙之所以能成为当时欧洲的霸主，很大部分与它从新大陆所掠夺的黄金有关。因为西班牙将大量的黄金掠夺回国后，将其中的一小部分用于发展国内的军事和扩大再生产，这为它的强大奠定了坚实的基础。

据统计，在入侵拉丁美洲的 300 年中，这两个国家共运走黄金 250 万公斤，白银 1 亿公斤，可谓是数量惊人。作为最贵重的交换工具，黄金在人们心目中有着至高无上的地位，成了西欧社会各阶层都渴望得到的新的“上帝”，成为该时期社会财富和权力的主要象征。黄金成为衡量一切价值的标准，谁占有了黄金，谁就等于拥有了一切。

第一个世界金融霸主

地处西北欧、面积只相当于两个半北京的小国荷兰，在海潮出没的湿地和湖泊上，以捕捞鲱鱼起家从事转口贸易。他们设计了造价更为低廉的船只，依靠有利的地理位置和良好的商业信誉，逐渐从中间商变成远洋航行的斗士。日渐富有的荷兰市民从贵族手里买下了城市的自治权，并建立起一个充分保障商人权利的联省共和国。他们成立了世界上最早的联合股份公司——东印度公司，垄断了当时全球贸易的一半；他们建起了世界上第一个股票交易所，资本市场就此诞生；他们率先创办现代银行，发明了沿用至今的信用体系。

金融业成了18世纪荷兰最具活力的部门。与国外有密切联系的阿姆斯特丹银行家，18世纪时把“自己的某些商业利益让给汉堡、伦敦，乃至巴黎”，自己则“形成一个对外封闭的放债人集团”，把17世纪积累下来的资本向外输出。正如威尼斯或热那亚一样，这些食利者退出商业活动，坐享特权，不过依然控制着西欧经济生活的上层活动。

荷兰商人资本大量地投入到国内金融领域，而且有增无减。18世纪50年代荷兰放债集团平均每年把1500万盾投入到国内各种债券中，1780～1795年，他们仅向国内公债一项的投入每年平均就达3700万盾。由于荷兰的剩余资本存量实在太大，而国内又缺少资金需求，导致了官方利息与民间利息在逐年下降：1640年荷兰官方利率降至5%，1672年降至3.75%；民间利息在17世纪20年代为5%，1723年后降至4.25%，这就逼迫荷兰人将投资的目光投向了国外。再加上荷兰资本拥有者对这一时期国外金融机构信任度增加，于是荷兰商人资本更多地是向国外流去。下面是1782年荷兰资本投放情况，根据荷兰省督旺代尔·斯皮格尔估计，投放资本共10亿弗罗林，投资项目（单位为百万弗罗林）：外国贷款335，其中英国280，法国25，其他国家30，殖民地贷款140，国内贷款（借给各省、各公司和造船工厂）425。据估计，荷兰公民还持有5000万盾的金银珠宝，只有在一个截获一艘西班牙运宝船就可以取得1200万盾纯利润的时代，才有可能在短期内积累如此巨大的财富。

到17世纪中叶，荷兰的全球商业霸权已经牢固地建立起来。此时，东印度公司已经拥有1.5万个分支机构，贸易额占到全世界总贸易额的一半，悬挂着荷兰三色旗的1万多艘商船游弋在世界的五大洋之上。

在东亚，它们占据了中国的台湾，垄断着日本的对外贸易；在东南亚，它们把印度尼西亚变成了自己的殖民地；在非洲，它们从葡萄牙手中夺取了新航线的要塞——好望角；在大洋洲，它们用荷兰一个省的名字命名了一个国家——新泽兰（后被英国人改成英文“新西兰”）；在南美洲，它们占领了巴西；在北美大陆的哈得逊河河口，东印度公司建造了新阿姆斯特丹城。今天，这座城市的名字叫作纽约。

随着荷兰经济的不断发展壮大，金融业逐渐成为荷兰最具活力的行业。尤其是在荷兰建成阿姆斯特丹银行之后，国内上到皇帝贵族下到普通商人，纷纷加入借贷者的行列。随着荷兰国内银行业的进一步发展，这些银行家们将眼光逐渐投向了世界，不再甘心做国内的“借贷者”。他们有偿地将自己手中的某些商业利益让给世界上诸如汉堡、伦敦以及巴黎等大城市的商人，然后从这些大商人手中收取一定量的利息，通过这种方式，阿姆斯特丹的银行家们形成了一个固定的放债人集团，将上个世纪积累下来的剩余资本疯狂对外输出，自己则退出商业活动，坐享其他商人的利润。

18 世纪前期，荷兰疯狂将剩余资本输入国外的行为给它带来了丰厚的回报：荷兰放债集团投资者每年通过借贷从国外所获取的利息收入便可达 1500 万盾，随着经济的不断发展，到了 18 世纪后期，这些投资者每年从国外所获取的利息收入高达 30007 万盾。在 1750 ~ 1773 年这短短的二十几年之内，阿姆斯特丹这一地区的银行家们每年从国外投资中便能坐享利息额高达 8000 万盾。从荷兰经济发展的轨迹当中我们可以看出，那种传统的依靠商品资本来刺激经济发展的模式在荷兰再也难以寻其踪迹，取而代之的是一种货币资本，这在当时的世界上是唯一的一个依靠货币资本来刺激国内经济发展的国度。通过不断的资本对外输出，荷兰完成了从一个传统的商业资本主义国家到金融资本主义国家的过渡。从此，世界上出现了第一个金融大帝国。

荷兰从西班牙手中承接了经济的霸权。不过，荷兰的经济条件在确保经济霸权方面有着诸多不利。这个国家没有巨商或金融机构，国际贸易大部分依赖安特卫普（比利时的港口）。而且荷兰的领土几乎都处于低地带。从建于三角洲沼泽地带的这个国家身上很难寻到将来成长为强国的可能性。荷兰人很勤勉，但大部分精力消耗在了与自然的斗争中。

不仅如此，荷兰真正开始涉足世界市场时，就面对着与西班牙和葡萄牙等强国角逐的局面。西班牙和葡萄牙不论在航线知识方面，还是在造船技术和国家援助方面都优于荷兰。同时，西班牙和葡萄牙在远洋航海和贸易的相关基础设施上也具备充分的条件，甚至连行政组织也很高效。此外，西班牙和葡萄牙先占据了世界贸易的主要据点，还被誉为世界超级大国。最为重要的是，荷兰与邻近的竞争国家相比，国土狭小，人口稀少。

凭借一系列现代金融和商业制度的创立，17 世纪成为荷兰的世纪。由于国土面积等天然因素，17 世纪末，荷兰逐渐失去左右世界的霸权。但直到今天，荷兰人的生活依然富足，荷兰人开创的商业规则依然在影响世界。

全球金融动力之都

在伦敦著名的圣保罗大教堂东侧，有一块被称为“一平方英里”的地方。这里楼群密布，街道狭窄，虽不像纽约曼哈顿那样高楼密集，但稳健、厚重的建筑风格和室内豪华、大气的装饰却有过之而无不及。这里聚集着数以百计的银行及其他金融机构，被看作是华尔街在伦敦的翻版。这就是金融城。

公元前后，罗马人在奥古斯都·屋大维的带领下，逐渐建立起一个以罗马为中心的横跨欧、亚、非的庞大罗马帝国。公元 43 年，罗马人首次踏上英伦三岛，随后开始在泰晤士河畔修筑城墙，建立一个取名为伦迪尼乌姆的聚居点，这就是英国首都伦敦最早的雏形。经过 1000 多年的发展，到 16 世纪的时候，伦敦已成为欧洲最大的都市之一。虽然 1665 年的瘟疫和 1666 年的大火给伦敦带来了毁灭性的灾难，但是大火之后的伦敦城很快就在恢复的同时发展壮大起来。目前，伦敦已经成为世界首要的金融中心。

与华尔街齐名的世界三大金融中心之一的“全球经济动力之都”——伦敦金融城，它的面积虽然只有一平方英里，但它为英国贡献了超过 2%的国民生产总值，伦敦人都习惯称之为“那一平方英里”。

伦敦金融城在历史上一直都是英国政治的钱箱，曾给予英国国王、贵族、教会很多援助，也大体上决定了英国的内政和外交政策。当权者为了拉拢这里的钱商富贾们，就赋予了他们特殊的地位和权力，并让其保留一块专有领地。金融城虽然只是伦敦市 33 个行政区中最小的一个，但金融城却有自己的市长、法庭以及 700 名警察。据说，连英国女王想进城，也必须先征得市长的同意。世界各国元首、政府首脑访问伦敦时大都要到这里做客。

金融城最初只是商人们聚在一起喝咖啡、谈生意的地方。渐渐地，货物运输和保险业在这里发展起来，使之成为英国经济活动的中心。从 18 世纪初开始，金融城逐渐成为英国乃至全球金融市场的中心，并被称为世界的银行，在各类金融服务方面的经验博大精深。

金融城里名流云集，熙熙攘攘，投资银行、保险公司、律师楼和会计事务所等金融机构的各路英豪纷至沓来，最多时城里的人口达 35 万。但到了晚上或周末，各公司关门打烊后，城里就立刻冷清下来，因为这里仅有 7000 常住人口。英格兰银行、伦敦证券交易所和劳埃德保险市场（又名劳合社）是伦敦金融城的重中之重。

劳埃德是世界最早和最大的保险交易市场，它的作用有点类似证券交易所，旗下聚集了 71 家保险财团的 762 家保险公司和 2000 名个人保险业者。据史料记载，1688 年，爱德华·劳埃德在一家咖啡馆里，以自己的姓氏命名，成立了一个保险行。当时，这个咖啡馆是船主和商人聚会的地方。从事海外贸易的船主，希望有人为他们的船只和财物保险；富商们则愿意通过承担保险来赌一下财运。于是，劳埃德保险行诞生了。它成了一个由许多自负盈亏的个人保险商和投资者结合成的“劳合社”。

300 多年过去了，劳埃德虽然已经成为世界上最大的保险交易市场，但它仍然保留着古老的交易手段。交易大厅被隔成了许多洽谈保险业务的“鸽子笼”似的房间，投保人和保险商在里面进行面对面谈判，双方达成协议后签个字，一笔保险额高达百万美元的生意就完成了，而劳埃德的信誉就是交易安全的保证。

劳埃德虽然只能占到整个保险市场 1% 的份额，但它仍然拥有全世界大约 25% 的海洋保险，而且它还是世界主要的再保险中心，因此伦敦城的保险市场仍是国际保险行业的一号种子选手。然而，尽管目前伦敦城内的各类金融市场仍然颇具实力，可是它已经无法找回帝国时代的荣耀了。它在世界金融界的地位已先后被纽约和东京超过，而成为世界金融的第三极。在欧洲它还是第一位的金融中心，但是随着欧洲一体化进程的推进，整个欧洲货币实行一体化，欧共体有可能会将法兰克福选为欧洲银行的所在地。如果真是这样的话，伦敦城的地位将受到更大的威胁，这个黄金铸就的“心脏”将蒙上一层阴影。

伦敦金融城的外汇交易额、黄金交易额、国际贷放总额、外国证券交易额、海事与航空保险业务额以及基金管理总量均居世界第一，名列世界500强的企业有375家都在金融城设了分公司或办事处，有超过480家的外国银行在这里开业经营，全球20家顶尖保险公司也都在这里有自己的公司。每天的外汇交易额达10000多亿美元，是华尔街的2倍，约占全球总交易量的32%。此外，金融城还管理着全球4万多亿美元的金融资产。由此可见，金融城被誉为“全球经济动力之都”，实不为过。伦敦作为国际金融中心的全部概念，几乎都是在金融城得以演绎和体现的。

现代世界经济中，金融的地位极为重要，金融业是否发达是区分发达国家与发展中国家的显著标志。金融业的不断发展能为一个国家的经济从以制造业为主的工业时代迈向以服务业为主的后工业时代创造必要条件。伦敦金融城被世界金融界巨头奉为“全球的力量中心”。了解伦敦金融城的运作与特色对于我国从粗放型商品经济转变为以金融等服务业为重要支柱的集约型现代化经济将会大有裨益。

伦敦金融城曾经无比辉煌，现在也依然闪烁着耀眼的光芒，它为英国的经济作出了巨大的贡献。20世纪80年代里，它每年使英国纯收入税利20亿英镑以上，即使在经济衰退的20世纪90年代初期，失业率居高不下时，伦敦城为无数人创造了就业机会。1995年，伦敦城内从事金融业、商业的人员有70万，比法兰克福的总人口还要多。但是伦敦城的功与过却是英国人长期争论的问题。

一战结束后，由于伦敦城将精力过多地投放到海外的投资中，从而使英国的工业得不到发展所急需的大量资金，这样，美国和德国不仅在钢铁等传统工业上超过了英国，而且在高科技领域也领先于英国。

1925年，首相邱吉尔为了保持英镑的地位和维持伦敦城在国际金融上的重要性，采取了严苛的财政预算和紧缩货币政策，结果他的目的暂时达到了，但英国的工业却为此付出了巨大的代价。即经过一个短暂的战后高涨期之后，国内需求持续下降，几个主要产业：造船、纺织、钢铁和煤炭都严重地收缩了。然而，即使是这样，还是没能挡住英镑挤兑的命运。

美国星条旗飘扬

荷兰为了摆脱西班牙的统治，通过独立战争踏上了执掌经济霸权之路。英国也是在军事和经济力量相对较弱时通过海盗活动，军事和经济力量相对强大时通过战争或海上封锁，将该意志融入赶超当时的先进国家荷兰和西班牙的实践中去的。从英国手中承继了霸权的美国也毫无例外地经历了类似的路径。

先接触先进文化的国家会率先迎来经济崛起的机遇，这是很自然的事情。掌握经济霸权的意大利城市国家如此，葡萄牙、西班牙、荷兰和英国也是如此。不过，并不是说抓住了机遇就都会大获成功。这里还需要成功的意志。这种意志要靠赶超先进国家的不懈努力予以强化。

曾是英国殖民地的美国不仅承继了科学和经济强国——英国的文化财产，而且承继了先进的政治、经济制度。这是美国的幸运。抓住幸运时机的关键在于美国成为英国棉织品产业的原料供应地。美国产的原棉虽然在英国棉织品产业称霸世界方面发挥了重要的作用，但美国却因向英国出口原棉而积累了国家财富。

不过，美国毕竟是英国的殖民地，这种从属关系对美国的经济繁荣有着局限性，而且美国的棉花生产是建立在奴隶制基础上的，不言自明，它的局限性不久就会显露出来。从希腊和罗马时代以来的历史经验来看，奴隶制生产明显落后于自耕农的生产力。美国若想分享经济繁荣，就应从英国的殖民地和奴隶制生产的拘囿中解脱出来。事实上，美国通过独立战争和南北战争实现了这两种意愿，特别是独立战争成了美国工业划时代发展的转折期。

即使在独立战争时，美国无论在经济还是军事上都无法与英国相匹敌。为了削弱英国的霸权地位，法国积极援助美国。在此情况下，英国很难使殖民地美国屈服。最终，美国争取到了民族独立，并获得了飞跃式发展。独立战争时，英国封锁了美国海岸。因此，美国所需的各种工业制品只能靠自己生产。这种困境反而为美国提供了经济飞跃的平台，美国的经济发展较欧洲的其他国家都相对迅速。因此，大量的欧洲人纷纷移民到美国。由于移民的持续增加，美国的其他产业也获得了发展。

拿破仑战争结束后，美国增长最快的领域就是铁路。铁路事业是需要大规模投资的，而铁路建设的企业没有巨额资本，最初只能依靠外部资本。这为美国金融产业的发展创造了划时代的契机。因为铁路事业的收益率高，股票和公司债券人气高涨，使资本的筹措比较容易。铁路事业需要的大规模资本由纽约筹集。

在拥有广阔的国土、丰富的资源、肥沃的原野和经济崛起必需的政治、经济制度的完备等所有有利条件后，又有充足的劳动力作支撑，美国可以向世界经济霸权飞奔而去了。美国在1870年已经占据了世界制造业生产的23%，到第一次世界大战爆发前的1913年达到了32%，到世界经济大萧条之前的1928年则占世界制造业生产的近40%。

与此同时，国际竞争力和增长潜力较美国落后的英国逐渐衰落了下去。在1918年至1939年期间，英国金本位制度统治着世界经济，尽管这一时期由于战争的爆发，大量资金的支出使得大量纸币出现，但是由于纸币并不具有货币价值，其价值与其数量呈反比，也就是发行货币越多，其币值就越低。一国政府通常都有印制大量纸币以支付政府开支或者支持经济建设的冲动。纸币与通货膨胀之间的联系成了其天然的脆弱性。

在这一时期，由于美国与英国的实力相当，美元和英镑成为一定意义的世界货币。在世界贸易中，美元和英镑都能作为结算货币，这是世界各国对于美国和英国经济实力的肯定，世界各国都认为美国和英国的经济实力足以支撑其本国货币的信用。

1939年后，随着英国在二战市场上的节节败退，美国通过战争大发战争财，这一下一上之间，美国经济实力开始明显超过英国。1945年二战结束，美国的经济实力达到高峰，英国等国都面临着重建的问题。为了解决重建的资金问题，各国都把目光投向了富裕的美国。美国建立布雷顿森林体系，美元直接与黄金挂钩，各国货币则与美元挂钩，并可以按照35美元一盎司的官价与美国兑换黄金。美国坚持以金本位为基础，在此基础上，建立新的国际汇率和贸易体系。美国通过马歇尔计划援助欧洲等国的重建，向各国发放大量美元纸币，而各国则通过美元购买美国商品进行国家重建，这就形成了一个资金运动循环。据统计，该计划于1947年7月正式启动并整整持续了4个财政年度。在这段时期内，西欧各国总共接受了美国包括金融、技术、设备等各种形式的援助合计130亿美元。如果考虑通货膨胀因素，那么这笔援助相当于2006年的1300亿美元。

另一方面，美元开始成为各国之间交易的通用货币。这样，一个覆盖全球的美元资金循环就出现了。这个资金的循环使得美元流进了各个国家，各个国家都开始习惯使用美元进行国际贸易。美国的经济崛起，与美元成为世界货币是密不可分的。从历史来看，美国经济强大，各方面综合国力的提升无形当中提升了国家信用度，其发行的美元货币为世界所采用。同时，世界贸易的发展需要一种统一的世界货币。世界贸易发展、美国经济崛起、马歇尔计划的实施，都推动着美元向世界范围内流通，影响和改变着世界各国贸易习惯，美元最终成为世界货币以后，美元的世界经济霸主地位形成。

美元荣登世界金融宝座

美国是军事和经济强国，美元成为世界货币有着历史必然性。1918～1939年，尽管一战爆发，大量资金的支出使纸币出现，但此时仍然是金属货币统治着世界经济。这一时期由于经济实力相当，美元和英镑成为一定意义上的世界货币，但这一局面很快就被打破了。英国在二战战场上节节败退，美国大发战争财，而且，在二战结束以后，美国的工业产量已占据全世界工业产量的大约一半，并拥有强大的中央银行。美国的自然资源也极其丰富，美国生产了全世界一半的煤和2/3的石油。这样一来，美国的经济实力明显地超过了英国。

美国战胜了经济上与自己实力相当的英国后，自然而然地荣登金融霸权宝座。1944年7月1日，包括中国在内的44国代表云集美国新罕布什尔州的布雷顿森林，举行了“联合国国际货币金融会议”，讨论英美两国政府分别提交的凯恩斯计划和怀特计划。

凯恩斯计划是英国财政部顾问凯恩斯拟订的国际清算同盟计划，国际清算同盟相当于世界银行。由国际清算同盟发行240亿美元价值的货币，会员国中央银行在国际清算同盟开立往来账户，各国官方对外债权债务通过该账户用转账办法进行清算。顺差国将盈余存入账户，逆差国可按规定的份额向同盟申请透支或提存。这种国际货币名为“班克”（Bancor），它以固定的比例直接与黄金挂钩，会员国可用黄金换取班克，但不可以用班克换取黄金，该计划允许用“纸黄金”替代相对稀缺的贵重金属。其实，凯恩斯计划就是成立一个由英美共同主导的世界中央银行。这个计划是基于英国当时的困境，尽量降低黄金的作用。暴露出了英国企图同美国分享国际金融领导权的意图。

此时的美国拥有超过3/4的世界黄金储备，奠定了获得霸权地位的资本基础。怀特计划是美国财政部长助理怀特提出的联合国平准基金计划，企图由美国控制联合国平准基金，怀特认为，只有以黄金为锚的美元才有资格充当国际货币，强调以基金制为基础，基金货币直接与美元挂钩，间接与黄金挂钩。基金规定使用的货币单位为“尤尼它”（Unita）。各会员国在基金组织里的发言权与投票权同其缴纳的基金份额成正比例。主张稳定货币汇率，取消外汇管制和各国对国际资金转移的限制。怀特计划实际上是在强调美国的作用，足以显示出其对世界金融霸权宝座的野心。

最终，会议通过了以怀特计划为蓝本的《国际货币基金协定》和《国际复兴开发银行协定》，即“布雷顿森林体系”。美元直接与黄金挂钩，各国政府可以以 35 美元 1 盎司的价格向美国兑换黄金。美国坚持以金本位为基础，在此基础上建立新的国际汇率和贸易体系。美国通过马歇尔计划援助欧洲等国的重建，向各国发放大量美元纸币，而各国则通过美元购买美国商品重建国家。这就形成了一个资金运动的循环。

就这样，世界上新崛起的超级货币——美元的地位通过世界上主要国家签署的文件得到确立，它被当成世界货币来衡量其他货币，其地位显而易见，这是 2500 年的世界货币史上前所未有的。据统计，该计划于 1947 年 7 月正式启动并整整持续了 4 个财政年度。

布雷顿森林体系的实质是建立以美元为中心的国际金汇兑本位制，又称美元——黄金本位制。国内不流通金币，而是银行券。银行券可以兑换外汇，该外汇须到国外兑换黄金。在英国霸权时代的国际金本位下，黄金的流动是自由的，居民可以自由兑换黄金。而在布雷顿森林体系下，兑换黄金则有很大的限制。美国只同意外国政府（外国居民不可）在一定条件下用美元向美国兑换黄金。

二战结束后的 10 年，因为欧洲、日本复兴所需要的关键技术和材料，都必须从美国进口，需要用美元结算，所以出现了美元重于黄金的现象。美元在战后国际货币体系中处于中心地位，成了黄金的等价物。此后，美元成为国际清算的支付手段和各国主要的国际储备货币。

金融主导权的转移

英国，这个面积只有 24 万平方公里的国家，在近代历史上占有非常特殊的地位。在 18 世纪和 19 世纪，它曾经是世界经济发展的领头羊，是第一个迈入现代社会的国家。在世界的货币战争史上，英镑也曾占据至关重要的地位。但是，世界大战改变了世界经济格局，最终美元打败了英镑，成为金融霸主。

在特定的历史条件下，为什么英镑会异军突起？是什么原因撑起当时英镑的霸权地位，又有哪些因素让英镑逐渐退出霸权货币的历史舞台？

把黄金作为国内市场上流通的货币，是从英国开始的，但最先废除的也是英国。19世纪中期，英国率先完成了工业革命，国内经济得到了突飞猛进的发展，控制了世界上大部分商品的生产和贸易往来。直到19世纪70年代，英国一直拥有世界最大的工业生产能力，是全球最大的贸易国和金融资产的供给者。由于英国国内剩余资本过剩，一些投资者纷纷将手中的剩余资本投资于伦敦金融市场，再加上英国国内银行业十分发达，这些原因使得伦敦取代荷兰的阿姆斯特丹，成为当时世界上最大的金融中心。

伦敦成为世界金融中心之后，原来金融市场赖以存在的基础——金本位制度不再适应日益变化的市场发展形势，于是英国政府采取了一种新的流通于全国的货币——英镑。英镑从确立之时起，便注定其承担世界货币的责任，因为此时英国已经成为资本主义世界的头号强国，控制了世界上绝大部分的国际贸易，全球贸易中绝大部分都由英镑来进行结算。实际上，此时的英镑，就相当于金本位制度取消之前的黄金，在国际货币体系中占据着统治地位。

随着强大的竞争者——美国的出现，德国在19世纪后期统一后也获得了令人瞩目的经济发展，英国腹背受敌。尤其是随着德国追逐欧洲霸权以来，英国在牵制德国的过程中与其矛盾升级，最终导致世界大战的爆发。

世界大战彻底改变了世界经济和政治格局，德国、意大利、日本遭到毁灭性打击，英国、法国这些工业国也满目疮痍。战后，各国为了保护国内产业纷纷课以重税，英国经济不断恶化。

战争对于英国等国家来说可谓是沉重的伤痛，但对于美国来说那就是极好的机遇。首先，战争没有在美国本土发生；其次，美国为其他国家提供军火和物资，从中赚了很多钱。所以，20世纪20年代初期，当欧洲还没有从一战的伤痛中恢复过来的时候，美国的各大城市却正在蓬勃发展着，美国人花钱消费，参加舞会，购买汽车，炒作股票，享受着美利坚合众国成立以来最鼎盛的繁华。

1859 ~ 1918年，美国工业总产值从不到20亿美元上升到840亿美元，黄金储备从占全球储备总量的17%上升到59%，贸易量则从4%上升到39.2%，随着贸易量的大幅增加，美元取代英镑，成了当时使用量最大的国际货币，那一段时间，手握美元是一件时髦而且实惠的事，美国民众享受着因此而来的奢华生活，总统罗斯福和财政大臣们，也正在为一项更强大的振兴计划精心筹划着。

那么美国总统罗斯福和那些财政大臣们筹划着怎样的计划呢？中国国际金融

学会副会长吴念鲁说：“罗斯福的新政，当时，一个是美国经济的实力已经到了这种程度了，他想作为一个经济大国，经济强国，资本大国，资本强国，作为世界的一个所谓霸主，金融帝国，他本身有这个想法有这个愿望。”

美国那更强大的振兴计划就是取代英国充当世界霸主，而英国并未打算拱手相让，虽然战争削弱了英国的经济实力，但是当时，国际贸易有40%左右还是用英镑结算，伦敦仍然是全球重要的金融中心，在美元提出要成为世界货币的时候，唯一与之抗衡的是英镑。

英美双方拿出的方案针锋相对，英国方案的起草者是英国经济学家凯恩斯，他提议要创建世界银行，发行一种超主权的货币，这一理论使他成为经济史上最杰出的经济学家，但在当时，凯恩斯的主张遭到了美国的强烈反对，美国经济学家怀特提议，应该把美元确立为主要的世界货币。

最终，在布雷顿森林会议上，美元取代了英镑，确立了霸主地位。但是英镑仍然有在部分地区使用的权利，此后的很长时间内，英镑仍然是美元霸权的最大障碍。直到1946年，英国战后经济困难，不得不求助于美国。美国政府一次性借给了英国37.5亿美元的贷款。天下没有免费的午餐，英国必须承认美国在国际货币体系中的领导地位，并恢复英镑和美元的自由兑换。结果导致英镑区各国纷纷提取存款兑换美元，不到一个月的时间，英国的黄金储备就流失了10亿美元，英国因此元气大伤，英镑彻底失去了与美元相抗衡的能力。

20世纪40年代，随着美元霸权的确立，美国对外扩张的大幕徐徐拉开。1947年，美国国务卿乔治·马歇尔开始实施他的新计划，通过向战后各国提供贷款和援助，试图掌控全球经济命脉。

20世纪50年代，随着美国经济的进一步发展和英国经济的进一步衰落，以美元为中心的世界货币体系正式确立起来。美元在世界货币体系中霸主地位的确立，正式宣告英镑持续将近一个半世纪的霸主地位退出历史舞台，从此，美元时代正式来临。

东京金融中心的崛起

据资料记载，从1970～1985年这15年间，由亚太地区各国与亚洲开发银行公开筹集的外债，其金额占到东京金融市场交易额的25%；从1971～1984年这

13 年间，亚太地区各国在东京债券市场举债次数多达 30 余起，占到东京债券市场举债总额的 30%。通过这种方式，亚太地区的国家获得了自身经济发展所需的资金，迅速突破了经济发展的瓶颈性障碍，东京金融市场的发达为亚太地区经济的崛起创造了便利的条件。

日本的复苏是与当时的国际环境、机遇分不开的。战后，美国为了达至遏制苏联的目的，在亚洲大力扶持日本；而朝鲜战争的爆发则为日本经济的发展提供了外在的动力，有利的国际政治经济环境对日本经济的恢复很有利。

战后日本的经济起飞是在美国外交、政治、经济、军事的保护和鼓励下起步的。

首先，日本投降后，美国以同盟国名义派兵占领日本本土，成了日本的统治者。到 1947 年随着东西方冷战加剧和中国革命的逐步胜利，美国迫切需要日本成为自己争霸世界的伙伴，于是美国就由最初的制裁日本转为扶植日本恢复经济。

战后初期日本借助美国扶植“反共堡垒”的远东战略，在军事上依附美国的同时，抵制美国重新武装日本的战略意图。1960 ~ 1980 年日本在美日军事同盟体制的保护下“免费乘坐安全车”，军费负担一直小于国民生产总值的 1%，专心致力于经济建设。美国在资金和经济政策等领域全面扶植日本，为日本迅速壮大创造了极其重要的条件。1951 ~ 1961 年日本企业接受了美国直接和间接的（如美国控制下的世界银行贷款）低息美元贷款资金 11.43 亿美元，占外部资金总额的 92%。

其次，朝鲜战争的爆发，对于亟待扩大商品市场、增加生产能力、走上高速增长之路的日本经济来说，无异于雪中送炭。朝鲜战争和越南战争的巨大物资需求，增强了日本的经济实力。对此，就连日本人自己也不否认。日本经济学界一致认为，如果 20 世纪 50 年代初不发生那场朝鲜战争，日本就绝不可能在 20 世纪 60 年代末成为“经济大国”，战争至少使日本赢得了 10 年的时间。日本经济企划厅在总结这段历史时也中肯地指出：“由于朝鲜战争，日本才找到了活路，从这个意义上说，朝鲜战争是日本起死回生的灵丹妙药。”

随着日本经济实力的不断增强，东京在世界金融领域所起的作用越来越大。逐渐发展成为一个继纽约和伦敦之后的国际上第三大金融城市。与世界上其他金融中心一样，东京之所以能够成为国际性的金融中心，除了本身具备雄厚的金融实力之外，还与政府的经济发展战略息息相关。到了20世纪70年代，经历过几十年的发展之后，日本东京已经在股市、基金管理和外汇交易等方面对亚洲和世界的经济发展起着重要的调节作用，这表明东京已经发展成为亚洲地区乃至世界上最为重要的金融中心之一。那么，日本东京是如何发展起来的呢？

东京的发展，具有一定的偶然性，也有一种必然性。说是一种偶然性，是因为当时客观的发展形势变得有利于东京地区经济的发展；说是一种必然性，是因为凭借着东京优越的地理位置，在日本经济迅速腾飞的过程中，东京注定会扮演着重要的角色，甚至会对日本经济发挥着主导性的影响。

从20世纪50年代开始，日本政府对经济作出了一定程度的调整，这种调整首先表现在将一些直接生产部门和管理部门分离，大量的总公司在这一时期涌向东京，使得这个原本以工业为主导的城市变为以管理为中心的城市。

目前，东京聚集了世界上绝大多数的银行，是世界上最大的银行业聚集地之一。尽管东京地区仅有70余家银行，但是其银行存款却达到了将近5万亿美元，居世界首位。除此以外，东京外汇市场也十分发达，据资料记载，仅2004年一年时间之内，东京外汇市场成交额便占到近2000亿美元，占全球外汇市场份额的8%，仅次于纽约和伦敦。不仅银行和外汇市场十分发达，东京地区的证券交易所也十分发达，东京证券交易所是世界上第二大市值股票交易所。发达的银行业和股票、证券等交易市场为东京谋求作为国际最大的金融中心奠定了坚实的基础，东京金融市场对国际经济的发展所起的影响也与日俱增。

欧洲金融中心的竞合

如果有人问：欧洲的金融中心是哪个城市？相信很多人第一个想到的就是伦敦，也有人会说是欧洲中央银行的所在地法兰克福，或者认为是巴黎或苏黎世的人一定也不在少数……当然这些城市都具有各自的优势，并且在欧洲乃至世界上都具有一定的地位。

伦敦是世界上最大的欧洲美元市场、世界上最大的国际保险中心、世界第二大证券交易中心。其一天的石油收入成交额都可达到500多亿美元，占全世界美元成交额的1/3以上。共拥有800多家保险公司，其中170多家是外国保险公司的分支机构。证券交易市场24小时全天候运营。

巴黎是法国最大的城市，是法国的政治、经济、文化、教育、交通中心，也是世界上人口最多的大都市之一。世界上100家最大企业中已有1/5在这里设立了办事处，法国最大企业的办事机构多数也设在这里。

法兰克福是德国的商贸金融中心及制造业的中心，也是重要的国际金融城市。1992年10月29日在布鲁塞尔召开的欧盟高峰会议上，12个欧盟国家决定未来的欧洲中央银行设在法兰克福。随着欧洲一体化进程的发展，法兰克福已成为整个欧洲经济的象征，成为名副其实的欧洲金融首都和世界上的重要金融中心之一。

苏黎世是瑞士最大的城市，也是瑞士的经济、金融及商业中心和全欧洲最富裕的城市。苏黎世地处从法国到东欧、从德国到意大利的商路要冲，是水陆空交通枢纽。苏黎世不仅是瑞士最大的金融中心，而且是重要的国际金融中心和黄金市场之一。这里集中了350余家银行及银行分支机构，其中外国银行近70家。瑞士证券交易所是世界上目前唯一的具有全自动交易和清算系统的交易所，其成交额在欧洲交易所中居前列，最高峰时有70%的证券交易在此进行。

在欧洲几百年的发展过程中，欧洲各金融中心基本形成了各具特色、多层次的分工格局：伦敦、巴黎、法兰克福和卢森堡是欧洲国际银行业的中心；伦敦是欧洲最大的证券交易中心以及外汇交易、金融衍生交易中心，并在资产管理方面占据主要地位；巴黎和法兰克福分别是公司债券和欧元政府债券发行和交易的中心。然而，随着世界金融格局的变化，国际金融中心的发展状况对所属国的影响，直接引发了欧洲各金融中心之间的竞争。欧元启动后，欧洲金融中心的竞争也越发激烈，基本上呈现出“竞争中合作，合作中求发展”的态势。

就拿伦敦和巴黎来说，这两个欧洲巨擘般的城市，它们虽然不是敌人，但也不是亲密的朋友，无论是过去还是现在，它们始终是竞争的对手。从海上霸权的竞争，到对东方对非洲殖民地的竞争，再到对欧洲话语权的争夺……正是他们之间政治的、工业的、经济的、城市规划的、文化的竞争与合作，才成就了今天的伦敦和巴黎。英国尽管参与了欧洲一体化，却是一直“和而不同”，英镑与欧元的距离，正预示着英国与欧洲大陆的距离——似近又远、似离又即。

但是，欧洲金融中心的竞争不是胡乱的竞争，它们是一种政府主导下的竞争。如果政府过多地介入建设和规划的过程中，那么各金融中心的竞争就将趋于白热化。各国政府和金融管理当局推出一系列的倾斜型的政策：放宽对不同金融机构所从事业务的限制；放宽对外资金融机构的准备金要求；取消或降低证券交易税；采用更加符合国际化要求的会计标准。

各金融中心也不断提升基础设施的技术水平，不断地推出创新型金融服务和金融工具，最终凭借金融交易成本和收益的比较来决定谁胜谁负。

而各金融中心的合作也是存在的，除了加强欧盟金融监管框架内的合作外，各国还达成了一系列协议和行动计划，以加快金融一体化进程。

20 世纪 90 年代以前，除德国为全能银行制度外，英法等国大多实行分业经营制度。1989 年 12 月颁布的《欧共体第二号银行指令》允许成员国银行可以从 1993 年 1 月开始在全欧盟范围内自由设立分支机构和提供由母国批准了的全面金融服务，欧盟各国加速混业并购。还有实现银行信息共享、建立欧盟统一的信息交换系统的协议的签订，也为实现税制协调奠定了基础。

不仅如此，在金融市场的整合过程中，各金融中心结成泛欧证券市场联盟。1998 年 11 月，伦敦、巴黎、法兰克福、布鲁塞尔、阿姆斯特丹等欧洲 8 个主要交易所就组建泛欧证券交易所达成共识，标志着欧洲证券市场的一体化取得重大进展。

2000 年 3 月 18 日，阿姆斯特丹交易所、布鲁塞尔交易所和巴黎交易所签署访议，决定把这三家交易所合并成名为“欧洲的未来”的交易所。2000 年 5 月 3 日，伦敦证券交易所和法兰克福证券交易所正式宣布合并，组建新的“国际交易所”，欧洲金融中心的竞合进入了高潮。

竞争中合作，合作中求发展，这不是今天才需要言明的道理。在欧洲大陆的几百年的历史发展中，他们始终遵循着这样的规律。虽然各金融中心需要巩固自己的金融中心地位，各金融中心间必然存在竞争，但是，为了更好地融入欧元区，应对主要来自美国的区外竞争和占领金融业务新领域，竞争就必须以合作为前提。欧洲是一个整体，近年来，各国纷纷谋求欧洲一体化的建设，面对强大的美国，面对日益崛起的亚洲，欧洲要想谋得国际地位的稳固，就只有团结合作，共谋发展。

第二十章 普通老百姓如何让钱生钱

——关于理财的财经常识

决定房地产价值的因素，第一是地段，第二是地段，第三还是地段。

——李嘉诚

（北京大学荣誉博士，华人首富）

储蓄：最稳妥的投资方式

存款是银行最基本的业务之一，没有存款就没有贷款，也就没有银行。从产生时间来看，存款早于银行。中国在唐代就出现了专门收受和保管钱财的柜坊，存户可凭类似支票的“贴”或其他信物支钱。中世纪在欧洲出现的钱币兑换商也接受顾客存钱，属钱财保管性质，不支付利息，是外国银行存款业务的萌芽。随着银行和其他金融机构的出现，银行的储蓄存款业务得到了迅速发展。

中国的老百姓有储蓄的传统，只不过在以前，人们储蓄是选择自己保存金钱，如今选择银行保存现金。对于普通百姓来说，过日子必须节省着点，今天挣的钱不能完全花光，应该积攒一部分以备将来的开销，如购房、看病、子女上学、自己养老，都需要大笔开支，都要事先积蓄准备。

“积谷防饥”的概念对于中国人来说再熟悉不过，但在西方国家则不同。以西方国家为例，上一代的人仍知道储蓄的重要，但现在的人只懂得消费，已经忘记了储蓄，美国的人均储蓄率是负数。意思是美国人不但没有储蓄，反倒先使未来钱，利用信用卡大量消费，到月底发工资时才缴付信用卡账单，有些更已欠下信用卡贷款，每个月不是缴费，而是偿还债务。

储蓄是一种习惯，是一种积少成多的“游戏”。每个月开始之前先把预定的金额存起来，这对日常生活没有很大的影响；相反，把钱放在口袋里，最后都是花掉，连花到哪里也忘记了。

很多人错误地认为，只要好好投资，储蓄与否并不重要。实际上，合理储蓄在投资中是很重要的。储蓄是投资之本，尤其是对于一个月薪族来说更是如此。如果一个人下个月的薪水还没有领到，这个月的薪水就已经花光，或是到处向人借钱，那这个人就不具备资格自己经营事业。要想成功投资，就必须学会合理地储蓄。

很多人不喜欢储蓄，认为投资可以赚到很多的钱，所以不需要储蓄；有的人认为应该享受当下，而且认为储蓄很难，要受到限制；有的人会认为储蓄的利息没有通货膨胀的速度快，储蓄不合适。然而，事实并不是这样。

首先，不能只通过收入致富，而是要借储蓄致富。有些人往往错误地希望“等我收入够多，一切便能改善”。事实上，我们的生活品质是和收入是同步提高的。你赚得愈多，需要也愈多，花费也相应地愈多。不储蓄的人，即使收入很高，也很难拥有一笔属于自己的财富。

其次，储蓄就是付钱给自己。有一些人会付钱给别人，却不会付钱给自己。买了面包，会付钱给面包店老板；贷款时，利息缴给银行，却很难会付钱给自己。赚钱是为了今天的生存，储蓄却是为了明天的生活和创业。

我们可以将每个月收入的 10% 拨到另一个账户上，把这笔钱当作自己的投资资金，然后利用这 10% 达到致富的目标，利用 90% 来支付其他费用。也许，你会认为自己每月收入的 10% 是一个很小的数目，可当你持之以恒地坚持一段时间之后，你将会有意想不到的收获。也正是这些很小的数目成了很多成功人士的投资之源泉。

随着时代的发展，今天的社会与从前发生了很大的变化，现实中许多人没有看到储蓄的任何好处，因为现实中利息低、通货膨胀等因素确实都实实在在地存在着。从另一个角度来看，选择合理的储蓄方式，能够让优秀的投资者们成为千万富翁，优秀的投资者们可以轻而易举地在银行存折中多出 20% 或更多的金钱，通货膨胀甚至还会帮助他们。储蓄并不是件一无是处的事情，相反它还会给你带来很多好处。

由于现阶段众多家庭的投资风险承受能力有限，很多居民选择将闲置资金存入具有安全性高的银行。面对商业银行众多的储蓄存款业务，该如何为自己选择最合适的储蓄品种组合呢？

选择储蓄，图的是安全稳妥，所以在选择储蓄品种时，应当首先考虑方便与适用，在此基础上，再考虑怎么获得更多利息。日常的生活费、零用钱，由于需要随时支取，最适合选择活期储蓄。除去日常开支，如果每月还有一小笔结余，不妨考虑选择零存整取储蓄。积零成整，积少成多，这种方式适合收入较为稳定的工薪阶层。如果有一笔积蓄在很长时间内不会动用，可以考虑整存整取定期存款，以便获得较高的利息，存款期限越长，利息越高。如果要为子女教育提前积蓄资金，也可以选择银行开办的教育储蓄。

对于普通老百姓而言，储蓄是最基本的金融活动，储蓄与我们生活紧密相关。选择合适的储蓄方法，应该选择最划算的储蓄方法。下面介绍三种储蓄组合方法：

（1）阶梯存储法

以 5 万元为例：2 万元存活期，便于随时支取；3 万元中，1 年期、2 年期、3 年期定期储蓄分别存 1 万元。1 年后，将到期的 1 万元再存 3 年期，依此类推，3 年后持有的存单则全部为 3 年期的，只是到期的年限不同，依次相差 1 年。这种方法的优点是：年度储蓄到期额保持等量平衡，既能应对储蓄利率的调整，又可获取 3 年期存款的较高利息。适宜于工薪家庭为子女积累教育基金等。

（2）连月存储法

每月存入一定的钱款，所有存单年限相同，到期日期也分别相差 1 个月。这种方法能最大限度发挥储蓄的灵活性，一旦急需，可支取到期或近期的存单，减少利息损失。

（3）组合存储法

存本取息与零存整取相组合的储蓄方法。先存为存本取息储蓄，1 个月后取出利息，再存为零存整取储蓄，以后每月照此办理。这样，存本取息储蓄的利息，在存入零存整取储蓄账户后又获得了利息。

债券：风险较小的保守投资

债券作为一种重要的融资手段和金融工具，以其风险小、信用好等优势赢得了很多投资者的青睐。债券是一种有价证券，是社会各类经济主体为筹措资金而向债券投资者出具的，并且承诺按一定利率定期支付利息和到期偿还本金的债权债务凭证。由于债券的利息通常是事先确定的，所以，债券又被称为固定利息证券。

债券相较于其他的投资产品，是一种较为保守的投资方式，但是其安全性的确吸引了不少人的目光。尤其对于那些年龄较大、缺乏投资经验、追求稳健的投资者来说，债券就是他们心目中较为理想的投资对象。

美国微软公司董事长比尔·盖茨向大众透露了他的投资理念，他认为，把宝押在一个地方可能会带来巨大的收入，但也会带来同样巨大的亏损。对待股市，他就是持着这样的看法。在股市上投资时，为了能分散甚至是规避这些风险他经常采用的方法就是利用债券市场。

一般，盖茨会在买卖股票的同时，也在将自己建立的“小瀑布”的投资公司控制的资产投入债券市场，特别是购买国库券。当股价下跌时，由于资金从股市流入债券市场，故而债券价格往往表现为稳定上升，这时就可以部分抵消股价下跌所遭受的损失。

从投资效果看，盖茨这样的组合投资已取得相当好的成绩，他的财富几乎总是以较快的速度增长。而在概括投资战略时，盖茨说：“你应该有一个均衡的投资组合。投资者，哪怕是再大的超级富豪，都不应当把全部资本压在涨得已经很高的科技股上。”

有人戏称债券是理财的天堂，认为在众多的金融产品中，债券独受宠爱，是投资者眼中较为理想的投资对象，尤其是对那些厌恶风险的投资者来说，债券简直是最好的选择。

对于投资来说，每种投资项目都有其优势，你如果不熟悉地掌握其特点，就不可能对其加以利用，扬长避短。那么，债券到底有什么优点？

其一，较高的安全性。债券一般是由相关的机构直接向社会发行的，与企业和政府相关机构挂钩，但与它们的业绩没有联系，收益比较稳定。一般政府的债券有绝对的安全性，而对于企业的债券，只要它不违约，就能够保证投资者的利益。

其二，较好的流动性。投资者可以直接进入市场进行交易，买卖自由，变现性颇高，且不会在转让时在价值上出现很大损失。

其三，扩张信用的能力强。由于国债安全性高，投资者用其到银行质押贷款，其信用度远高于股票等高风险性金融资产。投资者可通过此方式，不断扩张信用，从事更大的投资。

其四，收益性略高。对投资者来说，债券属于“比上不足，比下有余”的类型。它的收益高于银行存款，但低于股票投资。可是它又比股票投资稳定，所以，很适合略趋保守的投资者。

正是因为以上这些优点，人们才愿意选择债券作为自己的投资项目。一般情况下，即使经济环境有所变化，债券的收入也大都会很稳定，不会受到太大的影响，投资者大可放心。

基于上述种种优势，许多投资者都把目光聚集到它身上，并且公认其为个人投资理财的首选。

众所周知，在做任何事的时候，你若能在事前了解其原则，抓住其规律，就必能在行动时事半功倍。同理，在决定投资债券之前，投资者须先清楚一下债券投资的原则，这样就能在投资时取得更好的效果。

债券投资的基本原则主要有三个：安全性原则、流动性原则、收益性原则，经常被人称为债券投资原则之“三足鼎立”。这三个原则是债券投资中必须要遵守的内容，是最基本的原则。

1. 安全性原则

说债券是安全的投资方式，也只是相对而言。比起股票、基金等，它的确安全很多。但实际上，除了国债，其他债券也都是有风险的。因为债券根据发行的主体不同，可主要分为企业债券、国债、金融债券三类。国债暂且不论，仅从企业债券看，如果企业运营的安全性降低或因经营不善而倒闭，就会有违约的危险。因此，本着安全第一的原则，你最好在投资债券的时候，利用组合理论，分别投资多种债券，以分散风险。

2. 流动性原则

流动性原则是指收回债券本金的速度快慢。债券的流动性越强，就越能以较快的速度转化成货币，也就越减少在这个过程中的无形损失。反之，则可能影响甚至大大削弱资产的价值。一般而言，债券的期限越长，流动性越差，由于外界各种因素的变化，容易造成无形损失，相对也就不适合投资，而期限越短则相反。债券根据不同的类型，流通性不同。一般政府发行的债券流通性较高，在市场上交易方便。而企业发行的债券则根据具体企业的情况而有所不同，比较之下，大企业的债券流动性更好些。

3. 收益性原则

任何一个投资者进行投资的目的都是获取利润，债券也不例外。因此，投资者都非常关心债券的收益率。而仅从收益上来说，短期收益率要受市场即期利率、资金供求的影响，而长期收益率要受未来经济的增长状况、通货膨胀因素等不确定性因素的影响，所以收益也可能会有所波动。

在众多债券中，国债因其是依靠政府的财政，有充分的安全保障，所以没什么风险；而企业发行的债券则存在是否能按时偿付本息的风险。不过，大多数情况下，企业发行的债券收益比国债要高，如果投资者选择的企业是大企业，就会略有保障。

对于刚开始进行投资的投资者，在选择债券的时候，应当在考虑自身整体资产与负债的状况的基础上，遵守投资原则的要求，只有这样才可能避免血本无归，空忙一场。

期货：一场风险与收益的战争

最初的期货交易是从现货远期交易发展而来的，最初的现货远期交易是双方口头承诺在某一时间交收一定数量的商品，后来随着交易范围的扩大，口头承诺逐渐被买卖契约代替。这种契约行为日益复杂化，需要有中间人担保，以便监督买卖双方按期交货和付款，于是便出现了1571年伦敦开设的世界第一家商品远期合同交易所——皇家交易所。

为了适应商品经济的不断发展，1848年，82位商人发起组织了芝加哥期货交易所（CBOT），目的是改进运输与储存条件，为会员提供信息；1851年芝加哥期货交易所引进远期合同；1865年芝加哥谷物交易所推出了一种被称为“期货合约”的标准化协议，取代原先沿用的远期合同。使用这种标准化合约，允许合约转手买卖，并逐步完善了保证金制度，于是一种专门买卖标准化合约的期货市场形成了，期货成为投资者的一种投资理财工具。1882年交易所允许以对冲方式免除履约责任，增加了期货交易的流动性。

在小麦每吨2000元时，估计麦价要下跌，于是投资者在期货市场上与买家签订了一份合约，约定在半年内，可以随时卖给买家10吨标准小麦，价格是每吨2000元。5个月后，果然小麦价格跌到1600元每吨，投资者估计跌的差不多了，马上以1600元的价格买了10吨小麦，转手按照契约上以2000元的价格卖给买家，转眼就赚了4000元，原先缴纳的保证金也返还了，投资者就这样获利平仓了。

这其实是卖开仓，就是说投资者的手上并没有小麦，但因为期货可以实行做空机制，可以先与买家签订买卖合约。而买家为什么要与投资者签订合约呢？因为他对小麦看涨。

事实证明，投资者的判断是准确的，否则如果在半年内小麦价格没有下跌，反而涨到2400元，那么在合约到期前，投资者必须被迫高价购买10吨小麦然后以契约价卖给买家，这样就亏损了，而买家就会赚4000元。

期货与现货相对。期货是现在进行买卖，但是在将来进行交收或交割的标的物，这个标的物可以是某种商品，例如黄金、原油、农产品，也可以是金融工具，还可以是金融指标。交收期货的日子可以是一星期之后，一个月之后，三个月之后，甚至一年之后。买卖期货的合同或者协议叫作期货合约。买卖期货的场所叫作期货市场。投资者可以对期货进行投资或投机。对期货的不恰当投机行为，例如无货沽空，可以导致金融市场的动荡。

期货投资，通俗点说就是利用今天的钱，买卖明天的货。期货是期货合约的简称，是由期货交易所统一制定的一种供投资者买卖的投资工具。

现在所说的期货一般指期货合约，就是指由期货交易所统一制定的、规定在将来某一特定的时间和地点交割一定数量标的物的标准化合约。期货合约规定了在未来一个特定的时间和地点，参与该合约交易的人要交割一定数量的标的物。所谓标的物，是期货合约交易的基础资产，是交割的依据或对象。

期货交易是一种特殊的交易方式，它有不同于其他交易的鲜明特点：

1. 期货交易买卖的是期货合约

期货买卖的对象并不是铜那样的实物或者股票价格指数那样的金融指标，是和这些东西有关的合约，一份合约代表了买卖双方所承担的履行合约的权利和义务。合约对标的物（也就是大豆、股票价格指数等）的相关属性和时间地点等问题提前进行了详细的规定，买卖合约的双方都要遵守这个规定。买卖双方对合约报出价格，买方买的是合约，卖方卖的也是合约。

2. 合约标准化

同一家交易所对标的物相同的合约都作出同样的规定。例如，在上海期货交易所上市交易的铜期货合约，每张合约的内容都是一样的，交易品种都是阴极铜，交易单位都是5吨，交割品级都要符合国标GB/T467–1997标准，其他的有关规定包括报价单位、最小变动价位、每日价格最大波动限制、交易时间、最后交易日、最低交易保证金、交易手续费等，这些规定对每份铜期货合约来说都是相同的。

3. 在期货交易所交易

大部分的期货都在期货交易所上市。期货交易所不仅有严密的组织结构和章程，还有特定的交易场所和相对制度化的交易、结算、交割流程。因此，期货交易往往被称为场内交易。我国国内的期货产品都是在期货交易所交易的。

4. 双向交易

我们既可以先买一张期货合约，在合约到期之前卖出平仓（或者到期时接受卖方交割），也可以先卖一张合约，在合约到期之前买进平仓（或者到期时交出实物或者通过现金进行交割）。就算手头没有一张合约，依然可以先卖出。这种可以先买也可以先卖的交易被称为双向交易。

5. 保证金交易

进行期货买卖的时候，不需要支付全部金额，只要交出一定比例（通常为5%～10%）的金额作为履约的担保就行了，这个一定比例的金额就是保证金。

6. 到期交割

期货合约是有到期日的，合约到期需要进行交割履行义务，了结合约。商品期货到期交割的是商品，合约的卖方要把铜或者大豆这样的标的物运到指定的交易仓库，被买方拉走，这被称为实物交割，商品期货都是实物交割。股指期货的标的物是一篮子股票，实物交割在操作上存在困难，因而采用现金交割。在股指期货合约到期时，依照对应的股指期货的价格，也即合约规定的交割结算价，计算出盈亏，交易者通过交易账户的资金划转完成交割。

投机者根据自己对期货价格走势的判断，作出买进或卖出的决定，以获取价差为最终目的。其收益直接来源于价差。如果这种判断与市场价格走势相同，则投机者平仓出局后可获取投机利润；如果判断与价格走势相反，则投机者平仓出局后承担投机损失。投机者主动承担风险，他的出现促进了市场的流动性，保障了价格发现功能的实现。

对市场而言，投机者的出现缓解了市场价格可能产生的过大波动。投机者提供套期保值者所需要的风险资金。投机者的参与，使相关市场或商品的价格变化步调趋于一致，增加了市场交易量，从而增加了市场流动性，便于套期保值者对冲其合约，自由进出市场。期货的产生使投资者找到了一个相对有效的规避市场价格风险的渠道，有助于稳定国民经济，也有助于市场经济体系的建立与完善！

期权：最灵活的金融衍生工具

目前世界上最大的期权交易所是芝加哥期权交易所；欧洲最大期权交易所是欧洲期货与期权交易所，它的前身为德意志期货交易所与瑞士期权与金融期货交易所；亚洲方面，韩国的期权市场发展迅速，并且其交易规模巨大，目前是全球期权发展最好的国家，中国香港地区以及中国台湾地区都有期权交易所。

期权又称为选择权，是在期货的基础上产生的一种衍生性金融工具。从其本质上讲，期权实质上是在金融领域中将权利和义务分开进行定价，使得权利的受让人在规定时间内对于是否进行交易，行使其权利，而义务方必须履行。在期权的交易时，购买期权的一方称作买方，而出售期权的一方则叫作卖方；买方即是权利的受让人，而卖方则是必须履行买方行使权利的义务人。

假设标的物是铜期货。甲公司向乙公司买铜。可是，甲公司的资金有限，需要去银行贷款。甲公司估计大概需 5 个月的时间才能拿到贷款，担心在这段时间内，铜价格会涨。所以，甲公司与乙公司商定，甲公司付 2000 元 / 吨给乙公司，乙公司同意甲公司有权在 5 个月之内任何时间，以商定的 30000 元 / 吨的价格购买铜。

第一种情况：5 个月后，铜价格涨到 40000 元 / 吨，甲公司就按商定 30000 元 / 吨的价钱买下，再以 40000 元 / 吨的价钱在市场卖出，扣除本金 30000 元 / 吨和权利金 2000 元 / 吨，甲公司从中获得的差额收益就是 8000 元 / 吨。

第二种情况：在 3 个月后，铜价格跌到 20000 元 / 吨。甲公司就可以放弃铜的认购权力，而转向市场直接以 20000 元 / 吨的价格买入铜，甲公司损失的金额仅限于已经付给乙公司的2000元/吨的权利金。

这就是期权，这就是期权市场的优势，它给从业者提供了一个非常灵活的避险工具。买进一定敲定价格的看涨期权，在支付一笔很少权利金后，便可享有买入相关期货的权利。一旦价格果真上涨，便履行看涨期权，以低价获得期货多头，然后按上涨的价格水平高价卖出相关期货合约，获得差价利润，在弥补支付的权利金后还有盈利。如果价格不但没有上涨，反而下跌，则可放弃或低价转让看涨期权，其最大损失为权利金。

期权是在期货的基础上产生的一种金融工具。这种金融衍生工具的最大魅力在于，可以使期权的买方将风险锁定在一定的范围之内。

期权主要可分为买方期权和卖方期权，前者也称为看涨期权或认购期权，后者也称为看空期权或认沽期权。具体分为四种：买入买权、卖出买权、买入卖权、卖出卖权。期权交易事实上是这种权利的交易。买方有执行的权利也有不执行的权利，完全可以灵活选择。期权分场外期权和场内期权，场外期权交易一般由交易双方共同达成。

看涨期权的买方之所以买入看涨期权，是因为通过对相关期货市场价格变动的分析，认定相关期货市场价格较大幅度上涨的可能性很大，所以，他买入看涨期权，支付一定数额的权利金。一旦市场价格果真大幅度上涨，那么，他将会因低价买进期货而获取较大的利润，大于他买入期权所付的权利金数额，最终获利；他也可以在市场以更高的权利金价格卖出该期权合约，从而对冲获利。如果看涨期权买方对相关期货市场价格变动趋势判断不准确，一方面，如果市场价格只有小幅度上涨，买方可履约或对冲，获取一点利润，弥补权利金支出的损失；另一方面，如果市场价格下跌，买方则不履约，其最大损失是支付的权利金数额。

在对期权价格的影响因素进行定性分析的基础上，通过期权风险指标，在假定其他影响因素不变的情况下，可以量化单一因素对期权价格的动态影响。期权市场是由于风险管理的需要，随着时间的推移慢慢产生的。期权市场的风险管理是重中之重。当相关标的期权市场出现较大波动的时候，一些下单活动往往变得十分活跃，比如说频繁地取消订单、更改订单和重新下单。在这种紧张的环境中，难免会出现投资者在交易时因为无意识地犯一些愚蠢的小错误而酿成了大损失的情况。对此，也有独特的措施来避免这类错误的发生：

其一，在履约结算方面，规定在开始第一笔交易之前，交易者必须首先缴纳一定数额的保证金。之后，在每次下单之前，计算机系统将自动对其保证金进行计算并检查该会员账户是否持有足够的保证金数额。采用的是将期货和期权持仓合并计算的保证金系统。初始保证金为15%，维持保证金为10%。这些风险防范措施可以保证期货市场更加健康地发展。

其二，对每单最大交易量做了限制，现行规定是投资者在期货交易中每单交易量不能超过1000张期货合约，在期权交易中每单不能超过5000张期权合约。

其三，为防止有人对市场进行恶意操纵，随时监视会员的持仓情况。会员的期货净持仓不能超过5000手，但其中不包括套利和经查属实的对冲仓位。

其四，限制了下一交易日的权利金价格的波动范围，即：期权权利金的波动幅度不能超过该期权的理论价格加减KOSP1200指数当日收盘的15%。

其五，对于期权权利金的变动情况进行限制。比如当市场价格波幅超过5%时，系统就暂停交易1分钟或者更长的时间。

期权交易中，买卖双方的权利义务不同，使买卖双方面临着不同的风险状况。对于期权交易者来说，买方与卖方均面临着权利金不利变化的风险。这点与期货相同，即在权利金的范围内，如果买的低而卖的高，平仓就能获利。相反则亏损。与期货不同的是，期权多头的风险底线已经确定和支付，其风险控制在权利金范围内。期权空头持仓的风险则存在与期货部位相同的不确定性。由于期权卖方收到的权利金能够为其提供相应的担保，从而在价格发生不利变动时，能够抵消期权卖方的部分损失。

虽然期权买方的风险有限，但其亏损的比例却有可能是100%，有限的亏损加起来就变成了较大的亏损。期权卖方可以收到权利金，一旦价格发生较大的不利变化或者波动率大幅升高，尽管期货的价格不可能跌至零，也不可能无限上涨，但从资金管理的角度来讲，对于许多交易者来说，此时的损失已相当于“无限”了。因此，在进行期权投资之前，投资者一定要全面客观地认识期权交易的风险。

投资者们更关心的是中国期权市场的发展状况，国际期货市场现在热闹非常，今天油价高涨，明天铜价大跌，而这一切似乎也多多少少跟中国有些关系。而中国的经济发展也越来越受到国外的重视，国外的越来越多的金融领域希望对中国的经济有所反映。现在，我国已具备推出商品期权交易的条件，业界和投资者也迫切希望商品期权的上市。目前我国的期货市场已经日渐成熟，相信一旦引入期权，广阔而又活跃的中国市场一定会发展得更快更好！

基金：投资专家帮你理财

在物价持续涨而不落的大背景下，越来越多的人开始关注投资基金，把自己积攒多年的存款拿出来交给基金专家打理。这种投资方式比股票投资稳定得多。

在所有的投资项目中，利润与风险都是成正比的：炒股获利最多，但风险最大；储蓄获利较少，但风险也最小。如果把股票与储蓄的优势集中在一起，采取“取长补短”的形式，就形成基金的优势了。

说起基金市场，它在我国存在的年头虽然不长，但是已经有了巨大的发展。基金是指通过发售基金份额，将众多投资人的资金集中起来，形成独立财产，由基金托管人托管，基金管理人管理，是一种实行组合投资、专业管理、利益共享、风险共担的集合投资方式。通俗地说，就是将投资大众的闲散资金交由专家管理，由他们凭专业知识进行专业理财。如果赚钱则剔除相关的费用后，按份额将赢利以不低于 90% 的比例对投资人进行分配，而且依目前的法律必须用现金分配；如果亏损，投资人按份额承担损失。

基金的出现标志了金融业的成熟。它由于自身的优势，越来越引起广大投资人的关注。现在，许多投资人因为高风险而不欣赏股票，又因低收益而不喜欢储蓄。基金刚好能够综合前两者的优势，于是很快国内就掀起了一阵购买基金的热潮。

陈先生是个有名的车迷，很早以前就有买车的想法。从动了念头的那天开始，他便学开车、拿驾照，逛车市、看车展。总之，只要是和车有关系的，他都会关注。

原本，这是件家人都大力支持的事情，可是家里经费紧张，就一而再再而三地往后推，总也买不成。这买车的事就成了陈先生心上的一块病。直到去年，事情才有了转机，当时股市开始走牛，他有很多朋友都靠基金赚了钱。他想：买车为什么不试试投资基金？于是他立刻行动起来。

他发现当时南方高增的行情非常看好，立刻就投入了两万。果然，不长时间，他的钱就涨到了 5 万元，见到收获颇丰，他立即又买了几只当时比较好的基金，如中邮核心、嘉实300等。在过了不到3年的时间里，就基本凑足了买车的钱。随后，陈先生就拿着钱，兴高采烈地跑到车展会上选购了一台心仪已久的车。他逢人便说：“这回咱也是有车族啦！”

投资基金使陈先生成为有车族，实现了他的财富梦想。当我们的资产略有剩余时，为求安全保障，将自己积攒多年的银行存款拿出来交给基金专家打理，不失为一种良好的投资理财方式。与股票、债券、定期存款、外汇等理财工具一样，投资基金也为投资者提供了一种投资渠道。那么，与其他的投资工具相比，投资基金具有哪些好处呢？

具体来说，投资基金的好处体现在几大方面：

其一，稳定的投资回报。举个例子，在1965～2005年的40年的时间里，“股神”巴菲特管理的基金资产年平均增长率为21.5%。当然，对于很多熟悉股市的投资人而言，一年21.5%的收益率可能并不是高不可攀。但问题的关键是，在长达41年的周期里能够持续取得21.5%的投资回报，按照复利计算，如果最初有1万元的投资，在持续41年获取21.5%的回报之后，拥有的财富总额将达到2935.13万元。

其二，基金具有专业理财的强大优势。有统计数据显示，在过去的十几年时间里，个人投资人赚钱的比例占有不到10%，而90%以上的散户投资都是亏损的。正是在这种背景下，基金的专业理财优势逐步得到市场的认可。将募集的资金以信托方式交给专业机构进行投资运作，既是证券投资基金的一个重要特点，也是它的一个重要功能。

其三，基金具有组合投资与风险分散的优势。根据投资专家的经验，要在投资中做到起码的分散风险，通常要持有10支左右的股票。然而，中小投资人通常没有时间和财力去投资10支以上的股票。如果投资人把所有资金都投资于一家公司的股票，一旦这家公司破产，投资人便可能尽失其所有。而证券投资基金通过汇集众多中小投资人的小额资金，形成雄厚的资金实力，可以同时把投资人的资金分散投资于各种股票，使某些股票跌价造成的损失可以用其他股票涨价的赢利来弥补，分散了投资风险。

其四，在生活质量的提升和财富的增长之间形成良性循环。在海外，往往越富裕的群体投资基金的比例越高，而且持有期限越长，甚至是一些商场高手或颇具投资手段的大企业领导人也持有大量的基金资产。在他们看来，自己并不是没有自己管理财富的能力。但相比之下，他们更愿意享受专业分工的好处，把财富交给基金公司这样的专业机构管理虽然要支付一定的费用，但却可以取得一定程度超越市场平均水平的回报。

实践中，基金投资已经日渐成为很多人的首要理财方式。如果你没有足够时间打理你的现金资产；你没有充分的金融投资知识；你没有大量精力关注股票，而你又期望得到长期稳定收益 .. 就投资基金吧！投资基金会让你从小风险中收获大回报。

“没有不想当将军的兵”，这句话套用到证券市场上就是没有不想当“基精”的基民。刚刚成为基民的你，看到老基民在那里随心投资，心里肯定十分着急，怎样才能快速成为“基精”？你若真有这个想法，尽量缩短适应期，就必须抓紧时间做好下列事情：

第一，了解基金基础知识。从进行第一笔交易开始，你就务必要将基金的相关基础知识以及其交易规则等问题弄清楚，以求尽快熟练于心。尤其是要知道如下重要内容：基金的概念、基金操作过程中涉及的各个主体、基金的种类、各种种类的特点和投资基金需要注意的风险。

第二，根据自己的投资目标挑选好的基金。如前面所强调的，自己的投资目标是你挑选好基金的指向标。你先为自己的投资作出一个目标区域，在将不同类型的基金与之对比、权衡之后，留下几种符合自己条件的基金。然后，再在这几种内挑选收益率靠前或者公司的基金评价比较靠前的基金。

第三，委托优秀的基金管理公司。你可以根据基金评价，按照上面的排名，选择出较优秀的基金公司。因为它能给你带来好的收益，并且可以为你提供更多更全面的服务。且优秀的基金公司相对而言资金更雄厚，可以雇用更优秀的人才，进而进一步提高公司的经营业绩。

第四，挑选基金经理。基金在运作过程中，考验的是基金经理的投资水平。基金运作得越好，说明基金经理的技术越高超。因此，投资者在选择基金时绝不能忽视对基金经理的挑选。基金经理过去的经营业绩、人品，是否真正能从你的角度着想，都是考验的重点。

除了这些，你最好再了解一下市场的情况、基金发展的历史以及对基金管理公司相关内容的学习。

炒股：令人心跳加速的投资方式

也许你昨天不名一文，今天却一夜暴富；也许你昨天身价百万，今天却一贫如洗。这就是股票的魅力，它的变现性强，投机性大，风险也最大。

然而，纵然股票有如此大的风险，还是获得了很多投资人的青睐。尤其是随着我国经济的稳步发展，投资股票的人越来越多，股票投资已成为普通百姓的最佳投资渠道之一。

投资实践中，为什么越来越多的人对股票投资青睐有加呢？

股票投资同其他投资项目比起来有很多优势：

其一，股票作为金融性资产，是金融投资领域中获利性最高的投资品种之一。追求高额利润是投资的基本法则，没有高利润就谈不上资本扩张，获利性是投资最根本的性质。人们进行投资，最主要的目的是获利。获利越高，人们投资的积极性就越大；获利越少，人们投资的积极性就越小。如果某一种投资项目根本无利可图，人们即使让资金闲置，也不会将资金投入其中。当然这里所说的获利性是一种潜在的获利性，是一种对未来形势的估计。投资人是否真能获利，取决于投资人对投资市场和投资品种未来价格走势的预测水平和操作能力。

其二，股票投资的可操作性极强。在金融性投资中，股市的可操作性最强，不仅手续简便，而且时间要求不高，专职投资人可以一直守在证券交易营业部，非专职股民则比较灵活，一个电话即可了解股市行情，进行买进卖出，有条件的投资人还可以直接在家里或在办公室的网上获知行情。而且投资于股票几乎没有本钱的限制，有几千元就可以进入股市。

在时间上完全由投资人个人说了算，投资人可以一直持有自己看好的股票，不管持有多长时间都可以，炒股经验一旦学到手便可以终生受益。

无数实践证明，炒股票光凭运气可能获利于一时，但不可能获利于长久，更不可能获利于最后。面对险象环生的股市，投资者不仅要有勇气、耐心和基本知识，而且要有投资的技巧和策略。以下介绍几种股票投资的策略，希望对你的股票交易有所帮助。

第一，顺势投资。顺势投资是灵活的跟“风”、反“零股交易”的投资股票技巧，即当股市走势良好时，宜做多头交易，反之做空头交易。但顺势投资需要注意的一点是：时刻注意股价上升或下降是否已达顶峰或低谷，如果确信真的已达此点，那么做法就应与“顺势”的做法相反，这样投资人便可以出其不意而获先见之“利”。投资人在采用顺势投资法时应注意两点：一是否真涨或真跌；二是否已到转折点。

第二，“拔档子”。采用“拔档子”的投资方式是多头降低成本、保存实力的操作方法之一。也就是投资人在股价上涨时先卖出自己持有的股票，等价位有所下降后再补回来的一种投机技巧。“拔档子”的好处在于可以在短时间内挣得差价，使投资人的资金实现一个小小的积累。

“拔档子”的目的有两个：一是行情看涨卖出、回落后补进；二是行情看跌卖出、再跌后买进。前者是多头推进股价上升时转为空头，希望股价下降再做多头；后者是被套的多头或败阵的多头趁股价尚未太低抛出，待再降后买回。

第三，保本投资。保本投资主要用于经济下滑、通货膨胀、行情不明时。保本即投资人不想亏掉最后可获得的利益。这个“本”比投资人的预期报酬要低得多，但最重要的是没有“伤”到最根本的资金。

第四，摊平投资与上档加码。摊平投资就是投资人买进某只股票后发现该股票在持续下跌，那么，在降到一定程度后再买进一批，这样总平均买价就比第一次购买时的买价低。上档加码指在买进股票后，股价上升了，可再加码买进一些，以使股数增加，从而增加利润。

上档加码与摊平投资的一个共同特点是：不把资金一次投入，而是将资金分批投入，稳扎稳打。摊平投资一般有以下几种方法：

一是逐次平均买进摊平。即投资人将资金平均分为几份，一般至少是3份，第一次买进股票只用总资金的1/3。若行情上涨，投资人可以获利；若行情下跌了，第二次再买，仍是只用资金的1/3，如果行情升到第一次的水平，便可获利。若第二次买后仍下跌，第三次再买，用去最后的1/3资金。一般说来，第三次买进后股价很可能要升起来，因而投资人应耐心等待股价回升。

二是加倍买进摊平。即投资人第一次买进后行情下降，则第二次加倍买进，若第二次买进后行情仍旧下跌，则第三次再加倍买进。因为股价不可能总是下跌，所以加倍再买一次到两次后，通常情况下股票价格会上升的，这样投资人即可获得收益。

第五，“反气势”投资。在股市中，首先应确认大势环境无特别事件影响时，可采用“反气势”的操作法，即当人气正旺、舆论一致看好时果断出售；反之果断买进，且越涨越卖，越跌越买。

“反气势”方法在运用时必须结合基本条件。例如，当股市长期低迷、刚开始放量高涨时，你只能追涨；而长期高涨，则开始放量下跌时，你只能杀跌。否则，运用“反气势”不仅不赢利，反而会增加亏损。

保险：以小博大的保险理财

说起保险，经常会有人说：“好好的，买什么保险！即使生病了，我不每月都有工资吗？几年下来存的钱也够应付‘飞来横祸’了，所以我根本用不着买保险！”

事实是这样吗？是的，你工作了 5 年，努力攒下了 50 万元，可是你能保证这 50 万元能够支付你或者家人的突发疾病？你能保证这 50 万元能够让你应对事业上的进退维谷？

退一万步来讲，即使利用这 50 万元能够应对一切难料之事，然而，当这 50 万元花完之后，你还拿什么来养活自己和家人，保证生活品质的一如既往？

实际上，世界上只有一种人是可以不用买保险的，就是一生之中永远有体力、有精力赚钱，同时不生病、不失业的人。当然，还得家里人都不生病，房子不会遭水、遭贼，不开车，或是车不会被剐蹭、被盗抢，等等。

你是这一种人吗？如果不是，那就赶紧加入保险投资的大军中来吧！如果我们把理财的过程看成是建造财富金字塔的过程，那么买保险就是为金字塔筑底的关键一步。很多人在提起理财的时候往往想到的是投资、炒股，其实这些都是金字塔顶端的部分，如果你没有合理的保险做后盾，那么一旦自身出了问题，比如失业，比如大病，我们的财富金字塔就会轰然倒塌。没有保险，一人得病，全家致贫。如果能够未雨绸缪，一年花上千八百块钱，真到有意外的时候可能就有一份十几万、几十万的保单来解困，何乐而不为呢？

如今买保险也像进超市一样，品种五花八门，有的似乎还看不懂。你买保险了吗？随着人们保险意识的提升，这句问候语逐渐流行，保险已经不仅仅是一个消费品，品种更加多元化，集投资与保障于一体。不同的人对于保险的观念与需求是大不相同的。

1.60 多岁的人群：增强买保险的意识

人生步入了老年，风险承受能力开始逐步降低。在这个阶段里，购买保险是非常必要的，它可以为老年的生活降低风险的侵袭。因此在这个阶段里，增强买保险的意识尤为重要。

李老伯和刘阿姨是国企退休职工，现在住在工作单位分的职工家属楼，如今他们二人都已经退休了，每个月工资总共也有五六千元，子女都已经成家立业，而且生活上没有什么经济压力。二老决定跟儿子一起住，于是将老城区那套房出租，另外买了一套新房，与儿子住隔壁。李老伯说自己既享受公费医疗，又有退休金，现在和老伴每个人一个月退休金有两三千元，并且夫妻俩身体都很硬朗，他们觉得每年花上千元的钱来购买保险完全没有必要。还不如把钱花在平时，吃得好一点，保养身体比什么都重要。

不过，相比城市退休老人来说，农村老人就更加不会有买保险的意识，一位家在农村的王阿姨说，自己一辈子在家务农，儿女在外地工作，近几年才有了农村社保。王阿姨说，以前什么保障都没有，大家不也都安度晚年了嘛？况且，本来经济就不宽裕，又怎么舍得花钱买保险？花钱来买保险哪里有养儿防老靠得住？

2.30 岁～40 岁：没保险自己也要买保险

20 世纪 60～70 年代出生的人正是当前社会的中流砥柱。赵先生是 70 年代出生的人，经营了一家医疗机械制药厂，在国内生意做得十分红火。早在 5 年前，赵先生不仅为自己和太太购买了寿险和重大疾病险，还为自己 4 岁的儿子买了一份教育金保险。

赵先生说，自己做生意的不同于在企事业单位工作的，没有社保，只能自己买保险，再说做生意风险大，也不敢打包票说工厂能一直维持下去，一旦将来有什么意外，有份保险还是踏实一些，即便将来退休了，也有个保障。

除了做生意的人之外，就是单位福利待遇较好，社保齐全的情况下，一些人也开始未雨绸缪。有位事业单位的职员说：“医疗费用太高，一旦生了大病，社保可能不够，所以我额外买了重大疾病保险。”

3.20 几岁：主动买保险

刚刚步入社会不久的“80、90 后”们，正处于事业起步阶段，因此经济条件普遍不算宽裕。

“尽管我们大学毕业，但工资也只有 5000 元，这在北京属于中等水平。”小黄每年花1000元为自己购买了健康保险。

80后普遍受到了科学的理财观念的影响，并且一般受到了比较好的教育，因此对于投资保险来说，观念还是比较跟得上时代发展的。他们认为，小的投入可以为自己增添一份保障，保险是非常必要的。

如果你和家人的健康能够得到很好的保障，你们的财产能够得到充分的保护，生活也就轻松很多了。保险，就是这样一个理财工具，它为你的生活提供更多安全，带来更大改变。

外汇投资：利用不同币种差价赚钱

对于外汇，许多人都觉得比较陌生，认为那是要出国的人才需要了解的东西。其实，这完全是一种误解。外汇作为一种投资工具，正在改变我们的生活。近年来，随着经济的进一步发展，投资外汇成了广大投资者创富的有效途径。

李老先生退休后拿出了家里的2万美元，投资到外汇市场，每天骑车跑银行，成了“专业”汇民。问他投资的情况，他说：“有赚有赔，总体算下来赢利，比银行存款强多了。”

投资外汇，根据其间差价来获得利润，已经成为国际上投资者的新宠，它造就了多位亿万富翁。由于它的外围环境比较公正、透明，而且交易量很大，颇受大家的信赖。毕竟，若投资股市，一只股票的背后只是一个公司，而投资外汇，一种货币的背后却是一个国家，况且在外汇市场上，政府的干预有限。所以，目前，手中持有外币的人越来越多了。

外汇的外围环境比较公正、透明，那么，外汇有什么特点？

其一，目标特殊。它投资的是一个国家的经济，而股票投资的是一家公司的经营情况。

其二，地域、时间特殊。它属于全球性的买卖，涉及整个世界的金融，不会被任何人士、银行或国家操纵。而从交易时间上，是24小时，东西方世界可不间断进行。你可以在任何时候，任何地点交易。而股市一般都是白天交易。因此，也可以说它的灵活度高。

其三，交易。一般股票投资只有涨的时候才能赚钱，而外汇投资，既可以买涨，也可以买跌。这样，赚钱的机会就比股票多一倍。只要选对交易方向，就没问题。

其四，起点低，成本少。想要投资外汇，500美元就可以开个户。而其交易费用也比较低廉，大大缩减了成本支出。

其五，无套牢的风险。外汇市场极为灵活，在24小时内，投资者可任意选择出场，不会发生无法出场而被套牢的风险。

因为它的如上特点，外汇市场逐渐发达起来，吸引了不少人参与，使得它已成为一种重要的投资工具。外汇投资者中既有少数高手从几千、几万元起家，累积了数千万乃至数亿元的财富，亦有小赚大赔的人，而无论怎样都无法避免它成为最热门的投资工具。

当然，市场上各种外汇投资产品的收益和风险高低不同，产品期限、结构和门槛也各自相异。投资者应该清醒地看到外汇投资往往伴随着一定的汇率及利率风险，所以必须讲究投资策略，在投资前最好掌握相关的外汇知识，制订一个简单的投资计划，做到有的放矢，避免因盲目投资造成不必要的损失。

赵小姐研究生毕业以后，省吃俭用攒了一些钱，并全部用来投资外汇，可不幸的是汇率一降再降，收益微乎其微。失望之余，她深感成为一个富裕的人比登天还难。可是，她并没有灰心，于是在下次发了丰厚的年终奖时，她又全都买了外汇。原本一开始，小挣了一笔，谁想到，好事不久，汇率又跌了下来。

但世上没有后悔药卖，痛定思痛，经过反思，赵小姐决定再买，长期持有不动摇。经过对相关外汇知识的认真学习和谨慎的选择，赵小姐认购了新的外汇。可是不幸的是，股市动荡，整个经济都受到影响，汇率也受到影响，跌了不少。但这次赵小姐咬着牙没有赎回。苍天不负有心人，赵小姐终于等到了赢利的时候。年底，股市转牛，整个经济都在复苏，汇率也一样，上涨了几个点，赵小姐尝到了甜头，获利颇丰。

由此可见，个人外汇投资并非轻而易举的事。你要想通过买卖外汇来赚取差价，必须做足各方面的功课，包括获取最真实、最具体、最能表现外汇汇率现状及其走势的资料，评估自己的风险承受能力，确定投资方案，准备相应的投资资金和保证金，了解外汇的投资程序，了解国家相关的金融政策，等等。只有先准备好“战衣”“战袍”和“武器”，才能保证自己在外汇投资的战场上无往不胜。

在具体投资实践中，投资者应注意以下几点：

其一，了解个人的投资需求及风险承受能力。不同的外汇投资人有不同的投资需求及风险承受能力。比如，一些人资本雄厚，他的外汇主要用于投资升值，风险承受能力较强；另一些人资本较少，因此他虽然也进行外汇投资，但厌恶风险，将保本作为投资底线；也有部分人持有外汇，可能在未来有诸如留学、境外旅游、境外考试等其他用途，不但风险承受能力有限，连投资期限也有一定限制。因此，作为投资人只有充分了解自己的投资需求和风险承受能力，才能够选择适合自己的外汇投资产品。

其二，投资人应根据个人实际制订符合自己的投资策略。投资人在明确了个人的投资需求后，就可依据自己的投资预期目标来制订投资策略。投资升值需求强烈、风险承受能力强的投资人，可将部分资金用于外汇买卖或投资于风险较大、投资回报率较高的外汇投资产品，并配合一些保本型投资以控制风险；而那些风险承受能力较差或是以保值为主要目的的投资人，则可将大部分资金投资于一些保本型的投资产品。

通常，投资人可进行适当的分散投资，分别投资不同类型的投资产品或是不同的币种，从而有效地分散投资风险。各种投资产品或外汇币种的比重则可根据自己的偏好来决定。但是，资金薄弱的投资人是很难进行分散投资的，在这种情况下，选择一种最佳的投资产品就显得尤为重要。

其三，投资人要充分了解投资产品的结构。投资人要做到赢利，就需要在最合适的时机，选择最合适的投资产品。因此，投资人不仅应该对国际金融市场有一个基本的认识，还应对各种投资产品的结构特性有一个全面的了解。比如，当投资人预测到某一货币将持续走强，那么就可以通过外汇宝买入该货币，也可以投资与该货币汇率挂钩的投资产品以提高存款收益；在利率缓步上扬的市场中，投资人可以考虑投资收益递增型或是利率区间型投资产品；而在利率稳定或逐步下降的市场环境下，与投资利率反向挂钩型产品则可以为投资人带来较高的投资收益。

外汇市场的投资，作为投资者需要经常关注一些各国的经济走势以及各国最新推出的经济政策，这些都对投资者进行科学合理的外汇投资大有帮助。

信托产品：门槛较高的投资方式

信托产品是一种为投资者提供低风险、稳定收入回报的金融产品，但资金门槛较其他理财产品高，信托资金门槛为 100 万。信托品种在产品设计上非常多样，各自都会有不同的特点。各个信托品种在风险和收益潜力方面可能会有很大的区别。

面对出现的信托这种新型投资方式和众多的信托品种，投资者应该根据自己的情况选择合适的投资品种。目前，市场上的信托产品，绝大部分是资金信托产品。

对于普通老百姓来说，应该如何选择信托理财产品呢？

一要选择信誉好的信托公司。投资者要认真考量信托公司的诚信度、资金实力、资产状况、历史业绩和人员素质等各方面因素，从而决定某信托公司发行的信托产品是否值得购买。

二要预估信托产品的盈利前景。目前市场上的信托产品大多已在事先确定了信托资金的投向，因此投资者可以透过信托资金所投资项目的行业、现金流的稳定程度、未来一定时期的市场状况等因素对项目的成功率加以预测，进而预估信托产品的盈利前景。

三要考察信托项目担保方的实力。如果融资方因经营出现问题而到期不能“还款付息”，预设的担保措施能否有效地补偿信托“本息”就成为决定投资者损失大小的关键。因此，在选择信托理财产品的时候，不仅应选择融资方实力雄厚的产品，而且应考察信托项目担保方的实力。一般而言，银行等金融机构担保的信托理财产品虽然收益相对会低一些，但其安全系数却较高。

四要了解信托资金的投资方向。这将直接影响到收益人信托的收益。对资金信托产品（计划）的选择，应选择现金流量、管理成本相对稳定的项目资产进行投资或借贷，诸如商业楼宇、重大建设工程、连锁商店、宾馆、游乐场或旅游项目以及具有一定规模的住宅小区等一些不易贬值的项目资产，而不应选择投资股市或证券的信托产品。因为我国已将证券投资信托归入《基金法》范畴，投资者如需委托人投资证券的。可以投资共同基金，在同等风险条件下，共同基金公司比信托投资公司更为专业；也不应选择投资受托人的关系人的公司股权或其项目资产，这是信托法律所禁止的。

投资者对于信托公司推出的具有明确资金投向的信托投资品种，可以进行具体分析。但是也有一些信托公司发行了一些泛指类信托品种，没有明确告知具体的项目名称、最终资金使用人、资金运用方式等必要信息，只是笼统介绍资金大概的投向领域、范围。因此，不能确定这些产品的风险在何处及其大小，也看不到具体的风险控制手段，投资者获得的信息残缺不全，无法进行独立判断。对这类产品，投资者需要谨慎对待。

五要根据个人的风险承受能力。信托与其他金融理财产品一样，都具有风险。但风险总是和收益成正比的。由于当前资金信托产品的风险界于银行存款和股票投资之间，且收益比较可观。但投资者也应该看到，信托公司在办理资金信托时，不得承诺资金不受损失，也不得承诺信托资金的最低收益。同时，由于信托公司可以采取出租、出售、投资、贷款等形式进行产业、证券投资或创业投资，不同的投资方式和投资用途的差异性很大，其风险也无法一概而论。所以，投资者在面对多种多样的资金信托产品时，应保持清醒的头脑，根据个人风险承受能力，分析具体产品的特点，有选择地进行投资。

六要考虑信托产品的期限。资金信托产品期限至少在一年以上。一般而言，期限越长，不确定因素越多，如政策的改变、市场因素的变化，都会对信托投资项目的收益产生影响。

另外，与市场上其他投资品种相比，资金信托产品的流动性比较差，这也是投资者必须考虑的。因此，在选择信托计划时，应该结合该产品的投资领域和投资期限，并尽量选择投资期短或流动性好的信托产品。

另外，投资者在选购信托理财产品时，还应注意一些细节问题。例如：仔细阅读信托合同，了解自己的权利、义务和责任，并对自己可能要承担的风险有一个全面的把握。信托理财产品绝大多数不可提前赎回或支取资金，购买后只能持有到期。如果投资者遇到急事需要用钱而急于提前支取，可以协议转让信托受益权，但需要付出一定的手续费，因此应尽量以短期内不会动用的闲散资金投资购买信托理财产品。目前，信托法规对信托公司的义务和责任作出了严格的规定，监管部门也要求信托公司向投资者申明风险并及时披露信托产品的重要信息，不少信托公司已定期向受益人披露信托财产的净值、财务信息等，广大投资者应充分行使自己的权利并在最大程度上保障自己的投资权益。

信托投资作为一种新兴的投资品种，受到很多投资者的关注。想要在信托投资市场中获得收益，需要投资者对信托投资加深了解，通过认真地分析和全面地掌握，才能有助于投资者在信托投资中获得可观的投资回报。

第二十一章　贪婪、恐惧是人的本性

——关于理性的财经常识

经济学总是假设人是理性的，会自觉不自觉地按成本—收益原则来行事。绝大多数情况下也的确如此。但这个世界上还有大量用理性经济学原理无法解释的现象。

——梁小民

（曾任教于北京大学，著名经济学家）

小聪明会导致大损失

一家商店正在清仓大甩卖，有一套餐具：8 个菜碟、8 个汤碗和 8 个点心碗，共 24 件，每件都完好无损。还有一套餐具，共 40 件，其中有 24 件和前面那套的种类大小完全相同，也完好无损；此外，还有 8 个杯子和 8 个茶托，不过有 2 个杯子和 7 个茶托已经破损了。在这种情况下，第二套餐具比第一套多出了 6 个好的杯子和 1 个好的茶托，但人们愿意支付的钱却反而少了。

大多数人做出这样的选择，无非出于这样的心理：一套餐具的件数再多，只要有一件破损，就认为整套餐具都是次品，理应价廉；而件数再少，如果全部完好，理所当然全都是合格品，当然应当高价。

在经济生活中，我们都是理性人，然而这种理性一般是有限理性。理性人的主观意愿就是最大限度地为自己谋福利，至于能不能谋到福利则是另外一回事。

以最少的成本获得最大的收益是经济人的理性选择，但由于人对事物的计算能力和认识能力是有限的，所以人们的理性往往表现为有限理性了。这种有限理性就是我们常说的“小聪明”。

生活中的我们往往自认为自己是聪明的理性人，处处为获得最大收益而算计，却不知道自己只是在某些方面的小聪明而已。实际上，我们和“掩耳盗钟”故事中的人比起来，并不高明多少。

春秋时候，有个人跑到晋国的范氏家里想偷点东西，看见院子里吊着一口大钟。他心里高兴极了，想把这口精美的大钟背回自己家去。可是钟又大又重，怎么也挪不动。他想来想去，只有一个办法，那就是把钟敲碎，然后再分别搬回家。

小偷找来一把大锤，拼命朝钟砸去，但是钟发出了巨大的声响。小偷想办法解决，终于想到一个好办法：使劲捂住自己的耳朵。他立刻找来两个布团，把耳朵塞住。于是就放手砸起钟来，钟声响亮地传到很远的地方。人们听到钟声蜂拥而至把小偷捉住了。

从经济学的角度来看，小偷是一个精于算计的人：要把大钟偷回家，就必须把大钟砸碎，但砸钟会发出声响，必须阻止钟声的传播，他选择了堵住自己的耳朵。可以说，小偷的行为不失理性，然而，他却为后世所嘲笑。因为他并不是一个完全理性人，他忽略了，只有堵住所有人的耳朵，才能阻止钟声的传播。

我们在嘲笑这个小偷时，自己又何尝不是一个有限理性的“聪明人”呢？再举一个生活中的例子。

工人体育场将上演一场由众多明星参加的演唱会，票价很高，需要800元，这是你梦寐以求的演唱会，很早就买到了演唱会的门票。演唱会的晚上，你正兴冲冲地准备出门，却发现门票没了。要想参加这场音乐会，必须重新掏一次腰包，那么你会再买一次门票吗？假设是另一种情况：同样是这场演唱会，票价也是800元。但是这次你没有提前买票，你打算到了工人体育场后再买。刚要从家里出发的时候，你发现自己不知什么时候把刚买的价值800元的手机给弄丢了。这个时候，你还会花800元去买这场演唱会的门票吗？

与在第一种情况下选择再买演唱会门票的人相比，在第二种情况下选择仍旧购买演唱会门票的人绝对不会少。同样是损失了价值800元的东西，为什么我们大多数人会有截然不同的选择呢？其实对于一个理性人来说，他们的理性是有限的。他们对每一枚硬币并不是一视同仁的，而是视它们来自何方、去往何处而采取不同的态度。这其实是一种非理性的思考。

在纷繁的金融世界中，需要以理性人的视角去认识金融，分析事物，要警惕那些“小聪明的陷阱”，千万不要做理性的傻瓜。

非理性对金融活动的影响

投资是最能表现人性的活动，人性的许多缺点在投资中表现得非常明显，这些缺点让大多数投资者陷入深渊，只有认识并改掉这些毛病，投资者才不会落入陷阱。

弱点一：大意、贪婪

有一个农夫要进城卖驴和山羊。山羊的脖子上系着一个小铃铛。三个小偷看见了，第一个小偷说：“我能把羊偷来，还叫农夫发现不了。”第二个小偷说：“我能从农夫手里把驴偷走。”第三个小偷说：“这都不难，我能把农夫身上的衣服全部偷来。”

于是，第一个小偷悄悄地走近山羊，把铃铛解了下来，拴到了驴尾巴上，然后把羊牵走了。由于大意，农夫并未发现，继续他的山路之行。但在拐弯处，农夫才发现山羊不见了，就急忙四处寻找。

这时第二个小偷走到农夫面前，问他在找什么，农夫说他丢了一只山羊。小偷说：“我见到你的山羊了，刚才有一个人牵着一只山羊向那片树林里走去了，现在还能抓住他。”农夫恳求小偷帮他牵着驴，自己去追山羊。第二个小偷趁机把驴牵走了。

农夫从树林里回来一看，驴子也不见了，就在路上一边走一边哭。走着走着，他看见池塘边坐着一个人，也在哭。农夫问他发生了什么事？那人说：“人家让我把一口袋金子送到城里去，实在是太累了，我在池塘边坐着休息，睡着了，睡梦中把那口袋推到水里去了。”农夫问他为什么不下去把口袋捞上来。那人说：“因为我不会游泳，我怕水，谁要把这一口袋金子捞上来。我就送他二十锭金子。”

农夫大喜，心想：“正因为别人偷走了我的山羊和驴子，上帝才赐给我幸福。”于是，他脱下衣服，潜到水里，可是他无论如何也找不到那一口袋金子。当他从水里爬上来时，发现衣服不见了。原来是第三个小偷把他的衣服偷走了。

这农夫表现的正是典型的投资者弱点：大意、贪婪。人们常说苍蝇不叮无缝的蛋，设计陷阱的骗子们通过歪门邪道欺骗投资者固然可恨，但投资者自身的因素也是他们落入陷阱的内因。正确认识自己，看看你是不是这个进城的农夫呢?

弱点二：粗心大意，自食恶果

2005 年 12 月 13 日，广东机场集团公告称其无偿派发的 2.4 万份白云机场认沽权证于同年 12 月 23 日起挂牌交易，存续期为 2005 年 12 月 23 日至 2006 年 12 月 22 日。2006 年 3 月 20 日、12 月 13 日、12 月 14 日，广东机场集团先后三次发布公告，提示该认沽权证的最后交易日为 2006 年 12 月 15 日（星期五），从 2006 年 12 月 18 日（星期一）起停止交易。2006 年 12 月 15 日，投资者陈某先后四次买卖该权证，至当日收盘时手中持有 43600 份，总值为 13734 元。他本来准备在 12 月 22 日前伺机卖出，却得知 12 月 15 日已是最后交易日，损失过万。此后，陈某以信息披露不当、监管不力等为由将广东省机场管理集团公司、广州白云国际机场股份有限公司，以及上海证券交易所三方告上法庭，要求对其损失承担连带赔偿责任。经过一审、二审，法院都认定被告不存在过错。

这个案例中由于陈某粗心大意，其后果只能自负。事实上，投资的人更需要细心，否则会因为粗心而损失惨重。

弱点三：轻信别人

陷阱并不可怕，避免落入陷阱，也没有我们想象的那么难，要想规避投资陷阱，切忌轻信别人。在当下的投资市场当中，各种虚假信息，投资陷阱层出不穷。目前，国家法律上已经严禁利用内幕消息炒股。内幕消息给投资者带来投机机会的同时，也带来了更大的不可控制的投资风险，特别是对于一些刚刚进入股市的新股民来说更是如此。因此，增强个人的投资能力，重视回避自身的弱点，才能使你更好地回避投资的种种陷阱，在投资中获益。

总之，投资的过程，不仅是智慧的较量，还是一场人性的较量。只有克服人性中的粗心、贪婪等劣性，才能在投资中一帆风顺，赢得更多的财富。

当投机成为一种趋势

“整个国家都沉醉于这一骗人的幻想之中，这一幻想就是人们对郁金香花的热情永远不会褪去；而当人们了解到，就连外国也被这种热情感染了之后，就不由得相信，世界的财富将会集中在苏德尔海岸边，贫困在荷兰只会成为一个传说。”这是约翰·弗朗西斯对郁金香投机热的描述。

历史上总是有这样的时期，在这段时期里整个国家甚至是整个大洲都被卷入了一场汹涌湍急的投机浪潮之中。这种投机热看起来就像是突如其来的大瘟疫或是霍乱一样具有传染性。一个叫作迈斯纳的人于1811年在他的著作《投机科学——献给思考着的商人们》中这样写道：“投机商是这样一种人，他们在对成功的可能性进行粗略估计后就大胆地从事活动，而这种活动的出路被笼罩在前景的一片黑暗之中，它成功与否还取决于未来的发展。”然而正是这种“前景的黑暗”使得投机活动乐趣无穷。每个人都可以在幻想获取巨额利润的时候为自己建造一座空中楼阁。

1554年，一个名叫布斯贝克的人在土耳其的亚德里亚·诺泊尔看到了一种他以前不认识的花——郁金香，这种花非常招他喜欢。后来郁金香被布斯贝克带到了中欧，在那里，尤其是在荷兰，郁金香受到了人们热情的欢迎。如今，没有人清楚地知道，最终是什么引起了这个巨大的投机热潮。在那个动荡的年代里，在小小的荷兰，那些追求巨大财富的商人们在身体力行效仿奢侈的贵族生活方式，拥有一个栽种着精美讲究的花卉的花园也成了礼仪上的要求。于是乎，人们不仅希望在极其漂亮的房屋和精心挑选的衣物上更胜一筹，更试图通过高贵华丽的郁金香花坛来相互攀比。郁金香一下子成了最流行的花卉。

于是，人们逐渐开始哄抬郁金香的价格，这一哄抬价格的行为在经济史上被称为“郁金香热”。从1634年开始，人们便对这种不引人注目的花球进行了投机活动。为了使贸易更加专业化，郁金香花球依照其重量，即“盎司”被销售出去。在大型拍卖会上，人们用称量金子的小秤来计算珍贵的郁金香花球，然后再把它们卖给报价最高的人。机智狡猾的商人们很容易将交易所投机活动所使用的技巧方法又转用到郁金香花的贸易上来。

人们闪电般地将乡村旅馆转变成了热闹忙碌的郁金香花交易所，在交易所里几乎所有的公民都加入到这个令人狂喜的投机活动中来了。与其他抽象的股票和证券不同的是，这种郁金香花的游戏对于每个人来说都是直观和易于掌握的。这很快唤起了最广泛的群众阶层对郁金香贸易的兴趣，人们不难看到郁金香的“行情”在上扬，这又不断吸引新的买家前来，因为他们都希望尽可能不用工作而尽快致富。没过多久，人们就不再用郁金香花球来装点用于陶冶情操的雅致的花坛了，而是只把它作为投机活动的对象。报纸上也出现了所谓的郁金香证券行情版。据说一个荷兰小城市在投机时期就兑换了价值1000万古尔登的郁金香。这当然不是一笔小数目，因为当时东印度公司在交易所里的股票也就是这么多，而且它还是那时最强大的殖民主义托拉斯。

整个荷兰都像是失去控制了。1637年，阿尔克马尔小城为小镇上的蜂房拍卖了120多株郁金香花球。但是当货物一批一批被拍卖出去后，那些手头已经没钱了的人开始慌乱起来。于是乎，人们报出的价格开始有了起伏，报价的高低完全取决于出价者手头货币的多少了。最早竞拍成功的人又以能够获些利润的价格将手头的郁金香花球转卖给旁边的人，以便能马上慰藉他们先前大意的行为，并且重新又加入买货人的行列里来。

郁金香的游戏逐渐波及到了国家的其他正常贸易领域。商人们削价抛售商品，以便能够用赚取的利润来购买郁金香花球，甚至连最贫穷的人也都聚集在俱乐部周围，为的是能够用仅有的那么一点点儿可怜的钱买到一株花球。和以往一样，人们在这种投机时期里的乐观情绪是没有止境的。

正像投机热突然爆发一样，这种热潮也一下子冷却了下来。起初，只是几个有些疑虑的人抱着试试看的想法将他们的郁金香换成了货币。据说后来拍卖场的报价人不能获得预期的收益了。人们对郁金香的需求明显减少。之后，这个消息就像火一样蔓延开来。货物的供给量迅速上升，在被改成郁金香交易所的旅馆里，人们开始惊慌失措起来。这时候，有细心的人才忽然问到这样的价格是否合理。而那些利用贷款进行投机活动的人受到的打击尤其严重。在郁金香花球价格持续下降的时候，他们又不得不偿还债务和到期的利息。在以前还能带来丰硕成果的郁金香交易如今仅仅在几天之内就崩溃了。

被排挤到角落里的投机商们也开始慌乱不安起来。专业郁金香商人们还组织了大型宣传活动，他们一点一点地证明郁金香还具有多么大的价值。人们饶有兴趣地听着，几个郁金香贩子甚至还重新找到了希望，但是这一切并没有使价格有一丁点儿进展。郁金香还是郁金香，是简简单单的花园里的花朵。所以，一个从前拥有昂贵的郁金香花球的人在很久以后走过他的花坛时肯定还会怒气冲冲，因为郁金香在他的花坛里不再是一种财产投资了，而只是供路人赏心怡目的花朵。

整个国家不得不长时间地忍受这场崩溃带来的阵痛，因为许多商人的乐观心情一下子没有了，许多小商贩比以前还要贫穷。甚至在这场投机活动最后波及的伦敦和巴黎，人们的情绪也降到了冰点。有意思的是，这一切并不是由于投机活动的对象——郁金香花引起的，它更多地取决于投机者们的幻想。正是他们对快速致富的渴望导致了行情上涨，而他们却从未真正思考所有这一切发生的原因。这种情形在郁金香身上显现得尤为突出，因为购买郁金香的人在投机热中给这种花所定的价格显然与它本身的价值不符。首先是投机商们一下子来了兴致，然后为他们制造梦幻的这一材料即郁金香便在相当长的时间内一直持续涨价，直到它过分地超出了所有理智的使用目的。一个小小的碰击就足以使象征这一行情的整座大厦坍塌，而这种小小的碰击简直不胜枚举。

恐慌害死很多人

传统金融理论以法玛的"有效市场假说"为基础，他认为投资者是理性的，市场是有效率的，市场上各种资产价格已经接近合理性，投资者之间的交易是随机性的，投资者只能作出长期投资决策而不能获得短期超额利润。在 20 世纪 70 年代以前，"有效市场假说"得到了大量实证结果的支持，但在随后的几十年中，在资本市场上发生许多异常现象完全不能用已经存在的方法和理论来解释。比如，按照常理，资本市场价格下跌，风险基本上已经被释放，投资变得相对安全和更有价值性，这个时候发出买入信号，人们理应购买，结果反而是拼命卖出。人们总是在商场打折的时候进行疯狂抢购，但在股市里越是超跌的股票越是充满了恐慌，反而追涨跟风的人更多。

行为金融学运用心理学、社会学、行为学来研究金融活动中人们的决策行为，否定了传统金融理论中的理性人假定，认为人通常是非理性的，因其在认知过程中的偏差、情绪偏好等心理方面的原因，使投资者无法理性地作出无偏评估。由于行为金融学对市场异常现象的良好解释而受到人们的极大关注。

行为金融学从投资人的行为、心理特征来分析、解释资本市场上的某些变化原理和现象。比如，为什么股价跌了反而卖的人多、买的人少？这是因为人有一种从众心理，大家总认为大多数人是对的，既然大多数人都采取了卖出的行动，那么作为个体他也愿意卖出。

这是人而且也是许多动物固有的心理特征。再比如，投资界普遍存在一个现象：当一只股票上涨时，持有者特别愿意卖出获利了结，但当这只股票跌了

10%时，就不愿意卖出。行为金融学研究发现，这是因为人们有一种损失厌恶的心理特征，不愿意接受损失的事实。在这种情况下，哪怕投资人明知道企业的基本面有问题了，也不愿意卖出，而对“将来能够涨上去”抱以侥幸，并以此来麻痹自己。

行为金融学就是以人的心理特征和行为特征为出发点来研究、解释股市变化的现象。传统金融学是把股市当死物研究，很多现象解释不了。行为金融学历史地承认了股市是活物，其很多变化和过程是由人的心理因素决定的，承认股市变化在很多情况下不是纯客观的，而是与参与者的心理特征和行为特征有关。股市在很大程度上是人性的反映，股市中的很多现象都不符合科学的原理和既定的逻辑。

过去的理论假设资本市场参与者都是程式化、理性的行为，完全遵循利益的原则。实际上，每次股市大跌或个股价格大跌时都会出现“羊群效应”：一看到别人都在抛售，投资者会不顾一切、不问任何原因就条件反射式地卖出，这就是人的心理和人性的自然反映。

这时，人不是在作理性的决定而是一种下意识的条件反射，人的主观情绪结构就是先由情绪支配，再由理性支配的。确切来说，股市在相当大的程度上也是心理博弈。巴菲特说的“别人恐惧我贪婪，别人贪婪我恐惧”就是心理博弈。

纠正了以往资本市场金融理论的基础性错误，这就是行为金融学的重要价值。然而，行为金融学产生于国外，它也有一些方法论和根本的缺陷。目前行为金融学主要是探求人类心理有哪些共性的规律性特征，并且用这些人类基础的客观心理特征来分析解释股市的现象。它的不足是发现了问题，但没有解决问题。它发现了人的心理特征是股市变化的决定性原因，也发现了一系列人类共有的具体心理特征，并且总结出了这种具体心理特征对投资成败的影响，但是它没有指出投资者应如何克服这些不利于投资的固有的心理特征。

也就是说，行为金融学发现、提出、总结了人类有“羊群效应”和从众等心理特征，并且也认识到其危害严重，但是并没有更进一步指出人类应该怎样避免这种危害，可以用哪些具体的方法和手段来解决这些问题。

行为金融学与传统金融学一样，也是研究证券市场投资策略的理论，只不过行为金融学强调的是投资者要结合心理学注重心态和情绪的变化，因为人的思维、心理因素才是最重要的，这种因素是会随时间和环境的改变而改变，传统金融学没有结合人的心理因素进行有效分析。

行为心理学的主要理论有期望理论、后悔理论、非理性因素与过度反应理论、过度自信理论。

期望理论是指人们对相同情境的反应取决于他是盈利状态还是亏损状态。比如：投资者在亏损一美元时的痛苦的强烈程度是在获利一美元时高兴程度的两倍。具体如下：

某只股票现在是20元，一位投资者是22元买入的，而另一位投资者是18元买入的，当股价产生变化时，这两位投资者的反应是极为不同的。当股价上涨时，18元买入的投资者会坚定地持有，因为对于他来说，只是利润的扩大化；而对于22元的投资者来说，只是意味着亏损的减少，其坚定持有的信心不强。由于厌恶亏损，他极有可能在解套之时卖出股票；而当股价下跌之时，两者的反应恰好相反。18元买入的投资者会急于兑现利润，因为他害怕利润会化为乌有，同时，由于厌恶亏损可能发生，会尽早获利了结。但对于22元买入的投资者来说，持股不卖或是继续买入可能是最好的策略，因为割肉出局意味着实现亏损，这是投资者最不愿看到的结果。

后悔理论是指投资者在投资过程中常出现后悔的心理状态。由于人们在投资判断和决策上容易出现错误，而当出现这种失误操作时，人们通常感到非常难过和悲哀。所以，投资者在投资过程中，为了避免后悔心态的出现，经常会表现出一种优柔寡断的性格特点。投资者在决定是否卖出一只股票时，往往受到买入时的成本比现价高或是低的情绪影响，由于害怕后悔所以想方设法尽量避免后悔的发生。

非理性因素与过度反应理论是指投资者面临股市的涨跌时非理性因素占据主导，通常是对于最近的经验考虑过多，并从中推导出最近的趋势，而很少考虑其与长期平均数的偏离程度，由此产生认知偏差。另外投资者会对利空消息过于敏感，而对利好消息麻木。因而，市场也就形成了所谓的过度反应现象。

过度自信理论是指人们对自己的判断能力过于自信。投资者趋向于认为别人的投资决策都是非理性的，而自己的决定是理性的，是在根据优势的信息基础上进行操作的。事实并非如此，过度自信来源于投资者对概率事件的错误估计，人们对于小概率事件发生的可能性产生过高的估计，认为其总是可能发生的，这也是各种博彩行为的心理依据；而对于中等偏高程度的概率性事件，易产生过低的估计；但对90%以上的概率性事件，则认为肯定会发生。这是过度自信产生的一个主要原因。此外，参加投资活动会让投资者产生一种控制错觉，控制错觉也是产生过度自信的一个重要原因。

本质上行为金融学与传统金融学并没有很大的差异，唯一的差别就是行为金融学利用的工具主要是与投资者行为有关的心理学理论。

股市没有带头大哥

在股市的海洋里，无数股民希望跟着“股神”们慢慢实现自己的暴富梦想。有了“股神”，炒股才有希望。由于中国股市很年轻，中国股民心态极不成熟，总幻想着“一夜暴富”，所以很多“大师”才有可乘之机。其实美国的大师级人物巴菲特平均每年的业绩增长只有22%，格罗斯的年利润只有10%。

在很多中国股民的眼中，价值投资、技术分析都一无是处，只有跟着自己的“股神”炒才能够赚钱。跟着“股神”炒赚钱不用愁。买啥啥涨，还不是涨一点，而是连着涨停，这就是“股神”曾经的风范。“股神”并不是一个人，而是遍布大街小巷，各个证券交易大厅内包括网上，都有股民们公认的“股神”。

牛市是一个造就“股神”的时代，在股市如日中天的时候，到处都有“股神”为股民们大荐股票，大胆预测。但在大跌之时，“股神”一度消失，在股民最需要帮助时，没有人出来为股民们指明方向。

其实，所谓的预测只是“股神”的谎言。股神一贯的操作手法是，先推荐几个成长性较好的股票，让听消息的股民们小赚一笔。然后，他们立即会转变成庄托的身份，大力推荐某一股票，目的就是让对他们深信不疑的散户跑去接股，只要吸引了一定的量，庄家就会在高位全身而退，让散户们流血。所以，这一类的股票，往往会在推荐的第二天高开低走，庄家在高位出货，接招的散户就被全线套牢。

美国著名投资家巴菲特告诫人们：“永远不要试图预测市场，因为没有一个人能准确预测股市的走向。”既然我们无法预测股市，那么最好的办法是放弃预测股市，寻找有投资价值的公司，坚持炒股的根本核心：股价是不可能被预测到的，但是公司的价值是可以预测的，股市想挣钱只能投资不能投机。所谓股评，很多都是正确的废话。看似正确，但是也没用。在股市中，什么样的专家言论你都可以去听，但是，要有自己的分析和判断。

早在2007年6月，一个名为“带头大哥777”的荐股博客迅速蹿红。“我要是天下第二，没有人敢自称天下第一”，“我的预测准确率超过90%”，这些是“带头大哥”的宣言。

他自2007年2月以来，开始在网上设群传授股票经验，因其自称对股票预测准确率超过90%，又自诩为“散户的保护神”。因此许多人通过缴费方式申请加入了“带头大哥777”的QQ群。股民缴费最少的每人每年3000元，最多的竟达3万多元。“黄金群是1.3万一年，铂金群2.7万一年，白金3.9万一年。”

“带头大哥777”真名为王秀杰，他喜欢把777作为自己的幸运数字缀在自己的绰号“带头大哥”后面。然而，疯狂追捧“带头大哥777”的股民万万没有想到，在司法机关的调查下，王秀杰非法敛财的真实目的终于浮出水面，即先在博客上编造“辉煌”的过去，然后再利用QQ群最终谋取利益。

“不论他是‘带头大哥777’、还是‘带头大哥888’，我以后都不会再相信了。”受到诓骗的某散户小吴认为，那些收费的荐股博客和QQ群就是为了收费盈利，推荐的股票根本就不准。

此前，小吴不但曾经加入过“带头大哥777”的以收费为目的荐股QQ群，而且在“带头大哥777”入狱之后，她还加入过其他几个以收费为目的荐股QQ群。虽然花费了一万余元，但是最后不但没有跟着这些所谓的专家赚到什么钱，反而亏损超过30%。

“当时宁可交费加入这些QQ群，不就是为了在股市中赚点钱吗？谁成想是‘偷鸡不成蚀把米’，最后不但白交了不少会员费，自己的操作也弄得一塌糊涂。”小吴说。“带头大哥”们真的不可信，以后再也不能信了。

股市上很多被奉为“股神”的人，貌似有着各种传奇经历。但实际上，都是他们杜撰的故事。等他在股市中走红后，他的身后就有成千上万的散户崇拜者，赚散户的钱才是他们唯一的目的。

要知道，股市中根本不可能存在什么带头大哥，那些“股神”不过是一个个为股民所设的特大陷阱，只会让你越陷越深。如果股民需要参考荐股，最好是看传统媒体的建议，比网络荐股可靠得多。对于炒股博客，股民们最好只当其是参考意见。

重复博弈中的道德松懈

重复博弈是一种特殊的博弈，在博弈中，相同结构的博弈重复多次，甚至无限次。其中，每次博弈称为“阶段博弈”。在每个阶段博弈中，参与人可能同时行动，也可能不同时行动。因为其他参与人过去的行动的历史是可以观测的，因此在重复博弈中，每个参与人可以使自己在每个阶段选择的策略依赖于其他参与人过去的行为。

顾名思义，重复博弈是指同样结构的博弈重复许多次，其中的每次博弈称为“阶段博弈”。重复博弈是动态博弈中的重要内容，它可以是完全信息的重复博弈，也可以是不完全信息的重复博弈。当博弈只进行一次时，每个参与人都只关心一次性的支付；如果博弈是重复多次的，参与人可能会为了长远利益而牺牲眼前的利益，从而选择不同的均衡策略。

因此，重复博弈的次数会影响到博弈均衡的结果。在重复博弈中，每次博弈的条件、规则和内容都是相同的，但由于有一个长期利益的存在，因此各博弈方在当前阶段的博弈中要考虑到不能引起其他博弈方在后面阶段的对抗、报复或恶性竞争，即不能像在一次性静态博弈中那样毫不顾及其他博弈方的利益。有时，一方作出一种合作的姿态，可能使其他博弈方在今后阶段采取合作的态度，从而实现共同的长期利益。

清人的《笑笑录》中记载有这样一则笑话：有一个人去理发铺剃头，剃头匠给他剃得很草率。剃完后，这人付给剃头匠双倍的钱，什么也没说就走了。一个多月后的一天，这人又来理发铺剃头，剃头匠还想着他上次多付了钱，觉得此人阔绰大方，为讨其欢心，多赚他的钱，便竭力为他剃，事事周到细致，多用了一倍的工夫。剃完后，这人便起身付钱，反而少给了许多钱。剃头匠不愿意，说：“上次我为您剃头，剃得很草率，您尚且给了我很多钱；今天我格外用心，为何反而少付钱呢？”这人不慌不忙地解释道：“今天的剃头钱，上次我已经付给你了，今天给你的钱，正是上次的剃头费。”说着大笑而去。

这个故事说明，当发生有限次的博弈时，只要临近博弈的终点，博弈双方就会采取不合作的策略。因为理发的人必定不会再到这个理发铺来剃头，因此他才采取了不合作的策略。

在现实世界中，所有真实的博弈只会反复进行有限次，但正如剃头匠不知道客人下一次是否还会光顾一样，没有人知道博弈的具体次数。既然不存在一个确定的结束时间，那么这种相互的博弈一定会持续下去，博弈双方往往会采取合作的方式，实现阶段性的成功。

因此，从博弈的角度出发，只要双方仍然存在继续合作的机会，背叛将会受到抑制。在现实生活中，我们往往能发现这样的情况：在公共汽车上，两个陌生人会为一个座位而争吵，可如果他们相互认识，就会相互谦让。这是因为人们之间是一种“不定次数的重复博弈”。在较长的视野内，人与人交往关系的重复造成“低头不见抬头见”，因此使得自私的主体之间走向合作。事实上，重复博弈更逼真地反映了日常人际关系。在重复博弈中，合作的长期性能够纠正人们短期行为的冲动，为以后长期利益计，必须维持好周围人的人际关系。

重复博弈同样可以解释很多商业行为。我们可以发现在车站和旅游景点这些人群流动性比较大的地方，不但商品和服务质量差，而且假货横行，因为商家和顾客没有“下一次”的博弈机会。旅客因为质优价廉而在此光临的可能性微乎其微，因而，大多数人的选择是“一锤子买卖”，不赚白不赚！所以一次性买卖往往发生在双方以后不再有买卖机会的时候，特点是尽量牟取暴利并且带有欺骗性。而靠“熟客”“回头客”为主要顾客群的厂商，一般会通过薄利多销的行为使得双方能继续合作下去，他们一般不会选择“宰客”。

实际上，我们也可以借用博弈论来解释夫妻之间的一些行为。夫妻之间的博弈不是一次博弈，而是多次博弈。丈夫打妻子，他不敢真正下狠手，而妻子一般也不敢闹得太过分，因为他们都明白，仅为一时出口气而给对方造成的伤害，到头来还得要自己来承担。也正因为这样，夫妻之间都知道：“别看你现在这么凶，其实你并不敢真的把我怎么样。”所以有许多家庭，只要一方挑起事端，另一方就会积极应战，夫妻之间的博弈就时断时续。

所谓“争争吵吵，相伴到老”，其实就是对这种博弈情形的形象写照。因为对于夫妻而言，博弈不是为了在分手时能得到更多的“好处”，而是希望能更好地维持合作的稳定性，从而缔结连理，白首偕老。

一般而言，在经历多次博弈之后，会达到一个均衡点。在这个均衡点上，每个参与者的策略是最好的，此时没有人愿意先改变或主动改变自己的策略。也就是说，此时如果他改变策略，他的收益将会降低，每一个理性的参与者都不会有单独改变策略的冲动。因此，在经历了多次的重复博弈后，博弈的双方都不希望这种最优状态发生改变，这种相对稳定的结构会一直持续下去，直到博弈的终点。

纳什均衡：金融生活中的非最优选择

在生活中我们经常会发现这样的情况，为什么许多美女最后嫁给了让人跌碎眼镜的男士，如果我们用纳什均衡对这一现象进行剖析就有许多有趣的结论。纳什均衡的基础原理是，如果对方的策略是确定的，那么我的策略是最优的，而如果对方的策略是不肯定的，那么我的策略就很难是最优的。

约翰·纳什 1948 年作为年轻数学博士生进入普林斯顿大学。其研究成果见于题为《非合作博弈》(1950）的博士论文。该博士论文促使了《n 人博弈中的均衡点》(1950）和题为《非合作博弈》(1951）两篇论文的发表。纳什在上述论文中，介绍了合作博弈与非合作博弈的区别。他对非合作博弈的最重要贡献是阐明了包含任意人数局中人和任意偏好的一种通用概念，也就是不限于两人零和博弈。该概念后来被称为纳什均衡。

纳什均衡理论指的是：假设有 n 个局中人参与博弈，给定其他人策略的条件下，每个局中人选择自己的最优策略（个人最优策略可能依赖于也可能不依赖于他人的战略），从而使自己利益最大化。所有局中人策略构成一个策略组合。纳什均衡指的是这样一种战略组合，这种策略组合由所有参与人的最优策略组成。即在给定别人策略的情况下，没有人有足够理由打破这种均衡。纳什均衡，从实质上说，是一种非合作博弈状态。纳什均衡达成时，并不意味着博弈双方都处于不动的状态，在顺序博弈中这个均衡是在博弈者连续的动作与反应中达成的。纳什均衡也不意味着博弈双方达到了一个整体的最优状态，以下的囚徒困境就是一个例子。

假设有两个小偷 A 和 B 联合犯事、私人民宅被警察抓住。警方将两人分别置于不同的两个房间内进行审讯，对每一个犯罪嫌疑人，警方给出的政策是：如果一个犯罪嫌疑人坦白了罪行，交出了赃物，于是证据确凿，两人都被判有罪。如果另一个犯罪嫌疑人也作了坦白，则两人各被判刑 8 年；如果另一个犯罪嫌疑人没有坦白而是抵赖，则以妨碍公务罪（因已有证据表明其有罪）再加刑 2 年，而坦白者有功被减刑 8 年，立即释放。如果两人都抵赖，则警方因证据不足不能判两人的偷窃罪，但可以私入民宅的罪名将两人各判入狱 1 年。

对小偷来说，显然最好的策略是双方都抵赖，结果是大家都只被判 1 年。但是由于两人处于隔离的情况，首先应该是从心理学的角度来看，当事双方都会怀疑对方会出卖自己以求自保，其次才是亚当·斯密的理论，假设每个人都是“理性的经济人”，都会从利己的目的出发进行选择。这两个人都会有这样一个盘算过程：假如他坦白，我抵赖，得坐 10 年监狱，坦白最多才 8 年；他要是抵赖，我就可以被释放，而他会坐 10 年牢。综合以上几种情况考虑，不管他坦白与否，对我而言都是坦白了划算。两个人都会动这样的脑筋，最终，两个人都选择了坦白，结果都被判 8 年刑期。

因为两个人都为了自己的利益而选择了招供坦白，原本对双方都有利的策略不招供从而均被释放就不会出现。这样两人都选择坦白的策略以及因此被判 8 年的结局被称为“纳什均衡”。“纳什均衡”首先对亚当·斯密的“看不见的手”的原理提出挑战：按照斯密的理论，在市场经济中，每一个人都从利己的目的出发，而最终全社会达到利他的效果。但是，我们可以从“纳什均衡”中引出“看不见的手”原理的一个悖论：从利己目的出发，结果损人不利己，既不利己也不利他。

当然，“纳什均衡”虽然是由单个人的最优战略组成的，但并不意味着是一个总体最优的结果。如上所述，在个人理性与集体理性发生冲突的情况下，各人追求利己行为而导致的最终结局是一个“纳什均衡”，也是对所有人都不利的结局。从这个意义上说，“纳什均衡”提出的悖论实际上动摇了西方经济学的基石。同时，它也提示我们：合作是有利的“利己策略”。实际上，如果上述两个囚徒能够串供进行合作，那么他们一定会选择都抵赖从而只因私入民宅罪被判 1 年，当然，正是考虑到了这一点，所以警察才对他们隔离审查从而获知了事实真相，对囚徒而言最有利的合作的结果才没有出现。“纳什均衡”描述的就是一种非合作博弈均衡，在现实中非合作的情况要比合作情况普遍，所以“纳什均衡”是对冯·诺依曼和摩根斯特恩的合作博弈理论的重大发展，甚至可以说是一场革命。

今天，“纳什均衡”被广泛应用于各个领域的研究，尤其在进行制度分析时，我们可应用它得出一个很重要的结论：一种制度（体制）安排要发生效力，必须是一种纳什均衡。